AUTOMOTIVE CYBERSECURITY ENGINEERING HANDBOOK

汽车网络安全工程

标准、技术与实践

[美] 艾哈迈德·MK. 纳赛尔 (Ahmad MK Nasser) 著
ChaMd5 安全团队 译

机械工业出版社
CHINA MACHINE PRESS

Ahmad MK Nasser: *Automotive Cybersecurity Engineering Handbook* (ISBN: 978-1 80107 653 1).

Copyright © 2023 Packt Publishing. First published in the English language under the title "Automotive Cybersecurity Engineering Handbook".

All rights reserved.

Chinese simplified language edition published by China Machine Press.

Copyright © 2025 by China Machine Press.

本书中文简体字版由 Packt Publishing 授权机械工业出版社独家出版。未经出版者书面许可，不得以任何方式复制或抄袭本书内容。

北京市版权局著作权合同登记　图字：01-2024-5665 号。

图书在版编目（CIP）数据

汽车网络安全工程：标准、技术与实践 /（美）艾哈迈德·MK. 纳赛尔（Ahmad MK Nasser）著；ChaMd5 安全团队译 . -- 北京：机械工业出版社，2025.7.
（智能汽车丛书）. -- ISBN 978-7-111-78500-2

I. U463.67

中国国家版本馆 CIP 数据核字第 2025BY0190 号

机械工业出版社（北京市百万庄大街 22 号　邮政编码 100037）
策划编辑：刘　锋　　　　　　　　责任编辑：刘　锋　章承林
责任校对：赵玉鑫　李可意　景　飞　责任印制：常天培
北京联兴盛业印刷股份有限公司印刷
2025 年 8 月第 1 版第 1 次印刷
186mm×240mm・18.25 印张・394 千字
标准书号：ISBN 978-7-111-78500-2
定价：109.00 元

电话服务　　　　　　　　　　　网络服务
客服电话：010-88361066　　　　机　工　官　网：www.cmpbook.com
　　　　　010-88379833　　　　机　工　官　博：weibo.com/cmp1952
　　　　　010-68326294　　　　金　书　网：www.golden-book.com
封底无防伪标均为盗版　　　　机工教育服务网：www.cmpedu.com

The Translator's Words 译 者 序

随着车联网技术的不断智能化，车联网的安全性问题也日益受到关注。车联网连接万物，万物亦连接车辆。过去，车内功能多局限于播放音乐、导航等简单应用，随着云计算、自动驾驶及移动操作系统的迅速发展，许多新能源汽车也增加了远程更新、网页浏览、视频播放及智能辅助驾驶等功能。这些功能为人们的生活带来了诸多便利，但也引发了相应的安全隐患。信息世界的威胁逐渐扩散到物理世界，隐私安全、功能安全及数据安全等各个层面都可能因信息安全漏洞而遭受冲击，一辆车的信息安全事故可能带来严重后果。

作为一名车联网安全行业的从业者，翻译这本书的过程仿佛是在与作者进行深入交流。书中提出的诸多观点令我深受启发，正如书中所言，汽车网络安全的可控性不同于传统安全体系，其安全设计、运营、维护及漏洞修复都必须在有限的预算、时间、计算资源和性能条件下实现。因此，我们需要将资源投入在必要的安全风险防范上，而不是耗费在不必要的安全隐患上。阅读本书后，我深有感悟，强烈推荐车联网从业者阅读本书，相信你也会对车联网信息安全有新的认识。

翻译本书的初衷在于目前市场上关于车联网安全的相关图书相对匮乏，多数图书以攻击视角切入，着重介绍对汽车进行渗透测试的方法。而本书则从汽车安全设计的角度切入，具有极强的实用性。随着国家标准《汽车整车信息安全技术要求》的发布，车联网安全日益受到重视，我们希望将本书引入国内，帮助从业者更好地理解和应对车联网信息安全领域的挑战。总体而言，这是一本兼具车联网安全基础、相关法规及网络安全实践的佳作，能引发读者对安全问题的深入思考。

本书的翻译工作由 ChaMd5 安全团队成员共同完成，团队成员长期从事 IoT、Car 及 ICS 等领域的安全漏洞挖掘及攻防技术研究，具备丰富的理论知识与实践经验。翻译工作繁杂琐碎，本书的成功翻译离不开译者团队的辛勤付出。本书第 1、2 章由 badmonkey（侯荣锋）翻译,第 3～5 章由 xyzper(曲毅)翻译,第 6、7 章由 Licae(卢太学)翻译,第 8、9 章由 vinadiak(叶振涛)翻译,全书由 M(罗洋)统稿。

由于中文与英文在表达上的差异较大,我们查阅了大量资料,以准确传达作者原意,并纠正了原书中的部分错误。尽管翻译完成后我们进行了细致的校对,仍难免存在疏漏,若读者在阅读过程中发现问题,欢迎向出版社反馈,或发送问题至我们团队的邮箱:admin@chamd5.org。

感谢机械工业出版社的信任与支持!希望本书能令读者满意。

M

Preface 前 言

汽车网络安全涉及众多概念、工程方法和技术，其中部分为汽车领域独有，其余则与相关领域共通。这些独特之处源于车辆属于网络物理系统的范畴。在此类系统中，嵌入式计算机与传感器和网络组件集成，以控制物理过程，然后反馈至计算环境。尽管与信息安全领域共享某些概念，但网络物理系统的安全漏洞可能导致实际物理影响，从而引发系统的不安全运行，甚至可能造成人员伤亡。当你选择从事汽车网络安全领域的工作时，你不仅需要保护驾驶员的数据安全、供应链成员的知识产权和声誉，更重要的是，你需要确保驾驶车辆及周边人员的生命安全。

设计本质安全的车辆所面临的复杂性远超技术挑战，涉及汽车行业特有的诸多因素。这些因素包括汽车供应链的复杂性、难以改变的遗留系统和实践、用于部署安全控制的有限预算、不断缩短的项目时间表、受限的计算资源以及严格的功耗要求。所有这些因素必须在满足严格的监管要求和标准的同时加以考虑，这使得汽车网络安全工程师的工作既富有挑战性又令人疲惫。更为棘手的是，汽车网络安全专业人才严重短缺，而车辆互联程度的日益增强使其更易受到网络攻击。在向软件定义车辆转型的过程中，如果车辆未能在安全的基础上开发，那么日益增强的自主性和连通性趋势将难以实现。正如在银行、云计算和企业系统等相关领域所见，当存在经济利益机会时，黑客总能找到突破最复杂防御的方法。

为确保汽车行业不重蹈其他行业的覆辙，即修复漏洞的速度赶不上创建漏洞的速度，需要采用一种系统化的网络安全工程方法，以与该行业内已有良好记录的质量管理和功能安全方法相匹配。你可能听说过"安全设计""内置安全""外挂安全"这些术语，这些是我们在本书中致力实践的重要原则。在工程生命周期中采用网络安全面临诸多挑战，本书试图解决这些问题。在最糟糕的情况下，组织识别出威胁，但因时间和成本限制而未能采取措施来降低风险。采用这种方法的组织通常依赖烦琐的流程来营造一种虚假的安全感，该流程产生大量文档以记录风险和风险处理决策，而非在必要的技术上进行投资以缓解关键风险。因此，依赖繁重的文书工作而非技术分析和详细论证安全风险的流程，会导致工程团队将网络安全流程视为一项无价值的形式主义任务。同样，也可能创建过于热衷的安全文化，从而产生在实践中难以实现的过于复杂的安全解决方案。事实上，当安全专家提供过多难以实施或在实际需求审查中无法辩护的深奥解决方案时，他们会失去信誉。因此，网络安全专业人员的任务是在安全性、技术可行性、成本、工作量和总体时间表影响之间寻求平衡。这就是为什么本书的目标之一是定义一种实用的方法，用于构建与现有工程流程和工具无缝集成且能产生有效结果的安全系统。

毫无疑问，当今汽车行业存在巨大的知识鸿沟。为弥合这一差距，汽车行业要么招聘具备有限汽车知识的安全专家，要么培训具有有限安全知识的汽车工程师。本书旨在通过提供一种平衡的方法，在可接受的参数范围内将安全风险降至合理水平，同时确保生产可销售的汽车系统，从而弥合这两类专业人士之间的鸿沟。

本书没有过多地研究理论，有时会有意简化概念以突出其实际应用。我们的目标是让读者接触到尽可能广泛的汽车网络安全相关主题，以便后续可以深入研究感兴趣的领域。无论你是已有工作经验的专业人士，还是刚刚进入该领域的新手，你都会发现，相比提供技术安全解决方案，更具挑战性的是说服他人认识到需要缓解的风险，以及为什么当前必须忍受的不便从长远来看是值得的。拥有规范化的安全工程方法有助于减少这些困难对话中的主观性，避免对合理风险定义的无休止争论。因此，本书旨在通过建立共同语言重新定义安全对话，强调客观性，同时关注缓解网络安全风险。

> **注意**：本书中表达的观点和意见仅代表作者个人立场，不代表其当前或过往雇主的观点。

读者对象

本书适用于需要通过遵循行业标准（特别是 ISO/SAE 21434 和 UNECE REG 155/156）来增强系统网络弹性的汽车工程师和安全专业人员。你可能具有功能安全背景，希望了解如何开发既安全又可靠的系统；也可能有开发非安全相关生产软件的经验，想要学习如何添加安全相关功能；或者你可能具有安全背景，正试图进入汽车领域。无论你的背景如何，本书旨在为你提供一种实用的汽车网络安全工程方法，可以在合理的时间和精力范围内应用，同时利用你所在组织的现有流程。

为便于理解本书中的概念，你需要熟悉基于 V 模型的基本汽车开发流程和计算机安全的基本原理。通过阅读本书，你应该能够理解汽车系统网络安全的重要性，如何将网络安全工程与开发流程相结合，如何在系统的时间和工程约束内高效执行网络安全工程活动，以及如何在车辆和 ECU（Electronic Control Unit，电子控制单元）架构的各个层面部署网络安全控制。因此，本书的策略是为汽车工程团队揭开网络安全的神秘面纱，帮助他们找到将网络安全作为系统固有属性的方法，而非将其视为必须降低优先级以加快产品推出的负担。

本书内容

第 1 章涵盖了车辆的 E/E（Electrical/Electronic，电气／电子）架构，其中包括分布在多个功能域中的计算节点、通信通道、传感器和执行器。理解车辆的各种 E/E 架构对于了解车辆如何被攻击至关重要。本章研究了几种类型车辆的 E/E 架构，并向读者介绍了不同类型的计算节点、网络协议、传感器、执行器和与安全相关的接口。

第 2 章阐述了网络安全和密码学的基本原理，这些是理解和解决汽车系统安全问题的关键概念。对于已具备网络安全专业知识的读者，可以略过本章；对其他读者而言，它为后续章节奠定了必要的基础。本章向读者介绍了各种密码学方法，并概述了这些方法在汽车用例中的具体实施。随后，本章探讨了安全系统设计的通用安全原则。

第 3 章承接第 1 章，读者已对车辆 E/E 架构及其支持的各种组件有了初步认识。本章详细阐述了各个组件和车辆子系统面临的多种威胁。深入理解威胁态势有助于认识汽车网络安全的重要性，并为后续章节应对这些威胁奠定基础。本章系统地引导读者了解每类威胁，随后分析使这些威胁成为可能的常见安全弱点，采用自上而下的方法，首先探讨车辆层面的网络安全弱点，然后聚焦于 ECU 层面的各个组件和子组件。

第 4 章介绍了汽车系统工程中需要遵循的多种质量和安全标准。随着网络安全在汽车系统中的重要性日益凸显，汽车工程师需要熟悉各种汽车网络安全标准。本章详细介绍了 ISO/SAE 21434、REG 155、REG 156、TISAX 和 SAE J3101 等标准。本章为读者提供了每个标准的详细解析，并阐明了遵守这些标准的必要性。

第 5 章全面剖析了 ISO/SAE 21434 标准，这是当前汽车网络安全工程的权威标准。本章指导读者完整地了解安全开发生命周期，以及网络安全管理和风险治理，并逐步讲解标准的所有部分，阐明每个部分的重要性及其如何塑造产品工程生命周期。

第 6 章探讨了功能安全，这是汽车系统区别于 IT（Information Technology，信息技术）系统的一个重要特征。绝大多数汽车 ECU 在某种程度上都与安全相关，这就引入了诸如 ISO 26262 和 SOTIF 等各种标准。构建安全相关的系统需要功能安全和网络安全两种工程方法之间密切协作。脱节的方法不可避免地会导致高昂的成本和不一致性，进而可能导致项目失败。本章详细描述了功能安全和网络安全工程方法重叠的各个领域，以及需要协调的方面。读者在阅读本章前需要对功能安全有基本了解。

第 7 章探讨了威胁建模，这是任何安全工程过程的核心。它是理解系统威胁及其控制措施、制定网络安全目标和需求的关键。驱动于汽车系统的特殊安全要求，IT 系统中的一般威胁建模不完全适用于汽车安全分析。为了弥合这一差距，业界提出了几种以汽车为中心的威胁建模方法。本章深入探讨了不同的威胁建模方法及其如何整合安全方面，展示了将威胁分析和风险评估（Threat Analysis and Risk Assessment，TARA）应用于复杂系统的常见挑战，并介绍了一种优化的方法，该方法考虑到各种类型的汽车系统和组件，以生成确保系统安全的全面安全需求集合。

第 8 章深入探讨了构建网络弹性汽车系统的各种安全控制措施和技术。首先分析了潜在威胁和系统弱点，随后阐述了应用系统的网络安全工程流程，以识别需要应对的风险，接着，详细研究了每个技术领域，介绍了在车辆生命周期内实施车辆级缓解措施的常用方法，同时指出了实施这些控制措施时应避免的常见陷阱。

第 9 章采用了与第 8 章类似的方法，但重点聚焦于 ECU 级别的安全控制。遵循纵深防御原则，需要在 ECU 和子 ECU 层面构建具有弹性的车辆组件。本章采用分层方法来确保 ECU 及其子组件的安全，探讨各种可用技术，分析其挑战和局限性，然后讨论如何安全地应用这些技术。

如何充分利用本书

本书在实际参与汽车网络安全相关项目时阅读效果最佳。这种实践可以帮助你从多个角度理解本书提到的诸多挑战。虽然我们尽力为本书提及的大多数概念提供了背景知识，但如果你发现对某个特定主题不熟悉，我们建议你在继续阅读后续章节之前先深入研究该主题，因为这些概念是逐章递进的。事实上，创建个人参考资料库会很有帮助，这样在未来处理特定主题时可以回顾这些资料。请记住，网络安全是一个需要终身学习的领域。

在编写本书的过程中，我们发现了大型语言模型（Large Language Model，LLM）的惊人能力，尤其是处理和生成文本的能力。生成式人工智能在加速网络安全工作方面的应用价值足以撰写一本专著，但目前，我们先分享一些一手经验，这些经验应该纳入考虑，以优化和简化汽车网络安全工作。

如果我们思考"什么是基于知识的工作？"，答案可以通过三个主要活动来阐释：搜索信息、理解信息和产生新信息。事实证明，LLM 在这三类基于知识的工作中都可以成为出色的助手。鉴于网络安全领域的知识密集程度，LLM 的集成提供了一种变革性方法来简化网络安全工作，尤其是在汽车行业。LLM 的核心优势在于它在索引和使基于文本的数据（如安全需求、架构描述和代码）语义化可搜索方面表现卓越。此外，这些人工智能模型能够综合、评估和总结关键信息，为网络安全分析提供了宝贵的工具集。

作为网络安全专业人士，你可能会被必须管理的繁重工作量所淹没，如安全需求、威胁模型和风险分析等。人工智能承诺通过提供能够提高安全分析和工作成果生成效率的模型来改善劳动力的不平衡，并展示所达成的网络安全保证水平。当构建威胁模型、威胁目录和弱点数据库时，你将生成大量适合 LLM 索引、比较甚至标记重复的文本。例如，威胁可以被转换为嵌入向量，从而基于其他威胁的文本描述进行相似性搜索。这实际上可以作为一个推荐系统，根据你描述的特性、架构或攻击面，提出应该考虑的威胁。

在编制 ISO/SAE 21434 工作成果时，我们可以利用 LLM 的少量学习能力，将描述安全目标、风险转移甚至预期安全结果的文本转换为正式的工作成果，如网络安全目标、声明或安全需求。只需提供几个经过审核的各类工作成果示例，LLM 就能将输入文本转化为高质量且接近合规的输出。在进行 TARA 时，你会发现在许多情况下需要反复搜索现有的网络安全控制措施或需要考虑的已知弱点和威胁。将这些工作成果的搜索功能集成到 TARA 工具中，可以显著减少研究某项安全控制是否已存在或假定风险是否已被捕获的时间。我们甚至可以通过向 LLM 展示代码，并让模型识别漏洞，论证代码为何不存在漏洞来发现编码弱点。此外，从需求生成测试用例是一个强大的应用场景，在提供展示测试用例及其对应安全需求的示例对后即可部署。在阅读本书时，我们鼓励你思考这些及其他可通过 LLM 简化的用例。

下载示例代码文件

你可以从 GitHub 下载本书的示例代码文件，链接为 https://github.com/PacktPublishing/Automotive-Cybersecurity-Engineering-Handbook。如果代码有更新，它将在 GitHub 仓库中得到更新。

我们还提供了其他书籍和视频的代码包，它们可在 https://github.com/PacktPublishing/ 上找到。欢迎查阅！

排版约定

本书采用了以下排版约定。

文本中的代码：表示文本中的代码词、数据库表名、文件夹名、文件名、文件扩展名、路径名、伪 URL（Uniform Resource Locator，统一资源定位符）、用户输入和 Twitter 用户名。例如：第一个检查（signatureVerificationResult == 0x3CA5965A）确定 signatureVerificationResult 是否具有正确且预期的值。

代码块如下所示：

```
if (signatureVerificationResult == 0x3CA5965A)
{
    // Hamming distance check passed, now perform a second check using
    // the inverse of the variable
    if (~signatureVerificationResult != 0xC35A69A5)
    {
        Log_fault(error_type);
    }
    else
    {
        Allow_application_to_run(); // Attacker wants to get here
                                    // through glitching
    }
}
```

粗体：表示新术语、重要词汇或屏幕上显示的词汇。例如，菜单或对话框中的词汇会以粗体显示。示例：**SAE J2497** 是一种用于商用货车的通信协议，允许在牵引车和拖车之间交换数据，如 ABS 拖车状态灯。

献给我的母亲阿玛尔·阿瓦达（Amal Awada）。自我年少时起，她就激发了我对自身潜能极限的不懈探索。

献给我的父亲穆罕默德·凯尔（Mohamad Kheir）。他在巨大压力下所展现的沉着态度，让我坚信自己的内心蕴藏着克服一切困难的力量。

献给我的妻子巴图尔·阿卜杜拉（Batoul Abdallah）博士。她树立了崇高的学术标准，激励我在学术和职业生涯中不断追求卓越。

最后，献给我挚爱的儿子叶海亚（Yahya）和女儿达丽娅（Dalia）。在我将夜晚和周末时光倾注于本书时，他们表现出了非凡的耐心与理解。

——艾哈迈德·MK.纳赛尔博士

About Technical Review 关于技术审校

海因茨·博多·塞弗特（Heinz Bodo Seifert）于 1994 年在齐根大学获得电气工程硕士学位。自 1997 年以来，他一直在汽车行业工作，曾任职于通用汽车、奥迪和 Stellantis 等整车制造商，以及麦格纳电子等一级供应商，从事汽车系统开发工作。在奥迪任职期间，他负责管理全球测试车队，收集车辆性能数据。在位于密歇根州奥本山的麦格纳电子公司工作时，他领导高级工程部门，负责开发未来几年将在汽车领域应用的功能和技术。在 Torc Robotics 公司，他主管 Torc 自动驾驶货车的安全和网络安全工作。

罗伯特·卡斯特（Robert Kaster）是博世公司的首席技术专家，领导美洲区跨部门汽车产品安全团队。在他 27 年的博世职业生涯中，他提交了超过 100 份发明记录，获得了 18 项汽车安全和安保专利，并三次被评为 CC-NA 年度发明家。他主持设计了超过 4000 万个制动控制器，并在首年实现了超过 7000 万美元的成本节约。在加入博世之前，他曾在克莱斯勒的电子控制器设计团队工作了五年，负责电子控制器预样件设计团队。罗伯特还在汽车信息共享与分析中心（Auto-ISAC）董事会任职，并领导成立 Auto-ISAC 欧洲分会的工作。他拥有密歇根大学电气工程与计算机科学学士（1989 年）和硕士（1995 年）学位。

Contents 目 录

译者序
前言
关于技术审校

第一部分　理解车辆电气架构的网络安全相关性

第1章　车辆E/E架构概述 ………… 3
1.1　E/E架构基本构建模块概述 ……… 4
1.2　ECU …………………………… 4
　　1.2.1　基于MCU的ECU ………… 5
　　1.2.2　基于SoC的ECU ………… 7
　　1.2.3　MCU和SoC软件层内部 …… 8
1.3　ECU域 ………………………… 12
　　1.3.1　基于燃料的动力传动
　　　　　系统域 ………………… 12
　　1.3.2　基于电动驱动的动力传动
　　　　　系统域 ………………… 12
　　1.3.3　底盘安全控制域 ………… 13
　　1.3.4　内部客舱域 ……………… 13
　　1.3.5　信息娱乐与连接域 ……… 14
　　1.3.6　跨域 …………………… 14
1.4　探索车载网络 ………………… 14
　　1.4.1　CAN …………………… 15
　　1.4.2　FlexRay ………………… 16
　　1.4.3　LIN …………………… 18
　　1.4.4　UART ………………… 18
　　1.4.5　SENT ………………… 19
　　1.4.6　GMSL ………………… 19
　　1.4.7　I^2C ……………………… 20
　　1.4.8　以太网 ………………… 21
　　1.4.9　J1939 ………………… 21
1.5　传感器和执行器 ……………… 23
　　1.5.1　传感器类型 ……………… 23
　　1.5.2　执行器 ………………… 26
1.6　探索车辆架构类型 …………… 26
　　1.6.1　高度分布式E/E架构 …… 27
　　1.6.2　域集中式E/E架构 ……… 28
　　1.6.3　区域架构 ……………… 31
　　1.6.4　商用货车架构类型 ……… 32
1.7　总结 …………………………… 32
1.8　问题答案 ……………………… 32
1.9　参考文献 ……………………… 34

第2章　汽车用例的网络安全基础 …… 35

2.1　攻击类型探索 …………………… 36
2.1.1　被动攻击 …………………… 36
2.1.2　主动攻击 …………………… 37

2.2　确定安全目标 …………………… 39
2.2.1　完整性 ……………………… 40
2.2.2　真实性 ……………………… 40
2.2.3　机密性 ……………………… 41
2.2.4　可追责性 …………………… 41
2.2.5　可用性 ……………………… 41

2.3　密码学在汽车用例中的应用 …… 41
2.3.1　构建模块 …………………… 41
2.3.2　单向哈希函数 ……………… 45
2.3.3　报文认证码算法 …………… 47
2.3.4　随机数生成器 ……………… 51
2.3.5　公钥加密 …………………… 51
2.3.6　密钥管理 …………………… 56
2.3.7　NIST 定义的安全强度 …… 60
2.3.8　中国的加密算法 …………… 60
2.3.9　后量子加密算法 …………… 60

2.4　安全原则 ………………………… 61
2.4.1　纵深防御 …………………… 61
2.4.2　域分离 ……………………… 62
2.4.3　最小特权 …………………… 62
2.4.4　最小共享 …………………… 63
2.4.5　中介访问 …………………… 63
2.4.6　保护性默认配置 …………… 63
2.4.7　异常检测 …………………… 64
2.4.8　分布式特权 ………………… 64
2.4.9　分层保护和零信任 ………… 64
2.4.10　最小可信元素 …………… 64
2.4.11　最小持久性 ……………… 65
2.4.12　保护性故障 ……………… 65
2.4.13　持续保护 ………………… 65
2.4.14　冗余 ……………………… 65
2.4.15　使用标准化加密 ………… 66

2.5　总结 ……………………………… 66
2.6　参考文献 ………………………… 66

第3章　针对车辆组件的威胁态势 …… 69

3.1　针对车辆外部接口的威胁 ……… 70
3.1.1　与后端相关的威胁 ………… 70
3.1.2　连接性威胁 ………………… 72

3.2　针对 E/E 拓扑的威胁 …………… 80
3.2.1　高度分布式 E/E 架构 …… 80
3.2.2　域集中式 E/E 架构 ……… 80
3.2.3　中央车辆计算机架构 …… 81

3.3　针对车载网络的威胁 …………… 81
3.3.1　CAN ………………………… 81
3.3.2　FlexRay ……………………… 82
3.3.3　以太网 ……………………… 83
3.3.4　UDS 协议 …………………… 84
3.3.5　SAE J1939 协议 …………… 85
3.3.6　SAE J2497（PLC4TRUCKS）… 85

3.4　针对传感器的威胁 ……………… 86
3.5　常见的 ECU 威胁 ………………… 88
3.5.1　调试端口 …………………… 88
3.5.2　闪存编程 …………………… 89
3.5.3　电源和模式操控 …………… 89
3.5.4　篡改机器学习算法 ………… 90
3.5.5　软件攻击 …………………… 90
3.5.6　密钥的泄露和篡改 ………… 91

3.6 总结 ······ 92
3.7 参考文献 ······ 93

第二部分 理解安全工程开发过程

第4章 汽车网络安全标准的现状探析 ······ 97
4.1 主要标准 ······ 98
    4.1.1 UNECE WP.29 ······ 98
    4.1.2 中国的法规和标准化 ······ 106
4.2 次要标准 ······ 107
    4.2.1 IATF 16949: 2016 ······ 107
    4.2.2 汽车软件过程改进和能力确定 ······ 109
    4.2.3 可信信息安全评估交换 ······ 111
    4.2.4 SAE J3101——道路车辆的硬件保护安全 ······ 113
    4.2.5 编码和软件标准 ······ 113
    4.2.6 NIST 加密标准 ······ 115
4.3 支持性标准和资源 ······ 116
    4.3.1 MITRE 通用弱点枚举 ······ 117
    4.3.2 US DoT NHTSA 现代车辆的网络安全最佳实践 ······ 118
    4.3.3 ENISA 智能汽车的安全良好实践 ······ 119
    4.3.4 SAE J3061——网络-物理车辆系统的网络安全指南 ······ 120
    4.3.5 ISO/IEC 27001 ······ 120
    4.3.6 NIST SP 800-160 ······ 120
    4.3.7 Uptane ······ 121

4.4 总结 ······ 121
4.5 参考文献 ······ 122

第5章 深度解析ISO/SAE 21434标准 ······ 125
5.1 注释 ······ 126
5.2 ISO/SAE 21434 标准概览 ······ 126
5.3 组织网络安全管理 ······ 128
    5.3.1 管理系统 ······ 129
    5.3.2 网络安全与其他学科的交叉 ······ 130
    5.3.3 工具管理 ······ 130
5.4 计划 ······ 131
5.5 采购和供应商组件的集成 ······ 133
5.6 概念阶段 ······ 135
    5.6.1 项目级概念 ······ 135
    5.6.2 网络安全概念 ······ 140
    5.6.3 对组件级开发的影响 ······ 141
5.7 设计和实现 ······ 142
    5.7.1 开发后要求 ······ 142
    5.7.2 配置和校准 ······ 142
    5.7.3 弱点分析 ······ 143
    5.7.4 单元实现 ······ 143
5.8 验证测试 ······ 144
5.9 确认测试 ······ 145
5.10 产品发布 ······ 146
    5.10.1 网络安全案例 ······ 146
    5.10.2 网络安全评估 ······ 147
5.11 生产计划 ······ 147
5.12 运营与维护 ······ 148
    5.12.1 监控 ······ 149

  5.12.2 漏洞分析·················149
  5.12.3 漏洞管理·················150
  5.12.4 更新·····················151
5.13 生命周期终止·················151
5.14 总结························151

第6章 功能安全与网络安全的交互··················153

6.1 两个标准的演进历程············154
6.2 统一与集成的方法··············155
6.3 建立对功能安全和网络安全的基本认知····················157
  6.3.1 理解两个领域的特性及其相互依赖关系···········158
  6.3.2 功能安全与网络安全的差异·····················158
  6.3.3 功能安全与网络安全需求之间相互依赖程度的差异····162
  6.3.4 冲突解决·················163
6.4 扩展功能安全和质量支持过程···163
  6.4.1 计划·····················165
  6.4.2 供应商管理···············165
  6.4.3 概念·····················166
  6.4.4 设计·····················166
  6.4.5 实现·····················167
  6.4.6 测试和确认···············167
  6.4.7 发布·····················167
  6.4.8 生产·····················168
  6.4.9 生命周期终止·············168
6.5 在概念阶段创造协同效应·······168
  6.5.1 相关项功能···············168
  6.5.2 相关项边界和操作环境·····169
  6.5.3 损害场景和危害···········170
  6.5.4 功能安全和网络安全目标···172
  6.5.5 功能安全和网络安全需求···172
6.6 设计阶段寻找协同效应和冲突···173
  6.6.1 利用功能安全和网络安全机制·····················173
  6.6.2 跨功能安全和网络安全的自检·····················177
  6.6.3 利用错误检测功能安全机制·····················177
  6.6.4 消除错误响应中的不一致···178
  6.6.5 设计原则的相似之处·······180
6.7 网络安全编码实践与功能安全编码技术·····················181
6.8 测试阶段的协同效应与差异·····183
6.9 总结························184
6.10 参考文献····················185

第三部分 打造网络安全的汽车产品

第7章 汽车系统的实用威胁建模方法··················189

7.1 有效进行 TARA 的基本原则·····190
  7.1.1 资产·····················190
  7.1.2 损害场景·················190
  7.1.3 威胁场景·················191
  7.1.4 攻击者模型与威胁类型·····192
  7.1.5 攻击路径·················192
  7.1.6 风险评估方法·············193

	7.1.7 风险处理 ······ 194	8.2	车辆级与 ECU 级控制 ······ 222
7.2	准备 TARA 时的常见陷阱 ····· 195	8.3	政策控制 ······ 222
7.3	界定适当的 TARA 范围 ····· 197	8.4	安全生产 ······ 223
7.4	实施方法 ······ 200	8.5	安全的离线网络通信 ······ 224
	7.4.1 深入了解系统 ····· 200		8.5.1 Wi-Fi ······ 224
	7.4.2 明确假设 ····· 200		8.5.2 蓝牙 ······ 225
	7.4.3 采用用例驱动的分析 ····· 200		8.5.3 蜂窝网络 ······ 225
	7.4.4 准备上下文和数据流图 ····· 202	8.6	基于主机的入侵检测 ······ 227
	7.4.5 损害与资产——从何处着手 ····· 203	8.7	网络入侵检测与防御 ······ 229
		8.8	域分离与过滤 ······ 230
	7.4.6 通过资产类别识别资产 ····· 204	8.9	传感器认证 ······ 232
	7.4.7 构建威胁目录 ····· 205	8.10	安全软件更新 ······ 233
	7.4.8 利用系统流程图创建攻击路径 ····· 206	8.11	车载网络保护 ······ 235
			8.11.1 CAN 报文认证 ······ 235
	7.4.9 确定风险优先级 ····· 208		8.11.2 以太网 ······ 236
	7.4.10 定义网络安全目标 ····· 209	8.12	诊断能力的安全保障 ······ 237
	7.4.11 选择安全控制措施和操作环境需求 ····· 210		8.12.1 通过 UDS 0x27 实现安全访问控制 ······ 238
	7.4.12 跟踪共享和接受的风险 ····· 211		8.12.2 通过 UDS 0x29 实现基于角色的访问控制 ······ 239
	7.4.13 审查和签字确认 ····· 212		8.12.3 保护闪存编程服务 ······ 240
7.5	DVR 案例研究 ······ 212	8.13	安全退役 ······ 240
	7.5.1 假设 ····· 213	8.14	总结 ······ 241
	7.5.2 上下文图 ····· 213	8.15	参考文献 ······ 241
	7.5.3 识别资产 ····· 214		
	7.5.4 损害场景 ····· 214	**第9章**	**ECU级网络安全控制** ······ 243
	7.5.5 网络安全需求和控制措施 ····· 215	9.1	理解控制行为和层次 ······ 244
7.6	总结 ······ 216	9.2	探索政策控制 ······ 245
7.7	参考文献 ······ 216	9.3	探索硬件控制 ······ 245
			9.3.1 RoT ······ 245
第8章	**车辆级网络安全控制** ······ 218		9.3.2 OTP 存储器 ······ 247
8.1	选择网络安全控制措施 ······ 219		

9.3.3	硬件保护的密钥存储库	247
9.3.4	安全通用闪存存储	248
9.3.5	密码加速器	249
9.3.6	可锁定的硬件配置	250
9.3.7	CPU 安全	250
9.3.8	通过 MMU 和 MPU 实现隔离	254
9.3.9	加密易失性内存	255
9.3.10	调试访问管理	255
9.4	探索软件安全控制	256
9.4.1	软件调试和配置管理	256
9.4.2	安全生产	257
9.4.3	密钥管理策略	258
9.4.4	多阶段安全启动	258
9.4.5	可信运行时配置	260
9.4.6	TEE	260
9.4.7	安全更新	261
9.4.8	空间隔离	262
9.4.9	时间隔离	265
9.4.10	加密和认证文件系统	266
9.4.11	运行时执行强化	267
9.4.12	网络安全监控器	268
9.5	探索物理安全控制	268
9.5.1	篡改检测预防	269
9.5.2	PCB 布局引脚和线路隐藏	269
9.5.3	隐藏和屏蔽	269
9.6	总结	269
9.7	参考文献	270

第一部分 *Part 1*

理解车辆电气架构的网络安全相关性

本书第一部分旨在深入剖析车辆 E/E 架构的网络安全相关性，以便深入理解这些系统的脆弱性及其面临的潜在威胁。本部分首先详细阐述车辆 E/E 架构的演变过程，随后介绍一些关键的网络安全概念，这些概念将为后续章节中的安全分析和安全控制措施制定提供理论基础。最后全面考察威胁态势，以清晰把握当前面临的安全挑战。

本部分包含以下章节：
- 第 1 章　车辆 E/E 架构概述
- 第 2 章　汽车用例的网络安全基础
- 第 3 章　针对车辆组件的威胁态势

第 1 章

车辆 E/E 架构概述

　　E/E 架构是一套综合系统，包含电子元件、电缆线、网络技术及软件应用，它们共同用于管理和控制车辆的多种功能及提供用户体验。

　　软件与电子设备的深度融合虽然彻底革新了车辆功能的设计和实现方式，但同时也产生了广泛的攻击面，使车辆面临更多威胁。因此，深入理解 E/E 架构的基本概念是分析车辆安全性的前提条件。为了让读者具备必要的背景知识，本章首先探讨 ECU 所支持的各类硬件平台及其相应的软件架构，然后研究 ECU 如何被分组到不同功能域（即具有不同职责和特定功能的子系统），以及这些 ECU 之间通信所需的网络技术。在介绍了 ECU 及其网络层后，本章将重点转向车辆用于感知外部环境并和外部环境交互的传感器和执行器。最后，本章从整体的视角看待不同车辆架构中这些组件的组成结构，以理解当前及未来车辆架构的发展趋势。这种分层方法有助于我们全面了解车辆可能面临的各类攻击。

　　在深入探讨 E/E 架构的各个层次时，我们将以讨论的形式提出一系列问题，以帮助读者探索车辆组件可能面临的威胁。本章末尾将提供这些问题的简要答案。在随后的章节中，我们将深入探讨这些问题，同时深入理解车辆组件所面临的网络安全威胁。

　　需要注意的是，本章并不是为了提供所有可能的 E/E 架构和组件清单，而是聚焦于与车辆网络安全最密切相关的方面。对于已经熟悉车辆 E/E 架构概念的读者，可以根据本章的内容回顾网络安全分析的基础知识。

　　本章涵盖以下主题：
- E/E 架构基本构建模块概述
- ECU
- ECU 域

- 探索车载网络
- 传感器和执行器
- 探索车辆架构类型

1.1 E/E 架构基本构建模块概述

在深入探讨 E/E 架构的多个层次之前，我们必须从 ECU 入手。不同的功能域中都会有一些 ECU，这些域通过一套车载网络通信通道互联。ECU 通过物理连接线和基于网络的互联进一步与传感器和执行器相连。ECU、传感器、执行器和网络通道的组合可以按不同配置排列，形成车辆 E/E 架构的多种变体。图 1.1 所示为车辆 E/E 架构的简化示例。

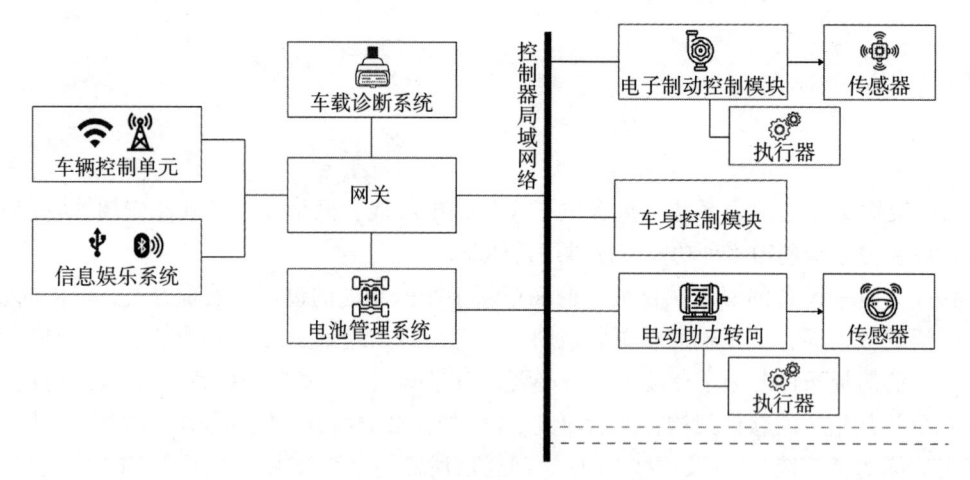

图 1.1 车辆 E/E 架构的简化示例

我们的首要关注点是 ECU。

1.2 ECU

ECU 是 E/E 架构的核心，主要由执行一个或多个车辆功能所需的处理元件和电子组件组成，如转向、信息显示、座椅控制等。在图 1.1 的简化视图中，我们可以看到七个通过车载网络互连的 ECU（仅用于演示目的）。其中一个 ECU 是电子制动控制模块（Electronic Braking Control Module，EBCM），负责主动安全功能，如防抱死制动系统（Antilock Braking System，ABS）和电子稳定控制（Electronic Stability Control，ESC）系统等；另一个 ECU 是电池管理系统（Battery Management System，BMS），通常见于电动汽车。

ECU 的电子组件封装在密封外壳中，这是为了承受恶劣的环境条件，如高温、振动和电磁干扰。图 1.2 所示为 ECU 的封闭视图，其中的黑色插接器使 ECU 能够通过一组被称为

电线束的电缆与车辆 E/E 架构的其他部分连接。分析插接器的引脚是确定哪些信号与网络安全相关的首要步骤。电源输入、物理网络总线线路、硬连线传感器输入和执行输出都是典型的资产，需要考虑它们面临的安全威胁。

打开 ECU 外壳，如图 1.3 所示，你会发现一块印制电路板（Printed-Circuit Board，PCB），上面有各种无源和有源的电子元器件，包括继电器、电感线圈、电阻、电容、二极管、**电源管理集成电路**（Power Management Integrated Circuit，PMIC）、网络收发器和存储芯片以及最关键的微控制器（Microcontroller，MCU）或 SoC。

图 1.2　ECU 的封闭视图　　　　图 1.3　ECU 的内部结构

由于功耗、成本和实时性能的限制，大多数类型的 ECU 都采用 MCU 驱动，通过在 MCU 内嵌入的单核或者多核 CPU（Central Processing Unit，中央处理器）上运行软件来实现车辆功能。

相比之下，SoC 将多个功能模块集成到单一芯片中，提供更强大的计算资源、更大的存储容量和更完善的网络功能，使其特别适用于信息娱乐系统和自动驾驶系统等应用场景。

> 问题 1：当 PCB 布局暴露时，哪些资产值得保护？
> 提示：所有问题的答案将在 1.8 节提供。

为回答上述问题，我们首先深入探讨基于 MCU 实现的 ECU 的硬件架构，随后讨论 SoC 的相关内容。

1.2.1　基于 MCU 的 ECU

基于 MCU 的 ECU 通过一个或多个对称 CPU 核心执行代码，这些核心从 MCU 的内部闪存中获取代码和数据。这类 ECU 为了满足实时约束的关键需求，通常会从内部闪存获取执行代码。即便使用外部闪存存储器，通常也仅限于存储图像或音频文件，如仪表集群 ECU 的情况。

MCU 有很多变体，每种 MCU 都是为特定的车辆 ECU 应用类型量身定制的。例如，用于发动机控制的 MCU 配备了多个高精度定时器单元，而用于车身控制的 MCU 则有大量通用输入/输出（General-Purpose Input/Output，GPIO）引脚。在分析特定 ECU 的所面临的网络安全威胁时，了解其不同的外围设备（简称"外设"）至关重要，因为它们可能引入一系列独特的资产和攻击面。图1.4所示为典型的32位MCU框图，其中包含多个外设和网络接口。

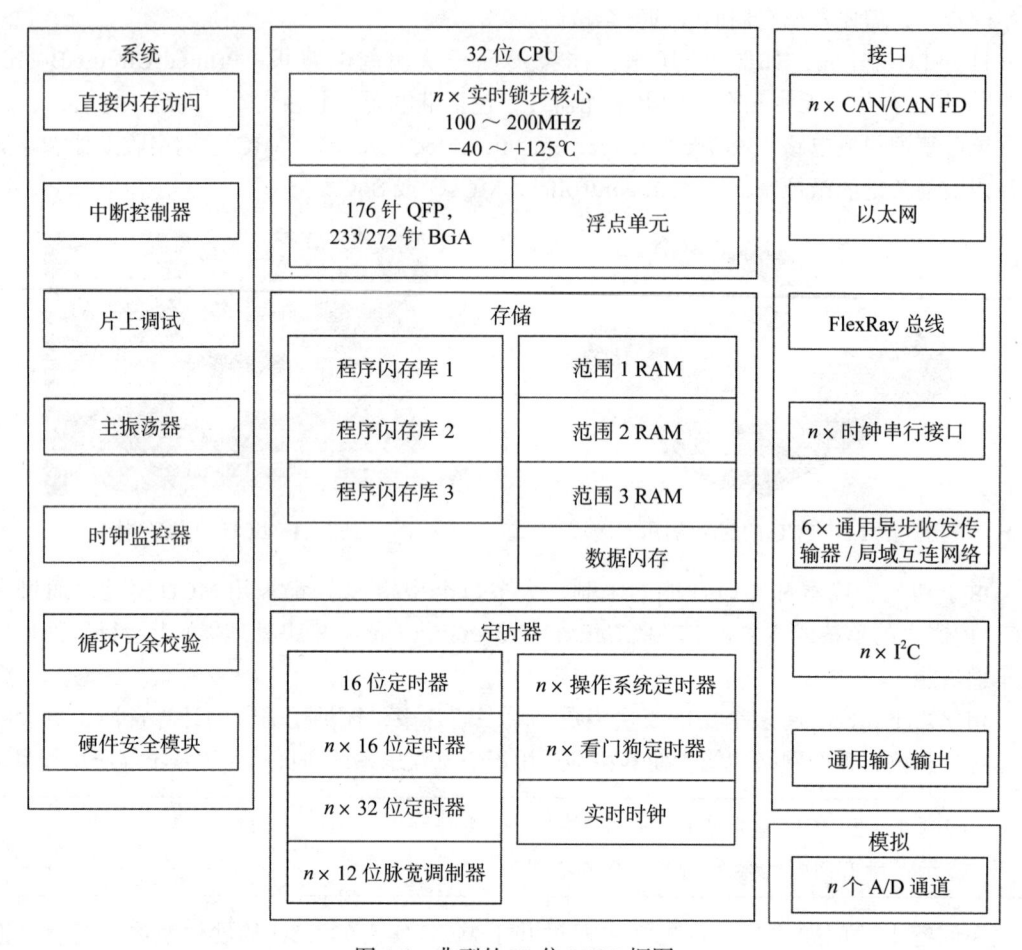

系统	32位CPU	接口
直接内存访问	n × 实时锁步核心 100~200MHz −40~+125℃	n × CAN/CAN FD
中断控制器	176针QFP, 233/272针BGA / 浮点单元	以太网
片上调试	存储	FlexRay总线
主振荡器	程序闪存库1 / 范围1 RAM	n × 时钟串行接口
	程序闪存库2 / 范围2 RAM	
时钟监控器	程序闪存库3 / 范围3 RAM	6 × 通用异步收发传输器 / 局域互连网络
	数据闪存	
循环冗余校验	定时器	n × I²C
	16位定时器 / n × 操作系统定时器	
硬件安全模块	n × 16位定时器 / n × 看门狗定时器	通用输入输出
	n × 32位定时器 / 实时时钟	
	n × 12位脉宽调制器	模拟 n个A/D通道

图1.4 典型的32位MCU框图

回顾图1.3，我们可以开始探究攻击者在获得ECU实物后可能的攻击点。例如，MCU的内存是一个颇具吸引力的目标。闪存中存储了ECU控制软件和校准数据，因此至少对ECU供应商而言是有价值的，他们希望保护自己的知识产权，防止未经授权的访问。ECU供应商与车辆原始设备制造商（Original Equipment Manufacturer, OEM）都希望避免攻击者发现可能在更复杂攻击中利用的漏洞，然而由于内存嵌入在MCU内，攻击者无法通过公开的ECU直接探测内存内容。相反，他们需要研究如何利用**片上调试**（On-chip Debug）功能或串行闪存编程接口来访问内存内容。

问题2：观察图1.4中的模块框图，拥有ECU物理接触权限的攻击者可能感兴趣的另一些电子器件是什么？

1.2.2 基于 SoC 的 ECU

乍一看，SoC 与 MCU 的主要区别在于复杂度的提升和外设种类的多样化。首先，SoC 包含多个不同用途的 CPU 集群的组合。应用级 CPU 处理器通常具有多个对称核心，专门用于计算密集型任务，如感知、路径规划和传感器融合。相对地，实时处理器也具有多个对称核心，但主要用于安全关键功能，如故障监控和错误报告。除了 MCU 常见的网络外设外，SoC 还配备了更高带宽的网络接口，如千兆以太网/万兆以太网和 PCIe。与基于 MCU 的架构相比，SoC 的一个显著特征是代码在动态随机存储器（Dynamic Random Access Memory，DRAM）中执行，而非嵌入式闪存。此外，eMMC（embedded MultiMediaCard，嵌入式多媒体卡）和 QSPI（Quad Serial Peripheral Interface，四通道串行外设接口）通常用于支持从外部存储设备加载代码和数据。与 MCU 类似，SoC 也有针对特定车辆需求的不同变体。例如，用于高级驾驶辅助系统（Advanced Driver Assistance System，ADAS）的 SoC 配备了计算机视觉和深度学习加速器，而用于信息娱乐系统的 SoC 则配备了用于媒体流处理的视频和音频编解码器。

> **问题 3**：图 1.5 所示为典型的汽车 SoC 框图，请仔细观察图 1.5 中的框图，攻击者还会通过哪些部件攻击基于 SoC 的 ECU？

除了存储常规软件和校准数据，SoC 还包含其他独特且有价值的资产，如存储在内存中的机器学习模型，以及存储的可能包含用户隐私信息的相机图像、视频和车辆日志。机器学习模型是 ECU 供应商和参与创建这些模型的 OEM 的宝贵知识产权。另外，相机图像和视频数据对注重隐私的车主而言极为重要。车辆日志有多种用途，尤其在事故调查中发挥着关键作用。而且，由于内存暴露在 PCB 上，因此攻击者可能尝试直接转存 eMMC 的内容或探测 QSPI 线路以提取内存数据。

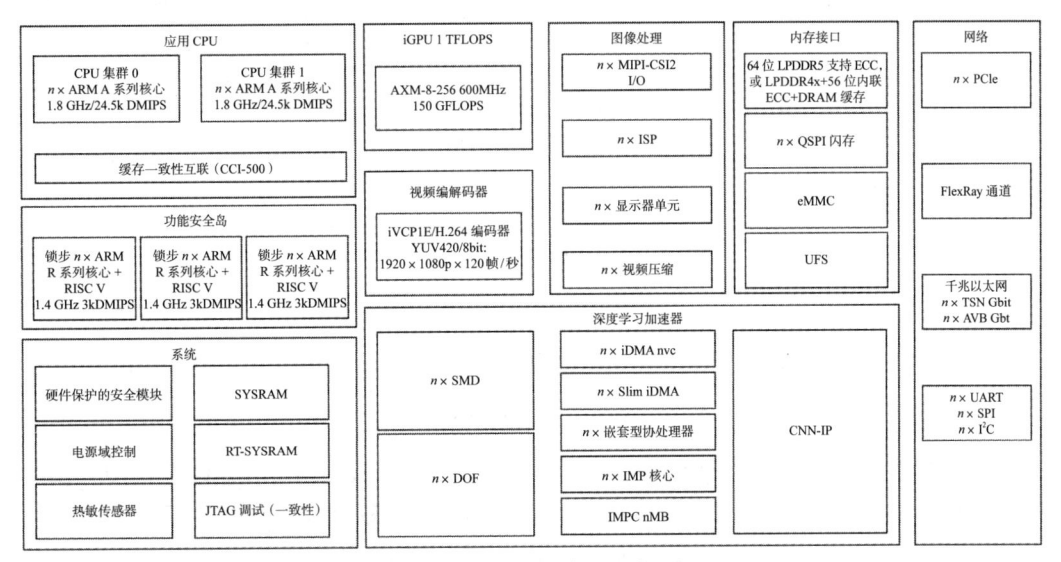

图 1.5 典型的汽车 SoC 框图

接下来让我们深入探讨 MCU 和 SoC 的软件层结构。

1.2.3 MCU 和 SoC 软件层内部

基于 MCU 的汽车 ECU 最显著的特征是其严格的硬实时性能要求和高度确定性，这两者对**控制制动**、**气囊部署**、**转向**和**发动机燃烧**等时间敏感的操作至关重要。因此，MCU 的周期性软件任务的误差为毫秒级，有时甚至是微秒级，超出这个范围应用程序就可能违反其安全性和可靠性目标。

在汽车开放系统架构（Automotive Open System Architecture，AUTOSAR）建立之前，如果希望了解 ECU 的软件架构，那么你必须在 OEM 的软件团队或汽车供应商处工作。然而，得益于 AUTOSAR 联盟创建的标准基础软件架构和标准应用程序接口层，安全专业人员现可通过学习 AUTOSAR 软件架构的基础知识来洞悉典型 ECU 的软件架构。

> **注意**：AUTOSAR 是一个全球性开发合作伙伴联盟，成员包括汽车制造商、供应商、服务提供商，以及来自汽车电子、半导体和软件行业的公司。

让我们首先探讨基于 AUTOSAR 经典变体的 MCU 软件架构，图 1.6 所示为简化的 AUTOSAR 经典软件框图。

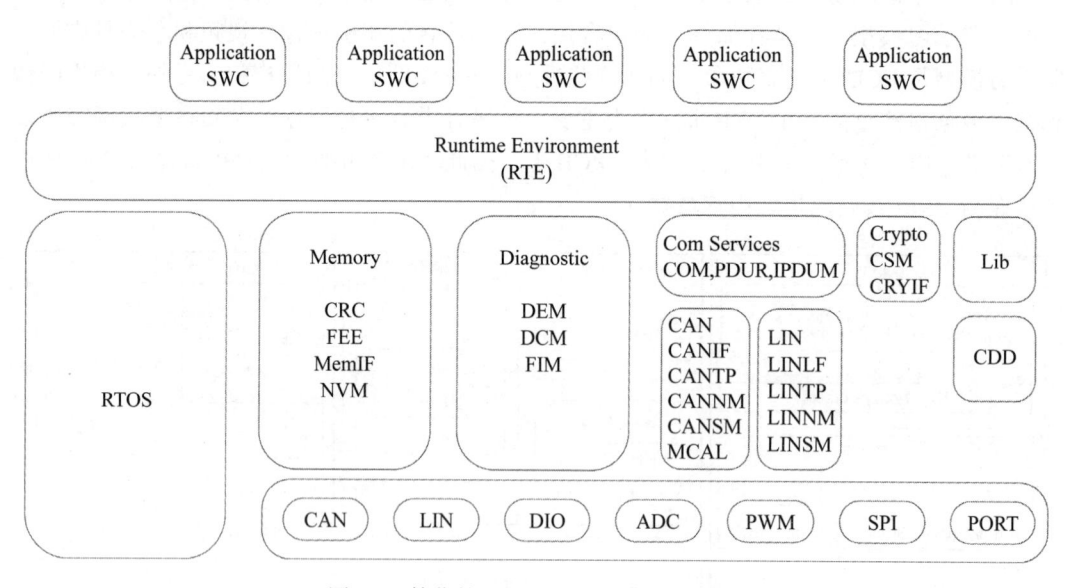

图 1.6　简化的 AUTOSAR 经典软件框图

AUTOSAR 经典软件架构的核心是 AUTOSAR 实时操作系统。该操作系统提供了多项内存、时间和硬件资源隔离及保护，以支持关键应用。正如我们将在后续章节中看到的，这些安全特性对增强基于 AUTOSAR 的应用程序抵御网络威胁的能力也具有重要作用。

AUTOSAR 的另一个独特特征是硬件抽象层，它通过定义良好的接口暴露 MCU 特性，确保软件在不同硬件平台上的可移植性。正确且安全地配置微控制器抽象层（Microcontroller Abstraction Layer，MCAL）是减少攻击面向其余 AUTOSAR 层威胁的关键环节。

除 MCAL 外，AUTOSAR 软件架构中的多个层对安全性也具有关键作用。例如，通信服务层若配置不当，可能被应用程序滥用，向共享 CAN（Controller Area Network，控制器局域网）上的其他 ECU 发送伪造报文。类似地，内存堆栈可能被利用，以篡改非易失性存储器的内容。诊断层可能导致伪造的诊断数据被擦除或插入，甚至在不安全的情况下解锁关键诊断服务。即便对 AUTOSAR 的加密服务层缺乏深入了解，我们也可以推测，若该层配置或实现不当，加密密钥和关键安全参数可能会遭到泄露或非法使用。

> **问题 4**：你能否识别其他可能对安全性至关重要的 AUTOSAR 层？
> **提示**：请考虑 ECU 模式管理。

在继续之前，让我们简要审视 AUTOSAR 运行时环境（Runtime Environment，RTE），它将基础软件模块与应用软件组件隔离。这个标准化的应用程序接口层使得汽车供应商之间能够交换应用软件组件，前提是遵循 RTE 接口定义。RTE 配置决定了应用软件组件之间以及与基础软件模块之间的交互方式。因此，对 RTE 配置的篡改可能对 ECU 软件安全产生重大影响。

值得注意的是，基于 AUTOSAR 的 ECU 软件是作为单一软件可执行镜像构建的，可能还包括一个或多个校准镜像。

对于基于 MCU 的 ECU，其中一个关键软件子系统是闪存引导程序，它管理 ECU 软件的启动和更新，启动和更新的安全性至关重要。图 1.7 所示为典型的引导程序架构框图。

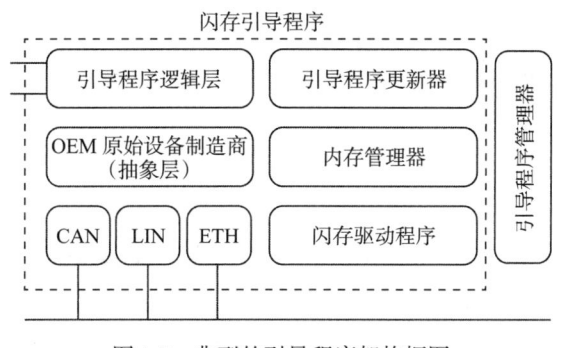

图 1.7　典型的引导程序架构框图

在启动阶段，闪存引导程序执行基本的硬件初始化，并可能基于分区验证结果控制执行哪个软件分区。如果能对这一阶段进行控制，可能导致启动被篡改的应用程序或系统安全初始化不当。在运行时，引导程序提供重新编程软件和校准镜像的功能，可通过诊断客户端或空中激活（Over the Air，OTA）应用实现。非法访问闪存引导程序的更新机制可能导致 ECU 被编程为不安全或恶意软件。假设引导加载程序管理两个分区——一个包含备份镜像，另一个包含最近更新且必须引导的镜像。决定重置后引导哪个软件分区的引导程序内存标志对安全性至关重要，若被篡改，可能导致执行无效或损坏的软件镜像。此外，包含擦除和重新编程闪存内容例程的闪存驱动程序对安全性也极为重要，因为它们可能被滥用来重新编程或擦除 ECU 软件或校准数据。

> **问题 5**：请调查引导程序的软件层，看是否能发现任何可能被攻击者滥用，以重新编程或擦除软件的服务。

现在，我们将注意力转向基于 SoC 的 ECU，并深入探讨其软件架构。值得庆幸的是，AUTOSAR 通过 AUTOSAR 自适应变体也为这些系统标准化了软件架构。尽管 AUTOSAR 自适应变体尚未达到 AUTOSAR 的市场采用水平，但它仍是一个有价值的参考。这种软件架构的一个关键特征是从基于信号的软件设计向面向服务的架构（Service-Oriented Architecture，SOA）转变。与为特定 ECU 构建的单片软件镜像和预生成的 RTE 不同，AUTOSAR 自适应变体提供了允许动态更新和部署应用程序的灵活架构。另一个关键特征是依赖于以太网等的高带宽网络技术。AUTOSAR 自适应框图如图 1.8 所示。

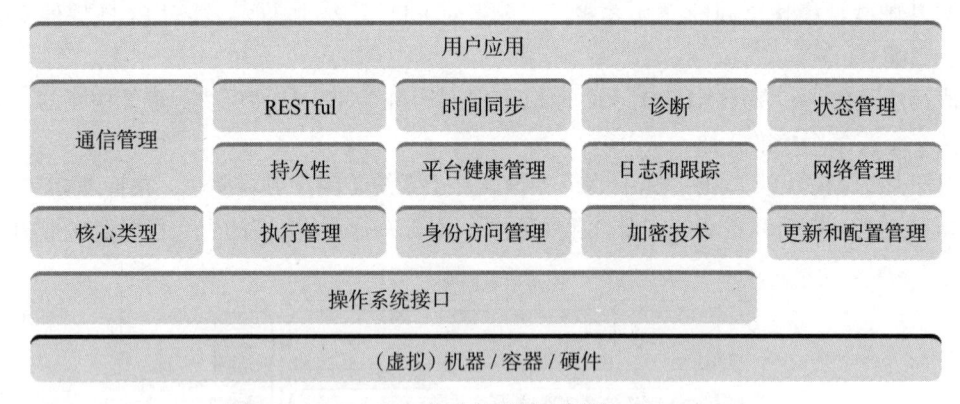

用户应用				
通信管理	RESTful	时间同步	诊断	状态管理
	持久性	平台健康管理	日志和跟踪	网络管理
核心类型	执行管理	身份访问管理	加密技术	更新和配置管理
操作系统接口				
（虚拟）机器/容器/硬件				

图 1.8　AUTOSAR 自适应框图（来源：AUTOSAR）

自适应架构提供了实现计算密集型用户应用所需的主要基础服务集。AUTOSAR 自适应平台并未定义专属操作系统，而是规定了一个兼容任何 POSIX PSE51 操作系统的操作系统接口层。这确保了 AUTOSAR 自适应实现在不同操作系统和硬件平台间的可移植性。POSIX PSE51 配置文件代表了 POSIX API（Application Program Interface，应用程序接口）的核心集合，包括支持线程优先级调度、线程安全函数、同步 I/O、实时信号、信号量、共享内存、进程间通信（Inter-Process Communication，IPC）报文传递以及一些实用工具。此外，AUTOSAR 自适应平台可直接在硬件平台上运行，或作为虚拟机与其他操作系统实例共享平台。简要审视 AUTOSAR 自适应软件架构可发现几个与安全相关的概念。例如，通过持久性集群读写的非易失性存储可被视为安全相关；通过平台健康管理集群报告的错误信息，使用户应用能够采取安全措施，也值得保护。通过通信管理集群处理的通信数据，是分析自适应系统安全性时另一个值得关注的领域。

> **问题 6**：日志和跟踪集群捕获的日志如何处理？加密集群管理哪些内容？这些属性可能面临哪些威胁？更新和配置管理集群又如何？

在结束本节之前，我们必须探讨基于 SoC 的 ECU 是如何启动和更新的，典型 SoC 的启动流程示例如图 1.9 所示。

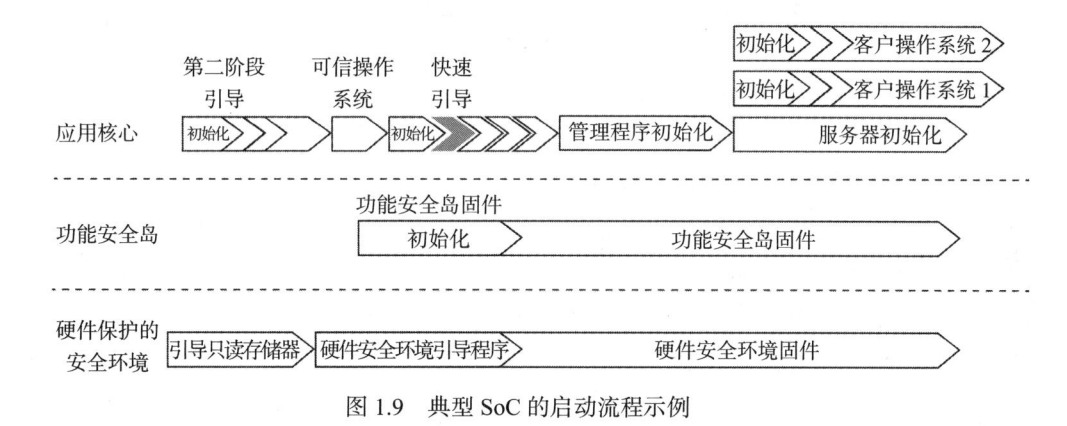

图 1.9 典型 SoC 的启动流程示例

与基于 MCU 的 ECU 使用闪存引导程序不同，基于 SoC 的 ECU 依赖于一系列引导程序。这些引导程序从外部非易失性内存中加载软件和校准数据到 DRAM 和其他内部易失性内存，然后将控制权移交给运行加载固件和软件的相应处理器核心。启动过程通常始于 MaskROM 引导分区，执行初始硬件配置，加载下一启动阶段，然后在验证其完整性和真实性后跳转到下一个引导分区（假设启用了安全启动）。这个过程持续进行，直至所有固件分阶段启动，最终启动管理程序内核（如果支持多个虚拟机）。管理程序利用加载实用程序在内存中加载一个或多个客户操作系统，并分配必要的 CPU、内存和硬件资源，使客户操作系统能够作为独立的虚拟机运行。随后，客户操作系统负责启动其应用程序并管理资源。或者，如果操作系统直接在硬件上运行（也称为宿主操作系统），则不需要管理程序。启动序列是 ECU 最关键的执行路径之一，因为引导链中的任何可利用漏洞都可能导致恶意软件的执行，这可能会给安全关键型 ECU 带来灾难性后果。

在固件和软件二进制文件的重新编程方面，存在不同类型的更新解决方案，包括 OTA。AUTOSAR 自适应平台通过其更新配置管理集群提供了一个参考架构。这使得通过诊断客户端 OTA 应用进行更新成为可能。可以预见，这种功能的安全性也关键的，因为它使软件平台可能面临恶意软件更新和潜在危险代码执行的风险。

现在我们已经介绍了 ECU 的一般硬件和软件架构，让我们探讨一下基于相关功能将它们分组的各种 ECU 和 ECU 域。这将有助于我们在后续章节中分析影响这些 ECU 的潜在威胁。

1.3 ECU 域

ECU 域是指协同工作以实现特定车辆功能（如动力控制或主动制动）的 ECU 分组。这种分组通过将通信报文限制在高度相互依赖的 ECU 之间，提高了通信效率，从而减少了非域相关报文导致的网络拥塞。随着车辆架构的演进，ECU 域的配置可能会发生变化（如 1.6 节所述）。目前，我们的重点是理解标准车辆架构中常见的各类 ECU。

> **注意**：以下列出的 ECU 旨在代表车辆中存在的典型 ECU，而非全面列举，目的是突出每个 ECU 的安全相关性。由于各 OEM 在控制单元间分配车辆功能的方式不同，某些 ECU 的命名可能有所差异。

1.3.1 基于燃料的动力传动系统域

基于燃料的动力传动系统域负责在内燃机（Internal Combustion Engine，ICE）中产生动力，并将其传递到车轮。如果攻击者能够访问该域中的 ECU，就可能影响车辆的纵向运动，这显然对车辆安全性构成威胁。然而，针对该域更常见的攻击目标是非法调整发动机性能，这有导致车辆排放增加的副作用。

（1）发动机控制模块　发动机控制模块（Engine Control Module，ECM）可精确调节车辆发动机的性能，它通过分布在发动机各处的传感器获取数据。ECM 的控制功能包括发动机启动程序、火花塞点火、燃料喷射和冷却过程管理。

（2）变速器控制模块　在自动变速器车辆中，变速器控制模块（Transmission Control Module，TCM）利用不同的齿轮比将固定的发动机速度和转矩转换为可变的行驶速度和转矩。TCM 根据各种输入数据（如发动机转速、车辆速度、节气门位置和车辆负载）决定变速时机，以优化车辆性能，平衡燃油效率、动力输出和发动机保护等因素。

1.3.2 基于电动驱动的动力传动系统域

该域负责电池充电、管理和向电动机及其他需要不同电力水平的电子设备分配电能。与基于燃料的动力传动系统域类似，保护该域免受安全漏洞侵害也至关重要，以防止诸如车辆运动控制不稳定和不安全的电池管理等危险情况。后者是电动汽车特有的问题，如果对电池操作不当，可能导致灾难性的热失控事件。

（1）电池管理系统　电池管理系统（BMS）的主要功能是通过控制电池单元的充放电来管理**电池荷电状态**和**健康状态**。它还监测电池组是否存在危险状况，如过热或高电流事件，以确保在发生灾难性故障之前采取故障安全措施。

（2）车载充电器　车载充电器的主要作用是将电动汽车供电设备（Electric Vehicle Supply Equipment，EVSE）提供的交流电转换为用于为车辆的电池组充电。这涉及控制充电速率、保障电池安全、高效充电。

此外，它还负责 EVSE 与车辆充电系统之间的通信。这通过电力线通信协议实现，该协议允许通过电力线传输数据，可用于根据车辆当前的电池荷电状态、EVSE 的容量和电池温度等因素协商充电速率[8]。

（3）直流 – 交流转换器　在电动汽车中，高压直流 – 交流转换器（也称为逆变器）将电池组的直流输出转换为电动机所需的交流电源。

（4）动力传动系统电子控制单元（Powertrain ECU，PECU）　PECU 通过控制供给电压的频率和幅度来管理电动机的速度和加速度。

1.3.3　底盘安全控制域

底盘安全控制域涵盖多种 ECU 和车载传感器，主要负责主动和被动安全管理。由于该域的 ECU 直接关系到车辆安全，因此在网络安全防护方面，这个域被视为安全专业人士的首要关注重点。

（1）EBCM　EBCM 是一个专用模块，通过向车轮施加制动压力来实现多项主动安全功能，如 ABS、ESC 和自动紧急制动等。

（2）安全气囊控制模块　作为一种被动安全系统，安全气囊通过内置引爆装置的受控爆炸实现充气，在碰撞时保护乘员免受身体伤害。

（3）电子动力转向　电子动力转向（Electronic Power Steering，EPS）负责通过控制转向电机，为驾驶员提供电子转向辅助。EPS 能够实现多种高级驾驶辅助功能，如车道偏离警告和车道保持辅助等。

（4）ADAS 控制模块　尽管多项 ADAS 功能可集成于 EBCM 和 EPS 中，但在更先进的车辆中，通常采用专用 ECU 来实现更高水平的自动驾驶功能。

该模块可根据实时情况指挥 ECM、EBCM 和 EPS，控制发动机转矩，并施加制动和转向。它整合多个传感器的输入，使 ADAS ECU 能够执行自动泊车和高速公路自动驾驶等自主功能。

1.3.4　内部客舱域

内部客舱域涵盖现代车辆所需的舒适性功能。从表面上看，这个域似乎与安全性关系不大。然而，由于它能够控制物理安全性，该领域已成为攻击者的主要目标之一，因为对该域的入侵可能导致车辆被非法进入和盗窃。

（1）车身控制模块　车身控制模块（Body Control Module，BCM）管理无钥匙进入车辆和车辆内部访问控制。此外，它还负责控制座椅、电动车窗、照明系统和刮水器等。

（2）气候控制模块　气候控制模块（Climate Control Module，CCM）的主要功能是为客舱加热和制冷。它通常利用加热器芯为空气加热，并通过蒸发器和制冷剂吸收车厢空气中的热量来实现制冷。

1.3.5 信息娱乐与连接域

通过人机界面（Human-Machine Interface，HMI）与驾驶员交互的车辆功能通常归类为信息娱乐域。该域中的 ECU 包括车辆的主机单元、中控台以及面向驾驶员的仪表盘。不难想象，由于该域提供了丰富的用户界面，因此它在安全方面也至关重要。

（1）车载信息娱乐 车载信息娱乐（In-Vehicle Infotainment，IVI）系统为驾驶员和乘客提供娱乐和信息服务。IVI 系统通过触摸屏和物理控制接收用户输入，并为乘员提供音频、视频和导航等数据。在某些情况下，仪表盘可与 IVI 集成，为驾驶员提供速度、油量信息显示。IVI 系统允许车辆乘员通过蓝牙和 USB（Universal Serial Bus，通用串行总线）连接智能手机，这也使其成为攻击者的潜在目标。

（2）远程信息处理控制单元 远程信息处理控制单元（Telematics Control Unit，TCU）是主要的远程访问点，因此被视为安全关键 ECU 列表中的重要成员。TCU 的功能包括接收 GPS（Global Position System，全球定位系统）信号、通过蜂窝网络和 Wi-Fi 提供连接，以实现 OTA 更新，以及传输遥测数据和紧急援助请求等远程报文。

1.3.6 跨域

所有域的互连可视为一个独立的域，其主要目标是提供可靠的跨域通信，以满足各域间的报文交换需求。

中央网关 尽管某些车辆可能依赖多个单一的 ECU 充当多个车辆子系统之间的网关，但更普遍的趋势是专门使用单个网关 ECU 来执行此功能。中央网关（Central Gateway，CGW）作为车载路由器，允许不同网络段的 ECU 相互通信。它在不同网络系统间传输数据，如 CAN 到 CAN、CAN 到以太网和 CAN 到 LIN（Local Interconnect Network，局部互联网络）。CGW 可以访问所有车辆域，它通过细分网络架构和过滤不必要的流量，在安全性方面发挥重要作用。

> 问题 7：请思考 CGW 的一些独有特点。
> 提示：网络过滤规则就是这样一种资产。

在探讨了不同类型的 ECU 及其所属域后，我们现在将深入研究使它们能够交换信息的网络技术。

1.4 探索车载网络

大量的 ECU、传感器和执行器催生了多样化的车载网络技术。这些技术的共同目标是在恶劣环境条件和低成本约束下，提供具有确定性行为的可靠通信。大多数 ECU 依赖通过汽车总线系统进行的基于信号的通信，如控制器局域网络（Controller Area Network，CAN/

CAN FD)、FlexRay、以太网和 LIN。随着网络带宽需求不断增加，车载网络正逐步向更高带宽的解决方案过渡，如以太网和千兆多媒体串行链路（Gigabit Multimedia Serial Link，GMSL）。

尽管保护车载网络面临的挑战与一般网络安全具有相似性，但实时性能约束和有限的负载大小对许多汽车网络协议提出了独特的挑战。接下来，我们将考察最常见的汽车网络技术，并探讨其特有的安全挑战。理解这些协议的主要特性和常见用例，将为后续章节中分析车载网络协议的安全性奠定基础。

1.4.1 CAN

在从事车辆安全工作时，深入了解 CAN 的工作原理及其面临的各种安全问题至关重要。CAN 是一种串行通信协议，适用于需要在恶劣环境条件下进行可靠实时通信的应用。由于其低成本和出色的可靠性，CAN 一直是广受欢迎的通信协议。它被广泛应用于各种车辆，包括商用货车、乘用车、农用车辆、船舶，甚至飞机。多个 CAN 节点共享同一 CAN 通道的典型总线布局如图 1.10 所示。

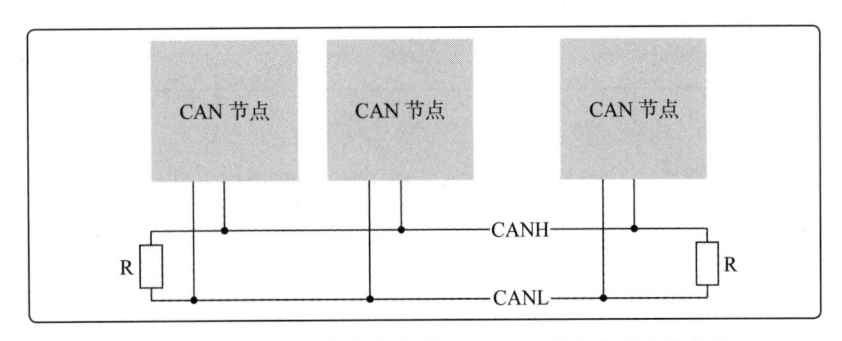

图 1.10　多个 CAN 节点共享同一 CAN 通道的典型总线布局

注：CANH: CAN 高线
　　CANL: CAN 低线
　　R: 终端电阻

CAN 物理层支持位级总线调度，这确保了具有最低 CAN 标识符的节点优先占据总线，而其他节点则等待总线空闲后重新尝试发送。然而，这种调度机制可能会被恶意节点利用，导致潜在的安全隐患。

CAN 的另一个重要特性是其内置的错误处理策略，确保发生发送错误的节点进入总线关闭状态，以停止干扰其他节点。这最大限度地减少了总线干扰，许多应用层策略在退避期试发送。标准 CAN 设备中通常会遵守这些规则，前提是 CAN 控制器符合规范。在后续章节中，我们将研究非合规 CAN 控制器带来的威胁，这些控制器被故意设计为违反物理层和数据链路层协议。在这些情况下，恶意 CAN 节点可能注入位翻转，造成物理 CAN 通道的持续可用性问题。

在 CAN 协议类型方面，主要有三个版本：CAN 2.0、CAN FD 和最新的 CAN XL。CAN 2.0

作为传统协议最为普遍，但其最大负载仅为 8 Byte，典型比特率为 500 kbit/s，因此不适用于高带宽需求的应用场景。为解决这一局限，CAN FD 应运而生，提供了高达 64 Byte 的负载容量和通常为 2 Mbit/s 的更高数据传输速率。CAN XL 则是最新变体，支持高达 2048 Byte 的负载容量和最高 20 Mbit/s 的传输速率。值得注意的是，尽管各 CAN 协议宣称的理论比特率上限较高，但实际应用中，考虑到总线长度、负载、信号质量和电磁干扰等因素，为确保通信可靠性，通常需要降低实际使用的比特率。

为了帮助你理解 CAN 帧的结构，请参考 CAN FD 帧布局，如图 1.11 所示。

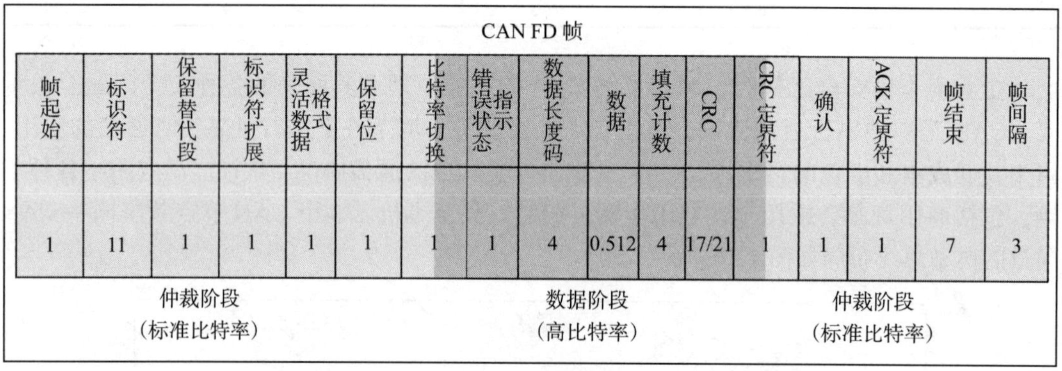

CAN FD 帧														
帧起始	标识符	保留替代段	标识符扩展	灵活格式数据	保留位	比特率切换	错误指示状态	数据长度码	数据	填充计数	CRC	CRC定界符	确认	ACK定界符	帧结束	帧间隔
1	11	1	1	1	1	1	1	4	0.512	4	17/21	1	1	1	7	3
仲裁阶段 （标准比特率）						数据阶段 （高比特率）						仲裁阶段 （标准比特率）			

图 1.11　CAN FD 帧布局

CAN 节点接收器利用 CAN 标识符来确定如何解析**负载内容**，即协议数据单元（Protocol Data Unit，PDU）。CAN ID 对于设置接收过滤器至关重要，它使接收器能够决定接收或忽略特定报文。除 CAN ID 外，发送器还指定数据长度码（Data Length Code，DLC）字段，以指示负载大小，以及包含实际数据的数据字段。需要注意的是，循环冗余校验（Cyclic Redundary Check，CRC）字段由 CAN 控制器自动计算，以确保接收器能检测到物理层发生的 CAN 帧位翻转。在 CAN 数据链路层之上，还存在多种基于 CAN 的协议，如传输协议、诊断协议、网络管理和 OEM 定义的 PDU 通信层。诊断协议在安全性方面尤为重要，因为它允许具有车载诊断（On-Board Diagnostics，OBD）接口访问权限的外部实体发送潜在有害的诊断命令。在后续章节中，我们将深入探讨 OBD 协议如何被滥用以篡改排放相关诊断测试，以及 OEM 特定的诊断服务。CAN 的另一个关键应用是传输和接收包括传感器数据、车辆状态信息和驾驶指令在内的安全关键 PDU。

> **问题 8**：考虑到 CAN 2.0 报文的负载容量有限且对报文延迟的容忍度低，你能构想出一种适当的方法来保护报文完整性，防止恶意篡改吗？

1.4.2　FlexRay

推动汽车行业转向 FlexRay 的一个关键因素是对一种能为安全关键报文提供带宽保证

的更具确定性通信协议的需求。与 CAN 不同，CAN 允许具有最低 CAN ID 的发送器始终优先被处理，而 FlexRay 则基于时分多址（Time Division Multiple Access，TDMA）结构分配时间槽。FlexRay 帧布局如图 1.12 所示。

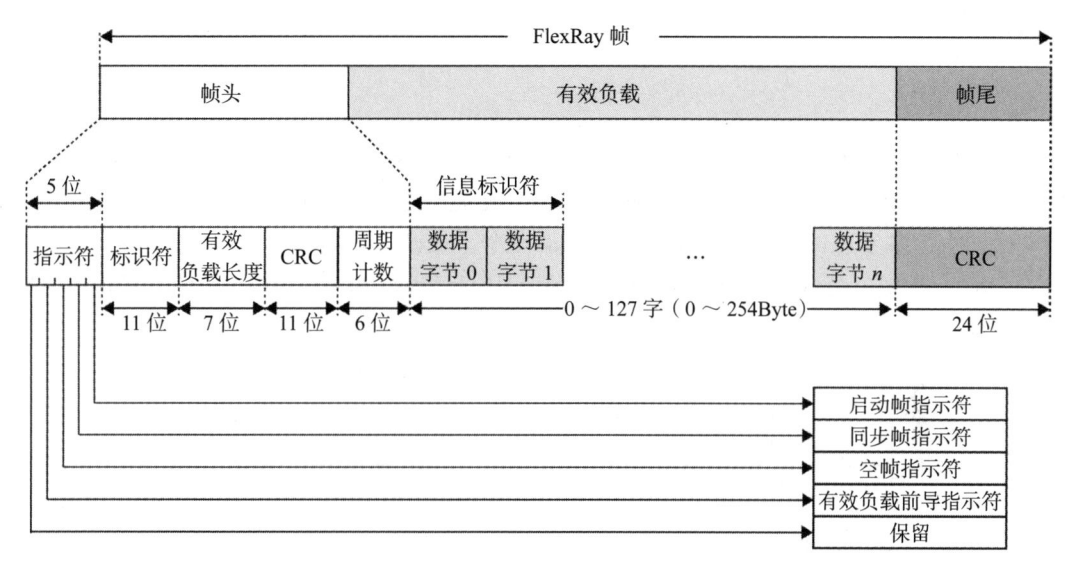

图 1.12　FlexRay 帧布局

FlexRay 相对于 CAN 和 CAN FD 的另一个优势是 254 Byte 的最大负载。此外，FlexRay 提供了一种冗余配置的通信通道，以 10 Mbit/s 的数据速率减少故障可能性。如果冗余通信不是关键，冗余通道可以用来提升数据速率至 20 Mbit/s。FlexRay 具有静态槽和动态槽，以允许在保留的时间槽内传输固定报文，以及可以非周期性传输的动态报文。静态槽中传输的所有报文负载长度相同。另外，动态槽可以具有不同大小的负载长度。

> **问题 9**：动态槽是否存在被恶意 FlexRay 节点滥用的可能性？

负载前导码指示符字段用于标明帧是动态还是静态的 FlexRay 报文。在动态报文中，负载的前两个字节为报文标识符，这允许对负载进行精确识别并更好地控制接收过滤。空帧指示符用于发送一个填充零的报文，以表明发送端未能在分配的时间槽内提供数据。CRC 字段由 FlexRay 控制器自动计算，以确保接收端能检测到信道错误。时间同步的使用对 FlexRay 协议的正确运行至关重要。若无时间同步，发送端将会在错误的时间槽开始传输，导致协议失去可靠性。在 FlexRay 集群中，至少需要两个 FlexRay 节点充当同步节点，通过在每个周期的指定静态槽发送同步报文。随后，所有 FlexRay 节点可利用容错中点（Fault-Tolerant Midpoint，FTM）算法计算其偏移校正值。FTM 算法用于确保 FlexRay 网络中的节点同步，以协调且可靠地交换数据。该算法通过使用一个被称为 FTM 的中央节点作为 FlexRay 网络中其他节点的参考点来运作。FTM 节点定期向网络中其他节点发送同步报文，其他节点则利用这些报文调整其内部时钟以与 FTM 节点的时钟保持一致。

> **问题 10**：你能设想 FlexRay 集群可能面临的独特攻击方式吗？是否存在恶意节点滥用 FTM 算法导致网络失去同步的可能性？

1.4.3 LIN

LIN 总线是一种基于通用异步收发器（Universal Asynchronous Receiver-Transmitter，UART）协议的单主多从网络架构，通常应用于成本比数据传输速率更为重要的场景。在 LIN 中，主设备发送包含同步字段和标识符的命令，从设备则响应一个报文负载和校验和。与 CAN 2.0 类似，负载大小最多为 8Byte，但其比特率显著较低，通常为 19.2 kbit/s。LIN 帧结构如图 1.13 所示。

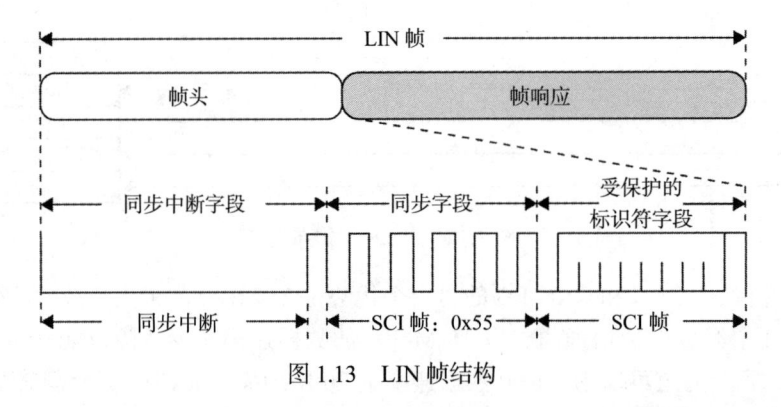

图 1.13 LIN 帧结构

LIN 通信基本上基于由 LIN 主设备维护的调度表，主设备利用该表向特定的 LIN 从设备发出 LIN 头命令。LIN 特别适用于传感器和执行器网络应用，如座椅控制、车窗升降器、后视镜加热等。典型的车辆网络将包含一个同时充当 LIN 主设备的 CAN 节点，作为 CAN 和 LIN 子网之间的网关。这使得该主设备可以通过 CAN-LIN 网关节点向 LIN 从设备发送执行命令和诊断请求。因此，LIN 主节点是将深度嵌入的传感器和执行器暴露给整车的关键环节。

> **问题 11**：你能想到 LIN 总线可能面临安全威胁的方式吗？

1.4.4 UART

UART 通信协议支持比特的异步传输，并依赖接收器进行比特采样，而不使用同步时钟信号。发送 UART 节点在传输的数据包中添加起始位和终止位，以替代时钟信号。标准比特率可高达 115 200 bit/s，常规速度为 9 600 bit/s，适用于低速通信任务。图 1.14 所示为显示起始位、终止位、数据位和奇偶校验位的 UART 数据包。

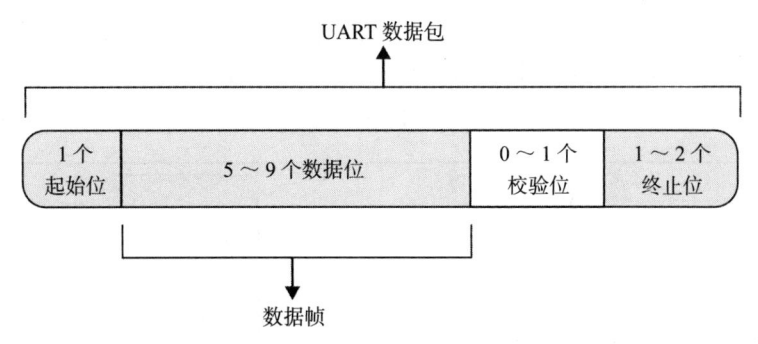

图 1.14　显示起始位、终止位、数据位和奇偶校验位的 UART 数据包

UART 通常用于汽车应用中，与 MCU 或 SoC 打开调试 shell（终端），这自然使其成为攻击者可能滥用的一个有趣协议。

1.4.5　SENT

单边半字节传输（Single Edge Nibble Transmission，SENT）总线（即 SAE J2716）为测量温度、流量、压力和位置的传感器向 ECU 传输数据提供了一种精确且经济的方法。SENT 总线的独特之处在于，它可以同时以两个不同的数据率传输数据，最高可达 30 kbit/s，性能优于 LIN 总线。主要数据通常在快速通道传输，同时可在慢速通道并行发送辅助数据。

一个典型的 SENT 帧由 32 位组成，SENT 帧格式如图 1.15 所示，并将数据划分为 4 位的半字节，以 CRC 结束，以确保帧的完整性并防止损坏错误。

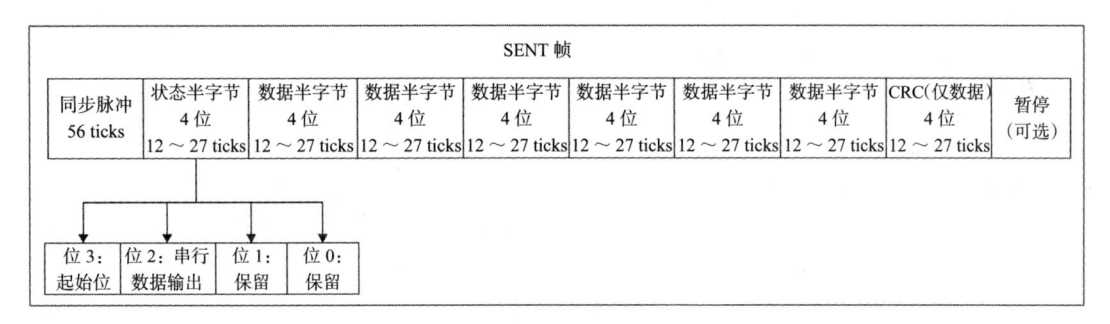

图 1.15　SENT 帧格式

注：tick 为时钟周期

尽管 SENT 具有稳健性强、易于集成和高精度的优势，但 SENT 通信仍可能受到噪声干扰、时序问题和实现细节差异的影响，这限制了其在某些特定类型传感器中的应用。

1.4.6　GMSL

GMSL 是一种最初用于汽车视频应用（如信息娱乐系统和 ADAS）的高速千兆多比特串行接口。它能够在车内组件之间传输高清视频和音频信号，例如摄像头、显示器和音频处理器。GMSL 在发送端使用串行器将并行数据转换为串行数据流，在接收端使用解串器将串行数据还原为并行数据以进行处理。GMSL 可以实现高达 6 Gbit/s 的视频传输速率。基于模拟设备 GMSL 解串器的 GMSL 用例如图 1.16 所示。

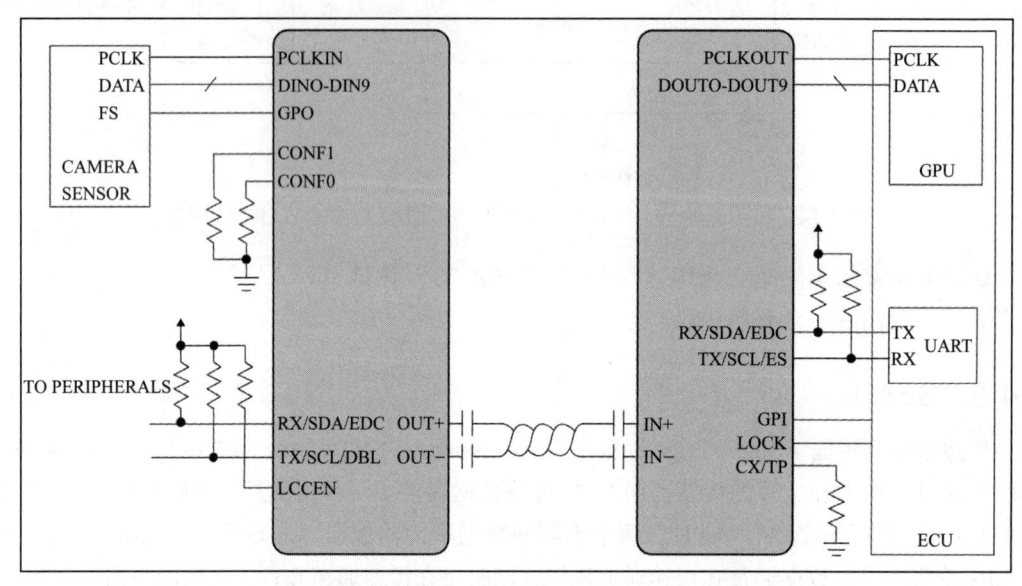

图 1.16　基于 ADI GMSL 解串器的 GMSL 用例

图 1.16 展示了一个典型的摄像头应用配置，其中串行器芯片（图 1.16 左侧）连接摄像头传感器，而解串器芯片（图 1.16 右例）连接 ECU。除了用于音频和视频传输外，GMSL 技术还可用于传输其他类型的数据，如高速传感器数据和控制信号。

1.4.7　I²C

集成电路（Inter-Integrated Circuit，I²C）总线是一种双线串行通信协议，主要用于 MCU 或 SoC 与外设（如摄像头传感器或靠近控制单元的电可擦编程只读存储器芯片）之间的通信。I²C 支持在超高速模式下高达 5Mbit/s 的数据传输速率，在标准模式下可低至 100kbit/s。I²C 协议包含一个地址帧（包含从设备的二进制地址）、一个或多个 1Byte 的数据帧（包含待传输数据）、起始和终止条件、读/写位以及每个数据帧之间的确认/非确认（ACK/NACK）位。I²C 报文结构如图 1.17 所示。

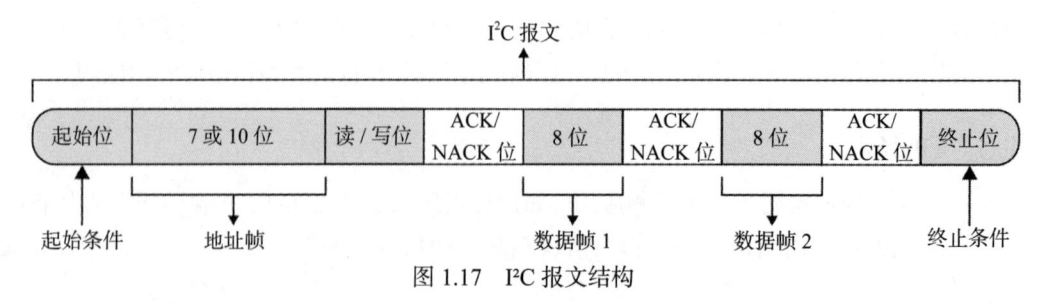

图 1.17　I²C 报文结构

1.4.8 以太网

汽车应用中日益增长的带宽需求推动汽车行业逐步通过一系列 IEEE 标准采用以太网技术，这被称为车载以太网[9]。以太网帧结构如图 1.18 所示。

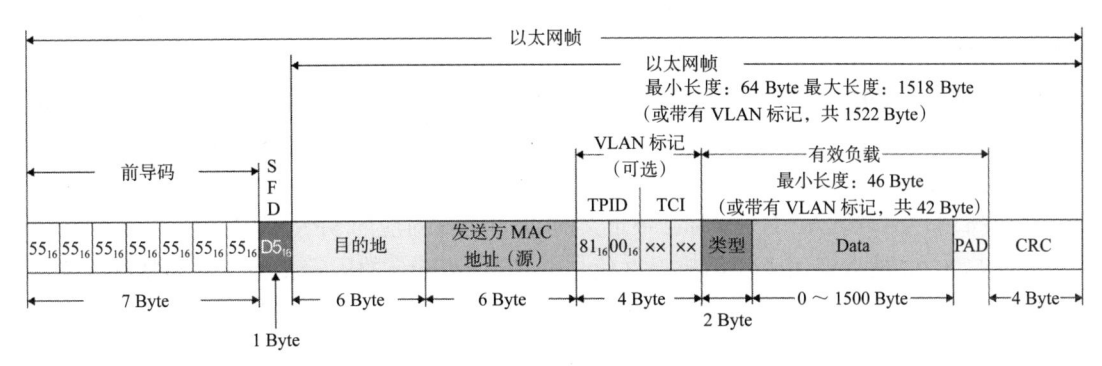

图 1.18 以太网帧结构

基于以太网的通信提供了高带宽，并具有与汽车领域外标准产品集成的极大灵活性。汽车以太网覆盖的数据传输速率范围从 10 Mbit/s 到 10 Gbit/s，包括从 10Base-T1S 到 10GBase-T1 的标准化协议。这使其适用于从时间敏感通信到高吞吐量视频应用等一系列汽车用例。

以太网和汽车以太网之间的主要区别之一在于物理层，后者专门设计用于满足严格的汽车电磁兼容性（Electromagnetic Compatibility，EMC）要求。另一个显著区别是引入了 IEEE 时间敏感网络（Time-Sensitive Network，TSN）标准，它提供了以下功能：抢占机制（允许关键数据中断非关键数据传输）、时序感知整形（确保关键数据接收的确定性延迟）、精确时间协议（Precise Timing Protocol，PTP，用于网络内时钟同步）、逐流过滤（消除意外帧）、帧复制与消除，以及用于信息娱乐相关应用的音频视频传输协议。

1.4.9 J1939

SAE J1939 是由美国汽车工程师协会（Society of Aumotive Engineer，SAE）定义的一套标准，规定了 ECU 如何通过 CAN 总线在重型车辆中进行通信。SAE J1939 标准框架如表 1.1 所示。

表 1.1 SAE J1939 标准框架

层	名称	标准
7	应用层	SAE J1939-71（应用程序） SAE J1939-73（诊断）
4～6	传输层、会话层和表示层	未使用但包含在数据链路层中
3	网络层	J1939-31
2	数据链路层	J1939-21
1	物理层	J1939-11

对于货车网络中 ECU 之间的通信，采用标准 ISO 11898 CAN 物理层。然而，对于货车和挂车之间的通信，则使用基于 ISO 11992 1 的不同物理层和数据链路层。

在数据链路层，J1939 支持点对点报文传输，其中源地址和目的地址包含在 29 位 CAN 标识符中。它还支持广播报文，这类报文只包含源地址，从而允许多个节点接收同一报文。J1939 相对于传统 CAN 的一个重要特点是引入了参数组编号（Parameter Group Number，PGN）和可疑参数编号（Suspect Parameter Number，SPN）。与主要依赖 OEM 定义 PDU 的乘用车不同，J1939 自带一组标准化的 PGN 和 SPN，这使得观察 J1939 CAN 总线的人员能更容易解码报文含义。

让我们来看一个 SAE J1939 标准中定义的 PGN 及其对应的 SPN 示例。

PGN 65262 被指定用于发动机温度信息，具有 64 bit/s 的固定传输速率和默认优先级 6。PGN 65262 的 8 个字节的分配如表 1.2 所示。

表 1.2　PGN 65262 的 8 个字节的分配

起始位置	长度 / Byte	参数名称	SPN
1	1	发动机冷却液温度	110
2	1	发动机燃油温度 1	174
3～4	2	发动机油温度 1	175
5～6	2	发动机涡轮增压器油温度	176
7	1	发动机中冷器温度	52
8	1	发动机中冷器恒温器开启度	1134

SPN 相当于乘用车基于信号通信中常用的信号标识符。J1939 标准规范了 SPN 的名称、描述、数据长度及精度，以确保原始数据到物理量的正确转换和解释。

当需传输超过 8 Byte 的数据时，J1939 协议支持使用传输协议，最大可传输 1785 Byte 的数据。此过程通过两种模式实现：①连接模式数据传输，使用请求发送（Ready to Send，RTS）和清除发送（Clear to Send，CTS）帧使接收方能控制数据流；②广播宣告报文（Broadcast Announce Message，BAM），允许发送方在无数据流控制握手的情况下传输报文。

问题 12：请思考恶意网络参与者可能如何滥用握手报文。

传输协议支持诊断应用，依赖一组专用于处理不同诊断服务的参数组（Parameter Group，PG）。被指定为诊断报文（Diagnostic Message，DM）类型的 PG 可实现类似于乘用车诊断中常用的统一诊断服务（Unified Diagnostic Service，UDS）协议。在 J1939 上观察诊断帧时，可通过 SPN 字段（包含故障参数的唯一标识符）和 FMI 字段（包含检测到的故障类型）轻松查询诊断故障代码。

最后，源地址管理和实际功能映射由网络管理层处理。与为支持 ECU 休眠和唤醒而设计的乘用车网络管理协议不同，J1939 使用网络管理定义 ECU 如何加入网络，以及在动态网络中如何管理设备地址。J1939 网络管理的一种简单形式是：每个 ECU 在启动后、通信开始前传输地址声明参数组（PGN 0x00EE00）。设备名称和预定义的设备地址通过地址声明被交换，以描述网络拓扑。欲详细了解地址声明协议，建议参阅 J1939 31[1]。目前，我们需要认识到的是，这种声明特定地址的能力可能会被不诚实的网络参与者滥用，从而带来安全隐患。

迄今为止，本章已探讨了最常见的车载网络。我们有意排除了外部网络类型，如 Wi-Fi、蓝牙、5G 蜂窝网络、GNSS（Global Navigation Satellite System，全球导航卫星系统）和 RF（Radio Frequency，射频）通信。这些通信领域产生的威胁将在后续章节中探讨。现在我们已了解了车辆组件如何通过网络互连，接下来将探索一些特殊的车辆组件，它们使 ECU 能够感知并响应车辆环境的变化。

1.5 传感器和执行器

如果没有传感器向控制算法提供输入和执行这些算法输出的执行器，那么前几节讨论的基于 MCU 和 SoC 的 ECU 将不会有太大的用处。传感器和执行器使许多车辆功能得以实现，这些功能不仅增强了驾驶体验，还提高了安全性，例如自适应巡航控制、自动紧急制动等。谈到传感器，现代车辆可能包含 100 多个传感器，这些传感器既嵌入在 ECU 中，也位于车辆车身内。传感器将各种物理条件（包括温度、压力、速度和位置）转化为模拟或数字数据输出。

了解传感器的物理特性及其与车辆的接口有助于我们确定它们如何受到网络攻击的影响。在接下来的小节中，我们将对各种传感器进行抽样分析，以了解它们如何感知输入，以及通过哪些接口传输和接收数据。

1.5.1 传感器类型

图 1.19 所示为提供 360° 感知能力、与 ADAS 功能对应的传感器。除了一些内部传感器外，还有一些其他传感器。

- 摄像机：这类传感器支持车辆的多种功能，包括数字后视镜、交通标志识别以及中央显示屏上的环视图等。摄像机传感器通过其光敏表面（图像平面）上的镜头捕捉光线，从而生成周围环境的原始图像数据。随后，接收 ECU 对这些数据进行处理，生成适用于各种摄像机应用的图像数据格式。当前技术通常支持高达 800 万像素的图像分辨率，帧率可达 60 帧/秒。在大多数情况下，原始图像数据通过 GMSL 从传感器序列化传输，并由主 ECU 反序列化，数据传输速率可达 6GB/s。此外，通常还支持通过低速通信链路（如 I^2C）进行传感器的配置和管理。某些专用摄像机能够生成诸如车道、汽车和行人等物体的分类信息。值得注意的是，对摄像机的任何攻击都可能影响车辆正确识别物体的能力，从而对安全性造成严重影响。另外，如果摄像机数据被非法访问，用户的隐私权可能受到侵犯。

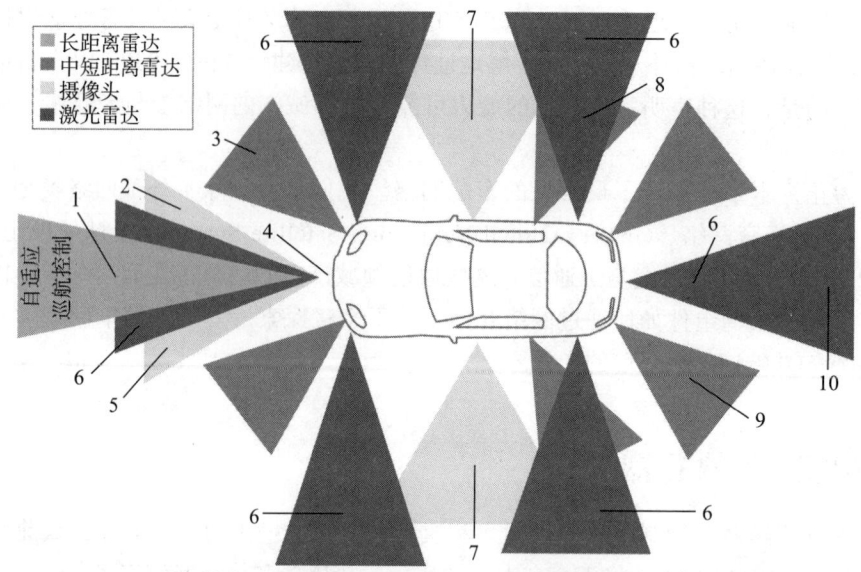

1—紧急制动、防碰撞、行人检测　2—交通标志识别　3—交叉交通警报
4—停车辅助　5—车道偏离警告　6—环境映射　7—数字侧视镜环视
8—盲区检测　9—后方碰撞警告　10—停车辅助环视后视镜

图 1.19　提供 360°感知能力、与 ADAS 功能对应的传感器

- **激光雷达**（Light Detection and Ranging，LiDAR）：这是一种基于发射激光脉冲并测量目标物体反射信号的远程传感技术。通过测量光脉冲发射和接收之间的时间间隔，可以估算物体的距离。LiDAR 在扫描周围环境时，会生成场景的三维表示，即点云。LiDAR 传感器主要用于物体检测算法，可传输原始或预处理的点云数据。这些传感器通常通过 1000Base-T1 以太网链路与主 ECU 进行通信。对 LiDAR 的攻击可能会影响车辆检测物体的能力，进而对安全性产生不利影响。
- **超声波传感器**：这类电子设备通过发射超声波并将反射声波转换为电信号来测量目标物体的距离。超声波是以高于人耳可听频率传输的声波，主要由两个组件构成：发射器（使用压电晶体发射声波）和接收器（将声波信号转换为电信号）。超声波传感器通常通过 CAN 与主 ECU 进行通信。对超声波传感器的攻击可能会影响车辆在停车等情况下检测物体的能力，从而对安全性产生影响。
- **无线电检测和测距（雷达）**：这种技术基于在感兴趣区域内发射电磁波，并接收目标物体反射的波（或散射波），然后对这些波进行处理以确定物体的距离。此外，传感器可以利用电磁波的多普勒效应，确定检测到的障碍物的相对速度和位置。雷达传感器的分辨率通常远低于摄像机，一般通过 CAN 或以太网与主 ECU 进行通信。与 LiDAR 类似，雷达广泛应用于自动驾驶系统，因此影响其数据的攻击对车辆安全具有重大影响。
- **GNSS 传感器**：这类传感器通过天线接收来自地球轨道卫星网的航信号，以提供位置、速度和时间信息。通常通过 CAN 或 UART 与主 ECU 进行通信。对 GNSS 传感器的攻击可能会影响车辆的定位能力，这对于确定车辆在地图中的位置以及建立对道路和建筑物的感知至关重要。此外，GNSS 输入对于接收全球标准时间也是必要的，如果受到破坏，可能会干扰车辆获取可靠时间源的能力。

- **温度传感器**：这些传感器用于检测温度，通常采用热敏电阻，利用负温度系数原理。负温度系数热敏电阻的特性是温度升高时其电阻降低，从而可以将温度变化与通过热敏电阻的电信号变化相关联。除热敏电阻外，还有其他技术，如红外（Infrared，IR）传感器，它们通过检测物体发出的 IR 能量并向 MCU 传输信号进行处理。温度传感器在众多汽车应用中至关重要，既嵌入在 MCU 和 SoC 内部，也分布于 PCB 上。它们对于满足安全要求的温度监控不可或缺。嵌入在 MCU 中的温度传感器通常通过简单的寄存器读取操作提供温度读数，而外部温度传感器可以通过 GPIO 引脚、模数转换器（Analog-to-Digital，ADC）或 I^{2}C 接口与 MCU 通信。对温度传感器的攻击可能会影响 ECU 监控温度的能力，可能导致未被检测到的过热情况，从而带来安全隐患。

- **车辆动力学传感器**：这些传感器使主动和被动安全 ECU 能够精确确定车辆的运动状态，这些数据被用于控制算法中，如转向、制动和安全气囊的部署。对这些传感器中的任何一个进行攻击都会直接影响安全性，因为使用其数据的控制算法会进行错误计算，从而可能导致不安全的控制动作。以下是此领域最常用传感器的典型示例：
  - 惯性测量单元（Inertial Measurement Unit，IMU）：感应沿六个自由度的物理运动效应——偏航、滚转、俯仰角速率，以及横向、纵向和垂直加速度。这有助于车辆确定何时发生了危险事件，例如在冰面上打滑或翻车。IMU 利用微机电系统（Microelectromechanical System，MEMS）技术，通过微机械结构中的电容变化来感应加速度，通常通过 CAN 与主 ECU 进行接口。
  - 转向角传感器设计通常基于巨磁阻（Giant Magnetoresistance，GMR）技术。它安装在转向轴上，用于测量转向角度值。传感器通过 CAN 输出转向角度值和转向角速度。车轮速度传感器利用霍尔效应元件在变化的磁场中工作，以生成与车轮速度相关的交变数字输出信号。车轮速度传感器通常直接硬连线到主 ECU，通常是 EBCM。
  - 制动踏板传感器，也被称为角度位置传感器，通常基于磁场传感器技术，能够进行非接触式踏板角度测量。这种传感器在混合动力和电动汽车的再生制动系统中尤为常用。该传感器通常直接硬连线到主 ECU，一般是 EBCM。

加速踏板传感器，也被称为旋转位置传感器，使用带有霍尔元件的磁性旋转传感器来测量角度位置。该传感器直接连接到主 ECU，通常是 ECM。除了安装在车内外，还有许多传感器直接集成在车辆机电组件中，例如**发动机的质量空气流量传感器**，用于电子燃油喷射系统。另一个重要的发动机传感器是**废气氧传感器**，它确保废气排放催化转化器正确工作。对这些类型传感器的攻击可能会对环境产生不利影响，因为它们在排放控制中起着关键作用。

深入了解车内使用的传感器、它们的物理特性以及它们与 ECU 的接口方式，对于理解可能对这些传感器施加的潜在威胁至关重要。因此，建议你对与 ECU 相关的所有传感器进行全面了解，以便在后续章节中研究影响传感器的威胁时，做好充分准备。

如果没有将 ECU 输出转换为物理动作的执行组件，传送给 ECU 控制算法的传感器输入将失去其实际价值。在下一小节中，我们将重点讨论这类执行组件，深入了解它们如何被 ECU 精确控制。

1.5.2 执行器

执行器是一种可通过电子控制实现机械装置或系统移动的组件。它由电流、液压或气压等能源驱动，并将能量转化为运动。ECU 包含与执行器接口并应用软件驱动控制算法所需的电子元件。了解执行器的控制机制及其滥用可能产生的影响对车辆网络安全至关重要。以下是车辆中常见的一些执行器示例。

- **交流伺服电机**：这是由 ECU 驱动的电气装置，能够精确控制车辆内机械装置的旋转。这类电机在车辆中有多种应用，例如通过控制转向柱的运动来辅助方向盘转向。
- **无刷直流电机**：在动力系统中，无刷直流电机可用于变速器的变速功能、转移器和差速器中的转矩分配控制。控制这些电机的接口有多种，如脉冲宽度调制（Pulse Width Modulation，PWM）和 CAN。
- **电动车窗升降驱动器**：这些驱动器控制车窗的开启和安全关闭。它们通常配备自锁齿轮装置，防止车窗从外部被强行打开。这类驱动器一般通过 LIN 与 BCM 进行通信。
- **座椅驱动器**：这些驱动器利用单级或两级齿轮电机控制座椅调节，通常由 BCM 通过 LIN 进行控制。
- **天窗驱动器**：通过电机和齿轮系统产生高转矩来控制天窗的开闭位置，由 BCM 控制。
- **燃油泵**：由 ECM 电控，为发动机提供所需压力的燃油。
- **喷油器**：这是装有电磁线圈的喷油装置，由 ECM 管理。ECM 根据进气量和发动机转速确定基本燃油喷射时间，并在闭环控制期间根据发动机冷却液温度和氧传感器的反馈信号调整燃油喷射时间。

尽管攻击者通常无法直接访问执行器，但了解针对执行器的攻击影响以及潜在的攻击路径仍然十分重要。

在探讨了各种 ECU、传感器 / 执行器及支持它们通信的网络技术后，我们将考虑这些组件互连和使用的不同拓扑结构。

1.6 探索车辆架构类型

不同的 E/E 架构构建方式会影响车辆表面及其相关攻击路径的攻击可行性。正如我们将在第 3 章中看到的，某些 E/E 架构比其他架构更易受到网络攻击。

多年来，E/E 架构已从高度分布式、直接映射车辆功能与 ECU 的架构，演变为更加集中化的架构，其中车辆功能被整合到数但计算能力强大的域控制器中。图 1.20 所示为车辆 E/E 架构的演变。它始于高度分布式架构，由高度互连的功能专用 ECU 组成。第二个阶段代表了域集中式架构，利用域专用 ECU 将多个 ECU 的功能整合到更少的 ECU 中。下一代是区域架构，由连接到其余控制单元、传感器和执行器的车辆计算机或区域 ECU 组成。

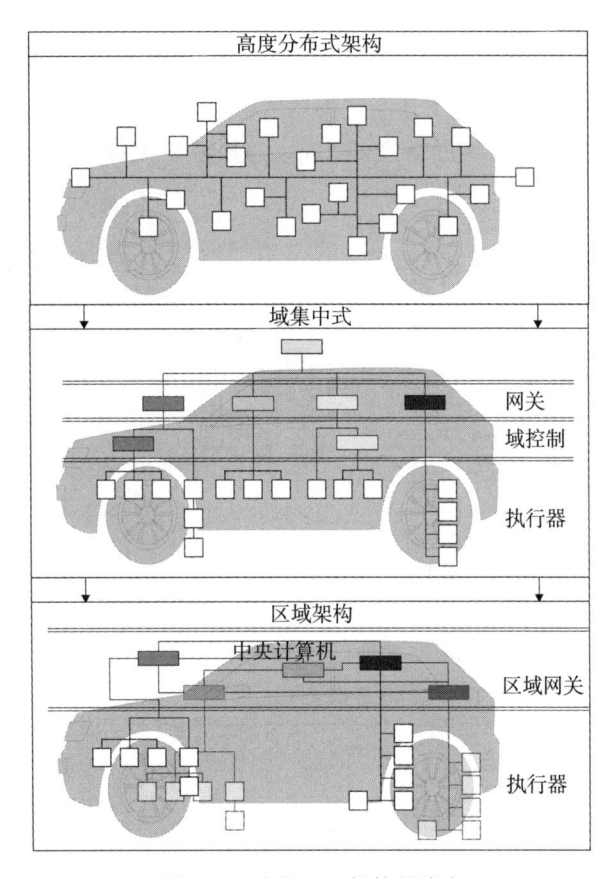

图 1.20　车辆 E/E 架构的演变

让我们仔细研究三种主要类型的车辆 E/E 架构，以更好地理解它们的差异，并深入了解其中的一些安全弱点。

> **注意**：OEM 在推动其车辆架构演进方面采取不同的策略，因此可能会发现处于架构类别之间过渡阶段的车辆架构。在撰写本书时，车辆架构的演变仍在进行中，因此可能会出现新的架构类别。

1.6.1　高度分布式 E/E 架构

这种架构将具有相似功能或相互依赖功能的 ECU 集中在共享的网络段中，利用 CAN、

LIN 或 FlexRay 等协议进行报文交换。在此架构中，一些 ECU 除了执行主要车辆功能外，还承担报文中继功能，允许报文在不同网络段间传输，如 CAN 到 CAN 或 CAN 到 LIN。这些 ECU 可视为本地网关，便于在不重新设计车载网络的情况下向车辆架构添加新 ECU。然而，这种方法的一个副作用是本地网关的扩散可能在网络隔离中产生漏洞，因为这些网关并非用于限制对新增 ECU 的访问控制。为减少专用网络通道的增加，该架构的设计者可能会将安全暴露程度差异较大的 ECU 分组到同一子网络中。例如，信息娱乐 ECU 可能与制动 ECU 相邻，这种情况应引起关注。此架构的另一个常见特征是 OBD 插接器，它允许诊断客户端直接连接到内部车辆网络段（如动力总成或底盘域），以发送和接收诊断命令。图 1.21 所示为高度分布式 E/E 架构。

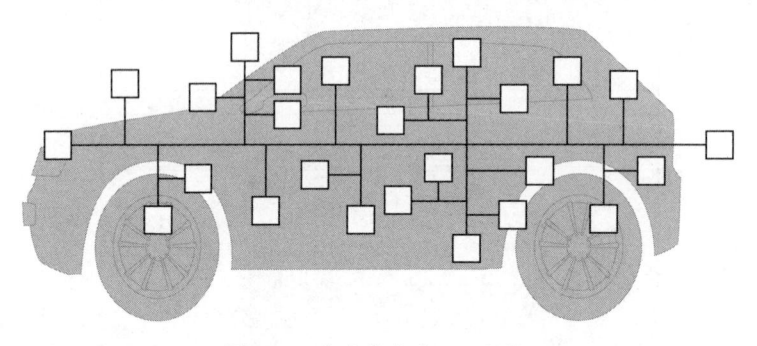

图 1.21　高度分布式 E/E 架构

> **问题 13**：如果信息娱乐 ECU 与网络段中的安全关键 ECU 相邻，会出现什么问题？为什么 OBD 插接器是一个值得关注的问题？

1.6.2　域集中式 E/E 架构

高度分布式 E/E 架构在成本和维护方面的挑战促使域集中式 E/E 架构的出现。当时安全性尚未成为主要考虑因素。这种架构变体的主要特征是将 ECU 分组到明确定义的车辆域中，并通过专用网关隔离域间通信。域集中式架构中的域分区如图 1.22 所示，它们通过以太网骨干网互连，以支持跨域的高带宽报文传输。

域集中式架构的一个主要特征是拥有一个中央多网络网关，配备高速网络骨干（如以太网）。由于域间和非车载系统间传输大量数据，这种网关极为必要。该网关可作为车辆的中央网络枢纽，能够执行网络过滤规则，防止一个域干扰其他域。典型的 CGW 包含多个 CAN/CAN FD 接口，以及支持时间敏感通信的多个以太网接口。骨干网络支持基于 IP 的诊断（Diagnostics over IP，DoIP）等功能，以满足高带宽用例需求，如并行闪存编程和多 ECU 诊断。

> **问题 14**：CGW 在提高 E/E 架构安全性方面起到了什么作用？

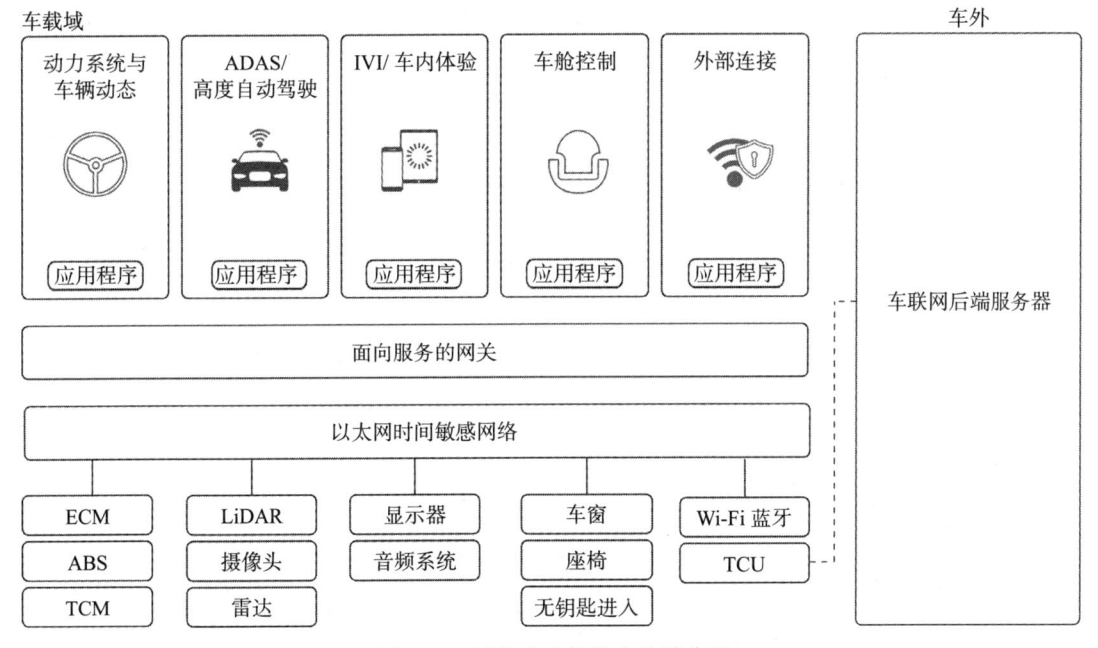

图 1.22 域集中式架构中的域分区

（1）域控制单元　域控制单元（Domain Control Unit，DCU）将多个小型 ECU 整合为一个具有更强处理器、更大内存、更多硬件外设和网络接口的单一 ECU。DCU 是软件定义车辆的关键使能特征，使车辆功能可通过软件更新启用或禁用，无须硬件升级。DCU 通常依赖高性能 MCU 和 SoC。

由于不同应用共享同一计算平台，这些系统面临更广泛的威胁空间，因此引发了关于空间和时间隔离的安全考虑。DCU 架构如图 1.23 所示。

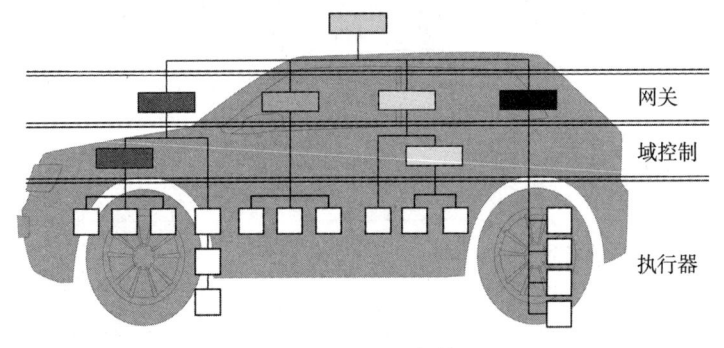

图 1.23　DCU 架构

从软件角度看，域控制器预计将在 POSIX 基础操作系统内执行一个应用子系统，同时在实时操作系统内运行一个高安全完整性合规的 MCU。这种架构的一种常见实现是使用一个 AUTOSAR 自适应实例，以及一个或多个 AUTOSAR 经典实例，单个 DCU 中的多个软件平台如图 1.24 所示。由于共享同一硬件平台，因此在这种架构中需要重新评估关于实时实例安全性的假设。

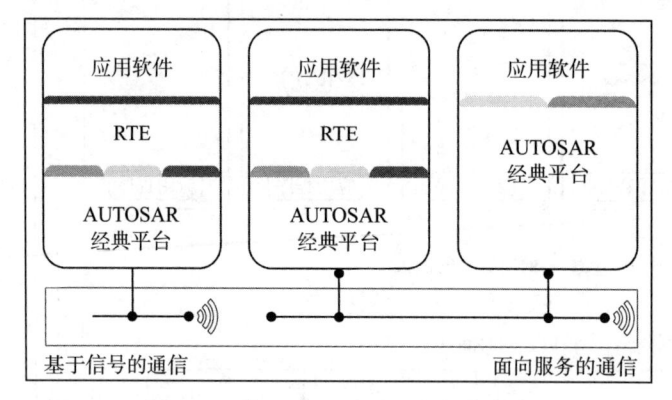

图 1.24 单个 DCU 中的多个软件平台

> **问题 15**：你认为 DCU 相比仅运行 AUTOSAR 经典的 ECU 更容易受到攻击吗？

（2）中央计算集群　这种高性能车载计算机基于异构执行域，集成了 CPU、GPU 和实时内核，以支持计算密集型应用，如自动驾驶、信息娱乐和驾驶舱等功能，所有这些都在一个通用硬件平台内实现。英伟达的自动驾驶平台是中央计算集群的一个典型示例，如图 1.25 所示。

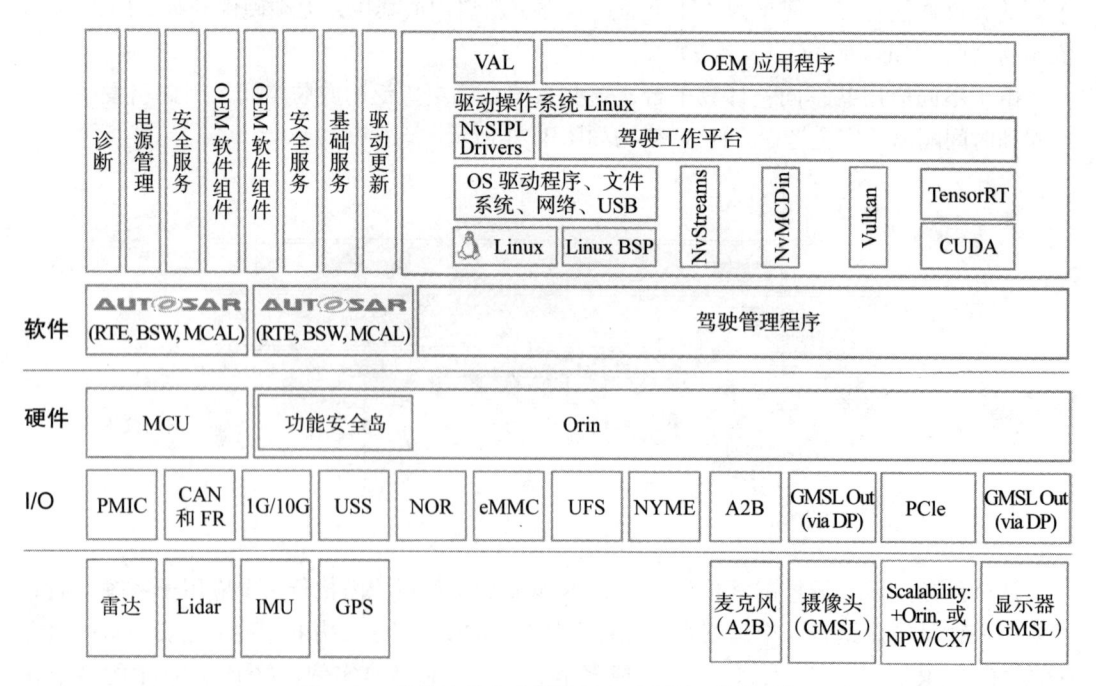

图 1.25 英伟达的自动驾驶平台（来源：英伟达）

这种架构支持在实时内核上运行多个 AUTOSAR 经典实例，以执行实时安全应用。通过支持一个或多个 POSIX 兼容操作系统的虚拟机监控程序，托管一个独立的 CPU 集群。通常，经过安全认证的操作系统（如 BlackBerry 的 QNX）用于管理自动驾驶应用程序，而 Linux 和 Android 操作系统则用于提供驾驶舱和信息娱乐服务。这些系统提供丰富的外设和网络接口，以支持计算机视觉、物体检测、传感器融合以及地图和软件更新等多种云支持服务。

> **问题 16**：你认为这种架构可能存在的安全弱点吗？当不同安全级别的应用程序托管在同一计算机内时，会产生什么影响？

1.6.3 区域架构

区域控制器是该设计的关键元素，因为它将大量执行器和传感器连接到 CGW 和车载计算机。区域根据车辆内的位置进行划分（例如，前驾驶员位置可作为一个区域，后右乘客位置可作为另一个区域）。每个区域支持多种功能，尽可能在本地进行计算处理。通常，一个中央计算集群（在前一小节中介绍）通过网络化的区域网关连接到传感器和设备。一个骨干网络将各区域连接到中央计算集群。图 1.26 所示为区域架构的顶层视图。

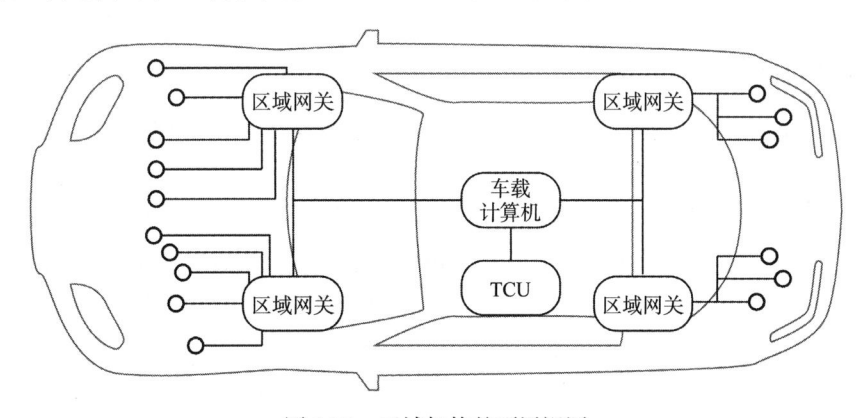

图 1.26 区域架构的顶层视图

域集中式车辆 E/E 架构在传感器和执行器位置靠近 ECU 时可以很好地扩展。然而，随着新车辆功能的增加，车辆架构师不得不复制传感器并添加更多电缆和接口，成本就变得非常高。

这导致了区域架构的出现，其目标是在车辆内高效分配电力和数据，同时降低布线成本、减轻车辆重量并简化制造过程。这种方法按车辆内部的物理位置对 ECU 进行分类，利用 CGW 管理通信。CGW 可以跨区域传输传感器数据，而无须复制传感器，从而降低总体成本。此外，传感器靠近区域控制器减少了布线，节省了空间并降低了车辆重量，同时还提高了数据处理速度和车辆各处的电力分配效率。这使得网络化区域方法具有良好的可扩展性和灵活性，同时提高了可靠性和功能性。

> **问题 17**：从安全角度考虑，CGW 处理如此大量数据会带来哪些潜在缺陷？单一中央车载计算机是否会引发安全风险？

1.6.4 商用货车架构类型

在结束对 E/E 架构的探讨之前，我们需要关注一个对安全性至关重要的特殊车辆类别。虽然商用货车可能不如乘用车引人注目，但从安全性角度考虑，重达 40t 的商用货车遭受攻击的后果可能比乘用车更为严重。商用货车的 E/E 架构发展趋势与乘用车相似，主要差异在于存在一个或多个拖车，这些拖车配备有机电系统，如拖车制动和照明系统。由于商用货车的开发周期较长，其架构通常包含更多的传统组件，这增加了采用新安全特性的难度。商用货车的另一个显著特点是依赖 J1939 协议进行车内通信。此外，使用 SAE J2497 标准通过电力线通信（Power-Line Communication，PLC）与拖车通信也很普遍，这构成了一个独特的攻击面。就 ECU 类型而言，尽管功能域大致相同，但由于车辆尺寸较大，执行器类型有所不同。例如，制动系统依赖气压而非液压。在接下来的章节中，我们将在适当时候指出适用于商用货车的特殊威胁和注意事项。

1.7 总结

本章详细探讨了各种类型的 E/E 架构、相应的网络技术，以及使车辆能够执行其功能的多种传感器、执行器和控制单元。这一深入分析为我们理解汽车电子系统的构建奠定了坚实基础，这对于研究它们如何受到恶意攻击并导致故障至关重要。在讨论每一层架构时，我们揭示了需要保护的关键功能，以及成功攻击可能造成的后果。尽管本章为我们提供了必要的保护知识，但我们应该认识到 E/E 架构在不断演进，这使得攻击面也在不断变化。然而，我们在此学到的基础知识能够使我们在面对新的攻击面和威胁时能够灵活应对。

在下一章中，我们将回顾分析和保护汽车系统所需的基本安全概念、方法和技术。

1.8 问题答案

以下是本章问题的答案：

1. 典型 PCB 上需要保护的关键组件包括内存芯片、MCU、SoC、网络集成电路，以及控制传感器和执行器的 GPIO 接口。

2. 对于基于 MCU 的 ECU，物理接触的攻击者可能会尝试破坏网络接口，如 CAN 和以太网。

3. 对于基于 SoC 的 ECU，物理接触的攻击者可能会尝试破坏 PCIe、eMMC 芯片和 QSPI 闪存。

4. 模式管理软件与安全性密切相关。能够影响 ECU 运行模式的攻击者可能造成严重损害。例如，在车辆行驶过程中，ECU 切换至关闭状态将带来安全隐患。同样，干扰 ECU 持续睡眠模式的能力可能影响电池寿命并导致操作损坏。

5. 某些引导程序支持重新编程自身的闪存。尽管这种功能在修补引导加载程序软件时非常便利，但它也为攻击者提供了机会，可以将引导加载程序替换为恶意版本，在常规下载会话期间绕过签名验证检查。更严重的是，如果闪存引导加载程序被擦除且没有备份副本，可能导致 ECU 处于不可编程状态。

6. 日志和程序跟踪是攻击者的首选目标，因为它们可能包含在攻击阶段可利用的有价值信息，有助于攻击者发现机密和逆向工程系统的工作原理。同样，处理加密服务的软件也是滥用的良好目标，可用于泄露或滥用加密密钥。负责更新管理的软件模块无疑是一个引人注目的目标，因为它构成了篡改 ECU 软件的重要攻击面。

7. 路由表、CAN 过滤规则以及以太网交换机配置（如果在 CGW 中支持或由其管理）都是具有高价值的潜在攻击目标。

8. 缺乏对加密完整性机制的支持，以及未能充分利用网络入侵检测和防御系统，可能会大大降低阻止不必要流量进入车辆深层网络的有效性。我们将在后续章节中深入探讨这些方面的内容。

9. 恶意的 FlexRay 节点可能会滥用动态时隙机制，发送大量报文，以垄断分配的带宽。此外，它还可能反复请求动态时隙，即使不需要使用，也能阻止其他节点正常使用动态时隙资源。

10. 恶意的 FlexRay 节点可能通过故意干扰 FTM 过程，引入错误的时间报告和传输延迟，或造成冲突，从而导致同步问题。

11. LIN 接口通常通过车辆驾驶舱相对容易接触到，例如座椅控制器。此外，CAN-LIN 网关是访问 LIN 总线的主要入口点，因此也是潜在的安全风险。

12. 恶意网络参与者可能会注入伪造的 RTS 和 CTS 帧，以破坏通信协议的正常运行。

13. 由于信息娱乐 ECU 具有丰富的功能集和强大的连通能力，它更容易成为攻击目标。如果信息娱乐 ECU 与安全关键 ECU 位于同一网络段，攻击者只需成功入侵信息娱乐 ECU，就可能直接接触到安全关键 ECU。因此，构建多层安全防御，以减少单一安全漏洞对车辆整体安全的影响，是一种良好的实践。另外，OBD 插接器提供了对车辆内部网络的直接访问途径。车主经常插入 OBD 加密器，以监控车辆驾驶模式并接收故障代码通知。这些加密器由于其蓝牙或 Wi-Fi 连接能力，可能成为攻击内部车辆网络的潜在媒介。

14. CGW 承担网络隔离和过滤的重要角色。它也是在车辆内部网络中实施入侵检测和防御系统的理想选择。

15. 同时运行 AUTOSAR 自适应和 AUTOSAR 经典的 DCU，由于其功能丰富性和支持动态应用程序启动的特性，相比仅运行 AUTOSAR 经典的典型 ECU，更容易受到攻击。这并不意味着它必然不安全，只要在系统设计时全面考虑所有潜在威胁，仍然可以确保其安全性。

16. 拥有一套高度可配置且功能先进的异构操作系统集合，无疑会增加安全漏洞被利用的可能性。此外，每个执行环境都可能运行具有不同安全级别的应用程序，从 Android 应用到在实时操作系统环境中。这需要认真考虑系统设计，以确保足够的空间和时间隔离能力，限制不必要的干扰。

17. 在 CGW 处理高吞吐量数据的情况下，它可能会受到拒绝服务攻击的影响。拥有单个中央车辆计算机可能成为单点故障风险。因此，至关重要的是，这些系统在内部支持多个冗余计算和网络层，以增强系统的鲁棒性和可靠性。

1.9　参考文献

[1] SAE J1939 Network Layer: https://www.sae.org/standards/content/j1939/31_202306/.

[2] Learning Module J1939: https://elearning.vector.com/mod/page/view.php?id=406.

[3] M. Integrated, 28-bit gmsl deserializer for coax or stp cable. https://www.analog.com/en/products/max9272a.html [Online, Accessed 23-December-2022].

[4] J. Deichmann, G. Doll, and C. Knochenhaue, Rethinking car software and electronics architecture. [Online]. Available: https://www.mckinsey.com/industries/automotive-and-assembly/our-insights/rethinking-car-software-and-electronics-architecture.

[5] M. Tischer, The computing center in the vehicle: Autosar adaptive, Translation of a German publication in Elektronik automotive, special issue "Bordnetz", September 2018 [Online]. [Online]. Available: https://assets.vector.com/cms/content/know-how/technical-articles/ AUTOSAR/AUTOSAR Adaptive ElektronikAutomotive 201809 PressArticle EN.pdf.

[6] M. Rumez, D. Grimm, R. Kriesten, and E. Sax, An overview of automotive service-oriented architectures and implications for security countermeasures, IEEE Access, vol. 8, 12 2020.

[7] M. Iorio, M. Reineri, F. Risso, R. Sisto, and F. Valenza, "Securing some/ip for in-vehicle service protection," IEEE Transactions on Vehicular Technology, vol. 69, pp. 13 450–13 466, 11 2020.

[8] ISO 15118-1:2019 Road vehicles – Vehicle to grid communication interface – Part 1: General information and use case definition.

[9] ISO 15031-3:2016 Road vehicles – Communication between vehicle and external equipment for emissions-related diagnostics – Part 3: Diagnostic connector and related electrical circuits: Specification and use.

[10] OPEN Alliance Automotive Ethernet Specifications: https://www.opensig.org/about/specifications/.

第 2 章 Chapter 2

汽车用例的网络安全基础

第 1 章详细分析了车辆 E/E 架构，阐明了其布局、接口、网络和各类电子组件。这有助于我们识别需要保护的关键资产，以及成功攻击可能造成的潜在负面影响。本章将回顾一些基本的安全概念、方法和原则，特别是针对汽车应用的安全要素。构建这些基础知识对于后续章节至关重要，因为我们将在后面探讨车辆面临的威胁、应对这些威胁的策略以及缓解这些威胁的网络安全控制措施。

对于已经精通一般网络安全技术的读者，本章将从汽车的视角展示如何将安全应用于汽车领域。对于不太熟悉这一领域的读者，本章可视为网络安全的入门课程，为后续学习奠定基础。我们不会以纯学术视角呈现网络安全，而是通过实际案例将本章的概念与实际情况联系起来，这些情况在保护汽车系统时很可能遇到。首先，我们将定义车辆必须防御的各种攻击类型。随后，我们将介绍高层次的安全目标，涵盖车辆资产在静止、运动和使用过程中的机密性、完整性、真实性、可追溯性和可用性。

然后，我们将研究密码学机制和概念，阐述它们如何应用于汽车领域。在某些情况下，我们会涉及一些密码算法基础的数学概念，这些前置知识会帮助读者深入了解密码学领域。最后，我们将介绍在设计具有网络鲁棒性的汽车系统时必须考虑的一系列安全原则。通过本章的学习，读者应该对汽车系统安全所需的基础知识有一个全面的理解。

本章涵盖以下主题：
- 攻击类型探索
- 确定安全目标
- 密码学在汽车用例中的应用
- 安全原则

2.1 攻击类型探索

在汽车系统的背景下，攻击是指对手采取的旨在破坏车辆信息或车辆执行其操作、安全或安保目标能力的行为。人们可能会疑惑，为什么有人想要攻击一辆车。正如我们从企业和 IT 系统的著名黑客事件中所见，攻击者的主要动机之一是经济利益。一个典型的攻击例子是篡改车辆的里程表，以逃避租赁公司的超里程费用。近期针对车辆的另一种攻击是绕过电子安全系统，以便于车辆盗窃。另一个出于经济动机的攻击是修改车辆功能，以获得更好的性能或解锁 OEM 设置的付费功能。然而，并非所有都出于经济动机，一些有组织犯罪集团甚至国家可能对使目标车辆碰撞和造成大规模伤亡的攻击感兴趣。考虑到自动驾驶和重型货车的发展前景，我开始看到一个更广阔的攻击空间，其中攻击者的动机可能会对人员和基础设施造成大规模混乱。但在我们过于沉迷于想象这些险恶的攻击目标之前，让我们先了解如何对攻击进行分类。从计算机安全的角度来看，攻击可以大致分为被动攻击和主动攻击两大类。让我们深入探讨每种攻击类型下的各种子类别。

> **提示**：这里讨论的攻击类型不应与具体的攻击技术混淆。要了解具体的攻击技术，建议参考 MITRE 公司⊖的**工业控制系统**攻击矩阵[22]，因为它与汽车控制系统有相对的相似性。

2.1.1 被动攻击

在进行被动攻击时，攻击者的主要目标是在不被察觉的情况下收集目标的信息。无论是针对 IT 网络还是车辆网络，被动攻击通常涉及某种形式的窃听或侦察活动。以我们在第 1 章中探讨的车载网络为例，对这类网络的被动攻击体现为攻击者监听通信信道并记录 CAN、FlexRay 或以太网帧。图 2.1 所示为使用 Vector CANalyzer 捕获的 CAN 报文流量，其中攻击者成功记录了发动机和制动 ECU 的报文。

一旦记录了网络流量，攻击者可以在稍后重放这些帧以操纵车辆功能，例如，他们可能导致发动机或 ABS 功能发生不安全的变化。车辆网络上的其他节点无法检测到这种类型的攻击，因为监听网络流量被视为正常行为。

另一种常见的被动攻击类型是拦截用于修改车辆软件的更新包。一个位于两个通信方之间而不为他们所知的攻击者通常被称为中间人（Man-in-the-Middle，MITM）。在软件更新场景中，MITM 可以捕获软件二进制包，目的是分析其内容。如果攻击者能够反汇编二进制代码，他们可能会发现可通过不同攻击路径利用的漏洞。在接下来的几小节中，我们将学习如何通过加密的手段限制被动攻击的影响，这些方法可以隐藏数据并降低未检测报文重放的可能性。

⊖ MITRE 是美国的一家网络安全公司，其涉及的领域往往超出网络安全甚至 IT 的范畴。——编者注

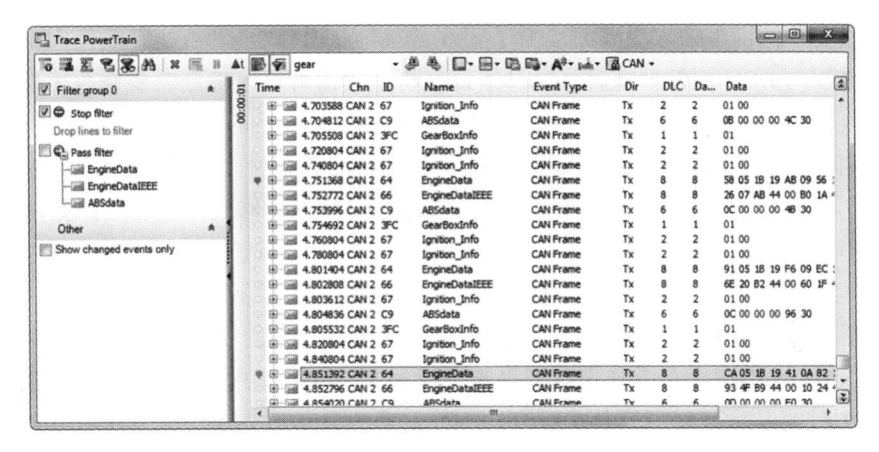

图 2.1　使用 Vector CANalyzer 捕获的 CAN 报文流量

> **注意**：MITM 攻击也用于主动攻击，在这种情况下，MITM 的目的是修改拦截的数据，下面的小节会详细讲述。

2.1.2　主动攻击

主动攻击需要通过修改、删除、插入或阻断数据或系统功能来干扰目标。虽然干扰目标 ECU 或车辆网络的攻击者通常不担心被检测到，但在国家级或复杂的威胁行为者情况下，他们可能对隐藏攻击痕迹感兴趣，以延长攻击的持续时间。让我们来探讨各种类型的主动攻击。

（1）欺骗　在欺骗攻击中，攻击者的目标是伪装成与目标通信的另一方，使目标相信通信来自可信来源。当目标未能正确验证其通信对等方的身份或其消费数据的来源时，欺骗攻击成为可能。一个例子是虚假的诊断测试仪启动诊断会话并请求受限的诊断服务。如果 ECU 不验证诊断客户端的身份，虚假客户端可以伪装成合法的诊断测试仪，导致执行特权服务，例如将里程表回调成较低的里程值。另一个常见的欺骗攻击是构建具有 CAN 标识的报文，这些标识符属于 CAN 网络上的其他 ECU。接收 ECU 无法确定报文确实来源于声称的源 ECU，还是由攻击者构建并伪装而成的另一个实体。

（2）重放　在重放攻击中，攻击者的目标是使目标对旧数据做出反应。如果目标 ECU 不检查数据的时间戳，则有可能导致重放攻击。正如我们在被动攻击中所见，成功的窃听攻击使攻击者获得通信数据，且数据可以在攻击者选择时被任意重放。影响车辆网络的一种最简单方法是重放旧的 CAN 报文，以导致车辆行为的预期变化，例如增加发动机转矩。另一个例子是重放从诊断客户端捕获的诊断命令，以访问特权服务。

（3）篡改　攻击者的目标是通过对目标系统的数据或功能进行插入、删除或修改来实施干扰。在汽车系统中，篡改攻击可能涉及 ECU 配置设置、ECU 固件或校准数据、传感器输入数据以及车辆网络输入等方面。为了篡改 ECU 固件，攻击者可能首先发起被动攻击以获取未经修改的 ECU 固件。随后，通过细致分析，攻击者可以确定需要修改固件的具体部分，以产生预期的恶意效果。最后，攻击者需要一种将篡改后的 ECU 固件编程到目标 ECU 的方法，例如通过重放闪存编程序列（利用闪存引导加载程序），但这次使用的是被篡改的 ECU 固件。攻击者也可能充当 MITM，拦截数据，对其进行修改，然后在原始发送者和目标接收者不知情的情况下重新传输。对于车辆网络报文，篡改攻击可以针对物理层进行来操纵某个报文帧的位。

（4）拒绝服务　攻击者的目标是降低或完全禁用目标的功能。拒绝服务（Denial of Service，DoS）攻击在汽车系统中有多种表现形式。一个严重的 DoS 攻击示例是擦除 ECU 固件，导致 ECU 失效。就网络数据而言，一种常见的 DoS 攻击是持续发送具有最高优先级的 CAN 标识符的 CAN 报文，从而阻止其他 ECU 访问共享 CAN 总线。在某些情况下，攻击者可能通过注入违反编程序列的无效诊断帧来终止编程会话，导致 ECU 中止诊断会话。如果反复进行，这种类型的攻击将影响 ECU 更新其软件的能力。资源耗竭攻击是 DoS 攻击的一个目的，旨在通过耗尽计算资源来降低目标执行正常功能的能力。例如，如果目标 ECU 对外部发起的请求给予高优先级，那么它很容易被大量数据存储请求所淹没，从而耗尽其 CPU 运行时间和非易失性存储器容量。频繁地擦除和刷写非易失性存储器也可能是一种有效的攻击方法，最终导致存储器失效。

（5）侧信道攻击　一种特殊类型的攻击是通过隐蔽通道（也称为侧信道）提取敏感数据。与任何计算机系统一样，汽车系统也会通过各种侧信道泄露信息，如时序、温度、功耗和共享缓存存储器。尽管我们尚未讨论加密材料的主题，但侧信道攻击的主要目标之一是通过观察侧信道的变化来发现 ECU 或智能传感器内部加密密钥的内容。这些攻击可以从目标外部发起（如果攻击者能够接触到设备），或从目标内部发起，例如在多租户域控制器或车辆计算机的情况下。

侧信道攻击是一个内容丰富的主题，因此我们仅简要概述影响汽车系统的主要领域。通常，攻击者修改目标硬件，以便可以捕获与密钥材料相关的功率或电磁轨迹。根据所使用的加密算法的知识，如果捕获足够多的功率轨迹，攻击者可以提取完整的密钥材料。图 2.2 所示为基于简单功率分析（Simple Power Analysis，SPA）提取 Rivest-Shamir-Adleman（RSA）算法实现中使用的私钥。这种类型的分析揭示了目标硬件使用密钥时的明文秘钥位。

侧信道攻击通常与故障注入攻击归为同一类别。故障注入攻击的一个特殊类型被称为毛刺攻击，它能够改变硬件状态，导致软件控制流程发生变化，从而绕过关键代码段。其结果是，我们可能会观察到 CPU 跳过了特定指令，使某些安全关键功能被规避。一个典型的例子是绕过启动认证检查，使攻击者能够在 ECU 上执行未经授权的软件。

图 2.3 所示为故障注入攻击的典型实验设置，其中**被测设备**通过毛刺控制器受到电磁脉冲的影响。

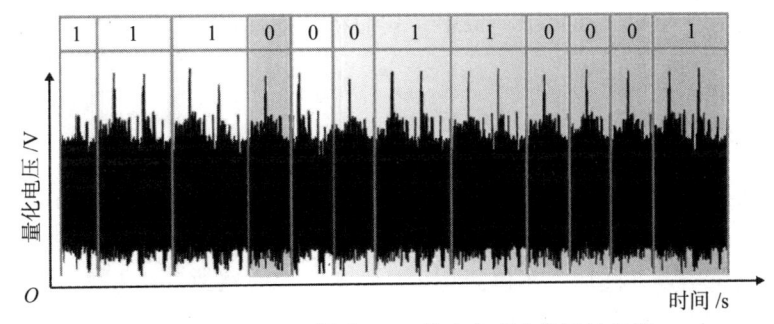

图 2.2 基于 SPA 提取 RSA 算法实现中使用的私钥

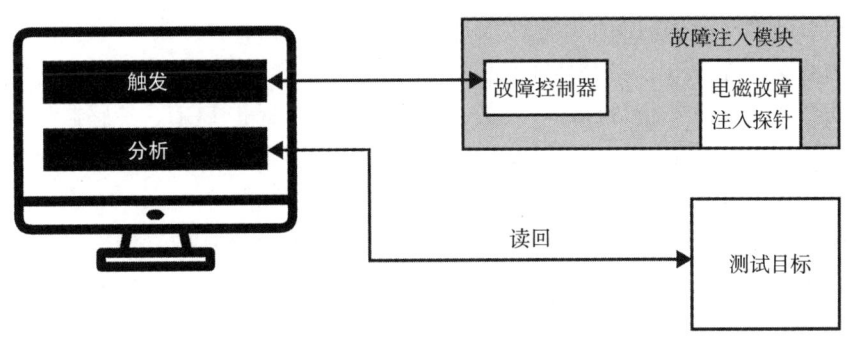

图 2.3 故障注入攻击的典型实验设置（来源：Riscure）

探头被精确放置在适当位置，以在硅芯片中产生预期的扰动。这种故障注入会导致 ECU 输出中加密功能产生可观察的变化。如果 ECU 易受这些攻击影响，最终可能导致密钥泄露。鉴于获取故障注入和侧信道分析设备相对容易且成本不断降低，汽车设计人员必须将这些类型的攻击视为切实可行的威胁，并制定相应的防御策略。

> **深入探讨**：为了更全面地理解在单一计算环境中发起的侧信道攻击，建议参考 Spectre 和 Meltdown 漏洞[24]，了解攻击者如何利用硬件行为来推断共享同一计算平台的其他用户信息。对于外部发起的侧信道攻击，建议研究 SPA、差分功率分析（Differential Power Analysis，DPA）和电磁故障注入（Electromagnetic Fault Injection，EMFI）攻击，这些攻击利用基于功率和电磁故障注入的分析技术来发现加密密钥材料。

在探讨了主要的攻击类型之后，我们现在将注意力转向 ECU 在整个车辆生命周期内必须考虑的高级安全目标。

2.2 确定安全目标

评估系统安全性的常用方法是衡量其是否实现了安全目标。这些目标可以分为五个类别：**完整性**、**真实性**、**机密性**、**可追责性**和**可用性**。一个典型的汽车系统将致力于实现这些目标类别中的一个子集。在以下小节中，我们将详细探讨每一类安全目标，并举例说明它们如何应用于汽车系统。

2.2.1 完整性

如果你曾从事过功能安全工作，那么完整性是一个熟悉的概念，它确保数据免受系统中随机或系统性故障的破坏。在网络安全的背景下，完整性具有更广泛的含义，因为它不仅关注保护数据免受意外破坏，还包括防止数据遭受恶意篡改。从宏观角度来看，车的完整性安全是指其正确控制功能的能力。

回顾我们探讨 ECU 架构时的内容，我们提到存储在非易失性存储器中的软件和固件二进制文件的有效性对车辆的安全运行至关重要。如果有人能够替换或修改这些二进制文件，车辆的行为将会发生变化，对整体车辆安全产生严重影响。因此，保护芯片中的软件二进制文件的完整性是车辆安全目标之一。另一个应用场景是保护 ECU、传感器和执行器之间车载网络通信的数据完整性。对任何安全关键报文的恶意篡改可能导致 ECU 处理错误数据或执行错误命令，这对道路使用者的安全可能产生灾难性后果。

为了使汽车系统正确执行其控制功能，它必须处理未被破坏的数据，并保持其软件执行环境的完整性。这包括任务调度、系统变量、CPU 状态以及其他确保其运行时执行环境正确性的参数。

2.2.2 真实性

真实性保护旨在验证数据的来源，以及对等实体或客户端的身份。验证数据来源和对等实体的身份，能确保车辆系统不会从不可信来源接收数据，也不会非法向不可信对等实体授予访问权限。在实际应用中，存在多种汽车使用场景下真实性受到侵犯的情况。其中一个典型案例是接收 CAN 报文时，数据来源通过检查 CAN 标识符自动推断。如果缺乏验证 CAN 报文真实来源的机制，恶意节点可能冒充另一个网络节点。在下一节中，我们将探讨报文认证码如何有助于保护数据的真实性。

另一个涉及客户端身份验证缺失或不足的案例与诊断协议有关。回顾 1.4 节内容，我们讨论了 UDS 协议，该协议使诊断工具（客户端）能够访问 ECU 的诊断服务。如果 ECU 在未验证请求者身份的情况下接受任何诊断服务请求，可能导致安全敏感数据（如固件镜像内容）被提取，或在车辆行驶过程中执行不安全的诊断程序。为实现客户端身份验证，UDS 协议支持通过访问级别或用户级别身份验证（分别为服务 0x27 和 0x29）来实施访问控制保护。通用原则是，每当提供特权服务时，必须将客户端身份验证视为一项安全目标。

> **注意**：传统的 UDS 协议实现依赖于简单的种子和密钥访问控制机制，使用短长度的种子值和简单的密钥计算方法，容易被规避。

2.2.3 机密性

机密性目标关注隐藏数据内容，以防止其暴露给未经授权的方。现代车辆中存在多种应保持机密的数据对象。一个明显的例子是存储在 ECU 中的用户私人数据，如通过蓝牙与信息娱乐 ECU 同步的电话联系人。另一个例子是以软件算法或机器学习模型形式存在的知识产权，这在自动驾驶系统中尤为常见。在车辆中使用密码技术时，保护密钥的机密性至关重要。

2.2.4 可追责性

可追责性目标关注将一个行为追溯到一个独特的实体，且该实体无法否认该行为。在汽车系统中，最常见的可追责性目标是保护电子数据记录仪（Electronic Data Recorder，EDR）在事故期间记录的碰撞数据。如果碰撞记录易于被替换、修改或删除，则无法实现可追责性目标。虽然我们可能认为数据真实性足以确保可追责性，但可追责性需要更强的数据来源保证，它的要求超越了数据真实性目标，确保无法否认来源。在下一节中，我们将探讨有助于实现这一目标的密码学方法。

2.2.5 可用性

可用性安全目标旨在确保系统功能，即使在遭受攻击时仍能保持可用。当攻击者降低系统性能或使系统完全离线时，他们已成功破坏了可用性。违反 ECU 可用性目标的一种攻击方法是完全或部分擦除 ECU 中的软件二进制文件。根据目标 ECU 的功能，这可能导致整车无法操作。

在下一节中，我们将探讨密码学算法在汽车中运用时，如何帮助我们满足上述目标。

2.3 密码学在汽车用例中的应用

密码学是通过对数据进行处理或转换，以隐藏或者验证信息及其来源的数学过程。这一领域在保护国家机密方面发挥着关键作用，并在世界历史的重要时期产生了深远影响。IT 的飞速发展推动着密码学技术的发展，并将其作为实现数据互联和信息共享的基础。近年来，加密货币的兴起为密码学带来了额外的关注，吸引了来自各行各业的大量从业者。本节将阐述密码学的一些基本概念，并展示如何将这些概念应用于常见的汽车使用场景，以实现本章前述的安全目标。本节旨在向读者介绍重要概念，为进一步深入研究该领域奠定基础。我们将引用本章参考文献内容，以便读者更深入地探索特定算法和概念。

2.3.1 构建模块

加密算法是一种函数，它接收信息（明文）和一个秘密值（密钥）作为输入，生成与明文输入等长的不可读数据（密文）。当相同的密文与相同的密钥一同输入密码算法时，可重新生成原始明文。生成密文的过程称为**加密**，而从密文恢复明文的过程称为**解密**。当加密和解密使用相同密钥时，该密码算法被称为对称加密，操作中使用的密钥称为对称密钥。对称密钥加密分为两种类型：**分组**密码和**流**密码。

（1）分组密码　在分组密码中，密码算法处理固定大小的数据块。例如，如果块大小为 16 字节，则每次调用分组密码时将加密 16 字节的明文。超过单个块大小的信息在进行加密或解密操作之前，会被分割成多个块。图 2.4 所示为分组密码执行的加密和解密步骤，其中长度为 b 位的明文报文块与一个密钥（K）一起输入，生成等长的密文块。解密步骤使用相同的分组密码，但输入为密文和相同的密钥（K），输出为原始明文报文。

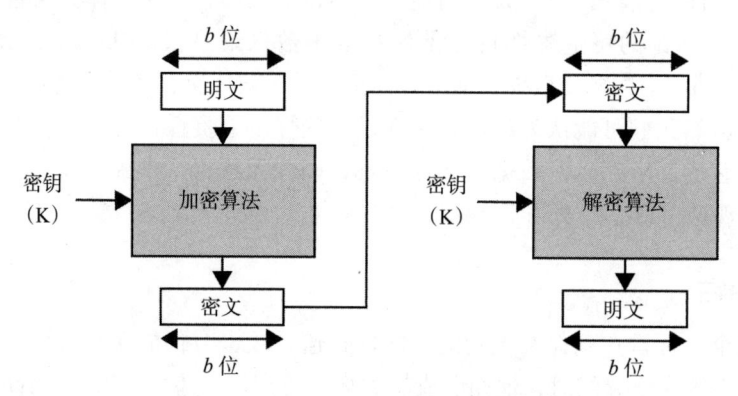

图 2.4　分组密码执行的加密和解密步骤

高级加密标准（Advanced Encryption Standard，AES FIPS 197）是汽车应用中广泛使用的分组密码之一。它采用 16 字节的块大小，支持 128、192 和 256 位长度的密钥。AES 的轮数取决于密钥大小，例如，AES-128 由 10 轮组成。AES 的每轮包含几个处理步骤，包括替换、置换、混合输入明文和变换密钥。因此，每轮涉及不同的变换，为密码提供混淆和扩散特性。

> **在线实验**：要查看给定明文输入报文和测试密钥的 AES 轮数值，请访问 https://www.cryptool.org/en/cto/aes-step-by-step。请注意，选择不同的密钥大小会产生不同的轮数，并且加密轮数与解密轮数是镜像对应的。

由于其已确立的安全特性，AES 通过加密硬件加速器在大多数现代 ECU 中得到支持。汽车应用通常使用 AES，密钥长度为 128 或 256 位，具体取决于所需的安全强度。尽管 AES 相当强大，但它对汽车系统的一个缺点是加密和解密增加的时间损失，这在实时应用中可能不受欢迎。另一个缺点是 AES 容易受到侧信道攻击。

有关 AES 实现及其内部结构的更多详细信息，请参考本章参考文献 [4]。

（2）流密码　与块密码不同，流密码每次仅加密一位（或一个字节）数据。本质上，流加密利用提供的密钥生成一个密钥流。随后，明文数据与生成的密钥流进行异或（XOR）操作，从而产生密文，流加密和解密步骤如图 2.5 所示。由于比特流从密钥中继承了其保密性，当与明文进行异或时，输出便转化为不可读的密文。图 2.5 中，解密过程需使用相同的密钥生成相同的比特流（k_i）。异或操作具有两个重要特性，使其能用于从密文中恢复明文：任何值与自身异或得零，任何值与零异或保持不变。因此，当密文再次与比特流（k_i）进行异或时，密文中的比特流部分（$p_i \oplus k_i$）与相同的比特流（k_i）异或，结果为（$p_i \oplus 0$），即 P_i。

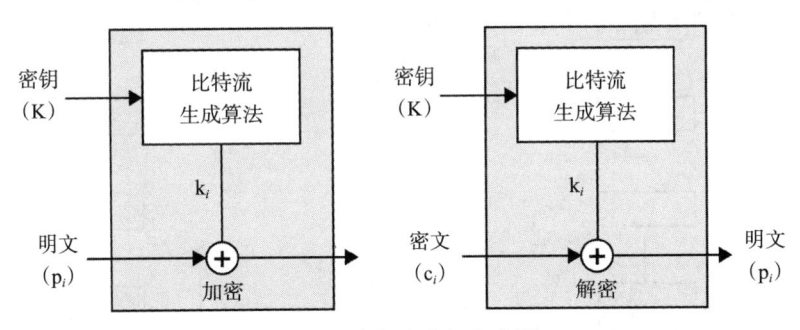

图 2.5 流加密和解密步骤

在汽车应用中日益流行的流加密示例是 ChaCha，通常作为 ChaCha20-Poly1305 算法的一部分使用，该算法同时提供加密和认证功能。与 AES 相比，其主要优势在于处理时间较短，因此适用于对通信延迟要求较高的资源受限设备。

（3）密码模式　密码模式本质上是为特定应用定制加密算法，并满足特定安全目标的方法。我们将重点介绍汽车领域最常用的四种模式。这些模式通常与对称分组加密算法（如 AES FIPS 197）结合使用。

1）电子密码本（Electronic Codebook，ECB）模式。ECB 模式是最简单的一种，每次处理一个数据块，并使用相同的密钥加密每个数据块。加密操作产生一个密码本，对于给定的密钥，每个 b 位的明文块映射到一个特定的密文块。ECB 模式的加密和解密步骤如图 2.6 所示，在密钥 K 给定的情况下，C_1 始终由 P_1 生成。

如果报文长度超过块大小，我们只需将报文分割成 b 位数据块（P_1、P_2、…、P_n），并在必要时对最后一个块进行填充。同样，解密过程是将密文块（C_1、C_2、…、C_n）逐个输入块解密函数，并使用相同的加密密钥进行处理。

ECB 模式的一个主要缺陷是，包含重复模式的多块明文报文会生成具有重复模式的密文。如果攻击者掌握了一些明文 – 密文对，他们可以识别重复的密文，并将其替换为已知的明文值。对于高度结构化的输入报文，密文可能会泄露原始报文的信息，这在 ECB Penguin 项目中得到了生动体现[5]。因此，我们不建议在汽车用例中使用 ECB 模式。

2）密码块链接（Cipher Block Chaining，CBC）模式。鉴于 ECB 模式的弱点，我们需要一种方法使重复的明文块生成不同的密文块。CBC 模式通过将前一个密文块与当前加密的明文块进行异或操作以满足这一要求，CBC 模式的加密和解密步骤如图 2.7 所示。初始化向量（Initialization Vector，IV）与第一个明文块进行异或以创建第一个唯一的密文块。该方案确保每次后续的异或操作都生成唯一的密文，即使再次使用相同的明文报文也是如此。如果最后一个块是部分块，必须将其填充到完整的 b 位长度，与 ECB 模式类似。

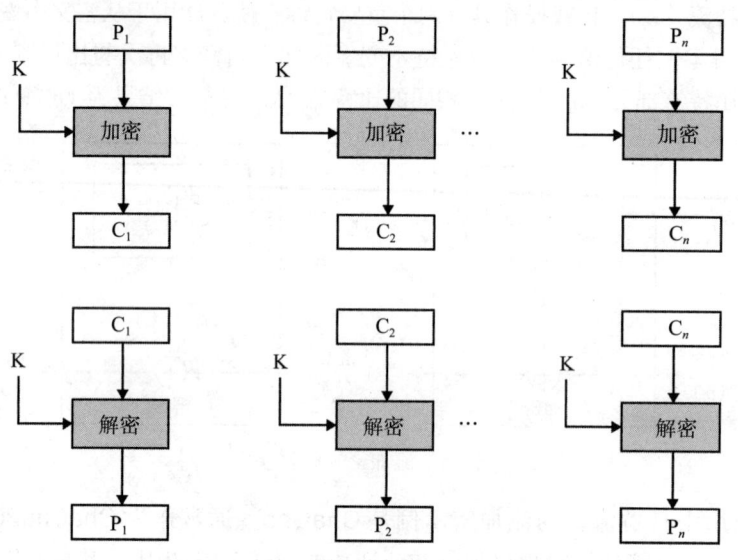

图 2.6　ECB 模式的加密和解密步骤

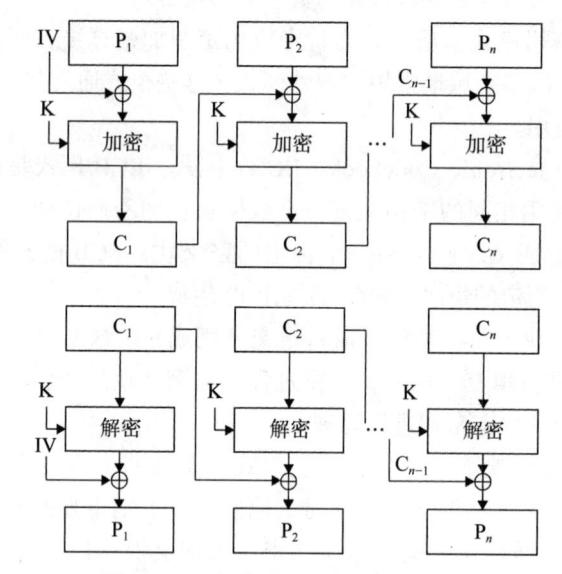

图 2.7　CBC 模式的加密和解密步骤

解密时，恢复第一个明文块需要用 IV 与解密结果进行异或操作。虽然 IV 不需要保密，但对于每次使用相同密钥加密的报文，必须是唯一的。生成唯一 IV 的常见方式是使用时间戳或不回滚的单调递增计数器。在汽车应用中，通常将单调递增计数器与加密安全的随机数（盐）连接，以生成不可预测且不重复的 IV。

CBC 模式通常用于加密文件、软件二进制文件和 ECU 的加密密钥材料。

3）计数器（Counter，CTR）模式。当需要并行化加密过程时，CTR 模式比 CBC 模式更为适合。在 CTR 模式中，首先通过将随机数与单调递增的计数器连接来创建一次性数（nonce）。然后使用密钥（K）对生成的 nonce 进行加密，并将加密输出与明文报文的一个数据块进行异或操作，CTR 模式的加密和解密步骤如图 2.8 所示。对于每个后续的加密操作，nonce 递增，重复此过程以生成下一个密文块。由于各加密步骤之间无须进行链式操作，大型报文可以并行加密或解密。解密过程类似，但此时是将 nonce 加密的输出与密文块进行异或操作，以恢复相应的明文块。同样，对于给定的密钥，使用唯一 nonce 对于保持加密报文的安全性至关重要。

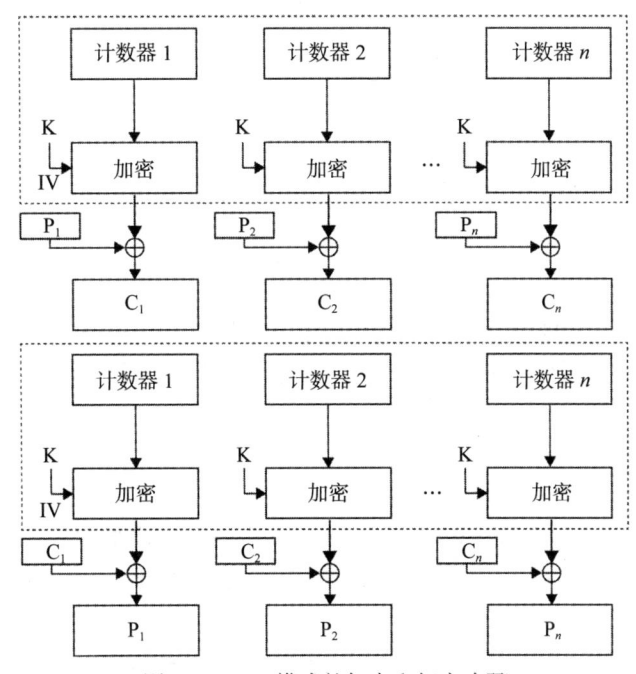

图 2.8 CTR 模式的加密和解密步骤

CTR 模式在汽车领域的应用场景与 CBC 模式相似。

迄今为止，这些密码模式帮助我们实现了数据保密性这一安全目标。稍后，我们将探讨一种特殊的密码模式，除保密性外，还能提供数据完整性和真实性。但在此之前，我们需要了解一些有助于实现数据完整性目标的密码学函数。

2.3.2 单向哈希函数

在任何计算机系统中，包括 ECU，都需要检测数据对象的内容是否发生了变化。拥有能唯一标识数据对象内容的指纹是确定内容是否发生非预期更改的有效方法。

哈希函数 H 提供了这种指纹功能，它将长度为 L 的输入报文 M 映射到固定长度的摘要（也称为哈希值 h），如图 2.9 所示。在汽车应用中，M 可以是任何数据，从包含 ECU 固件的二进制文件到文件系统、视频数据甚至相机帧。

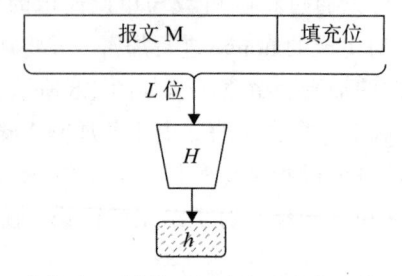

图 2.9　将长度为 L 的报文 M 转换为固定长度的报文摘要 h，其中 $h=H(M)$

为成为强大的加密哈希函数，H 必须满足以下属性：
- 对报文的微小修改应导致哈希值发生显著变化，使新的哈希值与原报文的哈希值看似无关（这被称为雪崩效应）。
- 给定哈希值 h，仅凭 M 的哈希值 h 应在计算上难以推断原报文 M 的内容。这一特性被称为原像抗性，在需要隐藏原报文内容时非常有用，例如存储密码的哈希值而非密码本身。
- 给定报文 M_1 的哈希值 h，在计算上应难以找到第二个报文 M_2，使其生成相同的哈希值 h。这一特性称为第二原像抗性，可在必要时防止他人创建一个篡改过的报文，使其哈希值与原报文的哈希值匹配。
- 在计算上应难以找到生成相同哈希值的一对报文。这一特性称为碰撞抗性，有助于防止通过找到匹配的哈希值来伪造报文。
- 哈希函数的输出应通过伪随机性测试，使哈希值看起来像随机位流。这一特性很重要，因为在许多情况下，哈希函数被用作伪随机函数（PseudoRandom Function，PRF）用于密钥派生和随机数生成。

在汽车应用中，符合这些属性的最常用哈希函数属于 SHA-2 和 SHA-3 系列，它们分别通过 FIPS 180-4 和 FIPS 202 标准化。相反，SHA-1 已被美国国家标准与技术协会（National Institute of Standards and Technology，NIST）弃用，因其被证实不安全，因此不应用于任何未来的汽车应用。

> **在线实验**：要查看 SHA256 算法如何从明文输入报文生成哈希值的逐步演示，请访问 https://www.cryptool.org/en/cto/sha2。请确保完成所有步骤，以获得最终的哈希摘要。

通过加密哈希函数实现完整性　哈希函数是许多旨在保护数据完整性的安全应用的基本构建块。

图 2.10 所示为附加到软件更新包的哈希值，其中有一个 ECU 软件二进制文件和校准文件，这些文件被组合在一起。包的元数据通常包含每个数据块的长度和地址信息。对应于组合二进制文件和元数据的哈希值，唯一标识包内的所有数据。为验证包中内容的完整性，接收数据的实体必须计算哈希值，并将其与包中提供的哈希值进行比对。如果不匹配，则表明内容已被篡改。然而，在此情景中，如果攻击者能够修改包内的任何数据块，他们也可以重新计算匹配的哈希值，并将其替换为新的有效值。为确保哈希值的可信度，我们需要引入一个密钥，使得在没有密钥的情况下伪造哈希值变得不可能。在下一小节中，我们将探讨如何使用报文认证码实现这一目标。

元数据包：哈希值
软件应用程序二进制文件 1
软件应用程序二进制文件 2
校准文件

图 2.10　附加到软件更新包的哈希值

2.3.3　报文认证码算法

如前所述，生成哈希值不依赖于任何密钥输入，因此，哈希值对于检测报文篡改是必要但不充分的。为防止哈希值被伪造，我们需要一种方法将密钥引入生成唯一代码的过程中，以验证报文的真实性。此代码被称为报文认证码（Message Authentication Code，MAC），只有在知道共享的对称密钥的情况下才能生成。与哈希类似，生成 MAC 的一方同时提供报文和代码，而验证 MAC 的一方计算代码并将其与报文中提供的代码进行比对。如果双方拥有相同的对称密钥，则提供的 MAC 和计算的 MAC 必须匹配。共享对称密钥的保密性确保从生成 MAC 到验证 MAC 的过程中，报文完整性得到保护。

MAC 支持两个关键的安全目标：完整性和真实性。由于原始报文的任何更改都将导致计算的 MAC 值与原始 MAC 值不同，从而保证了完整性。另外，由于只有共享对称密钥的各方才能生成有效的 MAC，从而保护了报文的来源，确保了真实性。

接下来，我们将探讨汽车应用中最常用的两种 MAC 算法。

（1）基于哈希的 MAC（Hash-based MAC，HMAC）　密钥散列 MAC 在 FIPS 198-1[8] 中进行了标准化，该标准定义了如何使用哈希函数和密钥生成唯一的 MAC：

$$HMAC(K, M) = H[(K+ \oplus opad) || H[(K+ \oplus ipad) || M]]$$

首先，选择一个安全哈希函数，如 SHA-256，作为函数 H。然后，将共享密钥 K 用零填充，生成一个值 K+，使其与哈希函数的块大小对齐。接下来，K+ 与一个输入填充（ipad）进行异或运算，ipad 的常数值为 00110110（十六进制 36）。将结果与报文 M 连接，并对连接值计算哈希值。随后，将相同的填充密钥 K+ 与**输出填充**（opad）进行异或运算，opad 的常数值为 01011100（十六进制 5C）。将结果与第一步中生成的哈希值连接。最后，将得到的值输入相同的哈希函数，生成最终的 HMAC。

值得注意的是，如果我们将图 2.10 中的哈希值替换为 HMAC，那么验证软件更新包完整性的一方可以确保，从 HMAC 创建到 HMAC 验证过程中，内容未被篡改。

（2）基于密码的 MAC（Ciper-based MAC，CMAC） 在汽车应用中，另一种广泛使用的 MAC 算法是 CMAC 模式，该算法在 NIST SP 800-38B 中标准化。CMAC 是基于经过批准的分组密码（如 AES）构建的。

在使用 CMAC 时，你只需提供输入报文、输入报文长度和加密密钥。输出是一个宽度等同于分组密码大小的 MAC。在内部，CMAC 算法利用提供的密钥生成两个子密钥 K_1 和 K_2。当输入报文长度为分组密码长度的整数倍时使用 K_1，否则使用 K_2。关于子密钥生成的详细信息，请参阅 NIST 标准[9]。为了进行说明，我们将重点阐述假设子密钥已生成且报文长度为分组密码长度整数倍时的 CMAC 生成，如图 2.11 所示。

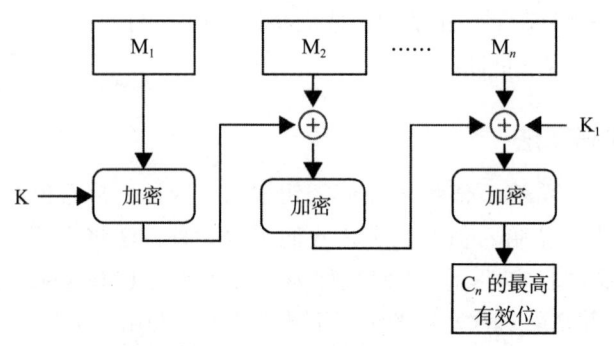

图 2.11 报文长度为分组密码长度整数倍时的 CMAC 生成

在图 2.11 中，每个分组密码的输出与下一个输入块进行异或运算，此过程持续到最后一个块。在最后，K_1 与密文输入和最终块明文都进行异或运算。结果通过分组密码加密，生成 CMAC 标签。根据所需标签长度，提取生成标签的最高有效位，其余部分可以舍弃。

```
C₁ = E(K, M₁)
C₂ = E(K, [M₂ ⊕C₁])
…
Cₙ = E(K, [Mₙ ⊕Cₙ-1 ⊕K₁])
T = MSBTlen(Cₙ)
其中
T = message authentication code
Tlen = T 的位长度
```

当输入报文长度不是分组密码长度的整数倍时，应用类似的流程，但最后一个块用零填充，以对齐分组密码的长度，此时使用 K_2 而非 K_1。

在实现 CMAC 算法时，一个常见错误是未能为子密钥（K_1 和 K_2）提供与共享对称密钥 K 相同级别的保护。

提示：为防止共享对称密钥的一方生成有效 MAC 标签被滥用，必须实施密钥使用策略，以限制接收方中 MAC 密钥的使用，仅用于验证目的。

（3）使用伽罗瓦计数器模式的认证加密　伽罗瓦计数器模式（Galois Counter Mode，GCM）属于认证加密模式类别，在单一算法中同时提供加密和认证功能。GCM 通过两步过程进行操作：首先加密明文报文，然后计算密文的认证标签。这使接收方能在恢复明文之前验证密文的完整性。也可以跳过加密步骤，仅执行认证，此模式被称为 GMAC。GCM 在汽车应用中有多种用途，例如保护智能传感器数据（如相机帧）的机密性和真实性。GCM 还常用于通过 MACSec（Media Access Control Security，媒体访问控制安全）协议保护以太网通信[21]。当机密性不是首要考虑因素时，出于性能考虑，更倾向使用 GMAC 模式。

GCM 算法接受以下输入：一个密钥（K）、一个唯一的初始化向量（IV）、明文报文（P）、可选的附加认证数据（被称为 Auth Data），以及明文报文和 Auth Data 的长度信息。当通信协议中需要部分报文认证保护，但必须以明文传输（如数据包的 IP 地址）时，Auth Data 特别有用。GCM 的输出是密文及相应的认证标签，使用 GCM 进行认证加密的步骤如图 2.12 所示。

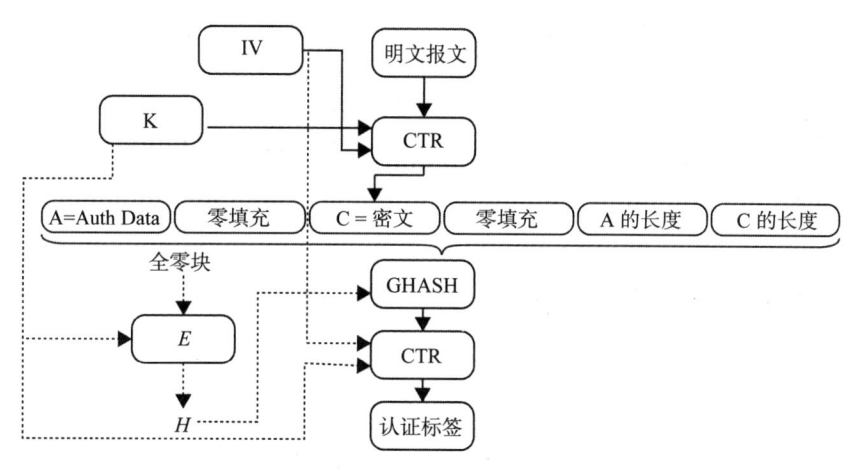

图 2.12　使用 GCM 进行认证加密的步骤

在图 2.12 中，明文报文使用计数器（CTR，也被称为 GCTR）模式与输入 IV 和密钥 K 转换为密文。需要注意的是，为简化说明，我们未展示基于 96 位或 128 位初始化向量对 IV 的编码过程。

在加密步骤之后，Auth Data、密文、长度信息和必要的零填充（如果需要）全部输入 GHASH 函数。零填充的目的是确保结果字符串是块大小的整数倍。GHASH 函数的具体执行细节超出本书范围，但可阅读本章参考文献 [3]。使用相同密钥 K 加密的 128 位零块生成 H，然后将其输入 GHASH 函数。GHASH 函数的输出再次使用 CTR 模式加密以生成认证标签。

在解密过程中，认证标签作为一个输入参数。首先，使用与加密操作相同的过程计算标签，然后将其与调用方传递的标签进行比较。如果匹配，解密将继续进行，类似于基于 CTR 模式的解密过程。

如同 CBC 模式和 CTR 模式的情况一样，必须确保 IV 的唯一性，以维持加密模式的安全性。

（4）MAC 的典型使用场景　在汽车应用场景中，MAC 通常用于保护车内报文、车辆日志数据的完整性，以及存储的敏感用户数据的安全性。图 2.13 所示为 AUTOSAR 定义的安全车载通信协议，展示了安全车载通信协议如何利用 MAC 保护 PDU 的真实性和时效性。在报文传输前，PDU 与一个新生成的新鲜度值拼接，并通过 MAC 生成算法（如 AES CMAC）处理。生成的 MAC 标签经过截断以适应报文长度，然后与 PDU 数据及使用的新鲜度值一起附加传输。接收节点首先验证接收到的新鲜度值是否符合预期，然后通过比较接收到的 MAC 与使用共享对称密钥重新计算的 MAC 标签来验证报文的真实性。如果截断后的 MAC 标签匹配，则消息被接受，且被视为真实有效的；否则被拒绝。值得注意的是，只有当 MAC 仅覆盖 PDU 数据而不包括新鲜度值时，报文重放攻击才有可能实施。

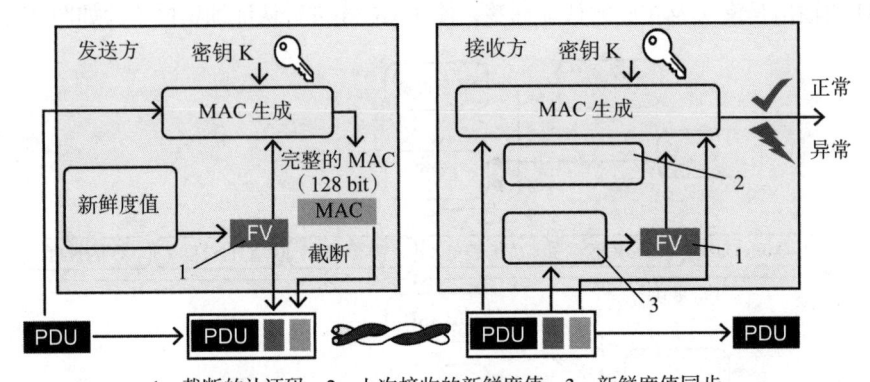

1—截断的认证码　2—上次接收的新鲜度值　3—新鲜度值同步

图 2.13　AUTOSAR 定义的安全车载通信协议（来源：AUTOSAR）

需要指出的是，对于 CAN 报文，MAC 生成过程必须涵盖 CAN 标识符（ID）、CAN DLC 以及 PDU 内容。这种全面覆盖可以防止攻击者在不被接收方检测到的情况下篡改报文的任何部分。由于 CAN ID 用于标识报文来源，验证整个报文的 MAC 同时也验证了报文是由正确的源节点生成的。

在汽车系统中应用 MAC 面临两个主要挑战。第一，生成和验证 MAC 所需的时间会增加通信延迟，这对实时嵌入式系统可能造成严重影响。第二，在高数据传输率的情况下，如验证每秒传输数千兆比特的摄像头传感器数据帧时，MAC 的生成和验证会带来显著的计算负担。解决这些挑战的一种有效方法是依靠在线加密加速器，在报文传输和接收过程中实时通过硬件处理 MAC 操作。

> **注意：** 传统 CAN PDU 仅能容纳 8 字节数据，使得基于 MAC 的验证方法在实际应用中难以实施。因此，基于 MAC 的验证更多应用于提供更大有效负载的 CAN FD 和 CAN XL 协议中。

2.3.4 随机数生成器

随机数是实现多种密码学功能和安全协议的关键机制。它们通常用于生成加密密钥、随机数或在挑战 – 响应协议中使用的随机挑战值。随机数可以通过两种主要方法产生：一是通过 NIST SP800-90B 标准化的真随机数生成器（True Random Number Generator，TRNG）；二是通过 NIST SP800-90A 标准化的确定性随机数生成器（Deterministic Random Number Generator，DRNG）。TRNG 利用硬件机制，从时钟振荡器的物理过程变化中提取随机性。DRNG 则依赖于用真随机种子初始化的伪随机函数，生成理想情况下真随机比特流无法区分的随机数。DRNG 因此在实际应用中更受欢迎，而硬件随机数生成器通常用于生成作为 DRNG 输入的随机种子，这一点将在下一节详细讨论。

DRNG 的一个独特特性是，给定相同的种子，它们将生成相同的比特流序列。因此，保持种子的机密性并定期更新种子值至关重要。

> **高熵的需求**：在选择微控制器或 SoC 时，应当注意其通过熵级别指定的硬件随机性生成能力。熵越高，硬件生成的比特流中的比特分布越均匀，这是一个至关重要的属性。

NIST SP800-90A[6] 标准化了三种类型的 DRNG：基于哈希、基于 HMAC 和基于 CTR 的 DRNG。在下文中，我们将重点探讨基于 CTR 的 DRNG。

CTR-DRNG 需要记住的是，安全分组密码的一个重要属性是生成的密文看似随机，与源明文报文没有明显相关性。这一属性被巧妙地利用，使得分组密码可以作为构建 DRNG 的核心组件，使用 CTR 生成随机比特流的过程如图 2.14 所示。

通常，用户需要 DRNG 生成特定数量的随机比特，并提供一个由两个值组成的随机种子：密钥和向量。假设使用 AES 作为分组密码，从硬件随机数生成器 [SP800-90B] 产生的随机种子被分为一个 128 位密钥和一个 128 位向量 V。输出比特流可以通过以下简单方式构建：

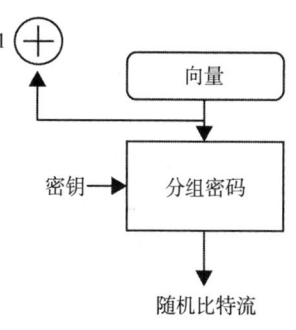

图 2.14 使用 CTR 生成随机比特流的过程

```
While (len(Temp) < total_requested_bits )
Temp = E(K,V)
Random_Bit_Stream = Random_Bit_Stream || Temp

V  =  V + 1
```

每生成一个比特块后，V 会递增并用于生成下一个随机块，然后将新生成的随机块附加到比特流中，重复此过程，直到生成所有请求的比特。

为保持 DRNG 的安全强度，必须严格遵守 NIST 标准中规定的最大生成请求数限制。

2.3.5 公钥加密

前文我们探讨了对称密钥密码学，它依赖于使用相同的密钥进行加密和解密，因此要求密钥必须保密并仅与特定的使用方共享。这种密钥管理可能具有挑战性，尤其对于汽车系统而言，数百万辆汽车中的 ECU 需要接收正确的密钥集，以便与其依赖的其他 ECU 或客户端安全地交换数据。相比之下，公钥密码学（也称为非对称密钥密码学）使用一对密钥：公钥和私钥。公钥可以自由分享，而私钥必须严格保密。公钥密码学能实现以下安全目标：保密性、完整性、真实性和不可否认性。私钥是对称密钥密码学所不具备的独特优势，因为使用私钥执行加密操作的一方无法否认自己进行过这些操作，因为它们是唯一拥有私钥的一方。

公钥加密系统利用复杂的数学问题，使得从公钥计算出私钥在计算上不可行。最广泛应用的经典公钥加密系统包括椭圆曲线密码学（Elliptic Curve Cryptography，ECC）和 RSA。ECC 基于有限域上椭圆曲线的代数结构，其安全性依赖于在大循环群中找到随机选择元素的离散对数在计算上不可行，这个问题被称为**离散对数问题**。RSA 加密系统的安全性则依赖于将大复合数分解为其质因数的困难性。破解 RSA 需要找到一种方法将公钥中使用的复合数分解为其两个质因数，这对经典计算机而言是一个难题。与 RSA 相比，ECC 的主要优势在于较小的密钥尺寸就能提供等效的安全水平。值得注意的是，足够强大的量子计算机可以高效地进行因式分解，这将使 RSA 在后量子时代变得不安全。ECC 同样不被认为是量子安全的。我们将在后续章节更详细地讨论后量子加密系统。

为简明起见，我们将重点关注 RSA 算法，以深入理解公钥加密系统的工作原理。

1. RSA 算法

要理解 RSA 算法，我们必须从加密和解密操作的基本原理入手。

给定一条明文报文 $M < n$
要生成密文：
$C = M^e \bmod n$
要恢复明文消息：
$M = C^d \bmod n$

加密过程需要对明文报文 M 使用公钥指数（e）对模数（n）进行指数运算。

解密过程则使用私钥指数（d）对密文进行模数（n）指数运算，从而还原原始报文 M。为理解其原理，首先展开下面公式中的 C：

$M = C^d \bmod n = (M^e)^d \bmod n = M^{ed} \bmod n$

当 e 和 d 是模 $\phi(n)$ 的乘法逆元时，该等式成立，其中 $\phi(n)$ 是欧拉函数。可表示如下：

$\phi(n) = \phi(n) = (p-1)(q-1)$，其中 p 和 q 是质数
$ed \bmod \phi(n) = 1$ 等价于：
$ed \bmod \phi(n) \equiv 1$
且 $\gcd(\phi(n), e) = 1$，$1 < e < \phi(n)$ ⊖

⊖ gcd 是求最大公约数（Greatest Common Divisor）的函数，此处指 $\phi(n)$ 与 n 互质。——编者注

生成的私钥为 {d, n}，公钥为 {e, n}。

为避免深入探讨这些方程背后的复杂数学原理，我们通过一个简化的实例来说明 RSA 加密和解密过程：

1）选取两个质数，p=17 和 q=11。
2）计算这两个质数的乘积 n：$n=pq=17 \times 11=187$。
3）计算 $\phi(n)=(p-1)(q-1)=16 \times 10=160$。
4）选择一个小于 $\phi(n)$=160 且与 $\phi(n)$ 互质的数 e，此处选择 e=7。
5）选择 d 使得 de mod $160 \equiv 1$ 且 $d < 160$。得出 d=23，因为 $23 \times 7=161=(1 \times 160)+1$，符合前述方程。

由此生成的密钥对为：公钥 Pub={7, 187}，私钥 Priv={23, 187}。

现在，我们选择明文值 M=101 进行加密。经过计算，得到的密文是 84。

如果我们采用相同的操作流程，但这次将密文作为输入，并使用私钥指数作为密钥，我们就能复原原始明文，即 101。

在这个简化示例中，我们使用了可以用 8 bit 表示的私钥和公钥对；然而在实际应用中，RSA 密钥长度必须至少达到 2048 bit。RSA 密钥的最小长度应根据所需的安全强度选择，直至 ECU 接近其使用寿命末期。稍后我们将讨论密码周期，但此处需要强调的是，密钥长度的选择必须基于车辆的预期使用寿命来进行。

> **在线实验**：如果你希望尝试生成自己的公钥和私钥对，并进行逐步的基于 RSA 的加密，请访问 https://www.cryptool.org/en/cto/rsa-step-by-step。

2. 公钥密码学的用例

现在我们已经了解了公钥密码学的基本原理，接下来我们将探讨其三个主要应用领域。

（1）加密/解密　发送方可以使用接收方的公钥加密报文并传输；接收方随后使用其私钥解密报文。由于运算效率不如基于对称密钥的方法，公钥密码学在汽车系统中并不广泛用于大量数据的加密和解密。

（2）数字签名　回顾一下使用哈希函数保护报文完整性的方法。我们可以用私钥加密哈希值，而不是使用对称密钥生成 HMAC，数字签名的生成和验证流程如图 2.15 所示。生成的值与报文连接，并传输给接收方。由于只有签名人拥有私钥，因此加密的哈希值便充当了数字签名。

在接收端，接收方正常计算收到报文的哈希值。然后使用发送方的公钥解密签名，以恢复预期哈希值。将两个哈希值进行比对，如果它们匹配，接收方即可确认报文内容未被篡改且报文确实来自私钥的持有者。

数字签名在汽车应用中得到广泛使用，例如验证在闪存编程或 OTA 会话期间下载的二进制文件的完整性。同样，数字签名可用于在系统启动前验证软件二进制文件是否未被篡改。相较于使用 MAC 保护固件完整性，数字签名具有优势。在使用 MAC 的情况下，攻击者会试图恢复用于生成二进制文件的共享对称密钥。由于该密钥必须存储在设备本身以执行 MAC 验证，攻击者可能会投入大量时间来恢复密钥，尤其是当该密钥被全球用于认证某一类 ECU 的固件时。相反，数字签名只需在 ECU 中存储公钥。私钥可以安全地存储在后端，例如在硬件安全模块（Handware Security Module，HSM）中。公开公钥不会降低私钥的安全性，这使得保护固件完整性方面更为安全。

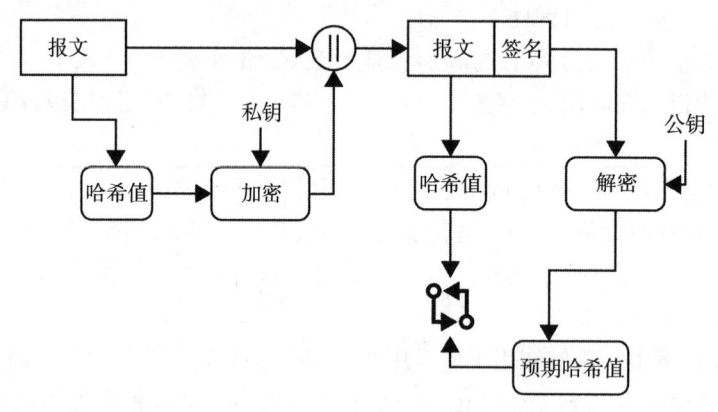

图 2.15　数字签名的生成和验证流程

> **注意**：在嵌入式系统中，术语 HSM 指的是嵌入在 MCU 或 SoC 中的硬件保护安全环境。然而，在后端或工厂环境中，HSM 是指提供硬件保护的加密密钥存储的独立设备。这些设备用于签署软件镜像，并生成在车辆生产和软件空中部署期间在 ECU 中配置的密钥。

数字签名的另一个新兴应用场景是在仅使用 MAC 不足以满足需求的情况下，存储车辆电子数据记录器（Electronic Data Recorder，EDR）中记录的事故数据。严重事故的调查员需要访问驾驶记录，以确定事故责任是归于车辆还是驾驶员。如果没有验证数据来源的方法，驾驶员可能会声称任何人都可以使用重新编程工具等替换 EDR 中的事故记录。虽然 MAC 可以检测到数据篡改，但由于生成 MAC 使用的对称密钥是共享的，因此无法证明数据是由特定方生成的。与对称密钥不同，只有签名方拥有非对称私钥，因此签名日志可以作为责任归属的有力证据。

（3）密钥交换　公钥密码学的另一个重要应用是交换密钥材料以生成共享的对称密钥。这种交换所得的密钥通常仅用于特定会话，并在短时间内有效，因此被称为**临时密钥**。一旦会话结束，临时密钥即被销毁。相较于长期共享的密钥，临时密钥具有更高的安全性，因为它们不易遭受相同的侧信道攻击风险。回顾前文所述的攻击类型，侧信道分析可以通过关联来自功耗、EMFI 或基于时间的分析等侧信道的数据来重构密钥材料。通过频繁交换新的临时密钥，可以显著限制攻击者发现密钥内容的能力，因为他们可供分析的数据量大大减少。Diffie-Hellman（DH）密钥交换算法是一种广泛应用的方法，用于在双方之间安全地建立共享密钥。发起密钥交换的一方生成一对公私钥,并将公钥发送给另一方。接收方同样生成一对公私钥,并将其公钥返回给第一方。随后,双方分别使用自己的私钥和对方的公钥计算出相同的共享密钥。由于 DH 算法的数学特性,双方无须提前交换任何密钥材料即可计算出相同的密钥,双方 X_1 和 X_2 之间的 DH 密钥交换协议如图 2.16 所示。

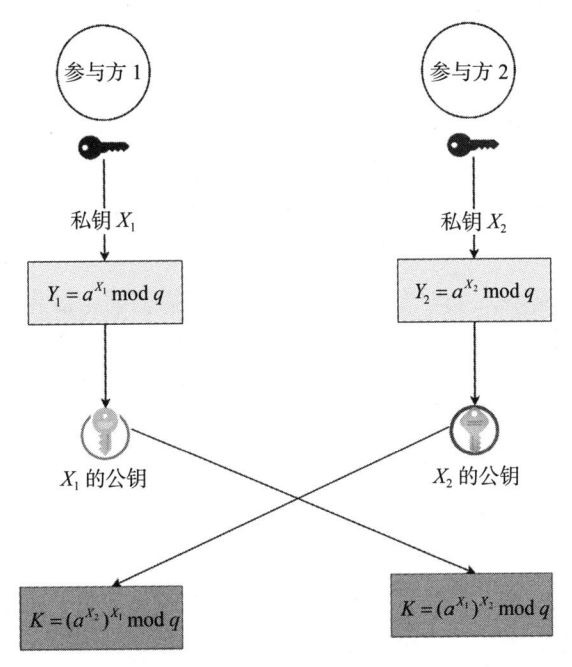

图 2.16 双方 X_1 和 X_2 之间的 DH 密钥交换协议

DH 算法利用了离散对数问题的计算困难性,使得在仅知道 a 和 a^k 的情况下推导出 k 在计算上是不可行的,具体表述如下:

```
Y = a^k mod q
```

建立共享密钥的步骤如下:

1)选择一个大质数 q。

```
选择 a < q,其中 a 是 q 的质数根
```

2)参与方 1 生成一对私钥和公钥。

```
私钥:X₁ < q
公钥:Y₁ = a^X₁ mod q
```

3)参与方 2 生成自己的私钥和公钥。

```
私钥:X₂ < q
公钥:Y₂ = a^X₂ mod q
```

4）参与方 1 和参与方 2 交换各自的公钥：Y_1 发送给参与方 2，Y_2 发送给参与方 1。

5）为生成共享密钥，双方分别使用自己的私钥对对方的公钥进行指数运算。

$$K = (Y_2)^{x_1} \bmod q = (Y_1)^{x_2} \bmod q$$

如果你对这两个等式的等价性存有疑问，可以展开 Y_1 和 Y_2 的表达式——你会发现相乘的指数最终产生相同的结果。

在汽车系统中，常见的做法是将 DH 密钥交换与 ECC 结合使用，这种组合被称为 ECDH。ECDH 因其较小的密钥尺寸、更高的安全性以及更高的灵活性而受到青睐。ECDH 的一个典型应用场景是在 ECU 和需要交换加密和认证信息的智能传感器（如摄像头）之间建立共享密钥。然而，由于建立共享密钥需要一定的时间，DH 的算法主要用在对时间延迟不敏感的车载应用中。

你可能认为车辆可以在启动时在所有 ECU 之间交换密钥，以降低密钥泄露的风险。但是，正如我们在第 1 章中提到的，汽车系统具有实时约束，如果等待所有密钥交换完成后再开信，将显著延长车辆的启动时间，这在实际应用中是不可接受的。

2.3.6 密钥管理

随着加密机制安全性的不断提高，攻击者的注意力逐渐转向了破坏加密密钥的安全性。他们不再尝试对加密算法进行暴力攻击，而是寻找在恢复密钥的方法。因此，除了选择合适的安全算法外，了解密钥在产品生命周期中的管理方式也变得至关重要。

密钥管理问题可以分为以下几个主要方面：
- 长期对称密钥的管理
- 临时对称密钥的管理
- 非对称密钥的管理

长期对称密钥通常借助 HSM 离线生成，并在安全环境中配置到目标设备中。然而，长期对称密钥存在一些潜在问题。首先，由于它们设计用于长期使用，因此特别容易受到时间、电磁或功耗等侧信道分析攻击，导致密钥泄露。其次，在许多情况下，这些密钥通过一次性可编程（One-Time Programmable，OTP）存储器等方式存储，使得撤销和更新变得不切实际。为减少长期密钥丢失的风险，主要策略是限制它们在系统中的使用方式。一种常见做法是仅将这些密钥用于派生其他密钥（利用密钥派生函数）。另一种方法是使这些密钥设备特定，以确保即使密钥被提取，也无法在其他设备上普遍使用。

对于临时密钥，期望是设备将使用前文介绍的密钥交换算法生成这些密钥。虽然临时密钥相比长期密钥具有优势，但它们也带来独特的挑战，例如会话长度配置不当和过期临时密钥未正确销毁等问题。因此，建议在会话结束后立即销毁这些密钥，并防止使用已过期会话的旧密钥。此外，谨慎选择会话的持续时间至关重要，以避免临时密钥在其安全加密周期结束后继续使用，从而增加通过侧信道泄露密钥的风险。

最后，在汽车应用场景中管理公钥面临两个主要挑战：如何确保公钥的真实性，以及如何防止公钥被替换。为解决这些挑战，我们将深入探讨如何利用数字证书来辅助管理和分发公钥。

1. X.509 证书

公钥加密的安全性本质上取决于我们对公钥真实性的信任程度。X.509 证书的创建和使用如图 2.17 所示。

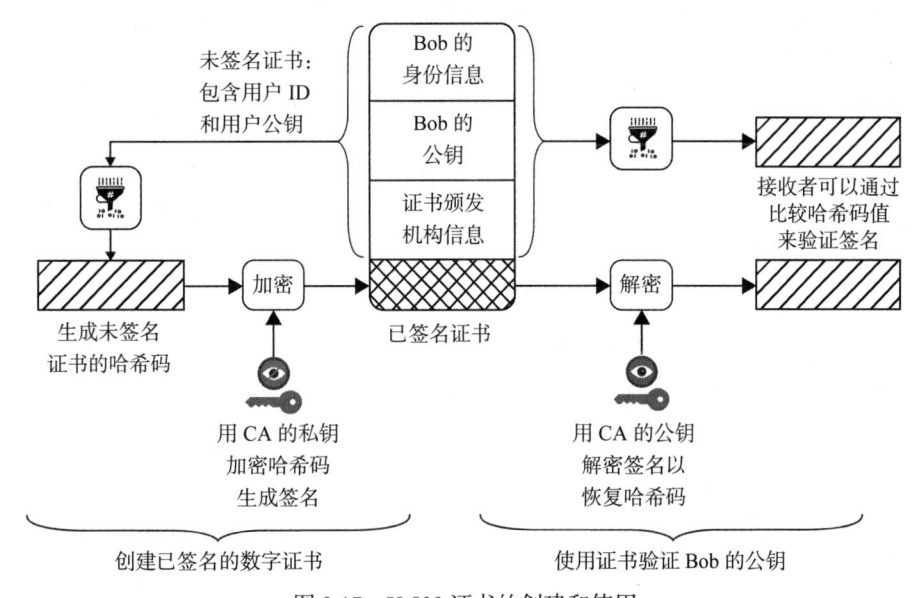

图 2.17　X.509 证书的创建和使用

在图 2.17 中，假设 Bob 使用其私钥签署一条报文，并将公钥分享给 Alice，而 Alice 需要使用该公钥验证数字签名。在这种情况下，Alice 只有在确定该公钥确实来自 Bob 时才能信任该签名的有效性。为建立对公钥来源的信任，X.509 标准定义了一种基于证书的机制，这需要引入一个受信任的认证中心（Certificate Authority，CA）。在我们的示例中，为生成证明 Bob 身份的 X.509 证书，Bob 必须通过一个能为他建立信任链的 CA。如果 Bob 能向 CA 证明其身份，CA 则可以生成一个包含 Bob 公钥的证书，并使用 CA 的私钥生成数字签名。X.509 证书的内容经过哈希处理后加密，从而产生证书签名。在使用 Bob 的公钥之前，Alice 必须使用她已信任的 CA 公钥验证证书签名，从而确认证书的有效性。

> **问题**：Alice 最初是如何建立对 CA 公钥的信任的？

在汽车应用场景中，一个称为根公钥的密钥通常在 ECU 的安全环境中配置，如芯片供应商的工厂或车辆装配线上。这个根公钥充当 CA 公钥的角色，因为在配置后，提交给 ECU 的公钥证书必须包含由匹配的根私钥生成的签名。典型的 ECU 可能包含多个根公钥，以允许不同的利益相关者与 ECU 建立信任关系。例如，芯片供应商可能注入其根公钥，以验证用于故障分析的证书。OEM 可能还会注入一个根公钥，用于验证维修站的证书。鉴于根公钥需要硬件存储能力，建议为这些密钥预留多个存储槽，以备将来可能需要撤销和更新。在汽车应用中，X.509 证书有多种用途，如认证智能传感器、OTA 后台服务器或电动车充电站。

图 2.18 所示为根据 ITU 标准定义的 X.509 证书包含的字段。让我们详细分析这些字段。

- **证书序列号**：一个独特的整数值，与颁发者名称结合使用，可唯一标识证书。
- **签名算法标识符**：用于签署证书的算法及其相关参数。
- **颁发者名称**：颁发并签署此证书的 CA 名称。
- **有效期**：指定证书有效的时间范围。使用者在使用证书前，必须验证其是否在有效期内。
- **主体名称**：拥有与证书公钥对应私钥的实体名称。
- **主体公钥信息**：包括主体的公钥、使用该密钥的算法名称及相关参数。
- **颁发者唯一标识符**：用于唯一识别颁发 CA 的标识符。
- **主体唯一标识符**：用于唯一识别证书主体的标识符。
- **扩展**：在标准第 3 版中引入，允许在证书中定义额外字段。
- **签名**：覆盖证书所有字段的数字签名。该字段还包含用于签名的算法名称。

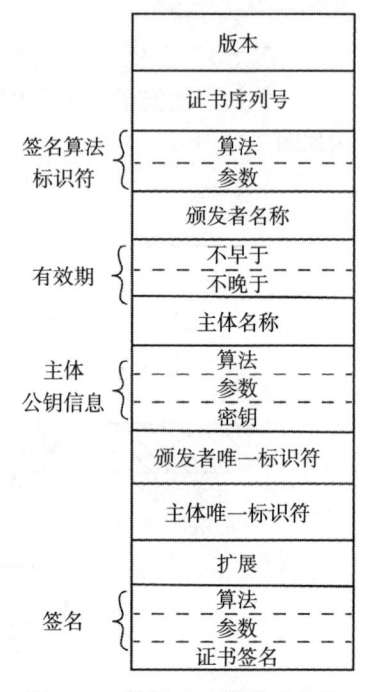

图 2.18 根据 ITU 标准定义的 X.509 证书包含的字段

> **提示**：在使用 X.509 证书的公钥之前，务必验证证书签名和所有字段，以确保使用的是来自可信来源的未过期证书。

在结束密钥管理主题之前，我们还需要探讨对称加密密钥生成算法的另一个重要方面。

2. 密钥派生函数

密钥派生函数（Key Derivation Function，KDF）是一种利用密钥和附加数据作为输入来生成（即派生）密钥材料的函数，它确保即使使用相同的输入，生成的密钥也是不同的。KDF 通常依赖于被多次调用的伪随机函数（Pseudorandom Function，PRF）来生成所需数量的加密密钥。密钥派生密钥（Key Derivation Key，KDK）是作为输入使用的加密关键元素。KDF 输入的 KDK 可以由确定性随机比特生成器（Deterministic Random Bit Generator，DRBG）生成，或从经过认证的自动密钥建立方案的输出中获得。KDK 的密钥材料也可以部分源自另一个 KDK。NIST 推荐了几种密钥派生方案，其中包括下面将要介绍的计数器模式 KDF。

3. CTR 模式的 KDF

在这种模式中，CTR 作为输入用于 PRF，函数会迭代处理输入参数。在此例中，我们选择 HMAC 作为 PRF。图 2.19 所示为使用输入密钥（K_{in}）派生密钥材料的步骤。

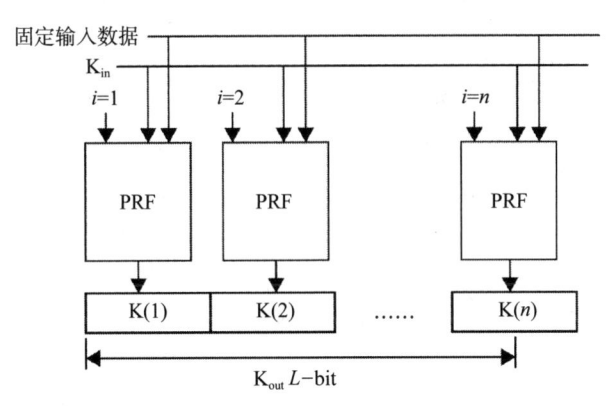

图 2.19 使用输入密钥（K_{in}）派生密钥材料的步骤

在每次迭代的核心，PRF 接收以下参数作为输入：

- K_{in}：密钥派生密钥。
- i：计数器值。
- 标签：标识派生密钥材料用途的字符串。
- 上下文：唯一标识派生密的位串，如派生密钥各方的身份。
- L：输出密钥的请求位长度，以比特串表示。

在每次迭代中，使用密钥派生密钥（K_{in}）、计数器值（i）和固定输入数据生成一块密钥材料，如下所示：

```
K(i) := PRF (K_in,[i] || 固定输入数据)
```

其中，固定输入数据是标签、分隔符、0x00、上下文和 L 的连接（即标签 || 0x00 || 上下文 || [L]）。

每次迭代后，将输出与先前的结果连接，如下所示：

```
result := result || K(i)
```

在所有迭代结束时，保留派生密钥材料的最左边 L 位，并丢弃剩余部分来构建输出密钥（K_{out}）。

KDF 通常被芯片供应商用于使用公共秘密和设备特定常量生成唯一的设备密钥。如果 OEM 选择将 KDK 作为主密钥，从中派生出 ECU 密钥，那么固定数据应选择唯一标识目标 ECU。这使得 OEM 可以通过查找固定数据和 KDK 快速派生任何 ECU 的密钥。当 KDK 用作主密钥时，保护 KDK 比保护派生密钥更为重要，因为 KDK 的泄露将导致所有依赖于该主密钥的 ECU 的安全性完全丧失。更安全的使用密钥派生函数的方法是通过硬件定义的唯一密钥使 KDK 唯一化。

> 提示：KDK 应仅用于密钥派生，不应用于数据加密或认证等多个用途。

2.3.7 NIST 定义的安全强度

NIST 维护着一份安全可用的加密机制清单，并针对特定加密期限列出了所需的最小密钥长度[17]。这考虑到了对手计算能力的提升及其随时间推移恢复密钥材料的能力。在开发汽车系统时，我们必须始终假设车辆的最长使用寿命，以便在选择加密算法和密钥长度时避免车辆投入使用后发现安全系统已被破解且难以升级的情况。加密期限意识的一个重要影响是，汽车系统必须具备在现场更新密钥的能力，尤其是当某个密钥接近其允许的加密期限结束时。此外，在选择支持多种密钥长度的加密算法时，我们必须确保设计时支持高级别的安全强度，即使短期内不需要该强度。例如，一个汽车 ECU 应同时提供 AES 128 位和 256 位密钥支持，以便在密码分析取得进展时能够对车辆进行预防性升级。

需要注意的是，尽管加密提高了系统的整体安全性，但实施这些机制的方式决定了系统是否真正安全。在大多数情况下，安全机制的失效并非源于其本质上的不安全，而是由于错误使用或错误实现。

2.3.8 中国的加密算法

迄今为止，我们介绍的加密算法都是经 NIST 批准的。在中国市场销售车辆时，我们必须了解由中国国家密码管理局规定的中国加密标准。这些机制与 NIST 批准的算法相似，但在软件和硬件方面需要额外的支持。中国的加密算法与其使用场景的对应关系如表 2.1 所示。

表 2.1 中国的加密算法与其使用场景的对应关系

中国的加密算法	支持的功能
SM2	椭圆曲线 DH 密钥协商与签名，使用指定的 256 位椭圆曲线
SM3	一个 256 位的加密哈希函数
SM4	一个 128 位密钥的 128 位分组密码
SM9	数字签名、密钥交换和基于身份的加密

因此，在设计需要在中国车辆中运行的 ECU 时，必须考虑支持中国的加密算法。

在结束加密主题之前，我们将讨论后量子加密，以确保我们的车辆能够适应量子计算的进步。

2.3.9 后量子加密算法

NIST 在 2016 年 4 月发布的一份报告中强调，需要新标准来替代基于离散对数问题和整数分解的加密系统，因为这些系统面对 Shor 量子算法对质因数分解的攻击时较为脆弱。

如果在足够强大的量子计算机实现之前不进行转变，广泛用于通信协议、数字签名过程、认证框架等的公钥加密系统的安全性将受到威胁。因此，后量子加密（Post-Quantum Cryptography，PQC）替代方案应运而生，作为 RSA、ECC、ECDSA、ECDH 和 DSA 加密系统的抗量子替代品。

经过几轮候选 PQC 算法的评估，NIST 已经标准化了两种基于状态的哈希签名方案，分别为 LMS 和 XMSS。NIST 还确定了四种标准化的 PQC 算法，如表 2.2 所示。

表 2.2　NIST 标准化的 PQC 算法

功能 / 用途	算法
数字签名	CRYSTALS-Dilithium FALCON SPHINCS+
公钥加密	CRYSTALS-KYBER
密钥封装机制	CRYSTALS-KYBER

鉴于车辆使用寿命较长（超过 15 年），汽车行业迫切需要确保当前使用的 ECU 支持 PQC 算法，以应对量子计算的进步。如果你正在设计 ECU 并决定支持哪些加密算法，建议密切关注 NIST 关于 PQC 算法的标准化工作，以确保你的设计能够在需要时适应。转向 PQC 算法预计将耗费大量资源，需要精心规划。许多因素导致了这一点，例如新算法预期的内存、计算资源和密钥大小的增加。用尚在评估阶段的算法替换经过验证的安全算法也带来了不可忽视的风险。

> **注意**：对称密钥加密算法未被列入此列表，原因在于量子计算机在降低其安全性方面并未较经典计算机表现出明显优势。因此，AES 仍被视为安全可靠的算法。若欲深入了解 AES 未来可能面临的影响，建议参阅 Lov Grover 关于量子搜索算法的论文[27]。

对 LMS 和 XMSS 的深入探讨超出了本书的范畴，但我们建议你阅读 NIST 关于基于状态的哈希签名方案的推荐文献[18]，以全面理解这些算法与传统数字签名方案的差异。

在本节结束之前，我们强烈建议你利用 OpenSSL 库实践本节所学的算法。https://www.cryptool.org/en/cto/openssl 是一个快速配置 OpenSSL 环境的优质资源。

2.4　安全原则

如前一节所述，加密技术为实现我们的安全目标奠定了基础。然而，除了通过加密实现的安全外，还有若干同等重要的安全原则，它们确保了通过加密建立的信任在产品整个生命周期内得以维持。本节将探讨 NIST 推荐的与汽车系统最密切相关的安全原则子集。我们建议你查阅完整列表[23]，并识别可能适用于你系统的其他原则。

2.4.1　纵深防御

构建能够抵御网络攻击的汽车系统，需要采用多层次的安全方法，从外围支持系统（如云和后端基础设施）开始，延伸至车内与网络安全相关的最小硬件和软件组件，全方位保护车辆。仅依赖单一安全协议或控制措施，会产生单点故障风险。相比之下，通过在每个关键组件周围部署多样化的防御措施，系统能够有效预防、检测和应对各种攻击向量。

在车辆层面，这意味着需要保护后端系统、支持工具（如诊断客户端）、车外通信、车辆接口（如OBD-II端口）和车载网络。在ECU层面，这要求在硬件和软件架构层中构建安全机制。通过在车辆和ECU架构的不同层次搭建安全防护机制，攻击者需要突破多个、多样化的安全控制措施才能达到其目标，每一层都旨在阻止入侵或检测异常，从而增强整体安全态势的稳健性。正如我们将在第8章和第9章中详细讨论的，构建有效的网络安全控制需要一个迭代的系统过程，即在每添加一项措施后都识别残余风险，并应用额外的控制措施，直至整体风险降至可接受水平。

2.4.2 域分离

域分离是一项基本的安全原则，它要求对不同类型的数据或操作设置不同的安全等级或域。通过将系统的各个部分分离，我们可以将安全漏洞的影响限制在系统的某一部分，防止其扩散到安全和安保更关键的其他可能领域。在ECU层面，域分离通过将可信执行环境与正常的执行环境分开来实现。即使正常的执行环境被攻破，可信执行环境仍应能够保护加密密钥以及关键操作，防止系统资产完全被侵害。在车辆层面，ECU根据其功能被分为不同的组，这在域分离的E/E架构中得到了体现。通过不同的车载网络（如CAN或LIN）进行物理分离，从而提供了一定程度的隔离，因为入侵一个ECU并不会立即让攻击者访问车辆中的所有其他ECU。然而，随着更加复杂、互联和集中化的车辆计算系统的出现，出于成本、空间或效率等因素的考虑，物理上分离域并不总是可行或理想。在这种情况下，逻辑上分离域变得尤为重要。这通常涉及使用虚拟化技术，允许在单个物理机器上创建多个**虚拟机**（Virtual Machine，VM）和虚拟化资源。每个虚拟机作为一个独立的虚拟ECU运行，拥有自己的操作系统和软件，从而创建一个强大的逻辑屏障。因此，即使一个虚拟机被攻破，攻击也将局限在该虚拟机内，而不会影响底层物理机器或其他运行在其上的虚拟机。在这种模式下，可以有一个虚拟机运行信息娱乐系统，另一个处理与外部网络的通信，还有一个控制安全关键功能，例如制动和转向。即使信息娱乐系统被攻破，攻击者也无法直接影响其他虚拟机，因为有虚拟化提供的逻辑分离。在所有情况下，域分离必须与减少域之间的交互次数相结合，以进一步降低不必要干扰的可能性。

2.4.3 最小特权

在分配软硬件组件的权限和功能时，应遵循最小特权原则，仅赋予其执行预定功能所需的最小权限集。精细划分和严格控制访问权限可以确保某一区域的安全受损不会自动授予攻击者访问系统其他部分的权限。这种局部隔离机制使得漏洞能更容易被识别、管理和修复，而不会影响整个系统的运行。举例来说，在运行多个应用程序的主机操作系统上的SoC中，如果仅有两个应用程序需要将日志写入持久存储，那么只应赋予这两个应用程序相应的权限。若不必要地赋予其他应用程序相同的权限，一旦某个应用程序被攻破，攻击者就可能获得篡改持久存储的能力，而这本可通过严格执行最小特权原则来避免。同理，将网络访问权限限制在确实需要的应用程序范围内，可以防止被入侵的虚拟机被用于攻击网络的其他部分。随着越来越多的 ECU 功能被整合到更大的域控制单元和车载计算机中，这一原则变得尤为重要。在这种情况下，如果允许任何应用程序发送任意 CAN 报文或以太网帧，接收方将难以判断报文是否来自合法的通信对象。对于基于 MCU 的 ECU，可以将 CPU 的高特权级别保留给实时操作系统和可信组件，同时在最低特权模式下执行所有其他用户应用程序来实现最小特权原则。此外，合理划分应用程序，将网络和硬件资源仅分配给真正需要的应用程序，可以有效减少滥用和不必要干扰的可能性。

2.4.4 最小共享

最小共享原则与最小特权原则密切相关，但其重点在于将系统资源的共享限制在最小用户群体范围内。严格执行这一原则可以最大限度地降低资源被不当授权而可能变得恶意的实体滥用的风险。相反，对共享资源的无限制访问会造成难以管理的安全隐患。即便是被认为可信的实体，一旦被攻破，也可能成为潜在的威胁源。因此，通过仅允许必要的访问，这一原则可以有效限制实体被恶意利用时可能造成的损害。例如，如果只有两个应用程序需要访问特定的传感器（如摄像头图像传感器），那么将访问权限严格限制在这两个应用程序内可以防止系统中其他应用程序对该传感器进行篡改。同样，如果只有两个通信端点需要交换报文，为这些端点创建一个专用的虚拟网络可以有效防止其他网络端点试图窃听或伪造通信。

需要注意的是，ECU 的初始化配置阶段对于正确设置访共享资源分配给相关实体至关重要，这可以显著减少阶段出扰的可能性。在可能的情况下，应将这些配置在运行时设为不可更改，以维持最小共享原则所带来的安全优势。

2.4.5 中介访问

典型的汽车系统包含多个需共享的资源——如网络接口、图像处理引擎、GPIO 设备，以及其他需要相互独立的应用程序访问的外设。强制实施中介访问机制可确保关键资源不会被单一进程或潜在恶意的应用程序轻易篡改。中介访问的一种实现方法是采用客户端 – 服务器架构，由服务器管理资源，并提供一组受限的服务接口与资源交互。这种架构允许服务器在接受特定客户端请求前执行合理性检查，并验证访问权限。

2.4.6 保护性默认配置

汽车供应链涉及多个层级，供应商与集成商之间需密切协作。供应链的每个环节都存在组件误配置的可能性，从而降低系统的整体安全性。因此，组件交付时必须采用最高级别保护作为默认配置，并附带清晰的文档说明修改默认配置的潜在风险。例如，闪存引导加载程序软件应以默认安全设置交付，这些设置强制执行对下载软件镜像的数字签名验证。

在某些情况下，无法启用保护性默认配置，如芯片供应商必须以未锁定状态交付 MCU 或 SoC 以允许密钥配置。此时，芯片供应商应提供详细文档，描述如何启用安全模式以及如何以最小风险注入密钥材料的最佳实践。

2.4.7　异常检测

该原则要求及时检测 ECU 或车辆环境中达到特定严重程度的任何异常，以便应用相应的异常处理策略。典型的汽车产品在其生命周期中会经历一系列异常。这些异常通常源于偶发性故障，如随机或系统性故障，这些在功能安全领域已得到深入研究。然而，某些异常可能源于恶意行为，如安全报文的 MAC 验证失败或诊断客户端的身份验证尝试失败。具备检测这些异常并将其记录以供后续分析的能力，对于研究单个车辆乃至整个车队的攻击模式具有重要意义。异常检测不仅限于整车层面，还可在架构的各个层级实现，以执行局部安全策略。例如，如果启动时引导程序身份验证检查失败，则禁用通信密钥的访问，从而防止篡改 ECU 软件的攻击者与其他 ECU 进行通信。

2.4.8　分布式特权

某些关键操作应要求多个授权实体以协调一致的方式行动，才能允许该操作执行。应用分布式特权的一个典型例子是将 OTA 功能分解为多个角色。相较于由单一后服务器管理整个 OTA 操作，将功能分离为签名服务器和部署服务器，这样需要多次安全渗透才能将更新部署到车辆。另一个例子是在安全启动过程中使用多个签名机构对待检查的软件镜像进行签名。ECU 供应商可选择使用自身密钥对镜像签名，即使 OEM 也计划用其密钥对同一镜像进行签名。这确保了 OEM 无法修改供应商希望保持不变的软件。

2.4.9　分层保护和零信任

在确定保护汽车系统的范围时，必须明确界定系统中哪些实体被视为可信任的。虽然实施零信任策略是理想的方法，但对于资源有限的系统而言，这并非总是可行。因此，我们应当致力于将可信任方控制在最少范围内。例如，在多虚拟机车载计算机中，管理程序必须被视为可信任的，以便设置虚拟机并强制执行空间和时间隔离。在运行互不信任应用程序的单一操作系统实例中，操作系统本身可被视为可信任方。当硬件支持更强隔离能力时，如在机密计算的情况下，我们可以进一步减少对信任的假设。欲了解有关机密计算的更多信息，请参阅本章延伸阅读 [19]。

2.4.10　最小可信元素

类似于零信任原则的是最小可信元素原则，其目标是减少必须保持安全的可信元素数量，以确保整体系统的安全性。系统必须信任的元素越多，整体系统安全被破坏的潜在途径就越多。由于可信元素必须按照高水平的安全标准开发，因此理想情况下，我们应集中资源构建尽可能少的可信元素。在汽车 ECU 中，至少需要将信任根（即硬件保护的安全环境[20]）视为可信元素。

2.4.11 最小持久性

汽车系统利用许多资源，这些资源可能仅在短暂的时间窗口内需要。最小持久性原则要求在不使用时禁用资源，以进一步缩小攻击面并消除滥用机会。应用此原则的一种方法是默认禁用资源，仅在需要时才启用。例如，一个需要提供 Wi-Fi 和蓝牙连接同时执行自动驾驶操作的系统应考虑在 Wi-Fi 和蓝牙 ASIC 不再需要时将其关闭。这减少了攻击者滥用这些接口以影响系统安全关键组件的可能性。然而，在实时系统中践行这一原则具有挑战性，因为在资源被禁用后重新启用会产生时间延迟，这在许多情况下是不可接受的。因此，我们必须通过权衡风险与收益来选择性地实施这一原则。

2.4.12 保护性故障

任何汽车系统都预计会在某个时间点发生故障。然而，故障绝不能导致安全性完全丧失。如果按照保护性故障原则设计，故障组件在故障发生期间和之后应确保保护其资产。例如，存储在安全硬件引擎中的加密密钥不应因安全引擎中的硬件故障而暴露。另一个例子是，当自我测试的加密功能失败时，应拒绝进一步使用加密功能，以防止滥用故障的加密功能。实施这一原则要求系统具备及时检测故障的能力，以便迅速执行保护措施。

2.4.13 持续保护

在设计系个常见的误区是仅在式下考虑安全性，而忽视车辆可能暴露于威胁的其他状态。持续保护原则要求在所有需要保护的系统状态和模式下，保护机制都应保持活跃且不中断。例如，如果将 ECU 转换为停用状态，那么 ECU 中配置的任何机密信息都必须被清除，以防止最终泄露给获得该 ECU 的人员。然而，该原则允许在有正当理由时有意覆盖某些保护措施，如在调试状态下需要控制流操作来排查问题。需要注意的是，即使在调试状态下，某些保护措施仍然适用，例如防止访问加密密钥或擦除这些密钥以防止滥用。

2.4.14 冗余

冗余是一项适用于安全和安保的原则，通过复制某些关键功能来确保系统的可靠性和可用性。冗余的主要缺点是增加了成本，这限制了其应用范围。冗余的一个重要方面是冗余元素的多样性，以防止单一事件导致的相同故障引起冗余元素的共同失效。在车辆网络安全领域，在安全存储中复制加密密钥可以实现冗余。这确保了即使加密密钥被破坏或恶意擦除，ECU 仍能访问密钥副本，以执行相关的加密功能。另一个例子是使用冗余熔丝阵列，确保设备的生命周期状态不会被永久破坏，从而防止系统启动失败。类似地，使用多个冗余存储分区来存储软件，可以确保即使成功擦除，也不会使系统变砖。

2.4.15 使用标准化加密

在使用加密时，一个常见错误是依赖专有算法或不正确地使用标准加密算法。实践反复证明，通过模糊性实现的安全是一种失败的策略。攻击者拥有多种工具来发现加密系统中的弱点，选择依赖未经验证的秘密加密系统很可能导致不利后果。同样，在使用加密功能时，忽视标准规定的约束条件也会大大降低这些功能的安全性。因此，必须投入时间，不仅正确实施加密功能，还要遵循标准建议，并避免常见陷阱。

总的来说，安全原则是一种有效方法，用于避免常见设计错误并确保遵循最佳安全实践。掌握这些原则有助于构建能够抵御网络攻击的强大基础。建议为特定项目创建一套定制的安全原则，以指导工程师在设计过程中的行为，并建立安全设计的共同基准。在本书的后续章节中，当我们应对安全威胁或应用网络安全控制时，将再次引用这些安全原则。

2.5 总结

本章首先定义了构建安全汽车系统时必须考虑的不同攻击类型。这些攻击类型为我们在威胁分析阶段探讨的潜在攻击提供了参考框架。随后，我们介绍了任何汽车系统旨在实现的五个主要安全目标。这些目标将作为我们车辆级安全目标的上层目标。接着，我们提供了一个关于加密的简要介绍，并展示了如何利用其机制来满足几个安全目标。为了补充这些加密机制，我们精选了应影响汽车系统设计的最常见安全原则。通过涵盖这些主题，我们为理解安全基础及其与汽车应用场景的关系奠定了良好基础。

尽管本章并非这些主题的全面资源，但它应作为深入探索每个主题的起点。在涵盖了基础知识之后，我们现在将对分析我们的车辆所面临的各种威胁和攻击面，这是本书的第一部分的结尾。

2.6 参考文献

要了解更多关于本章涵盖的主题，请参阅以下内容：

[1] https://csrc.nist.gov/Projects/cryptographic-standards-and-guidelines.

[2] *The Codebreakers*, by *Kahn*.

[3] *Handbook of Applied Cryptography*, Discrete Mathematics and Its Applications, by Alfred J. Menezes (Author).

[4] *Cryptography and Network Security, Principles and Practice*, by William Stallings.

[5] https://github.com/robertdavidgraham/ecb-penguin.

[6] *NIST SP800-90A: Recommendation for Random Number Generation Using Deterministic Random Bit Generators*: https://csrc.nist.gov/publications/detail/

sp/800-90a/rev-1/final.

[7] *NIST SP800-90B: Recommendation for the Entropy Sources Used for Random Bit Generation*: https://csrc.nist.gov/pubs/sp/800/90/b/final.

[8] National Institute of Standards and Technology (2008) *The Keyed-Hash Message Authentication Code (HMAC)*. US Department of Commerce, Washington, DC, Federal Information Processing Standards Publication (FIPS) 198-1: https://doi.org/10.6028/NIST.FIPS.198-1.

[9] Dworkin MJ (2005) *Recommendation for Block Cipher Modes of Operation: the CMAC Mode for Authentication*. National Institute of Standards and Technology, Gaithersburg, MD, NIST Special Publication (SP) 800-38B, Includes updates as of October 6, 2016. https://doi.org/10.6028/NIST.SP.800-38B.

[10] Kelsey JM, Chang S-jH, Perlner RA (2016) *SHA-3 Derived Functions: cSHAKE, KMAC, TupleHash, and ParallelHash*. National Institute of Standards and Technology, Gaithersburg, MD, NIST Special Publication (SP) 800-185. https://doi.org/10.6028/NIST.SP.800-185.

[11] Singh, S. *The Code Book: The Science of Secrecy from Ancient Egypt to Quantum Cryptography*. New York: Anchor Books, 1999.

[12] NIST SP800-38D: https://doi.org/10.6028/NIST.SP.800-38D.

[13] Erik Dahmen, Katsuyuki Okeya, Tsuyoshi Takagi, and Camille Vuillaume. *Digital signatures out of second-preimage resistant hash functions*. In Johannes Buchmann and Jintai Ding, editors, Post-Quantum Cryptography, volume 5299 of Lecture Notes in Computer Science, pages 109-123. Springer Berlin/Heidelberg, 2008.

[14] Mihir Bellare and Phillip Rogaway. *Collision-resistant hashing: Towards making UOWHFs practical*. In Burton Kaliski, editor, Advances in Cryptology – CRYPTO '97, volume 1294 of Lecture Notes in Computer Science, pages 470–484. Springer Berlin/Heidelberg, 1997. 10.1007/BFb0052256.

[15] https://csrc.nist.gov/Projects/Random-Bit-Generation.

[16] Ralph Merkle. *A certified digital signature*. In Gilles Brassard, editor, Advances in Cryptology-CRYPTO' 89 Proceedings, volume 435 of Lecture Notes in Computer Science, pages 218–238. Springer Berlin/Heidelberg, 1990.

[17] https://nvlpubs.nist.gov/nistpubs/SpecialPublications/NIST.SP.800-57pt1r5.pdf.

[18] *NIST SP800-208*: https://doi.org/10.6028/NIST.SP.800-208.

[19] https://confidentialcomputing.io/.

[20] *Requirements for hardware-protected security for ground vehicle applications (work in progress)*. [Online]. Available at http://standards.sae.org/wip/j3101/.

[21] *IEEE standard for local and metropolitan area networks-media access control (mac) security*, IEEE Std 802.1AE-2018.

[22] https://attack.mitre.org/techniques/ics/.

[23] https://nvlpubs.nist.gov/nistpubs/SpecialPublications/NIST.SP.800-160v1r1.pdf, *Appendix E*.

[24] A. Johnson and R. Davies, *Speculative Execution Attack Methodologies (SEAM): An*

overview and component modelling of Spectre, Meltdown and Foreshadow attack methods, 2019 7th International Symposium on Digital Forensics and Security (ISDFS), Barcelos, Portugal, 2019, pp. 1-6, doi: 10.1109/ISDFS.2019.8757547.

[25] Hankerson, Darrel, Alfred J. Menezes, and Scott Vanstone. *Guide to elliptic curve cryptography*. Springer Science & Business Media, 2006.

[26] *Cryptography lecture series*, by Professor Christof Paar: `https://www.youtube.com/playlist?list=PL2jrku-eb13H50FiEPr4erSJiJHURM9BX`.

[27] Grover, Lov K. *From Schrödinger's equation to the quantum search algorithm.* American Journal of Physics 69.7 (2001): 769-777.

第 3 章 Chapter 3

针对车辆组件的威胁态势

现代车辆提供了更多的连接功能，导致其攻击面变得更加广泛，威胁空间也变得更加多样化。研究威胁态势是理解现代车辆所面临的网络安全风险，以及制定相应防控措施的关键步骤。本章旨在提供一个代表性的威胁目录，而非详尽无遗地列举所有可能影响现代车辆的网络安全威胁和攻击，供该领域的从业人员参考。无论你是车辆制造商、ECU 供应商，还是组件供应商，都建议你在此基础上创建并定期更新适合你特定车辆系统的定制威胁目录，以辅助安全分析工程师的工作。本章的次要目标是为安全工程方法奠定基础，这将是本书下一部分的主题。

在对车辆接口和组件的威胁进行分类时，将车辆视为一个多层系统是有益的。最外层为后端和支持系统提供外部连接，由直接暴露于可与之交互的个体攻击的 ECU 和传感器组成。下一层是网络拓扑，它决定了外层威胁传播到车辆更深层次的难易程度。再往下是车载网络和协议，每一个都有已知的弱点，这些弱点决定了威胁如何在不同车辆域间传播。最内层是深度嵌入式 ECU、内部传感器和执行器，每一个都面临着独特的威胁和弱点。

需要注意的是，尽管我们可能会提及一些缓解威胁的方法或实践，但我们将有意避免深入讨论具体的对策。这将在本书的最后两章中作为安全工程方法应用的总结进行全面阐述。

本章涵盖以下主题：

- 针对车辆外部接口的威胁
- 针对 E/E 拓扑的威胁
- 针对车载网络的威胁
- 针对传感器的威胁
- 常见 ECU 威胁

3.1 针对车辆外部接口的威胁

在深入探讨现实世界的威胁之前，我们首先需要明确**威胁**的定义，以及它与**攻击**的区别。简而言之，威胁是指通过利用安全漏洞或弱点对车辆利益相关者产生不利影响的可能性。例如，ECU 通过不安全的通信链路接收数据将会面临来自具有网络访问权限的其他主体带来的数据篡改风险。然而，攻击是实际利用漏洞或弱点来实现威胁的行为，例如，通过拦截、篡改并重新传输到目标 ECU 的网络报文实现车辆网络数据篡改的攻击并造成威胁。为了推导出针对特定威胁的攻击方式，识别使威胁成为可能的潜在漏洞或弱点是有益的，这有助于将妥协（威胁）的可能性转化为具体行动（攻击）。在理解了威胁和攻击的区别后，我们首先研究面向外部的 ECU 所面临的威胁。

> **注意**：发现新漏洞并找到利用它们的方法，需要一定程度的专业技能、工具和与目标有关的知识。在后续章节中，我们将深入研究量化特定威胁的攻击可行性的方法。

此类 ECU 的独特之处在于它可通过有线或无线车载接口（如 USB、Wi-Fi 或蓝牙）直接访问。现代车辆通常包含多个对外暴露的 ECU，如远程通信终端、IVI 和自动驾驶系统。外部连接使这些 ECU 面临各种威胁，从需要直接物理访问的威胁到几乎可以在世界任何地方实施的威胁。远程威胁的主要来源是后端，我们将在下文详细讨论。

3.1.1 与后端相关的威胁

后端服务器在支持汽车互联方面承担多重角色，包括管理 OTA 软件包和地图更新、汇总整个车队的车辆运行状况报告，甚至实时跟踪商用车队。由于与云服务的持续连接，当后端服务器遭受攻击时，车辆及其乘客可能面临恶意远程干扰的威胁，这可能导致车辆功能丧失，甚至引发事故。另一潜在威胁是车辆敏感数据的泄露，包括驾驶员位置信息的暴露或车辆制造商知识产权的丢失。车辆与云后端之间双向通信的简化示意图如图 3.1 所示。

为了理解这些威胁的实施方法，我们考虑以下常见的影响后端环境的攻击方法：

- **内部威胁**：拥有后端服务器授权访问权限的员工或承包商可能出于恶意目的利用其特权，发布恶意车辆软件更新、传输损坏的地图数据或提取敏感车辆信息。内部威胁尤其

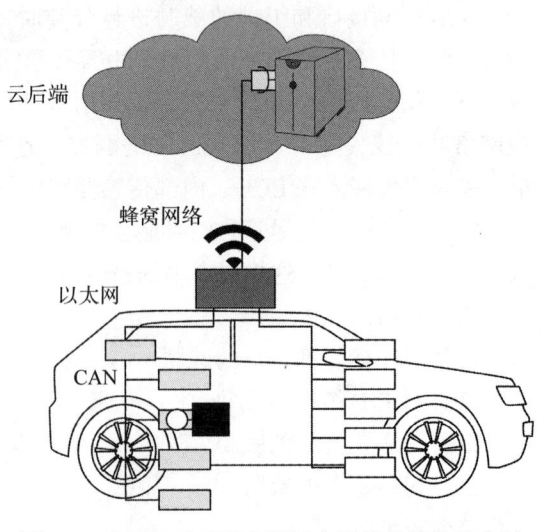

图 3.1 车辆与云后端之间双向通信的简化示意图

难以检测或防范，因为实施者通常拥有系统或网络的合法访问权限，且可能绕过某些安全防护措施。
- **社会工程**：服务器管理员可能被社会工程技术操纵，打开钓鱼邮件中的恶意链接，导致处理车辆数据和远程车辆管理的后端服务器遭受威胁。
- **伪造车辆 ID**：后端服务器面临伪装车辆的威胁，攻击者冒充真实车辆身份，试图欺骗服务器接受通信请求。根据车辆可用的服务，攻击者可能成功实施远程代码注入，以发起对其他车辆的进一步攻击或仅获取被冒用身份的车辆数据。
- **服务中断**：当车辆后端服务中断时，其影响可能会波及整个汽车供应链，如经销商、汽车供应商，甚至装配厂。对于依赖联网功能运行的车辆，这可能导致驾驶员无法访问其已付费的功能，如接收地图更新和车辆健康报告。为中断这些服务，攻击者可能发起分布式 DoS 攻击，即利用大量机器对后端服务器发起攻击，耗尽其资源，从而阻止其处理合法请求。
- **车辆数据丢失或泄露**：与任何网络一样，车辆后端服务器也易受跨站脚本攻击、结构化查询语言（Structured Query Language，SQL）注入、服务器配置错误和一系列漏洞的攻击。一旦成功入侵车辆后端服务器，可能导致敏感数据丢失，如驾驶员的个人数据、财务信息、加密密钥和知识产权，进而引发财务损失并有损组织的声誉。
- **恶意软件更新**：车辆定期更新软件的能力是一种强大的安全机制，可以确保车辆系统定期修复安全漏洞。然而，这种能力也成为恶意修改车辆软件的潜在攻击途径。使用 OTA 更新的主要威胁来自被入侵的后端服务器可能发布恶意软件更新。除后段威胁之外，具有车辆远程访问权限的攻击者还可能拦截并篡改更新内容，以植入恶意代码或改变 ECU 的功能。

让我们深入分析针对 OTA 进程最常见的攻击方法：
- **窃听攻击**：如果更新包从后端传输到目标 ECU 的过程中缺乏安全保护，那么攻击者可能会截获更新包并提取其内容。
- **拒绝软件更新**：这可以通过 MITM 攻击实现，攻击者阻止后端与目标 ECU 之间网段的通信流量。与直接阻止更新导致重试下载不同，MITM 攻击者可以通过延缓数据块的传输，避免触发目标 ECU 的超时，使得更新过程永远无法完成。在这种情况下，攻击者可以恶意利用通信协议，例如反复请求重传特定的数据块来延长更新过程时间。
- **回滚和冻结攻击**：如果对合法后端的身份验证强度不足，攻击者可以通过捕获有效软件更新并伪造更新后端，触发更新请求以回滚到较早的软件版本。若车辆未严格执行版本检查，那么它可能回滚到一个未修复漏洞的旧版本，从而重新暴露某些历史漏洞。另一种恶意利用方式是通过反复发布旧更新，使车辆处于忙碌状态，无法接收合法更新，从而有效地冻结更新过程。
- **资源耗尽攻击**：攻击者如果获得软件更新服务访问权限，可以发布一个超出车辆存储容量的更新。如果目标 ECU 在将更新提交到存储之前缺乏适当的内存安全检查，攻击者可能覆盖备份软件分区，甚至导致软件更新系统崩溃。
- **组合攻击**：即使强制执行数字签名以防止安装非法来源软件，攻击者仍然可以通过将合法签名的软件镜像组合成一个与特定车辆不兼容的软件包。如果车辆未严格执行兼容性检查，那么这种类型的更新可能会导致更新正常完成，并在系统开始启动时发生故障。

保护车辆后端环境需要采用标准的传统 IT 系统的安全防护措施，如严格的角色访问控制、防火墙和入侵检测系统，以及频繁的软件更新以修复系统漏洞。在提供 OTA 服务时，必须使用强制端到端认证和加密的安全通信渠道。鉴于汽车供应链的高度分布性，定期审查和监控数据共享工作以确保数据仅与授权方安全共享也至关重要。最后，制定从攻击或其他中断中快速恢复、快速响应的策略，可以减少成功攻击对后端的影响。

3.1.2 连接性威胁

无论是有线车辆接口（如信息娱乐系统的 USB 接口和 OBD 接口），还是无线接口（如蜂窝调制解调器和 Wi-Fi），都容易受到各种安全威胁。恶意利用车辆暴露接口对目标 ECU 进行攻击的示意图如图 3.2 所示。在本小节中，我们将研究这些接口上最常见的攻击方式。

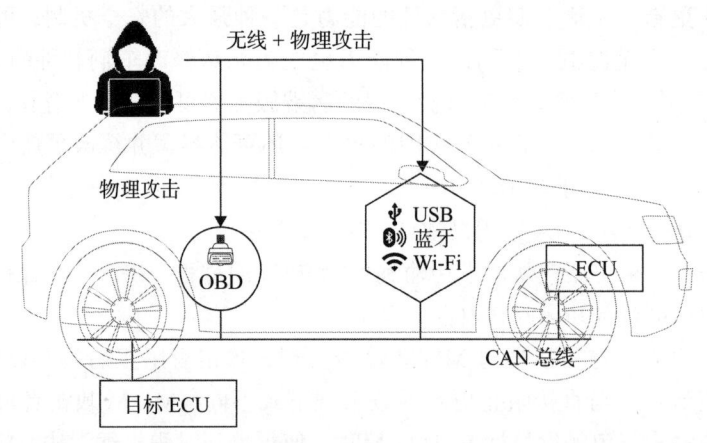

图 3.2 恶意利用车辆暴露接口对目标 ECU 进行攻击的示意图

1. 蜂窝

远程通信终端通过蜂窝调制解调器作为车辆的主要外部连接方式。虽然蜂窝连接提供了一种方便的方式，可以在有蜂窝服务的任何地方访问车辆，但这也意味着通过蜂窝链路发起攻击的机会几乎是没有任何限制的。这使远程通信终端成为主要攻击目标，因此应投入大量资源确保远程通信终端的安全性。

远程通信终端通常提供的服务包括：OTA 更新、车辆健康报告、地理围栏、车队监控和紧急呼叫。这意味着车辆可能面临从篡改车辆软件、阻止车辆健康报告、泄露车辆行驶模式（包括位置）到拒绝紧急呼叫服务等一系列威胁。如果驾驶员失去知觉而无法及时接受医疗帮助，可能会造成危及生命的后果。

攻击者可以通过以下三种主要方法，针对连接车辆的蜂窝网络实施这些威胁：
- 位置跟踪
- 通信拦截
- 服务降级

执行这些攻击所用的工具属于移动通信基站模拟器（Cell-Site Simulator，CSS）范畴，伪装成基站的 CSS 如图 3.3 所示。这些设备可以在不同的蜂窝网络代际中运行，最早从只支持通话和短信的 2G 网络开始，2.5G 网络则增加了电子邮件和短信等数据传输。随着 3G 和 LTE（Long Term Evolution，长期演进技术）的出现，数据传输速度提高，使视频传输成为可能。4G 和 5G 则标志着数据传输速率的显著提升，并改善了安全性。

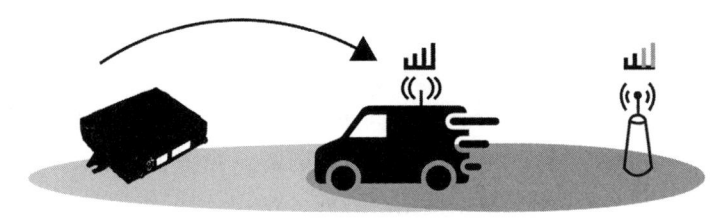

图 3.3　伪装成基站的 CSS

我们来分析一种基本的通信拦截攻击类型，其中使用 CSS 追踪车辆的位置。在此攻击中，CSS 通过增强其信号强度，欺骗车辆的蜂窝调制解调器连接到 CSS，而不是合法的蜂窝基站。随后，CSS 请求调制解调器的身份信息，并接收存储在调制解调器 SIM（Subscriber Identify Module，用户识别模块）卡上的国际移动用户标志（International Mobile Subscriber Identity，IMSI）。在接收到 IMSI 号码后，CSS 可以终止连接，允许蜂窝调制解调器连接到真实的网络。

> **注意**：在 4G 及后续几代网络中，蜂窝调制解调器不会仅因信号强度高就连接到随机基站，因此攻击需要更多步骤才能与 CSS 建立连接。此外，在 5G 网络中，IMSI 不会直接共享。

要实施更复杂的通信拦截攻击（即允许篡改或窃听车辆传输的数据）时，CSS 需要扮演 MITM 的角色。在 2G 网络中展示这种攻击：首先，CSS 向基站发送**位置更新请求**，基站要求 CSS 进行身份认证。CSS 使用之前攻击中捕获的 IMSI 号码进行回应。接下来，基站发出加密挑战，要求 CSS 知晓车辆蜂窝调制解调器 SIM 卡中存储的密钥。CSS 只是将这个请求转发给车辆的调制解调器，调制解调器生成正确的响应，再由 CSS 将其转发回网络。此时，CSS 成功地将自身认证为车辆调制解调器。下一步，当网络请求加密传输数据时，CSS 直接回应选择不使用加密，从而接收到明文形式传输的数据。

尽管这种攻击只能在 2G 网络中进行，但仍需要引起重视，因为它属于服务降级攻击的一种。攻击者可以干扰 3G 或 4G 频段，迫使蜂窝调制解调器降级到 2G，以寻求可靠信号，从而利用 2G 认证漏洞。

除了针对蜂窝连接协议的攻击外，车辆还容易受到更高层协议的攻击，如通过 SMS（Short Message Service，短消息业务）协议的欺骗、泛洪攻击和恶意软件注入。假设一辆使用 SMS 协议唤醒远程通信终端的车辆还可以进一步唤醒其他 ECU 执行远程触发的功能（如报告车辆位置），那么通过向远程通信终端的蜂窝调制解调器发送精心设计的 SMS 报文序列，攻击者可以逐步将车辆电池的电量耗尽。

通过 SMS 轰炸攻击，攻击者向特定车辆的蜂窝调制解调器发送大量 SMS 消息，试图使其过载，从而禁用蜂窝网络的外部连接。此外，如果蜂窝调制解调器中的 SMS 协议实现存在安全漏洞，攻击者可能会恶意利用该协议进行远程代码注入攻击，以入侵远程通信终端，进而构建针对车辆其余电子系统的更高级攻击链。

2. Wi-Fi

与蜂窝网络类似，Wi-Fi 可作为远程访问车辆服务的替代方式，例如通过家庭或商用 Wi-Fi 连接（例如，在车队服务中心）提供 OTA 更新，如图 3.4 所示。OEM 可选择通过 Wi-Fi 开放特定服务，以减少蜂窝数据使用。另外，Wi-Fi 还可作为车载热点为乘客提供服务。车载 Wi-Fi 可通过蜂窝网络得到支持，既可以通过远程通信终端的蜂窝调制解调器实现，也可以通过 Verizon Hum 等后装设备实现[21]。控制内置 Wi-Fi 热点通常涉及使用特定移动应用程序或车辆中的多媒体触摸屏，后者为 IVI 系统增加了额外的攻击路径。

当 Wi-Fi 用于与后端服务器建立连接时，车辆就会暴露于影响 Wi-Fi 网络的常见威胁之下。例如，如果 Wi-Fi 网络配置或安全性不当（如使用弱密码或过时的加密方案），攻击者可能能够访问网络，拦截或篡改车辆与后端之间的通信流量。

当 Wi-Fi 作为热点时，若网络配置较差，再加上缺乏适当的网络分段，攻击者在车辆附近可以获得访问权限，进而访问到连接车辆与后端的网络其他部分。

车辆 Wi-Fi 独特的威胁源于后装市场的 Wi-Fi 设备，这些设备通过插入 OBD 端口

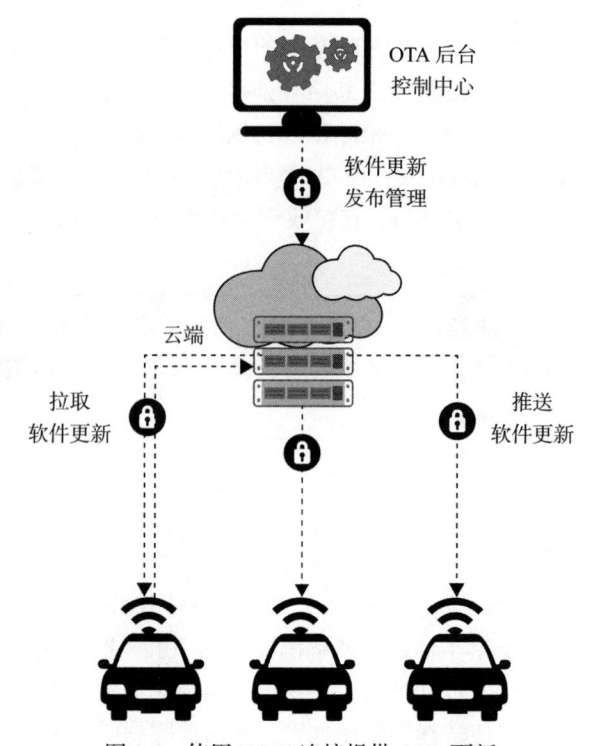

图 3.4 使用 Wi-Fi 连接提供 OTA 更新

为车辆乘客提供互联网接入和远程车辆访问的功能。插入 OBD 端口后，这些后装设备可以在检测到诊断故障代码（Diagnostic Trouble Code，DTC）时向驾驶员发送车辆诊断警报，并且可以启用远程车辆跟踪，以帮助车主在车辆被盗时定位车辆。这些便利功能使车辆暴露于可以远程访问 CAN 总线和不必要的车辆追踪威胁之下。与 OME 远程通信终端不同，这些设备未针对特定车辆类型进行验证，并且可能按较低的安全标准开发使用，因此，消费者在将它们引入车辆时必须保持警惕。对于原本未被设计为支持网络连接的车型，几乎可以肯定，因为 OBD 端口缺乏网络过滤，Wi-Fi 热点的引入会对车辆操作产生严重后果。

移动应用攻击　车辆通常通过移动应用提供服务访问，允许用户获取车辆健康信息、查看下次保养时间、远程启动车辆、解锁车门，甚至在某些情况下启动低速驾驶，例如，在停车场中召唤车辆。对于每项服务，非法访问、隐私数据泄露和车辆干扰的威胁也会随之而来。

在向移动应用提供车辆服务的 API 中，弱身份认证会使车辆更容易遭受攻击，威胁范围从侵犯驾驶员隐私到解锁车辆，甚至控制车辆。一个典型事件发生在日产聆风上，研究人员发现可通过日产移动应用远程入侵聆风。聆风的 API 仅通过检查车辆识别代码（Vehicle Identification Number，VIN）来启用对车辆功能的远程访问。攻击者如果能够获取 VIN，就可以控制诸如空调设置、耗尽车辆电池电量等功能，或者获取车辆行驶时间等驾驶信息。

另一类型的移动应用攻击利用了在不再需要访问后未终止访问权限的情况，例如归还租赁的车辆时。如果将车辆与手机的服务连接后，车辆没有提供终止访问的选项，那么租赁者可能会无限期地保留访问权限，从而能够监视车辆位置，甚至远程启动汽车。这无疑会使下一位租车者感到惊慌。

3. 蓝牙

车辆中常用的蓝牙标准包括蓝牙 2.0 到蓝牙 5.1，以及低功耗蓝牙（Bluetooth Low Energy，BLE）。BLE 作为蓝牙 4.0 规范的一部分被引入，旨在提高能效，适用于需要长电池寿命的设备。多年来，蓝牙一直用于连接智能手机与车辆的免提功能。蓝牙还可与远程通信终端联合使用进行初始设置。不幸的是，蓝牙漏洞仍在不断被发现，成为攻击车辆时的有效手段。图 3.5 所示为蓝牙攻击分类。

以下是一些可能针对车辆中蓝牙使用的常见攻击方法：

- 汽车窃听：一种利用车辆蓝牙漏洞实现窃听通信的工具。
- 蓝牙窃取：处于可被发现模式下的受害者设备存在对象交换（Object Exchange，OBEX）协议的漏洞利用。
- 蓝牙窃听：顾名思义，这类似于通过蓝牙窃听固定电话。它利用漏洞获取未经授权访问受害者设备命令接口的权限，使攻击者能够访问设备上的数据。
- 蓝牙劫持：未经授权的设备试图向启用蓝牙的设备（如范围内的智能手机）发送未经请求的报文（如垃圾邮件或恶意软件）。

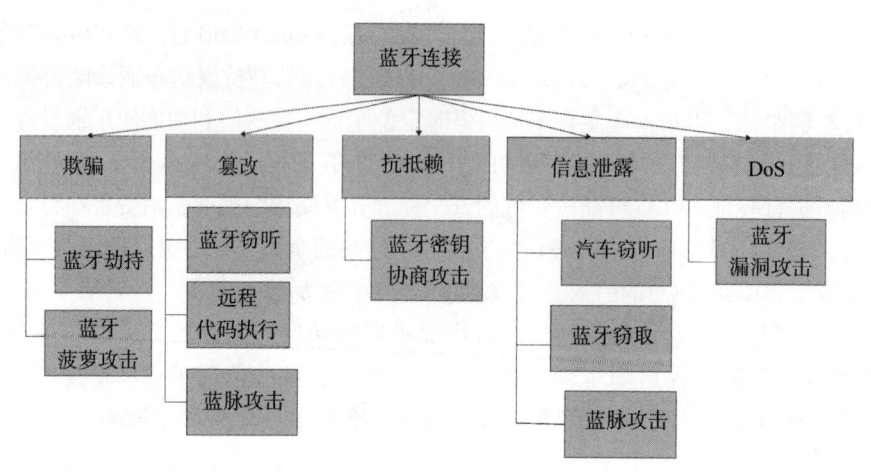

图 3.5 蓝牙攻击分类

- **蓝脉攻击**：利用蓝牙协议栈中的漏洞，通过缓冲区溢出向目标设备操作系统注入代码，无须配对即可执行，需要着重关注。
- **蓝牙密钥协商**（Key Negotiation of Bluetooth，KNOB）**攻击**：利用蓝牙加密密钥协商协议的漏洞，降低目标设备的加密密钥熵，最低可至 1B。低熵密钥易受暴力破解攻击，以发现密钥内容，进而实现加密和认证数据的泄露与篡改。
- **蓝牙漏洞攻击**：一组利用蓝牙分片过程中漏洞的攻击场景。在该过程中，设备将大数据包拆分成较小片段通过蓝牙传输。攻击者可以利用该机制，通过发送超大数据包使目标设备崩溃，或通过在片段中注入恶意代码来控制设备。
- **蓝牙菠萝攻击**：基于协议查询和分页功能的攻击，诱骗目标设备连接到攻击者设备，而非预期设备。

值得关注的是诊断服务的蓝牙加密狗被广泛用于授权车主通过手机进行故障诊断查询。如果这些加密狗存在蓝牙漏洞，能够成功连接加密狗的攻击者将可以直接通过 OBD 端口向 CAN 注入报文。因此，最好是在车辆行驶时移除此类设备。此外，为降低针对 IVI 系统的蓝牙攻击风险，建议持续监控已知漏洞并经常更新系统补丁。同时，采用高可靠性的蓝牙方案可以减少出现高风险等级漏洞的可能性。

4. USB

USB 通常用于 IVI 系统，以允许用户连接诸如手机等设备。它也可以在需要扩展存储的 ECU 中找到，如自动驾驶系统或远程通信终端。通过 USB 接口执行的攻击方法如图 3.6 所示。

通过 USB 进行更新是 OTA 更新的一种常见备份方法。这为通过受感染的 USB 存储设备安装恶意软件创造了机会，该设备可能利用软件更新协议中的身份验证漏洞。

在支持 USB 3.x 设备的情况下，通过直接内存访问（Direct Memory Access，DMA）控制器可以实现更高的数据传输速率和更大容量的数据缓冲区。当通过 DMA 将数据从

USB 存储设备复制到系统内存时，攻击者可能利用输入 / 输出内存管理单元（Input/Output Memory Management Unit，IOMMU）的错误配置或缺乏内存隔离来注入恶意代码。一旦恶意代码通过 DMA 控制器成功复制到系统内存中，攻击者可能获得 root 用户权限，以提升的权限执行命令或植入后门以供日后利用。为有效消除 USB 攻击风险，可在 ECU 进入生产状态后禁用 USB 端口。

图 3.6 通过 USB 接口执行的攻击方法

5. OBD

第 1 章中介绍的 OBD 端口是车辆中的一项强制性标准功能，用于美国的州和联邦政府评估排放控制机制的状态，同时也可用于技术人员访问车辆的内部系统进行故障诊断和修复。然而，攻击者也可以利用 OBD 端口对车辆内部网络进行未经授权的访问，从而操纵或干扰车辆运行。

OBD 接口被设计用于从 OBD 客户端向 ECU 发送诊断命令。OBD 端口通常连接至中央网关，该网关可以将 CAN 报文和基于以太网的诊断命令在路由至目标 ECU 前对报文进行过滤拦截。网关在过滤来自 OBD 端口的不必要流量方面发挥着关键作用。如果网关的流量过滤机制不完善或缺失，甚至缺乏网段化分，攻击者则可以通过 OBD 端口插入 CAN 工具，向内部 ECU 发送不安全的报文，如制动和转向命令。实施此类攻击的一种方式是通过 OBD 加密狗，这些加密狗可以是支持蓝牙的设备，允许车主自行诊断车辆。若在行驶过程中保持连接状态，加密狗则可以收集诸如车速和 ECU 故障数据等信息。不幸的是，该功能也创造了攻击面，允许远程访问车辆的内部网络。在 UDS 协议部分，我们将详细研究可以通过 OBD 端口恶意利用诊断协议的攻击。因此，保护 OBD 接口是一个非常重要的安全目标。

6. 无线电频率

远程无钥匙进入（Remote Keyless Entry，RKE）系统是一种电子锁，它利用用户携带的无线钥匙，通过 RF 信号远程锁定、解锁和启动车辆。这使车辆面临通过 RF 通道远程解锁的未经授权访问威胁，其目的可能是窃取车辆或车内物品。

RKE 系统有两种类型：①**单向 RKE**，仅钥匙可发送命令，而车辆处于接收模式；②**双向 RKE**，钥匙和车辆均可交互信息。在使用双向 RKE 时，车辆可支持主动解锁模式或被动解锁模式。被动 RKE 系统会自动发送信号，允许车主在接近车辆或触摸车门把手时，无须任何操作即可解锁车门。与之相反，主动 RKE 系统要求车主手动按下钥匙以发送命令信号。单向 RKE 仅支持主动模式，单向 RKE 和双向 RKE 系统如图 3.7 所示。

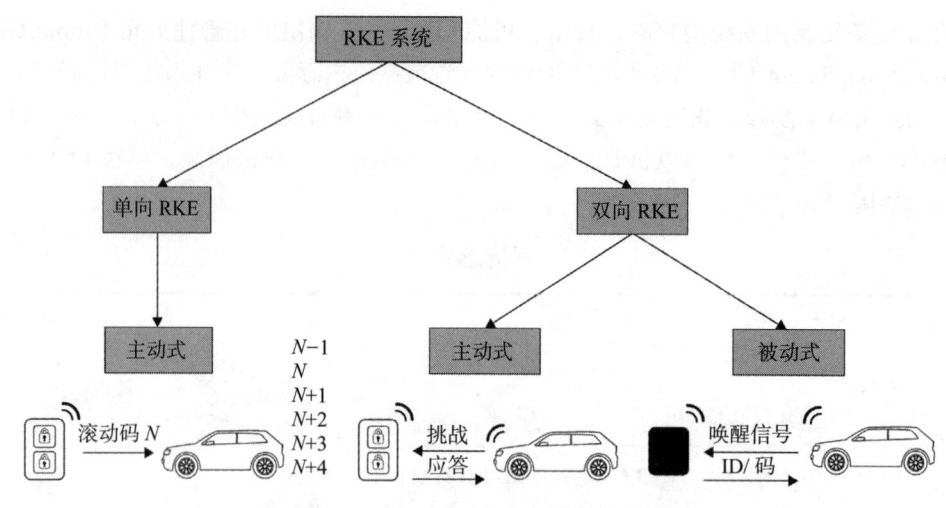

图 3.7　单向 RKE 和双向 RKE 系统

为了理解 RKE 系统如何被攻击，我们将研究针对单向 RKE 系统的 RollJam 攻击和重放攻击。

在正常情况下，车辆端维护一个大的持续递增的计数器。钥匙生成一个计数器值，并将其与一些用于识别钥匙和请求操作（如解锁车门、按喇叭等）的有效负载数据一起加密，然后将信号传输至车辆端。车辆端的接收器解密信号，随后将接收到的计数器值与有效窗口进行比对。若计数器值在有效窗口内，则执行钥匙请求的操作，否则，信号将被拒绝。

已有多种记录在案的攻击方法，可能导致 RKE 系统被破坏，这些攻击基于执行锁定/解锁序列的底层协议。

这种方法易受无线干扰攻击，其中较为知名的是重放攻击和 RollJam 攻击，如图 3.8 所示。

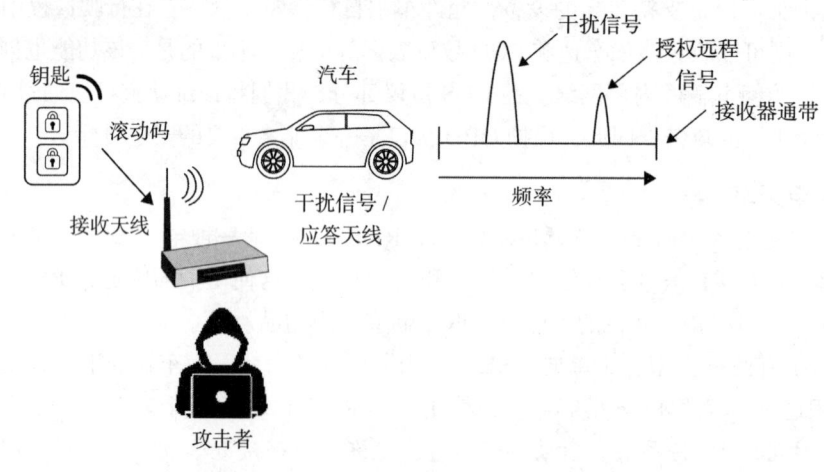

图 3.8　重放攻击和 RollJam 攻击示意图

重放攻击和 RollJam 攻击的流程图如图 3.9 所示。首先，驾驶员按下遥控钥匙按钮以解锁车辆。此时，攻击者记录信号，同时干扰车辆以阻止 RKE 系统接收指令。由于车辆未如预期闪烁刹车灯或发出声响，驾驶员误认为信号未被接收，于是再次按下按钮。攻击者重复相同的干扰过程以记录第二次解锁指令。获得两个解锁指令后，攻击者播放第一个指令，使驾驶员误以为已成功解锁车辆。驾驶员继续使用和驾驶车辆，随后下车并锁门离开。在驾驶员离开后，攻击者播放第二个解锁指令，进入车辆并成功将其盗走。

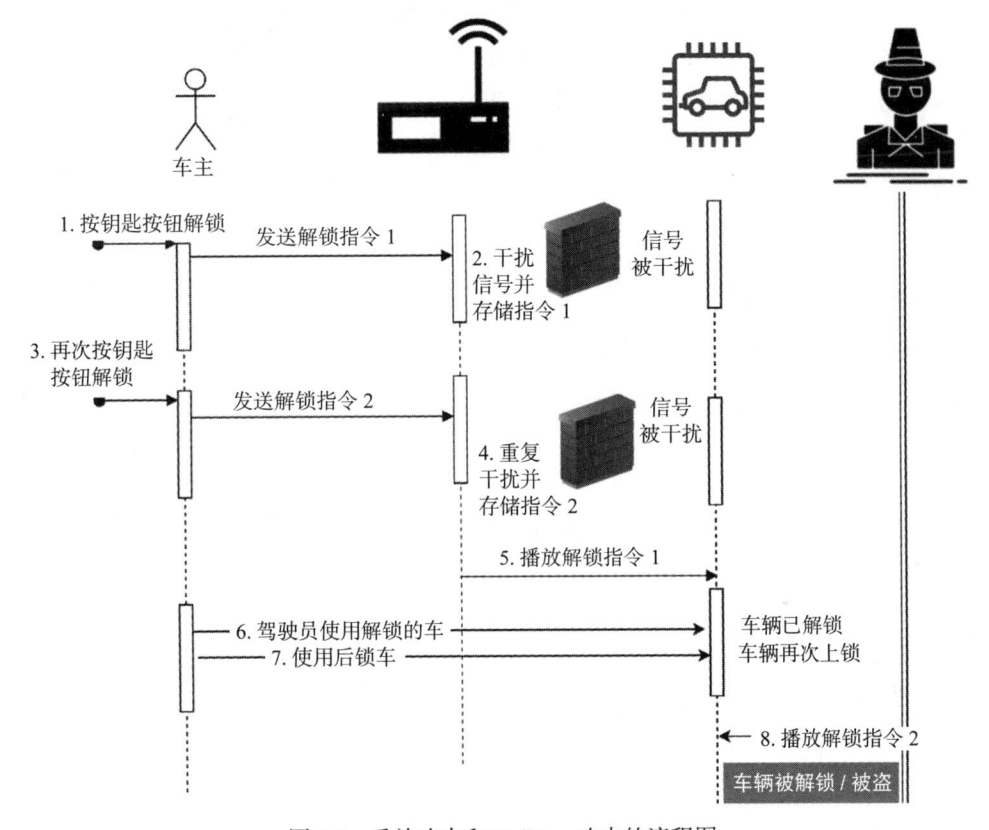

图 3.9 重放攻击和 RollJam 攻击的流程图

另一种针对 RKE 系统的潜在攻击是**回滚时间无关**攻击，它允许攻击者捕获一次信号并在未来需要时重放。建议读者参考文献 [14] 深入研究此类攻击。本节讨论的最后一种 RKE 攻击是针对被动 RKE 系统的简单中继攻击。这种攻击涉及将信号从一处传输到另一处，造成某个实体在车辆附近的假象，而实际并非如此。此类攻击通常无须解码或修改报文信号，仅需要较小的延迟即可实现，具体如下所述。

此攻击通常由两个人合作进行，分四个步骤完成，如图 3.10 所示。首先，一名窃贼站在靠近车辆的地方，使用特定设备将接收到的信号中继给第二名窃贼。第二名窃贼尽可能靠近房屋站立（遥控钥匙位于房屋内），操作第二个设备。这个设备将中继信号传输至房屋内部，由存放在房内的遥控钥匙接收。遥控钥匙以正常方式回复，欺骗 RKE 系统认为车主在附近，从而使第一名窃贼能够进入车辆。

如本节所示，车辆外部接口为恶意行为者提供了丰富的攻击面，使其能够在车辆 E/E 架构中建立立足点。在某些情况下，攻破外部接口就足以实现攻击目标，例如在 RKE 系统层面的攻击。然而，对于其他接口，成功攻破仅是构建攻击链的第一步，最终目标是渗透内部车辆系统。下一节中，我们将继续探讨 E/E 架构的下一层级，以评估 E/E 拓扑对于车辆跨域通信威胁所发挥的作用。

图 3.10 实施被动 RKE 中继攻击的四个步骤

3.2 针对 E/E 拓扑的威胁

在第 1 章中，我们探讨了从高度分布式到域集中式域架构的各种 E/E 架构类型。本节将重点讨论每种架构布局所面临的威胁。

3.2.1 高度分布式 E/E 架构

此类架构的典型问题在于安全关键型 ECU 可能通过多个攻击面被访问，且无法对不同的域进行明确的隔离。第 2 章中提到的安全原则之一是域分离，该原则要求对具有不同安全需求级别的域进行物理和逻辑上的隔离。

一个不可靠架构的典型例子是著名的吉普切诺基（Jeep Cherokee）黑客攻击事件。在该架构中，信息娱乐 ECU 与制动 ECU 位于同一网段上[28]。2014 吉普切诺基的架构如图 3.11 所示。

这使得攻击者在攻破信息娱乐系统后，可以通过不安全的 CAN 直接与制动系统 ECU 进行交互。解决此问题的主要方法是切换到域控制架构。如果无法实现这一点，那么需要对所有主要攻击面进行严格的安全加固，以保护其他车辆 ECU 免受恶意干扰。

3.2.2 域集中式 E/E 架构

通过将车辆域以不同的车载网络进行物理分隔，我们可以实现一定程度的隔离。攻击者如果想要入侵底盘域中安全的 ECU，需要先

图 3.11 2014 吉普切诺基的架构（来源：本章参考文献 [28]）

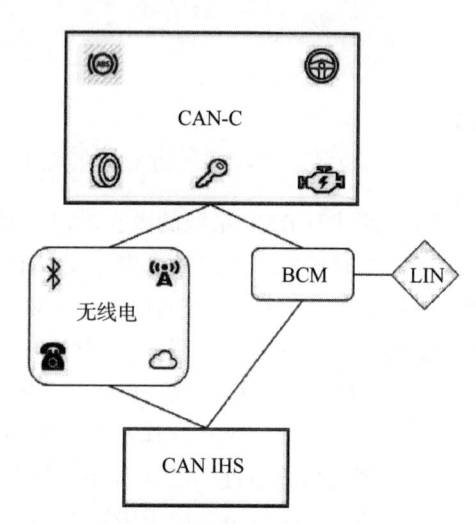

攻破远程通信终端等外部车辆接口以及中央网关，才能干扰底盘域内的 ECU。

然而，此类架构若实施不当，仍可能导致严重的安全风险。其中一个问题是，某些 OEM 允许用户将自己的后市场设备直接接入内部网络的某个分段。这种做法可能会在后市场设备与车内系统直接交互，绕过中央网关实现的分段隔离。另一个例子是中央网关中的网络过滤机制不完善或缺失，使得攻击者通过 OBD 访问时能够利用网关作为中继，直接连接到底盘域的 ECU。

尽管集中式架构为不同网段提供了很好的隔离，但如果实施不当，可能会丧失域分离的效果。此外，中央网关成了单点故障。如果攻击者能够攻破中央网关，就可以随意地与车辆任何域中的任何 ECU 进行交互。

3.2.3 中央车辆计算机架构

整合多个车辆功能到一个行车计算机中，会带来一系列新的挑战。将车辆信息娱乐系统与 ADAS 功能结合的车辆计算机并不罕见。在这种架构中，在行车计算机内部进行物理分隔已不再可能，因此必须高度依赖逻辑隔离。这需要通过虚拟化和保密计算等机制实现高度的资源隔离。系统配置中的一个错误可能会导致功能丰富的执行环境（如 Android 操作系统）和更为安全的执行环境（运行经安全认证的操作系统，如 BlackBerry QNX 或 PikeOS）之间的直接干扰。

在分析了 E/E 架构在威胁披露过程中的作用之后，我们现在深入研究各种车载网络技术，重点突出其风险，以及攻击者如何利用这些风险直接干扰目标 ECU。

3.3 针对车载网络的威胁

车载网络协议使 ECU、传感器和（在某些情况下的）执行器能够在严格的实时性和低成本约束下进行通信。然而，由于这些网络协议的主要设计目标是进行高效和稳定的通信，因此某些协议通常暴露出严重的安全风险。在本节中，我们将深入探究车载网络协议的风险，并重点介绍与这些风险相关的攻击利用手段。

3.3.1 CAN

对 CAN 的安全问题进行简单的搜索，可以找到数百篇论述 CAN 并不安全的文章。虽然早期版本的 CAN 协议（如 CAN 2.0 和 CAN FD）在设计时没有考虑安全性问题，但最新的一种变体 CAN XL [REF29] 现在提供了一种保护数据链路层的安全扩展。然而，CAN XL 仍处于初期阶段，因此我们仍须基于前两个变体来评估 CAN 协议的安全性。为了全面覆盖 CAN 威胁，我们将从物理层和数据链路层两个方面进行探讨。

（1）CAN 物理层　利用 CAN 物理层的特性是一种造成 CAN 干扰的简单方法。其中一个方法是利用 CAN 总线关闭机制，通过针对特定帧注入无效的位模式来触发。首先，让我们简要了解 CAN 总线的工作原理。每个 CAN 节点都维护一个错误计数器，当发送方在总线上检测到错误时，该计数器的计数会增加。如果发送方在自身的帧中检测到错误，则将错误计数器的计数增加 8，否则增加 1。这种策略旨在使具有物理故障的节点比其他节点更早达到错误计数限制，从而强制其进入总线关闭模式。在此模式下，发送方应暂停发送报文一段时间，以允许故障得到解决，然后再尝试重新加入网络。如果故障是暂时的，发送节点将能够成功恢复传输；否则，它将再次经历相同的错误行为，迫使其再次进入总线关闭模式。OEM 实施了不同的故障处理策略，例如短期周期性重试，随后是长期周期性重试，以避免在节点遇到永久性故障时持续干扰总线。现在，一个能够操纵 CAN 物理层的攻击者可以诱发模拟这些故障的情况，导致总线关闭。这种类型的攻击需要特殊的能力，例如使用不符合规范的 CAN 控制器或将 CAN 引脚重新配置为 GPIO，以通过软件控制注入故障。本质上，这是一种 DoS 攻击，导致 ECU 暂时或永久失去发送和接收 CAN 报文的能力。该攻击的另一个目标是针对特定报文，防止某个 ECU 执行其功能，例如在紧急制动事件中破坏制动命令报文。显然，这种攻击需要高水平的技能和专业设备，以及对 CAN 总线的物理访问。

（2）CAN 数据链路层　由于 CAN 协议以明文格式发送所有报文，并且使用 CAN ID 来识别报文来源，因此数据链路层存在多种网络层的威胁。第一，任何网络参与者都可以构建带有其他节点 ID 的 CAN 报文，这意味着可以伪装其他 ECU。第二，由于所有数据链路层字段（如 DLC 和有效负载）都以明文发送，攻击者可以构建或重放带有其选择的有效负载报文，导致接收节点对恶意构建的报文做出响应。第三，由于仲裁机制允许具有低位 CAN ID 的 ECU 优先发送数据帧，恶意网络参与者可以用 ID 为 0 的报文泛洪总线，阻止其他 ECU 访问总线，从而阻断所有正常通信。

即使在有效负载中添加 MAC 来启用安全通信时，仍可能通过资源耗尽的方式来发起攻击，迫使 ECU 执行大量的验证请求，从而耗尽运行时资源。要实现以上任意一种攻击，攻击者都需要先在车载网络中建立立足点，例如攻破远程通信终端、OBD Wi-Fi 加密狗或其他具有外部接口的 ECU。在第 8 章中，我们将探讨如何在整车层级采取安全措施来应对此类风险。

3.3.2　FlexRay

在第 1 章中，FlexRay 被定义为一种确定性的、时间触发的协议。FlexRay 的每个通道可提供高达 10 Mbit/s 的冗余带宽。数据帧在预定义的时间窗口内进行发送和接收，并且所有通过该协议连接的 ECU 均与全局时间保持同步。FlexRay 帧由有效负载段、头部段和尾部段构成。帧 ID、有效负载长度、周期计数器等信息包含在头部段中，而帧数据则封装在有效负载段内，随后是尾部段的帧 CRC。与 CAN 总线类似，FlexRay 也面临来自物理层和数据链路层的安全威胁。在物理层，攻击者需要操控 FlexRay 收发器芯片物理引脚的发送以破坏帧位。这将导致接收节点无法正确接收帧，从而触发重新同步认证尝试。如果对物理总线的干扰持续存在，重新同步将失效，使有效链路不可用。鉴于 FlexRay 网络的既定特性，攻击者可以针对特定时间窗口实施这种干扰，从而阻止某个节点发送其预期报文。另外，数据链路层与 CAN 总线存在多个相似的安全威胁，如帧 ID 欺骗、数据篡改、帧重放和 DoS 攻击等。

这些攻击之所以能够实施，是因为帧的任何部分都没有认证和加密机制。在固定的帧传输时，被攻破的 FlexRay 节点可以通过伪造帧 ID 标识符来冒充另一个 FlexRay 节点。类似地，该恶意节点可以构造恶意有效负载，而接收节点无法检测到该帧来自非法来源。要实现此类攻击，恶意节点必须在通信矩阵中提前定义好计划发送的消息，并选择不包含合法报文的传输周期。由于合法报文仍会正常传输，因此攻击者需要与该报文产生冲突，以确保完全欺骗接收方接收并处理恶意报文。

由于 FlexRay 的时隙窗口和同步特性，某些攻击方式是 FlexRay 协议所特有的。攻击者可以通过与同步帧制造冲突来实现 DoS 攻击。在经过多次失败的重新同步尝试后，受影响的节点将不再同步，失去在信道上进行通信的能力。

类似地，攻击者可以通过修改其发送队列，在属于其他节点的静态窗口中发送报文，来制造总线冲突。这将产生与前述攻击类似的结果。如果启用了动态窗口，那么攻击者可以通过持续发送高优先级帧或者制造冲突，以阻止其他节点使用该窗口。

源于 FlexRay 网络的冗余特性，如果对两个信道管理得当且相互隔离完善，那么这类攻击应该更难以实施，因为攻击者需要突破两个信道的隔离防护机制。

3.3.3 以太网

与 IT 网络类似，汽车以太网同样容易受到媒体访问控制（Media Access Control，MAC）地址欺骗、有效负载操纵和 DoS 攻击。当在以太网上传输机密信息时，还存在信息泄露的额外安全威胁。

以太网还容易受到以下列出的虚拟局域网（Virtual Local Area Network，VLAN）攻击，这些攻击可能违反网络隔离原则，并可能危及车辆的安全。

- **VLAN 跨越**：这种攻击涉及攻击者发送带有经过修改的 VLAN 标签的数据包，以绕过安全限制并获得对敏感网段的未经授权访问。
- **VLAN 标签注入**：这种攻击涉及攻击者向数据包注入自定义 VLAN 标签，将其置于非预期的 VLAN 中。
- **VLAN 双标签攻击**：这种攻击涉及向数据包添加额外的 VLAN 标签，使其能够穿越多个原本无法访问的 VLAN。

为了防御这些攻击，实施 VLAN 访问控制列表（Access Control List，ACL）和端口安全等安全措施至关重要，以限制未经授权的设备或用户访问或修改 VLAN 标签。

提供服务质量（Quality of Service，QoS）的汽车以太网协议易受恶意节点攻击。这些节点可能通过违反协议规则来干扰流量整形或优先级处理机制。

> **注意**：汽车以太网 QoS 协议允许将流量按优先级划分，其中安全报文等重要通信优先于信息娱乐视频流等次要数据。此外，这些协议支持带宽管理和延迟减少，有助于避免可能导致数据丢失的网络拥塞。

在使用 PTP 的情况下，攻击者可以故意篡改时间戳，以干扰时间同步。当以太网用于传输时间敏感的传感器数据时，这种攻击可能严重影响车辆整体安全，因为传感器数据可能会从不能真实反映车辆环境的时间点融合。恶意利用 PTP 可能导致时间同步违规，主要通过以下攻击方式实现：

- **时间偏移攻击**：攻击者修改 PTP 报文，以改变时钟显示的时间。
- **MITM 攻击**：攻击者截获并修改传输中的 PTP 报文。
- **重放攻击**：攻击者截获 PTP 报文，记录后在稍后重新播放。
- **主时钟欺骗攻击**：攻击者冒充主时钟，从而控制网络上所有设备的同步时间。

为了防御这些攻击，实施 PTP 报文验证和加密保护等安全措施至关重要。

以太网 TSN 是传统以太网的扩展，它提供了一套功能，用于在汽车和工业控制系统中实现实时通信和 QoS。恶意利用以太网 TSN 协议可能导致 QoS 功能违规，进而影响车辆安全。

- **DoS 攻击**：攻击者向特定设备或网络发送大量数据包，试图使其过载并导致失效。
- **优先级反转攻击**：攻击者操纵数据包的优先级级别，使低优先级数据包阻碍高优先级数据包传输。
- **流量整形攻击**：攻击者操纵流量，导致某些数据包延迟或丢失，从而扰乱以太网 TSN 的实时通信和 QoS 功能。

为防御这些攻击，实施网络分段、ACL 和数据包过滤等安全措施至关重要，以限制只有授权设备才能访问以太网 TSN。一种在汽车应用中日渐普及的常见安全机制是启用 MACsec，它为帧提供真实性、完整性、新鲜度和机密性保护。

3.3.4 UDS 协议

第 1 章介绍的 UDS 协议使诊断客户端能够访问各种影响车辆数据和操作的服务。诊断客户端可以是外部工具（如在服务店中使用的），也可以是作为车载诊断测试器的内部 ECU，用于执行诸如从各种 ECU 汇总故障数据或启动编程会话等任务。UDS 协议依赖传输协议，使分段报文可以通过不同的通信协议（如 CAN）进行传输和接收。

要了解 UDS 协议所启用的潜在威胁，需要分析 UDS 支持的各项服务。通过 UDS 可实施的最相关攻击如下：

- **车辆代码和数据的操纵**：可通过使用 requestDownload 和 TransferData 服务发起闪存编程会话，也可以通过 RoutineControl 服务进行内存擦除来实现。
- **车辆代码和数据的提取**：可通过 requestUpload 服务实现，该服务允许客户端通过提供上传到工具的数据块的地址和长度来读取代码和固件。

- **车辆模式的非法操控**：通过发送 resetECU 请求触发软重置或硬重置，可实施此类攻击。若在车辆行驶过程中允许此类操作，则会造成极大安全隐患。
- **车辆参数的恶意篡改**：利用 WriteDataByIdentifier 请求可实现此类攻击，使攻击者能够修改特定参数的存储值。若这些参数包含敏感信息（如里程表数据），可能会产生严重的财务和法律后果。
- **车辆操作的非法干预**：通过在车辆运行状态下调用原本用于故障诊断或性能测试的诊断程序，可实施此类攻击。具体方法是调用 RoutineControl 服务，并使用能触发相关功能的特定例程标识符。
- **车辆配置信息的非法修改**：诊断例程通常用于工厂环境中，对车辆进行特定配置或提供加密信息。在车辆组装或维修过程中，恶意利用这些程序可能导致潜在的不安全或非法配置。

与 UDS 协议易遭恶意利用类似，其底层传输协议同样可能受到精心设计的恶意报文攻击。这些攻击报文可能违反协议规范，导致通信中断。建议深入研究相关传输协议，以识别潜在的安全漏洞。

3.3.5　SAE J1939 协议

如第 1 章所述，SAE J1939 协议广泛应用于货车和公共汽车等商用车辆。作为基于 CAN 的应用层协议，J1939 继承了 CAN 的固有弱点，使其易受报文篡改、欺骗、DoS 和重放攻击。同样，J1939 的诊断层也继承了 UDS 协议在身份验证方面的缺陷。

本节将重点探讨两种源于 J1939 协议设计特性的独特攻击方式。

- **地址声明攻击**：对于启用网络管理协议的车辆，此攻击利用协议的地址声明程序实施。攻击者可冒充合法网络参与者，声称已分配所请求的源地址。该协议使用 NAME 字段确定声明地址节点的优先级。因此，当合法节点请求源地址 X 时，攻击者可迅速响应，声称已占用地址 X，并伪造具有更高优先级的 NAME 字段。这迫使合法节点不得不请求另一个源地址 Y，希望它尚未被声明。但是攻击者会重复上述过程。持续执行此程序可有效阻止合法节点获得任何地址，导致其无法传输数据帧。
- **网络拥塞攻击**：协议要求所有节点响应全局地址声明请求报文。恶意节点可频繁发送此类请求，利用高优先级触发大规模地址声明报文的广播风暴。根据共享总线上的节点数量，攻击者可在相对短时间内造成 100% 的总线负载，这将严重延迟其他需要在预定最大时间内接收的安全关键报文，并可能导致车辆开始关闭依赖这些报文的功能。

鉴于上述攻击，一些 OEM 可能选择完全取消对网络管理协议的支持，或禁用其关键部分，这一做法并不令人意外。

3.3.6　SAE J2497（PLC4TRUCKS）

SAE J2497 是一种应用于商用货车的通信协议，用于在牵引车和拖车之间交换数据，如

ABS 拖车状态灯信息。该协议利用 PLC 技术，具有成本低廉和长距离可靠传输的优势。一个典型应用是将拖车的 ABS 状态信息传输至牵引车的 ABS 控制模块，继而在仪表板上向驾驶员显示。这使驾驶员能够实时掌握拖车 ABS 的状态，尤其是在拖车制动系统出现故障时至关重要。图 3.12 所示为牵引车与拖车之间的 PLC 总线布局。

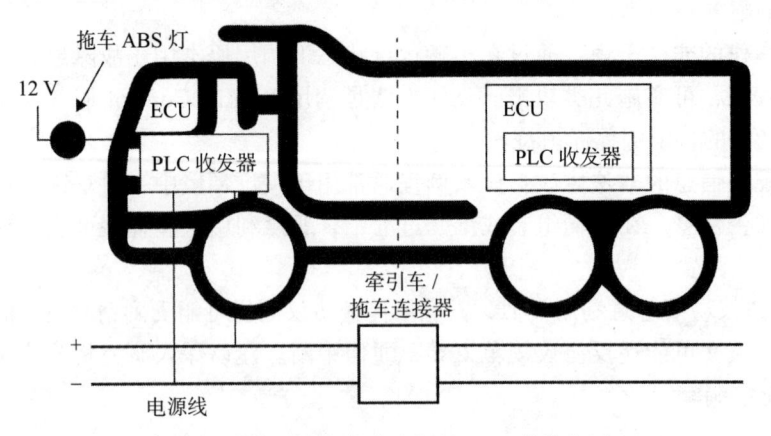

图 3.12 牵引车与拖车之间的 PLC 总线布局

研究人员已发现针对该协议的多种攻击方式。

- **RF 干扰**：攻击者可利用产生 RF 干扰的设备，干扰牵引车与拖车间的通信。这可能导致驾驶员无法接收到关于拖车制动系统的重要信息，或接收到错误信息。当攻击者使用与 PLC 系统相同频带的 RF 信号设备时，可能会干扰牵引车和拖车间的通信，甚至将虚假数据注入通信流中。此类干扰也可能源于外部，例如附近发射机的无线电波被 PLC 系统天线接收，进而在牵引车和拖车间的通信中引起错误。
- **物理欺骗**：攻击者可使用模拟牵引车或拖车信号的设备，生成或重放报文，以伪装成合法通信方。在此情境下，重放攻击涉及截获并记录牵引车和拖车间的合法传输，随后将该报文重新播放给一方或双方。
- **物理线路操控**：这种攻击也称为比特翻转攻击，需添加硬件来操纵通信链路上的数据线信号。鉴于对商用车辆成功攻击可能造成的严重后果，必须认真对待物理攻击，尤其考虑到拖车可能携带的危险货物类型。

针对 J2497 协议的攻击可通过一系列措施来缓解，包括降低射频干扰可能性的物理对策，以及物理安全措施（如定期检查牵引车和拖车电缆，确保未插入恶意设备进行总线操控）。

3.4 针对传感器的威胁

如第 1 章所述，传感器在车辆确定其当前状态并在特定驾驶情况下应用正确控制方面发挥着关键作用。意图影响车辆功能的攻击者可能会将传感器视为丰富的攻击面。车载传感器通常连接到车载网络，使其易受网络攻击，可能导致事故或其他安全问题。此外，车载传感器经常收集和传输数据，这些数据可能易受篡改或操纵。攻击者可能会操纵传感器数据，以误导车辆控制系统或获取敏感信息。

基于暴露于外部攻击的程度，我们将传感器分为两类[18]：

- **环境传感器**：如 LiDAR、超声波传感器、摄像头、雷达系统以及 GPS/GNSS 组件。这些传感器通常位于车辆外部，直接接触外界环境。
- **车辆动态传感器**：如轮胎压力监测系统（Tire Pressure Monitoring System，TPMS）、磁编码器和惯性传感器。这些传感器可嵌入车辆的驾驶室、底盘和各种组件中。

无论传感器在车辆中的位置如何，都面临广泛的威胁，如物理的和基于网络的篡改、伪造、DoS 攻击，以及在某些情况下的信息泄露（如携带用户私人数据的摄像头传感器）。我们将首先分别研究每种威胁类型及其对传感器的影响，然后检查一个最常见目标传感器的特定威胁样本。

- **伪造**：对传感器构成的最严重威胁可能是真实传感器被替换为未经授权的传感器。在高度关键的安全系统中，如果传感器不来自可信源，那么整个安全概念可能会被破坏。在最坏的情况下，伪造组件可能被设计为在特定条件下发生恶意行为，引发安全关键故障。因此，检测伪造传感器至关重要，特别是对于希望确保车辆按预期运行的汽车制造商而言。
- **传感器校准错误或配置不当**：某些传感器在启动时需要进行校准或配置，以确保其在正确的参数范围内运行。攻击者若能将传感器重新校准或配置到不正确的参数范围或设置，可能会影响车辆执行正确控制操作的能力。
- **物理攻击**：车辆中的传感器易受物理篡改或损坏，这可能影响其准确性或可靠性。例如，攻击者可能会遮蔽或移除传感器，或破坏其线路或连接器。带外攻击也可导致传感器故障，如针对 LiDAR 传感器的激光攻击（又称"**致盲攻击**"）。
- **网络攻击**：许多传感器通过共享网络（如以太网或 CAN 总线）传输数据。这类传感器数据面临与任何网络报文相同的威胁，如欺骗、篡改和 DoS 攻击。
- **重放攻击**：在此类攻击中，攻击者截获并记录合法的传感器数据，随后重放这些数据，以干扰或误导控制系统。
- **MITM 攻击**：此类攻击涉及攻击者通过充当 MITM 的恶意实体向控制系统传递虚假传感器数据。该恶意实体位于合法传感器和目标 ECU 之间。这种攻击通常发生在需要将车辆传感器数据从主网络中继到私有总线的本地网关 ECU 上。
- **欺骗攻击**：此类攻击涉及攻击者向控制系统发送虚假传感器数据，试图干扰或误导控制系统。例如，已证实欺骗 GNSS 信号可通过替换虚假位置信号来干扰船舶的导航系统。目标车辆系统可能存在类似场景，导致定位失败。
- **干扰攻击**：此类攻击涉及攻击者传输强信号，以干扰或阻碍传感器的正常运行。例如，攻击者可使用干扰装置，在与雷达或超声波传感器相同的频率下传输噪声或干扰，使传感器难以准确检测和解释信号。GNSS 干扰是另一种可能阻止车辆依赖这些信号确定当前位置的攻击类型。
- **声学干扰攻击**：此类攻击涉及使用声波来抵消传感器发射的超声波信号，使其难以检测物体。另一种基于声波的攻击针对 IMU 传感器，通过注入声波[19]改变数字化的传感器信号，如图 3.13 所示。

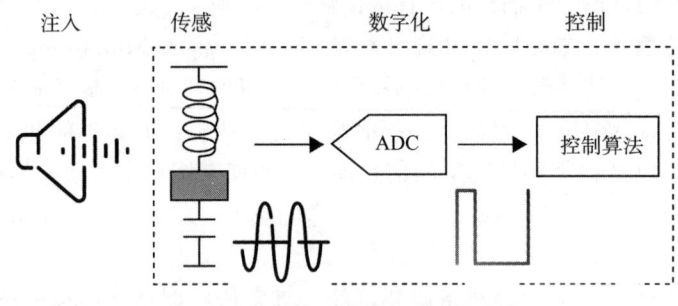

图 3.13 对 IMU 传感器的声学攻击

3.5 常见的 ECU 威胁

在分析针对外部车辆接口的威胁时，我们间接分析了影响对外暴露的 ECU（如远程通信终端、IVI 和自动驾驶系统）的威胁。在本节中，我们将重点扩大到那些适用于既与内部通信又对外暴露的 ECU 的威胁，并基于这些系统最常见的风险进行分析。

3.5.1 调试端口

ECU 提供了多种在开发阶段中使用的调试措施，在某些特殊情况下，即便已安装在量产车辆上仍可以使用。JTAG（Joint Test Action Group，联合测试工作组）接口通常用于调试和测试 ECU 的内部操作。若攻击者获得 JTAG 接口的访问权限，则可提取 ECU 软件进行离线分析，从而识别可在实际使用中被利用的漏洞。另一种常见攻击是尝试恢复全局密钥，如在调试模式下可访问的长期加密密钥。除此之外，ECU 供应商可能还具有专用于工厂使用的专有测试模式。这些模式可能对关键安全功能具有更高程度的访问权限，且由于其隐蔽特性，容易被误认为是安全的。获得此类接口访问权限的攻击者可在受保护的存储器（如 eFuse 和 OTP）中替换密钥。

> **注意**：eFuse（电子熔丝）和 OTP 存储器用于嵌入式系统，以保护加密密钥和设备身份等关键信息。eFuse 是可编程熔丝，可以通过不可逆的"烧断"操作来存储二进制数据，而 OTP 存储器仅允许数据写入一次，防止后续修改。这两种机制确保敏感数据得到安全锁定，防止篡改。

另一种常见的调试访问方法是通过 UART 调试口存在的 shell，这些调试接口可能是开发阶段中遗留的并允许攻击者打开终端并执行特权命令进行测试。这些 shell 可能暴露许多强大功能，如操作用于测试目的的加密接口或提取内存内容（包括 RAM 和闪存）。

在大型 ECU 中，通过 Wi-Fi 或以太网访问终端 shell 并不罕见，例如使用 SSH（Secure Shell）。这些接口可能由于配置不当（如弱密码或以 root 用户登录）而容易受到攻击。通常，这些 shell 用于快速更新软件或提取用于调试和分析的大型文件。如果在生产车辆上安装系统后仍未关闭这些接口，攻击者将拥有一套极其有效的工具来篡改车辆软件和数据。因此，最好的解决办法是禁用或锁定调试接口，并彻底删除电源 shell，以防止这些 ECU 被安装在车辆量产后恶意的重新启用。

3.5.2 闪存编程

闪存编程工具可以通过串行闪存编程接口重新编程非易失性存储器。如果编程接口未得到完善保护，可能被用作攻击载体。此类接口通常在工厂中用于安装软件和校准数据，但在生产后也可能被恶意利用，通过内存上传功能提取软件和校准数据。

如前文所述，在 ECU 软件初次安装后，通常会通过 UDS 诊断协议进行闪存编程来更新 ECU 软件。若缺乏适当的访问控制以进入闪存编程会话，便可能成为攻击利用的途径。此外，保留闪存编程库也会给恶意应用程序创造机会，使其可以方便地调用闪存命令，在运行时读取、擦除或写入闪存内容。此类攻击的危险在于可能引入恶意代码或改变 ECU 的行为，甚至引发功能安全隐患。例如，若恶意应用程序能在运行时访问**闪存擦除**命令，攻击者可重复执行擦除功能调用，以磨损闪存，使其处于不可编程状态。因此，一旦不再需要闪存库，将其从系统中移除，并在闪存编程访问终止后锁定擦除功能变得至关重要。

> **注意**：防止安装恶意软件和篡改校准数据是最关键的安全防护措施之一。恶意篡改校准数据可能会被误认为是不太严重的问题。除了篡改校准数据可能带来的安全隐患外，此类攻击还可能导致车辆违反排放标准，从而引发高额罚款。

3.5.3 电源和模式操控

篡改或禁用 ECU 的电源输入是一个严重的安全威胁，最轻微的后果可能是导致车辆舒适性功能丧失，重则可能中断转向或制动等关键操作安全功能问题。这种情况可能发生在电源管理 ECU 被入侵时，攻击者可以选择性地禁用目标 ECU 的电源。类似于电源篡改，模式管理篡改也是一种强大的攻击方式，可能导致功能丧失或在转入不太安全的状态时泄露敏感信息。常见的攻击方式是恶意利用 CAN 总线上的网络管理协议，频繁唤醒 ECU，导致车辆电池快速耗尽。另一种攻击方式是欺骗 ECU 切换到功能受限的特殊系统状态，而此时车辆仍需要该系统全功能运行。仔细分析 ECU 状态转换机制是实施有效控制的重要方法，以确保状态转换在特定的条件下才能转换。

3.5.4 篡改机器学习算法

依赖机器学习算法的车辆系统（如自动驾驶应用中的计算机视觉）面临着多种破坏或混淆机器学习模型的威胁。对抗性机器学习攻击涉及制作经过精心设计的输入（在这种情况下为图像），这些输入经过微小修改以欺骗模型做出错误预测或分类。例如，研究人员已经证明，在停车标志上添加特定贴纸等方式引入视觉干扰，可以欺骗机器学习算法错误分类该物体，导致车辆未能识别停车标志而直接通过路口。除了欺骗机器学习算法的攻击外，机器学习模型本身也面临篡改和泄露的威胁。由于这些模型必须存储在非易失性内存中，因此它们容易受到物理和逻辑篡改。同样，如果攻击者能够访问存储内容，他们可能提取机器学习模型，从而窃取宝贵的知识产权。

3.5.5 软件攻击

域控制器和车载计算机承载具有不同安全级别和安保重要性的软件。这种情况引带来了风险，即一个存在漏洞或被攻击的进程可能会干扰另一个进程。在多虚拟机环境中，威胁可能来自一个不太安全的虚拟机，试图干扰安全关键的虚拟机。攻击者可能试图恶意利用 CPU 周期以阻止安全虚拟机执行其功能。同样，他们可能试图非法访问共享资源，如网络接口或控制安全和安保的关键进程的硬件外设。攻击者还可以通过覆盖内存记录或窃取属于其他应用程序或虚拟机的数据来攻击持久存储。

我们将围绕以下几种基于软件的攻击方法进行深入研究：

- **非法访问受限服务**：操作系统内缺乏访问控制的执行会使 ECU 暴露于恶意应用程序的威胁之下，这些应用程序可能使用超出其预定功能的特权服务。假设 ECU 通过特权服务提供了重新编程密钥库中的密钥的功能。如果该服务可被给定虚拟机中的任何应用程序访问，那么单个被攻破的进程就可以重新编程或删除密钥，从而严重危及系统安全。
- **IPC 的篡改与伪造**：与基于网络的通信类似，跨操作系统进程或虚拟机边界交换的内部报文面临伪造、篡改、重放和 DoS 的威胁。区别在于这些攻击的具体实施方式。如果 IPC 对等点的认证机制不完善或缺失，虚拟机内的恶意进程或来自受损虚拟机的进程，可能尝试与其他进程建立通信，意图发送伪造数据或篡改现有通信通道。这种威胁同样适用于非虚拟化系统，其中 IPC 报文在运行于不同 CPU 核心上的任务之间传递。
- **共享缓存攻击**：当多个进程共享同一缓存内存时（如在域控制器和车载计算机中），就可能发生共享缓存攻击。共享缓存为恶意进程非法访问敏感数据或破坏其他进程的工作负载创造了机会。一种典型攻击利用共享缓存内存推断其他进程的内存访问模式，从而提取敏感数据。例如，攻击者可以通过检测共享缓存内存并测量访问特定内存地址所需的时间，推断另一进程使用的加密密钥，这种方法称为缓存侧信道攻击。另一种共享缓存攻击被称为缓存驱逐攻击。该攻击利用共享缓存内存驱逐有用数据，并用攻击者的数据填充缓存，导致安全进程性能降低并产生延迟。这对于旨在实现确定性行为的安全关键系统而言，尤其严重。
- **DMA 攻击**：DMA 攻击通过绕过系统的内存保护机制，直接访问和操纵嵌入式系统内存（DRAM 或 SRAM）以及硬件引擎的内存（加密加速器）。这种攻击通常利用安全隔离机制的薄弱环节，使一个 DMA 用户能够访问本不应共享的内存区域。一旦攻击者获得对内存区域的访问权限，他们可以提取或修改数据，可能导致严重的安全后果。
- **针对共享资源的 DoS 攻击**：在多核 ECU 中，CPU 资源被分配到多个应用或虚拟机之间，共享的核心很容易恶意应用或虚拟机的攻击，这些攻击可能会试图消耗比预期更多的 CPU 运行时间资源。在 CPU 集群未正确分配给具有不同安全等级和重要性的应用程序，或者在优先级设置不当时，导致一个进程或虚拟机的异常行为影响到其他进程或虚拟机。
- **持久存储篡改**：ECU 通常使用持久存储来保存日志、诊断数据，甚至图像和视频。由于访问控制机制不完善或者缺失，此类数据面临系统内未经授权的应用程序非法访问的风险。这可能导致敏感知识产权或用户机密数据的泄露。通过非法写入访问，攻击者可以伪造事故或驾驶记录，篡改里程表和其他需要保存的诊断数据。此外，系统还面临运行时资源耗尽的威胁，通过在较慢的存储设备（如 eMMC）上持续进行写请求，使系统处于繁忙状态。在基于闪存的嵌入式设备（如 MCU）中，擦除操作尤为危险，未授权的软件应用程序可能通过完整擦除命令或重复写入命令超出闪存的编程次数限制，从而导致闪存永久性损坏。

3.5.6 密钥的泄露和篡改

在第 2 章中，我们讨论了几种有助于实现安全目标的加密功能。这些功能的安全性高度依赖于加密密钥的保密性和完整性。本小节将探讨针对加密密钥保密性和完整性的常见威胁。

（1）供应链　在制造环境中，为 ECU 配置加密密钥面临着供应链和内部安全威胁。MCU 或 SoC 通常处于初始不安全状态，此时缺乏任何安全控制措施，以便于制造工厂罐装注入首组密钥。即使假设配置环境是安全的，在芯片被保护之前，仍存在被注入虚假身份和密钥集的风险。若假定制造环境安全，内部恶意人员也可能获取配置服务的访问权限，安装他们选择的密钥（例如伪造的根公钥）。这将使攻击者能够利用伪造的签名进行后续的软件更新，而这些签名将被伪造的根公钥验证通过。

在生产阶段中罐装密钥时，一个常见错误是误植或遗留开发密钥。这些用于功能验证的开发密钥通常基于已知答案测试，容易被推测。若生产中保留了开发密钥，攻击者可利用这些信息提取用此类密钥加密的机密信息，或利用开发密钥建立安全通信会话。

（2）侧信道和故障注入　侧信道攻击和故障注入攻击是通过利用系统在正常运行期间

泄露的信息（如功耗和电磁辐射）来破解 ECU 中加密密钥安全性的方法。侧信道攻击通过检测系统在加密或解密过程中的物理特征（如功耗、时间或电磁辐射）来提取机密信息。故障注入攻击则通过物理操纵硬件（例如引入电压或电磁毛刺）诱导目标泄露加密机密或表现出有助于推断加密密钥材料的行为。长期加密密钥特别容易受到此类攻击的威胁，因为一旦暴露，这些密钥可能被无限期恶意利用，除非 ECU 提供撤销密钥机制。

（3）针对加密密钥的软件攻击 在这种情况下，软件攻击源自 ECU 运行时执行的受损或恶意程序。这里，我们将探讨一些由被破坏应用程序导致的攻击，这些攻击旨在暴露或恶意利用特定密钥。

当加密纯粹在软件中实现时，由于访问隔离缺乏或不完善，密钥处理面临非法访问的风险。例如，如果密钥缓存在 RAM 中，具有共享该内存访问权限的应用程序可以直接读取密钥值。此外，在软件中直接处理加密密钥会带来时间侧信道分析的可能性，在这种分析中，一个进程可以通过精确测量使用这些密钥所需的时间来推断密钥值。

另一种基于软件的攻击是用攻击者特定的密钥替换根公钥。如果根公钥存储在正常的存储器（如闪存）中，攻击者通过访问闪存编程库可以发出擦除和编程指令序列，安装他们特定的根公钥。允许擦除或使密钥材料失效的服务易受到恶意应用程序的非法访问，导致系统由于无法使用密钥而变得无法操作，例如在启动时解密内容或在运行时与其他设备建立安全通信会话。

即使密钥未在软件中直接处理，缺乏严格的密钥使用策略也可能导致系统中的任何应用程序恶意利用密钥。例如，某个密钥可能仅用于验证 ECU 接收的 CAN 报文的 MAC 值。在未实施此策略的情况下，其他应用程序可能请求使用该密钥生成 MAC。这将使其能够构造一个经过有效认证的报文，并将其传输到另一个 ECU，而接收方无法判断该报文是否来自恶意源。

3.6 总结

在本章中，我们研究了第 1 章所介绍的 E/E 架构各层级的威胁影响。这使我们能够全面了解汽车系统必须考虑的威胁和攻击范围。在列举威胁和攻击之后，随之而来的问题是：需要采取哪些安全对策来缓解这些威胁？

直截了当地提供威胁和缓解措施的对照清单当然很简单。然而，在实际车辆中，新的威胁和攻击不断涌现。应对这些威胁需要采用系统化的工程方法，该方法不仅要确保我们解决已知威胁，还要充分揭示所有适用的威胁，并采用可量化的方法将风险降至可接受水平。这是本书第二部分的重点，我们将通过过程驱动的方法来解决安全防护问题。这强调了汽车网络安全问题必须从过程和技术措施两个维度解决。

在下一章中，我们将首先调查汽车标准，这些标准为我们构建具有弹性的汽车系统提供了指导，以应对已知的网络安全威胁（如本章所述）以及未来未知的威胁。

3.7 参考文献

[1] No, U.R. (2021). 155 [Uniform provisions concerning the approval of vehicles with regards to cyber security and cyber security management system].

[2] Le, V.H., Hartog, J.D., Zannone, N. Security and privacy for innovative automotive applications: A survey. Comput. Commun. 2018, 132, 17–41.

[3] Kim, S., Shrestha, R. In-Vehicle Communication and Cyber Security. In Automotive Cyber Security; J.B. Metzler: Stuttgart, Germany, 2020; pp. 67–96.

[4] Nilsson, D.K., Larson, U.E., Picasso, F., Jonsson, E. A First Simulation of Attacks in the Automotive Network Communications Protocol FlexRay. In Proceedings of the Advances in Computer Science and Education; J.B. Metzler: Stuttgart, Germany, 2008; Volume 53, pp. 84–91.

[5] Kishikawa, T., Hirano, R., Ujiie, Y., Haga, T., Matsushima, H., Fujimura, K., Anzai, J. Vulnerability of FlexRay and Countermeasures. SAE Int. J. Transp. Cybersecur. Priv. 2019, 2, 21–33.

[6] Khatri, N., Shrestha, R., & Nam, S.Y. (2021). Security issues with in-vehicle networks, and enhanced countermeasures based on blockchain. Electronics, 10(8), 893.

[7] Kishikawa, T., Hirano, R., Ujiie, Y., Haga, T., Matsushima, H., Fujimura, K., Anzai, J. Intrusion detection and prevention system for flexray against spoofed frame injection. In Proceedings of the 17th Escar Europe: Embedded Security in Cars Conference (Konferenzveröffentlichung), Detroit, MI, USA, 19–20 November 2019; pp. 59–73.

[8] Mousa, A.R., Noureldeen, P., Azer, M., Allam, M. Lightweight Authentication Protocol Deployment over FlexRay. In Proceedings of the 10th International Conference on Predictive Models in Software Engineering, Turin, Italy, 17 September 2014; pp. 233–239.

[9] van de Beek, G.S. (2016). Vulnerability analysis of the wireless infrastructure to intentional electromagnetic interference. University of Twente.

[10] Parameswarath, R.P. & Sikdar, B. (2022, June). An Authentication Mechanism for Remote Keyless Entry Systems in Cars to Prevent Replay and RollJam Attacks. In 2022 IEEE Intelligent Vehicles Symposium (IV) (pp. 1725-1730). IEEE.

[11] Van De Moosdijk, J. & Visser, D. (2009). Car security: remote keyless "entry and go".

[12] Alrabady, A.I. & Mahmud, S.M. (2005). Analysis of attacks against the security of keyless-entry systems for vehicles and suggestions for improved designs. IEEE transactions on vehicular technology, 54(1), 41-50.

[13] https://uptane.github.io/papers/uptane-standard.1.1.0.pdf

[14] Kamkar, S. "Drive It Like You Hacked It: New Attacks and Tools to Wirelessly Steal Cars", Presentation at DEFCON 23, https://bit.ly/3j0NZKc, Aug 2015.

[15] Murvay, P.S. & Groza, B. (2018). Security shortcomings and countermeasures for the SAE J1939 commercial vehicle bus protocol. IEEE Transactions on Vehicular Technology, 67(5), 4325-4339.

[16] Ricciato, F., Coluccia, A. & D'Alconzo, A. (2010). A review of DoS attack models for 3G cellular networks from a system-design perspective. Computer Communications, 33(5), 551-558.

[17] Traynor, P., Enck, W., McDaniel, P. & La Porta, T. (2006, September). Mitigating attacks

on open functionality in SMS-capable cellular networks. In Proceedings of the 12th Annual International Conference on Mobile Computing and Networking (pp. 182-193).

[18] El-Rewini, Z., Sadatsharan, K., Sugunaraj, N., Selvaraj, D.F., Plathottam, S.J. & Ranganathan, P. Cybersecurity Attacks in Vehicular Sensors. United States. https://doi.org/10.1109/jsen.2020.3004275

[19] Tu, Y., Lin, Z., Lee, I. & Hei, X. (2018). Injected and delivered: Fabricating implicit control over actuation systems by spoofing inertial sensors. In *27th USENIX Security Symposium (USENIX Security 18)* (pp. 1545-1562).

[20] https://research.nccgroup.com/2022/05/15/technical-advisory-tesla-ble-phone-as-a-key-passive-entry-vulnerable-to-relay-attacks/

[21] https://www.verizon.com/solutions-and-services/hum/

[22] https://cdn.vector.com/cms/content/know-how/_application-notes/AN-ION-1-3100_Introduction_to_J1939.pdf

[23] https://www.sae.org/standards/content/j2497_201207/

[24] Ivanov, I., Maple, C., Watson, T. & Lee, S. (2018). Cyber security standards and issues in V2X communications for Internet of Vehicles.

[25] https://www.sciencedirect.com/science/article/pii/S221420961930261X

[26] https://ieeexplore.ieee.org/document/6407456

[27] https://medium.com/codex/rollback-a-new-time-agnostic-replay-attack-against-the-automotive-remote-keyless-entry-systems-df5f99ba9490

[28] Miller, C. & Valasek, C. "Remote exploitation of an unaltered passenger vehicle". Black Hat USA 2015.S 91 (2015): 1-91.

[29] https://www.can-cia.org/can-knowledge/can/can-xl/

第二部分 *Part 2*

理解安全工程开发过程

在这部分内容中，你将学习运用系统工程方法来实现汽车系统网络安全防护的重要性。我们首先对与安全工程领域相关的各种网络安全标准进行了调查，然后专注于 ISO/SAE 21434 这一网络安全标准。该标准是建立和应用网络安全管理体系的主要标准。接下来，我们深入研究了功能安全和网络安全领域之间的联系，以识别两者之间的协同效应和潜在冲突。

本部分包含以下章节：
- 第 4 章　汽车网络安全标准的现状探析
- 第 5 章　深度解析 ISO/SAE 21434 标准
- 第 6 章　功能安全与网络安全的交互

第 4 章 Chapter 4

汽车网络安全标准的现状探析

设计具有网络安全承载力的汽车系统,需要对汽车安全威胁环境有深入的理解。这要求采用一种系统化、流程导向的方法,确保车辆开发、生产和运行的各个方面都能抵御网络安全威胁。为此,标准化机构制定了诸多标准,涵盖了在车辆生命周期内保护车辆及其支持系统的流程和技术措施。这些标准代表了行业先进水平,帮助组织识别其工程流程和技术产品中的不足。同时,它们还提供了一个框架,通过一套共同的程序和实践,保持汽车供应链中一致的安全水平。除了遵循先进的技术外,遵守标准还有助于通过提供一个共同语言框架来减少从业者之间的分歧。标准领域在不断发展,因此我们相信在你阅读本书时,除了此处描述的标准外,还会有其他值得关注的标准。总的来说,汽车安全标准可根据所需的合规级别分为三类:主要标准、次要标准和支持标准。第一类标准定义了因法规强制要求而必须遵守的通用安全框架。第二类标准针对特定的车辆安全领域,其合规性取决于汽车制造商的具体需求。第三类标准和资源则有助于遵守前两类标准。

在本章中,我们将概述汽车网络安全相关的标准和法规,如图 4.1 所示。对于每个标准,我们将阐述其目的、目标受众和总体范围。应将这些标准视为进入网络安全标准和资源领域的入门钥匙,因此,这个清单并不意味着涵盖所有内容。

本章涵盖以下主题:
❑ 主要标准
❑ 次要标准
❑ 支持性标准和资源
❑ 有用的资源和安全最佳实践

```
                    汽车网络安全
                    相关的标准和法规
        ┌───────────────┼───────────────┐
      主要标准         次要标准       支持标准和资源
   ┌──────┬──────┐  ┌──────┬──────┐  ┌──────┬──────┐
 ISO/SAE  UNECE WP.29  ASPICE  IATF      US DoT   MITRE
 21434:   REG 155:             16949:2016 NHTSA   (CWE)
 2021     CSMS

 UNECE WP.29  ISO PAS  SAE J3101  TISAX  SAE J3061  ENISA
 REG 156:     5112:
 SUMS         2022

 中国法规      ISO 24089  NIST      编码和    NIST SP    ISO/IEC
 标准化                  加密标准   软件标准  800-160    27001

                                   SAE J3061            IEEE Uptane
```

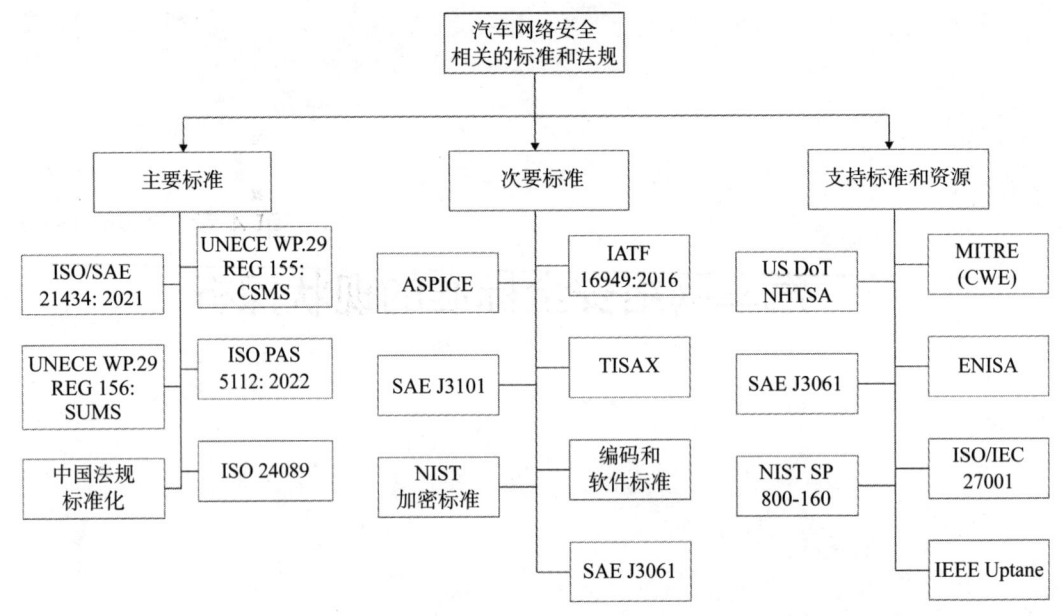

US DoT NHTSA—美国交通部国家公路交通安全管理局　ENISA—欧洲网络与信息安全局

图 4.1　汽车网络安全相关的标准和法规

4.1　主要标准

有三个具约束力的标准管控着车辆及其支持系统在开发、生产和维护过程中的网络安全。不遵守这些标准可能会导致 OEM 和供应商面临法律和财务风险，因此我们深入研究一下这些标准。

4.1.1　UNECE WP.29

不同的政府和国际机构已经制定了管理其地理区域内 OEM 的网络安全标准和法规。联合国欧洲经济委员会（United Nations Economic Commiss for Europe，UNECE）车辆法规协调世界论坛（World Forum for Harmonization of Vehicle Regulations，WP.29）为欧盟区域成员制定了两项相关法规[17]。第一项法规要求汽车制造商实施网络安全管理系统（Cybersecurity Management System，CSMS）[3]，而第二项法规要求建立软件更新管理系统（Software Update Management System，SUMS）[6]。这些法规涵盖四个主要方面，包括：管理车辆的网络安全风险，车型网络安全设计规避整个供应链的风险，车型网络安全事件的监测与处置，以及提供安全可靠的软件，同时确保不影响车辆安全。具体而言，源于 OTA 既是篡改车辆软件的潜在攻击途径，也是为车辆系统应用更新安全补丁的重要机制，SUMS 为监管 OTA 车辆软件更新提供了法律依据。

1. REG 155: CSMS

为应对网联车辆的新兴威胁，REG 155 要求汽车制造商及其供应链必须同时建立 CSMS。

这项联合国法规为汽车行业提供了一个全面的框架，以应对网联车辆网络安全风险日益增长的挑战。其目的是确保在整个产品生命周期中建立必要的流程以识别和管理这些风险 [3]。

为在适用 UNECE WP.29 法规的市场上销售车辆，制造商必须向国家技术服务机构或认证机构证明，其已建立符合 REG 155 要求的 CSMS 体系，并严格遵守该 CSMS。成功实施 CSMS 必须实现以下目标：

- 进行全面的风险评估，以识别关键车辆部件及其潜在漏洞。
- 制定并实施有效的缓解措施，以应对已识别的安全风险。
- 通过严格的测试程序，提供这些缓解措施有效性的客观证据。
- 建立持续的监控机制，以实现对网络攻击的检测和预防，并支持特定车辆类型的数字取证分析。
- 定期向相关认证机构提交详细的监控活动报告，实现型式认证的两个步骤如图 4.2 所示。

在合规性方面，OEM 和供应商的主要关注点是如何评估其产品满足法规要求。汽车产品的网络安全评审需进行下面的两阶段方法：

图 4.2　实现型式认证的两个步骤

1）在图 4.2 中，评审的第一阶段涉及对车辆制造商 CSMS 的审核和认证。此步骤评估制造商在车辆开发、生产和售后全周期中的网络安全风险管理的流程、规定和方法。

2）评审的第二阶段是通过产品层面的评审程序，衡量汽车产品对 CSMS 的遵循程度，以及网络安全风险防护措施的有效性。此步骤评估每辆车中实施的具体网络安全措施，并验证这些措施在防御潜在网络威胁方面的实际效果。

这种两阶段方法确保了制造商整体的网络安全策略以及单个车辆中实施的具体措施都进行彻底评估和认证 [5]。

审核和评审成功通过后，OEM 有资格获得车型型式认证，表明其产品可在 UNECE WP.29 监管地区是安全可靠的。此外，该法规也影响到安全相关部件的供应商，他们需要通过严格遵循 CSMS 来协助 OEM 证明其合规性，从而确保整个供应链中的网络安全风险得到妥善管理。乘用车、货车、卡车、公共汽车以及具备从 SAE 3 级及以上自动驾驶能力的轻型四轮车辆，均属于必须获得型号认证的车辆类别。为帮助 OEM 充分考虑网络安全风险，该法规提供了有关应考虑和防御的威胁风险和漏洞防护指南。这些内容收录在附录 5 中，提供了车辆制造商或部件供应商在系统开发过程中必须考虑的最低网络安全威胁集合。图 4.3 所示为 REG 155 附件 5 中列举的网络安全威胁和漏洞类型。

> **提示**：在执行威胁分析和风险评估时，请详细参考 REG 155 中列举的威胁类型，以确保产品全面覆盖了所有适用的潜在威胁。

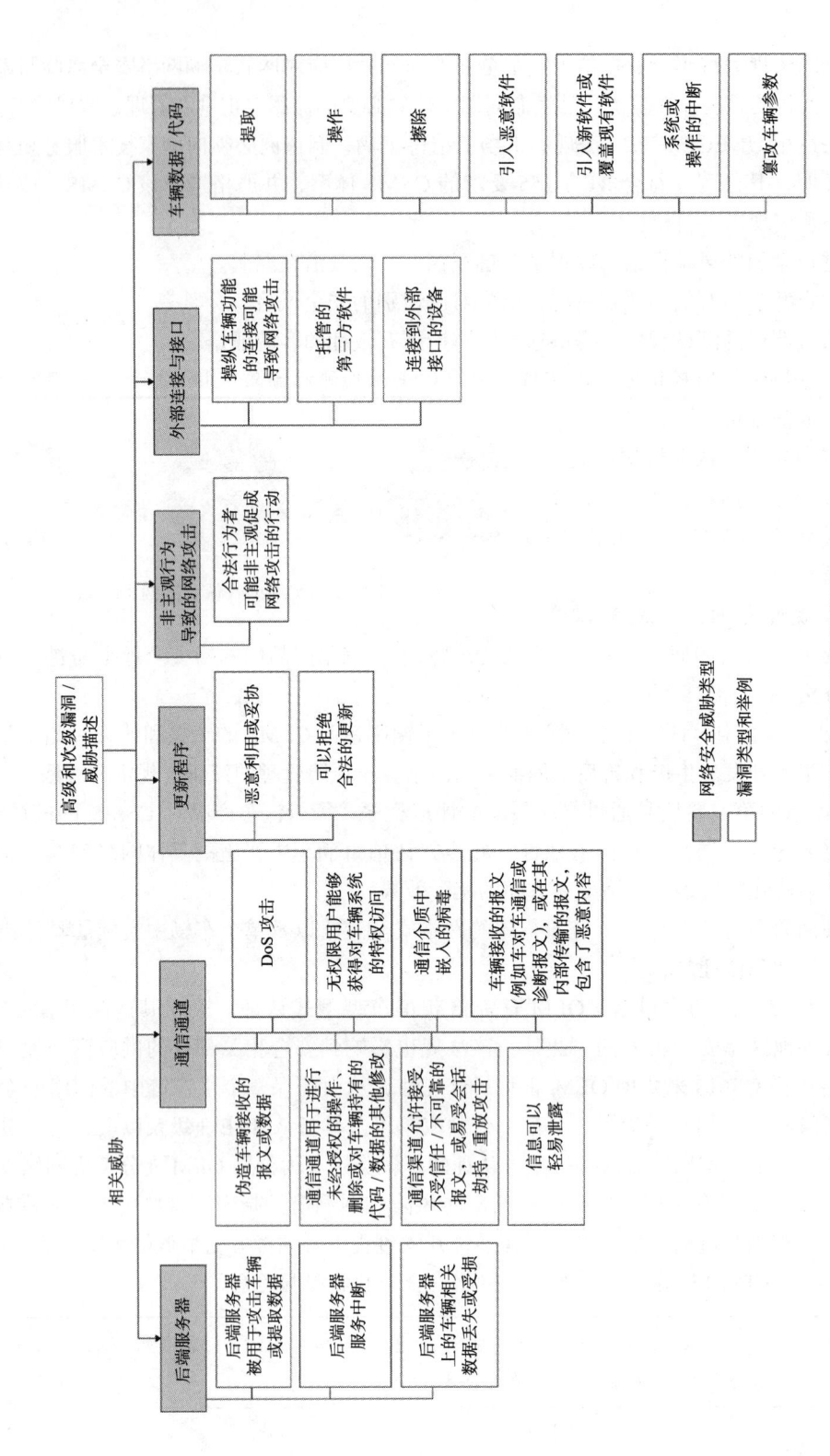

图 4.3 网络安全威胁和漏洞类型

高级和次级漏洞/威胁描述

相关威胁

- **后端服务器**
  - 后端服务器被用于攻击车辆或提取数据
  - 后端服务器服务中断
  - 后端服务器上的车辆相关数据丢失或受损

- **通信通道**
  - 伪造车辆接收的报文或数据
  - 通信通道通用于进行未经授权的操作、删除或对车辆持有的代码/数据的其他修改
  - 通信渠道允许接受不受信任/不可靠的报文，或易受会话劫持/重放攻击
  - 信息可以轻易泄露
  - DoS 攻击
  - 无权限用户能够获得对车辆系统的特权访问
  - 通信介质中嵌入的病毒
  - 车辆接收的报文（例如车对车通信或诊断报文），内部传输的报文，包含了恶意内容

- **更新程序**
  - 恶意利用或妥协
  - 可以拒绝合法的更新

- **非主观行为导致的网络攻击**
  - 合法行为者可能非主观促成网络攻击的行动

- **外部连接与接口**
  - 操纵车辆功能的连接可能导致网络攻击
  - 托管的第三方软件
  - 连接到外部接口的设备

- **车辆数据/代码**
  - 提取
  - 操作
  - 擦除
  - 引入恶意软件
  - 引入新软件或覆盖现有软件
  - 系统或操作的中断
  - 篡改车辆参数

图例：
- ■ 网络安全威胁类型
- □ 漏洞类型和举例

除了需要考虑的威胁和漏洞外，REG 155 还提供了一份常见缓解措施清单，旨在帮助 OEM 和供应商选择适当的防护技术。这些缓解措施的典型例子包括使用安全通信通道、移除调试功能以及采取加密策略等。

> **提示**：建议结合附件 5 中列出的策略，构建你自己的网络安全防护清单，以系统化管理网络安全措施。

REG 155 并不强制要求采用特定的 CSMS，而是由 OEM 自行选择能够实现法规目标的框架。然而，REG 155 明确指出 ISO/SAE 21434 是一个能够满足 CSMS 要求的框架。由于 ISO/SAE 21434 标准的普适性且可实现，大多数 OEM 和供应商选择它作为 CSMS，以证明符合 REG 155 的要求。

2. ISO/SAE 21434: 2021 道路车辆——网络安全工程

制造一辆符合网络安全设计要求的车辆需要将网络安全意识贯穿整个产品生命周期。这一过程从早期概念和设计阶段开始、贯穿生产和后生产阶段直到退役。了解车辆生命周期是深入理解 ISO/SAE 21434 范围的重要前提，因此让我们逐步了解一下这个过程[15]。汽车生命周期流程如图 4.4 所示。

图 4.4　汽车生命周期流程

在**概念**阶段，产品具有初步架构和功能候选清单。这是首次评估产品网络安全相关性的时机以剔除高风险功能并调整架构以降低网络安全风险。该阶段结束时，必须分析产品范围内的威胁，并制定风险应对计划。

1）**开发**阶段通过明确安全需求并将其融入实际产品架构中来保障网络安全。此外，网络安全测试被整合到整体产品测试方案中。

2）进入**生产**阶段后，必须考虑安全配置、初始化和产品安装的相关方面，如密钥管理、代码签名、固件安装以及将产品过渡到安全状态，从而标志着从生产模式到安全模式的转换。

3）进入**运营**模式后，产品预期将在设计阶段假定的环境中安全运行。此阶段需持续监控产品，以发现新的网络安全威胁和漏洞，确保在发生网络安全事件时能够做出足够响应。

4）当需要**售后维护**时，例如通过软件更新修复漏洞，或进行故障诊断和维修，网络安全控制措施需要将产品转入到维护阶段。

5）当产品**生命周期终止**时，预期它会进入一个状态，在此状态下，用户的隐私数据、知识产权和产品机密信息将被安全销毁且无法访问。

> **提示**：请注意你最关注的生命周期阶段，并熟悉与该阶段相关的网络安全活动。

ISO/SAE 21434 提供了一个全面的框架，通过架构层面和项目层面对应的活动，来应对不同生命周期阶段的网络安全威胁。该标准同时适用于汽车制造商和零部件供应商，双方必须协作以证明车辆已充分应对网络安全风险。

下一章将详细介绍 ISO/SAE 21434 的各个条款。现在我们将简要概述标准中涵盖的所有流程领域，以阐明它们与本章提到的其他标准之间的关系，如图 4.5 所示。

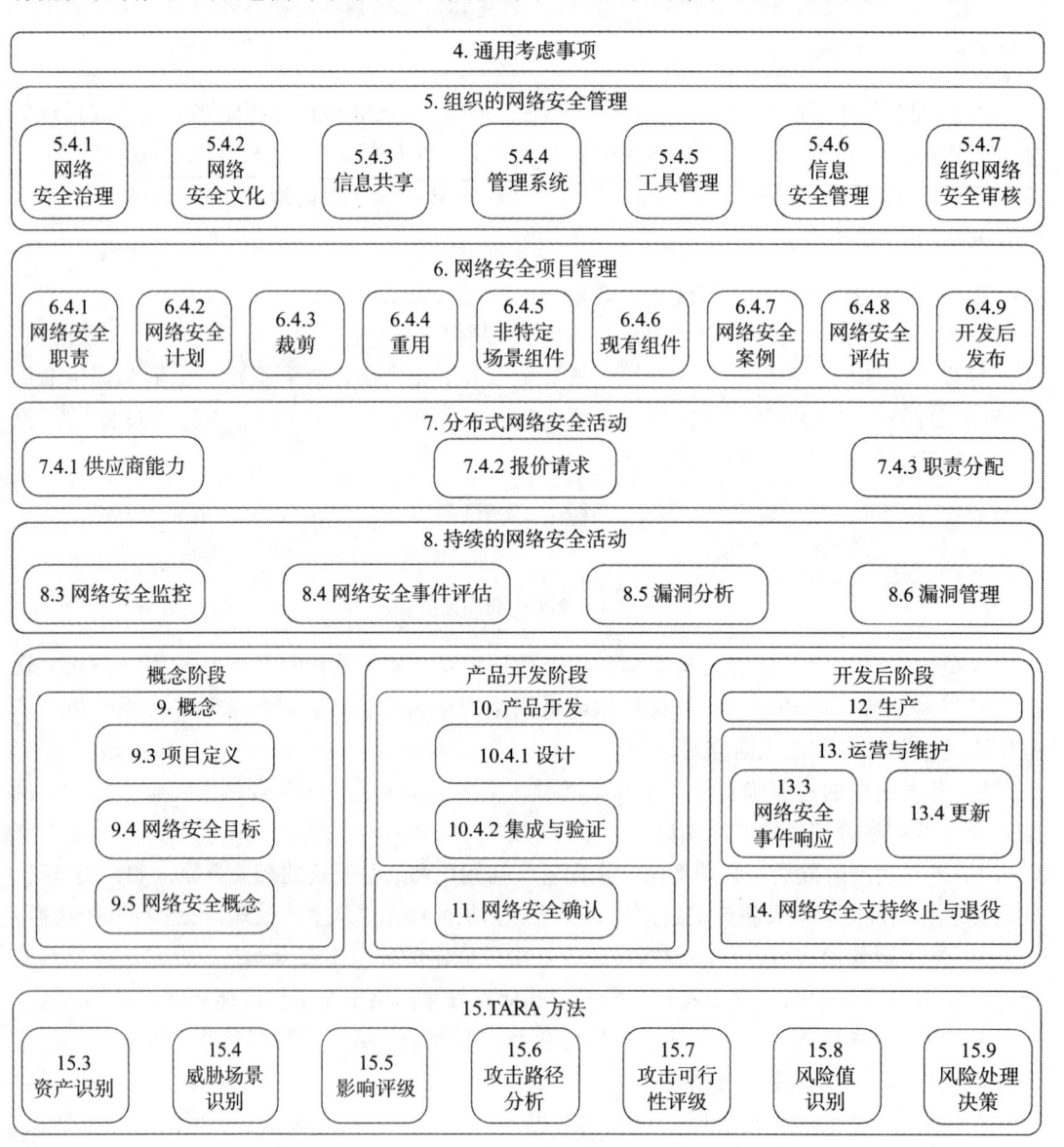

4. 通用考虑事项

5. 组织的网络安全管理
- 5.4.1 网络安全治理
- 5.4.2 网络安全文化
- 5.4.3 信息共享
- 5.4.4 管理系统
- 5.4.5 工具管理
- 5.4.6 信息安全管理
- 5.4.7 组织网络安全审核

6. 网络安全项目管理
- 6.4.1 网络安全职责
- 6.4.2 网络安全计划
- 6.4.3 裁剪
- 6.4.4 重用
- 6.4.5 非特定场景组件
- 6.4.6 现有组件
- 6.4.7 网络安全案例
- 6.4.8 网络安全评估
- 6.4.9 开发后发布

7. 分布式网络安全活动
- 7.4.1 供应商能力
- 7.4.2 报价请求
- 7.4.3 职责分配

8. 持续的网络安全活动
- 8.3 网络安全监控
- 8.4 网络安全事件评估
- 8.5 漏洞分析
- 8.6 漏洞管理

概念阶段
- 9. 概念
  - 9.3 项目定义
  - 9.4 网络安全目标
  - 9.5 网络安全概念

产品开发阶段
- 10. 产品开发
  - 10.4.1 设计
  - 10.4.2 集成与验证
  - 11. 网络安全确认

开发后阶段
- 12. 生产
- 13. 运营与维护
  - 13.3 网络安全事件响应
  - 13.4 更新
- 14. 网络安全支持终止与退役

15. TARA 方法
- 15.3 资产识别
- 15.4 威胁场景识别
- 15.5 影响评级
- 15.6 攻击路径分析
- 15.7 攻击可行性评级
- 15.8 风险值识别
- 15.9 风险处理决策

图 4.5　ISO/SAE 21434 涵盖的流程领域

❏ **条款 5** 侧重于组织的网络安全管理，包括建立网络安全文化、构建有关网络安全风险的信息共享流程，并支持配置管理、变更管理和文档管理等系统。本条款还强调管理工具的重要性，对暴露于网络安全风险的工具进行分类，并确保这些工具处于安全管理之下，以防止风险传播到汽车产品中，最终影响车辆安全。

- **条款6** 将重点从组织级转移到产品级，强调能力管理和网络安全计划的必要性。此外，它规定了如何在非特定场景中开发组件，并集成现有组件的期望。本条款引入了网络安全案例以及评估产品发布准备状态的要求。
- **条款7** 强调在选择供应商时评估其网络安全能力的重要性，并在招标文件中融入网络安全需求，以确保在采购阶段不会忽视网络安全。它还强调了在汽车整车制造商、供应商和合作伙伴之间明确界定开发过程中网络安全职责分配的必要性。
- **条款8** 集中于持续的网络安全活动，这些活动包括网络安全监控，以检测新出现的威胁和弱点；网络安全事件评估，用于对风险报告进行分级；漏洞分析，用于评估已确认事件的影响；以及漏洞管理，用于解决已确认的漏洞并通知受影响的各方。
- **条款9** 引入了工程条款，从概念阶段开始。该阶段的目标是制定网络安全概念，提供高级网络安全控制和要求，以确保所有已识别的产品网络安全风险控制在可接受的范围内。这些要求可追溯到网络安全目标，当需要降低特定资产的风险时，便会定义这些目标。这些目标通过基于项目定义的TARA过程得出，后者界定了分析的范围，包括项目内部的组件和操作环境。
- **条款10** 运用条款9的结果，反映应用于产品开发阶段的网络安全活动。这些活动通过网络安全规范加以体现，描述了分解后的网络安全需求及组件级的相关架构，以实现概念阶段提出的高级网络安全需求和控制。产品开发阶段的活动包括在优化后的架构中应用安全设计原则，并为软件实施提供编码安全原则。然后，在验证方面，该标准要求将安全测试纳入集成和验证测试中，例如基于需求的测试、模糊测试和渗透测试。
- **条款11** 定义了在整车层面验证网络安全目标的要求，要求验证概念阶段的网络安全目标和供应商已接受的风险假设。
- **条款12** 要求制定生产计划，其中包括开发后阶段的网络安全需求，以确保在生产过程中正确应用安全的安装和设置方法。
- **条款13** 要求制定事件响应计划，以应对已确认的事件，并通过安全更新机制发布补丁。
- **条款14** 规定了在车辆退役阶段的要求，通过禁用访问或销毁资产来保护车辆生命周期终点的资产。
- **条款15** 阐述了ISO/SAE 21434标准要求的TARA方法并进行了案例分析。TARA是基于资产驱动的威胁分析，威胁和攻击路径映射到损害场景，以计算整体风险并做出风险处理决策。

3. ISO/PAS 5112: 2022– 道路车辆—网络安全工程审核指南

鉴于ISO/SAE 21434标准被广泛采用，汽车组织面临的一个共同挑战，即如何证明符合该标准。为应对这一挑战，ISO/PAS 5112:2022应运而生，为审核团队执行对组织网络安全流程的审计指导。根据ISO/PAS 5112的定义，审核是对过程的检查，以确定过程目标的实现程度。为证明过程目标的实现，必须使用根据该过程（ISO/SAE 21434）开发的项目作为审计团队的参考[14]。对于从未根据 ISO/SAE 21434 执行项目的组织，参考项目的工作产品可以在阶段性审核中用来作为可用证据。

该标准基于 ISO 19011（管理体系审核指南）并将其应用于汽车行业，特别是针对 ISO/SAE 21434。该标准提供的指南涵盖了管理审核计划、规划和执行网络安全管理体系审核以及评核团队的能力。此外，它提供了一套基于 ISO/SAE 21434 目标审核准则，并在附录 A 中包括一个示例问卷，供审核团队调整使用。审核问题直接源自 ISO/SAE 21434 过程目标。以下是基于 ISO 标准第 6 条的附录 A 问卷的示例审核问题：

是否已建立、实施并维护了依赖网络安全流程的项目管理？

审核员应验证以下内容：

❑ 已建立创建网络安全计划的流程。此处的证据是 [WP-06-01]：**网络安全计划**。
❑ 已建立创建网络安全案例的流程。此处的证据是 [WP-06-02]：**网络安全案例**。
❑ 已建立网络安全评估的流程。此处的证据是 [WP-06-03]：**网络安全评估报告**。

尽管任何汽车供应商都可能接受审核，但如果其组件未涉及某些特定阶段，供应商可以排除网络安全生命周期的相应部分。例如，仅提供软件库的供应商无须证明符合 ISO/SAE 21434 第 11 条定义的车辆级验证活动流程。

在审核准备阶段，审核团队将与流程专家联系，获取有关组织内网络安全管理系统的信息。他们还将与项目团队沟通，以其网络安全工作产品作为证明网络安全管理体系有效性的证据。评判标准与等级如表 4.1 所示。

表 4.1 评判标准与等级

评判标准	等级
所有流程范围的目标均已通过客观证据得以实现	符合
审查到少许偏差	轻微不符合
审查到重大偏差，且一个或多个目标未实现	重大不符合

如果没有发现重大或轻微不符合项，则审核通过。如果发现一个或多个轻微不符合项，但这些不符合项并未表明 CSMS 缺乏效力，则会给予有条件通过的结果。然而，如果发现一个或多个重大不符合项，或发现多个轻微不符合项，表明 CSMS 明显缺乏效力，则审核被判定为未通过。无论审核是未通过还是有条件通过，都必须采取纠正措施。

> **提示**：ISO/PAS 5112 范围内的审核是针对组织的流程是否符合 ISO/SAE 21434 标准的。产品级评估不在该标准的范围内。成功通过组织流程审核是进行产品级网络安全评估的前提，以衡量产品对已审核过程的合规性。

接下来，我们将聚焦于第二个主要标准，该标准对一个关键方面做出了规范，即要求 OEM 对成功的攻击做出响应以确保车辆安全。

4. REG 156: SUMS

尽管通过 OTA 更新来保持汽车系统最新安全补丁是一个重要的安全措施，但同时也对车辆系统软件和固件完整性产生了重大威胁。鉴于远程更新功能的重要性，UNECE WP.29

制定了第二个汽车网络安全法规，确保 OEM 落实完善的 SUMS 来防止软件更新被恶意利用。该法规提出了符合要求的 SUMS 必须解决的四个主要关注内容[6]。

（1）软件版本管理　部署正确的软件更新的关键在于建立一个用于识别目标系统中所有初始和更新软件版本及相关硬件组件的流程。这使 OEM 能够将软件版本追溯到特定车辆类型和车系。尤其是当发现影响一个或多个车辆组件的漏洞时尤为关键。一方面，OEM 需要确定受影响的 ECU，以决定何时可以发布补丁；另一方面，供应商需要确定其组件中是否存在漏洞，以便通知客户并着手解决。鉴于汽车供应链中的 ECU 的数量庞大且多样化，维护这些信息是一项艰巨的任务。汽车供应商使用未追踪真实来源的组件或驱动程序是很常见的，这使他们和他们的客户暴露于这些组件中潜在的漏洞。应对这一挑战的常见做法是通过软件物料清单（Software Bill of Material，SBOM）跟踪软件内容和版本，并与供应链中的其他利益相关者共享。SBOM 可以采用多种格式记录，如软件包数据交换（Software Package Data Exchange，SPDX）或 CycloneDX。两者都是用于传递软件组件、许可证和版权信息的开放标准。除了使组织能够追踪可能受到漏洞影响的软件组件外，SBOM 还有助于检测开源许可证违规情况。

（2）安全兼容性　从 SUMS 支持识别目标车辆软件的要求可以推断出，符合 SUMS 的要求需确保软件更新流程的安全。掌握软件组件及其各自版本的信息使 OEM 能够验证软件更新与目标车辆配置的兼容性。此外，在软件可能依赖其他系统的情况下，SUMS 必须防止更新可能对其他 ECU 产生不利影响的软件。例如，如果软件更新使用了新的通信矩阵，而目标车辆的某个 ECU 不支持该矩阵，将该 ECU 排除在更新之外可能导致通信错误甚至造成某个关键安全系统的故障。

> **注意**：通信矩阵是一个描述报文标识符、报文长度信息以及 ECU 在 CAN 等串行总线上执行基于信号的通信所需的其他参数。代码编译器将通信矩阵作为输入来生成源文件和头文件，这些文件随后被编译包含在 ECU 软件中。

建立评估软件更新影响的流程，对于防止意外后果对车辆安全和正常运行产生影响至关重要。使用预期车辆配置充分测试更新，是防止更新不兼容软件并带来意外安全和操作后果的有效措施。同样，在启用新功能时，需要考虑其对原始车辆软件集的影响，以避免新功能带来的负面影响。

（3）更新的网络安全　法规要求 SUMS 实施安全措施以保护软件更新不被篡改，防止保护更新过程被破坏。在这方面，SUMS 将与 CSMS 协同，采用基于风险的方法识别相关威胁并确定适当的风险处理策略。如果更新失败，则需要一个支持回滚到安全版本的流程，同时确保该流程不会被攻击者恶意利用，强制回滚到未修补的软件版本。在某些情况下，更新本身也可能引入新的风险或漏洞，因此 SUMS 必须支持对更改进行网络安全风险评估，并进行充分的安全审查和测试。

（4）用户意识　法规要求建立一个向用户告知即将安装的车辆更新的流程，并由用户能够决定是否准备好接收更新，或是否必须推迟更新到更合适的时间。

接下来，我们将关注 ISO 24089，该标准为满足 REG 156 所定义的 SUMS 需求 2 制定。

5. ISO 24089

请注意，在撰写本文时，ISO 24089 标准仍在制定中。ISO 24089 文档的目标是对 SUMS 进行标准化，类似于 ISO/SAE 21434 对 CSMS 实施的标准化。因此，预计 ISO 24089 将被汽车制造商和供应商用来满足 UNECE REG 156 的要求，以获得汽车软件更新支持的批准。该 ISO 标准旨在为车辆软件更新功能的开发、实施和维护提供一套指导方针和要求从而确保车辆软件更新的安全性、可靠性和一致性，为此，标准涵盖软件更新的所有方面，包括计划、设计、实现、测试、运营和维护，并就如何管理软件更新的生命周期提供建议[16]。

4.1.2 中国的法规和标准化

参考其他国家和国际机构的工作，国家互联网信息办公室（Cyberspace Administration of China，CAC）发布了多项网络安全标准，这些标准对参与中国车辆设计、开发、生产、销售和维护的 OEM 和供应商产生了巨大影响。对于计划在中国市场销售汽车产品的国际供应商而言，了解这些标准至关重要。这些标准涵盖了从定义与过程相关的要求到规定汽车系统和基础设施技术要求的范围。在撰写本文时，部分标准仍在制定中，因此我们将仅关注已发布的标准：

- GB/T 38628—2020：这是第一个也是最关键的一个标准，正式名称为《信息安全技术—汽车电子系统网络安全指南》[19]。该标准涵盖了与 ISO/SAE 21434 重叠的领域，但在软硬件安全领域提供了更加详细的最佳实践、测试方法和背景信息。

- GB/T 40861—2021：该标准被正式命名为《汽车信息安全通用技术要求》[20]，重点关注车辆资产的识别，并提供了其安全保护的技术要求、技术手段和基本原则。标准涵盖的典型领域包括车内及车外通信的保护，以及 ECU 软件的保护。该标准是理解源自这些原则的网络安全原则和控制措施的重要参考，有助于应对车辆网络安全威胁。

- GB/T 40856—2021：该标准的正式名称为《车载信息交互系统信息安全技术要求及试验方法》[67]，为车辆的关键领域（如硬件组件、网络协议、操作系统和应用软件）提供了更为具体的技术要求。这些技术要求配套相应的安全测试方法，确保要求得到正确实施。

- GB/T 40857—2021：该标准的正式名称为《汽车网关信息安全技术要求及试验方法》[68]，其结构与 GB/T 40856—2021 相似，但主要聚焦于 CAN、以太网和混合网关。该标准规定了诸如去除后门、实施报文过滤，以及通过监控报文标识符和报文频率进行异常检测等要求。此外，它还规定了验证网关安全功能安全且正确实施的测试要求。

- GB/T 40855—2021：该标准的正式名称为《电动汽车远程服务与管理系统信息安全技术要求及试验方法》[69]，规定了在电动和混合动力车辆中，当车载终端与企业和公共服务及管理平台结合使用时确保其安全的要求。这些要求及其相应的测试方法涵盖了安全通信、安全更新和访问管理等领域。

回顾第 2 章的内容，我们曾讨论过中国的加密算法。这些算法通过以下标准进行了规范：
- GB/T 32907.2—2016：数字签名算法 SM2
- GB/T 32907.3—2016：哈希算法 SM3
- GB/T 32907.9—2016：基于身份的密码算法 SM9

这些标准明确了 SM2、SM3 和 SM9 算法实施的技术要求、测试方法和评估标准。旨在确保使用这些算法的加密系统和应用程序的安全性、可靠性和互操作性。计划在中国市场销售产品的汽车供应商，需要通过硬件 IP 和软件加密库等方式支持这些算法。

建议定期关注 CAC 发布的标准，以确保为产品路线图中的新标准做充分的准备。

正如本节所述，构建符合要求的汽车系统需要持续了解网络安全标准和法规，这是在特定市场出售车辆的前提条件。在下一节中，我们将把重点放在需要关注的重要网络安全标准和参考文献上，以简化主要安全标准的合规流程并确保按照最佳安全实践进行开发。

4.2 次要标准

尽管主要标准为工程安全汽车产品提供了整体框架，但它们依赖于次要和辅助标准来解决工程生命周期中特定技术领域的问题。了解这些标准对于评估它们是否适用于你的组织或产品开发至关重要。

4.2.1 IATF 16949: 2016

在质量管理体系（Quality Management System，QMS）框架内开发汽车产品是确保产品安全的必要前提。ISO/SAE 21434 要求遵循 QMS，因为在无法证明产品质量的情况下，更难以论证其安全性[9]。例如，在无 QMS 环境下开发的软件，由于缺乏正规的质量检验程序（如代码审查和软件测试），预计会包含更多漏洞。其中一些软件漏洞，可能被攻击者利用。没有 QMS 的支持，我们难以有效控制软件漏洞的量级，进而增加了漏洞管理的难度。

IATF 16949 标准旨在为整个汽车供应链提供统一的质量管理框架，以促进一致的质量水平、提升客户满意度并提高生产效率。遵循 IATF 16949 的要求，组织能够确保其汽车产品符合客户需求，并以一致且高效的方式进行生产。IATF 16949 标准的主要目标受众包括汽车供应商、OEM 及相关服务提供商。该标准包含 10 个条款，前 3 条为介绍内容，剩余的 7 个条款按照"计划—执行—检查—改进"（Plan-Do-Check-Act，PDCA）循环进行结构化编写，如图 4.6 所示。

在探讨 IATF 标准条款时，识别 QMS 和 CSMS 要求之间的共性，有助于识别两者之间的协同效应。例如，变更管理、配置管理和文档管理等方面，是 CSMS 要求的必要流程，QMS 可以适当修改以涵盖网络安全方面的考虑。同样，QMS 中有关需求跟踪和可追溯性方法的可用于创建并追踪网络安全需求甚至是具体的网络安全规范。让我们简要介绍 IATF 条款的内容：

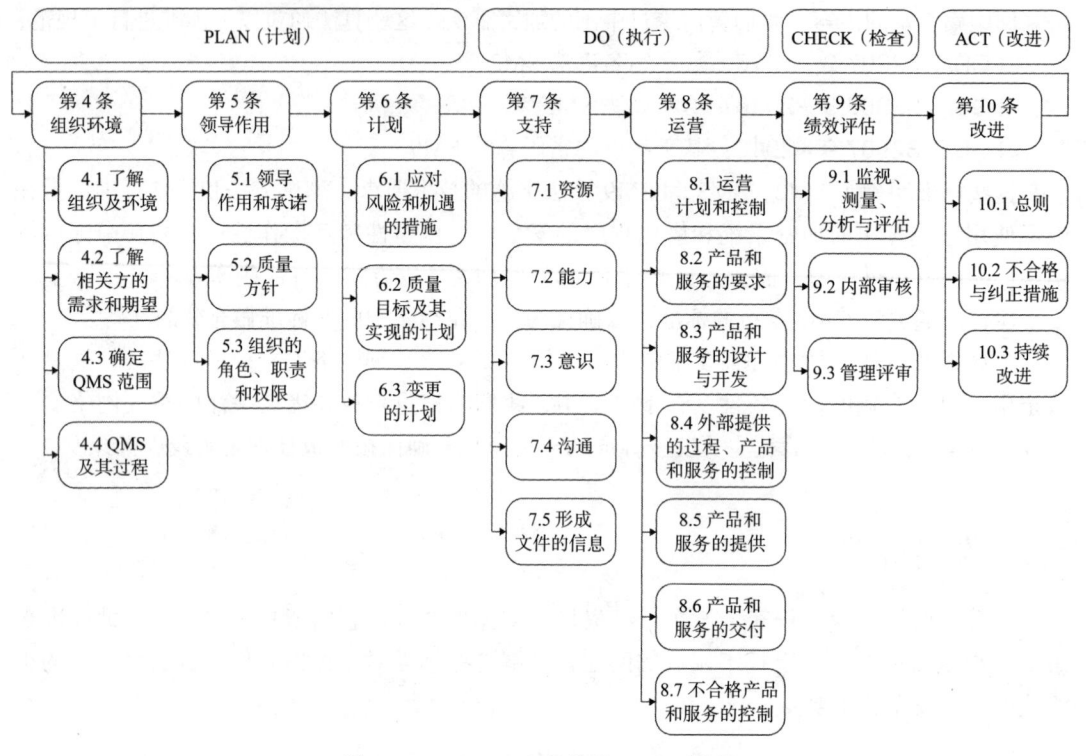

```
         ┌─── PLAN（计划）──────────────┐ ┌─── DO（执行）────┐ ┌ CHECK（检查）┐ ┌ ACT（改进）┐
         第4条           第5条         第6条    第7条      第8条          第9条           第10条
         组织环境        领导作用      计划     支持       运营           绩效评估        改进
```

4.1 了解组织及环境	5.1 领导作用和承诺	6.1 应对风险和机遇的措施	7.1 资源	8.1 运营计划和控制	9.1 监视、测量、分析与评估	10.1 总则
4.2 了解相关方的需求和期望	5.2 质量方针	6.2 质量目标及其实现的计划	7.2 能力	8.2 产品和服务的要求	9.2 内部审核	10.2 不合格与纠正措施
4.3 确定 QMS 范围	5.3 组织的角色、职责和权限	6.3 变更的计划	7.3 意识	8.3 产品和服务的设计与开发	9.3 管理评审	10.3 持续改进
4.4 QMS 及其过程			7.4 沟通	8.4 外部提供的过程、产品和服务的控制		
			7.5 形成文件的信息	8.5 产品和服务的提供		
				8.6 产品和服务的交付		
				8.7 不合格产品和服务的控制		

图 4.6　IATF 16949 条款的 PDCA 循环

- **条款 1** 为建立 QMS 奠定了基础，提供了一个框架，旨在实现持续改进，防止缺陷的发生，同时减少汽车供应链中的浪费。
- **条款 2** 仅提供了应用标准所必需的规范性参考文献，包括 ISO 9001[71]。
- **条款 3** 列举了术语和定义，以确保标准的解释和应用一致。
- **条款 4**、5 和 6 属于"**计划**"环节。其中**条款** 4 首先强调组织需识别与 QMS 相关的利益相关者的需求和期望。确定体系范围对于建立正确的质量目标和识别需要管理的风险至关重要。
- **条款 5** 关注领导在建立和维护 QMS 方面的作用。这可以以多种方式实现，例如传达降低风险和持续过程改进的重要性。此外，还强制要求将质量目标作为 QMS 的可衡量目标，并分配角色和职责以确保 QMS 能够实施和维护。这与 ISO/SAE 21434 的条款 5 类似，即组织在建立有效的网络安全管理体系中的角色。
- **条款 6** 定了实现质量目标的计划要求，如提高产品质量、减少缺陷和提升客户满意度等方面。要求组织识别并评估与质量目标相关的风险，并建立缓解这些风险的流程。条款 6 的一个特别之处在于变更管理，要求组织建立控制产品和过程变更的流程。在网络安全背景下，变更管理尤为重要，因为变更往往与新的网络安全风险暴露相关。计划方面还延伸至产品设计和开发，包括需求收集计划、建立产品规范以

- 条款 7 和 8 属于"**执行**"环节。如同其他的流程一样，有效流程建立需要适当的资源、能力和意识，这正是条款 7 的核心内容。该标准要求组织配备必要的人力资源和基础设施，涉及培训和专业发展方面，以确保员工充分理解并能够落实相关流程。条款还覆盖有效的沟通和文档管理的两个关键方面，以确保所有利益相关者获得理解质量管理系统及其在其中角色所需的信息。

- 条款 8 则聚焦于生产符合客户需求的产品和服务所需的流程。通过运营计划和控制，组织必须建立工作指示和质量检查清单来计划和控制产品设计、生产和服务交付。设计评审流程和设计验证等方面也在该条款的范围内，以确保产品设计处于质量控制之下。当从供应商处采购组件时，该标准要求实施供应商管理流程，包括选择、评估和监管供应商，以确保其产品符合组织需求。此外，本条款还涉及生产方面，包括制订生产计划、生产控制流程和服务交付。能够在整个生产和服务交付过程中识别和追踪产品及材料是本条款的另一项重要要求。最后，客户财产的管理（如原型或产品样品）也包含在内，以防止财产丢失或损坏。

- 条款 9 属于"**检查**"环节，重点关注监控和衡量质量管理体系，并通过指标推动改进。设立关键绩效指标（Key Performance Indicator，KPI）是衡量和评估质量管理体系有效性的一种方法。条款要求按计划时间定期进行质量管理体系内部审核以识别不合规情况并采取必要纠正措施。为实现持续改进，组织必须建立收集需要改进领域数据的方法，并建立能够实现改进的流程。

- 条款 10 属于"**改进**"环节，重点关注实际的改进措施。通过建立持续改进文化并让所有利益相关者参与其中，不仅能够识别问题领域，还可以应用问题解决方法来应对这些问题。防错流程是该领域的一个重要方面，因为预防错误比纠正错误更为关键。避免未来重复相同错误的有效途径是针对根本原因分析的方法。

综上所述，IATF 16949 为建立网络安全管理系统所需的诸多流程奠定了基础。QMS 可被视为一个构建模块，通过利用质量和网络安全的相融做法，可显著减轻采用网络安全管理系统的负担。该标准可作为汽车行业组织展示其质量承诺及满足客户需求能力的重要工具。

> 提示：遵守 IATF 16949 或等效的 QMS，是符合 ISO/SAE 21434 合规要求的前提条件。

4.2.2 汽车软件过程改进和能力确定

延续质量管理主题，本小节将探讨一个广泛认可的行业标准——汽车软件过程改进与能力确定（Software Process Improvement and Capability Determination，SPICE）[1]，该标准帮助组织建立汽车 ECU 的软件开发流程。汽车 SPICE 基于 ISO/IEC 15504-5 标准定制而成，亦被称为 ASPICE 标准。ASPICE 定义了一个过程参考模型，为不同产品生命周期中的软件开发提供了一套最佳实践。ASPICE 将过程领域划分为三个主要类别：基础生命周期过程、支持生命周期过程和组织生命周期过程。此外，该标准包含一套方法，通过过程评估模型来评估这些过程的执行情况。评估结果决定了组织的成熟度能力水平，从 0～5 级不等。在招标阶段，OEM 通常要求供应商展示其流程能力。这些评估有助于确保供应商能够满足汽车行业为开发安全、可靠且高质量的软件系统所设定的高标准。

遵循 ASPICE 的一个显著优势在于多个过程组可作为支持流程来实现 CSMS 的要求。ASPICE 的另一个优势在于随着 ISO/SAE 21434 标准的发布，ASPICE 扩展了六个特定于网络安全的过程组，这些过程组在《汽车 SPICE 网络安全过程参考和评估模型》[7] 中有所定义。这是一个为支持 UNECE R155 和 ISO/SAE 21434 标准实施而创建的评估模型。针对网络安全的 ASPICE 的目的是识别和解决网络安全相关项目中的产品风险。图 4.7 所示为 ASPICE 中的特定网络安全流程框架，其中受安全影响的组以虚线标记。

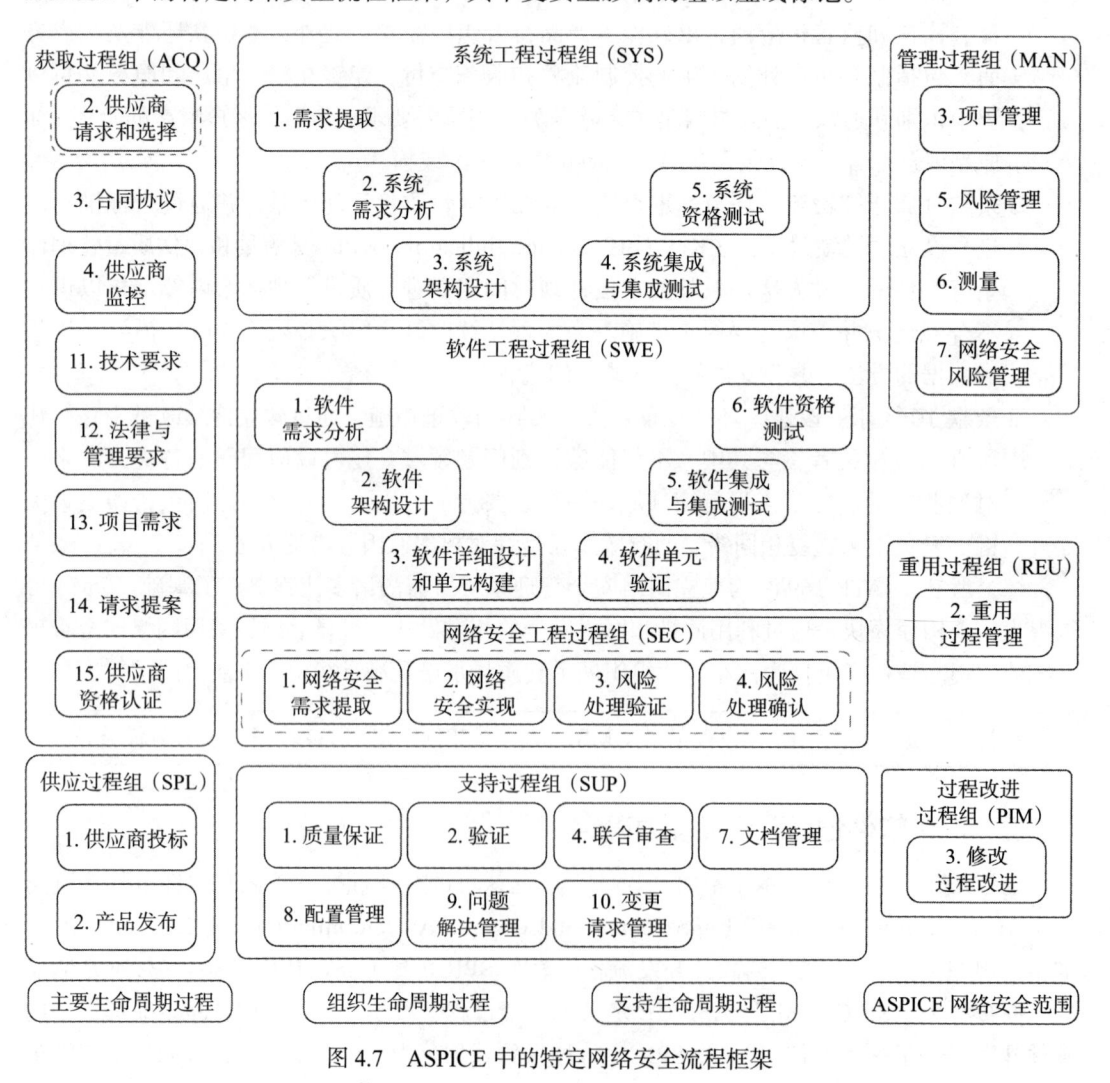

图 4.7 ASPICE 中的特定网络安全流程框架

表 4.2 所示为 ASPICE 网络安全过程组 [7] 与 ISO/SAE 21434 条款和标准 ASPICE 过程组 [1] 的对应关系。

表 4.2　ASPICE 网络安全过程组与 ISO/SAE 21434 条款和标准 ASPICE 过程组的对应关系

ASPICE 网络安全	ISO/SAE 21434 条款	ASPICE
ACQ.2 供应商请求和选择	7.4.1 供应商能力 7.4.2 报价请求 7.4.3 职责分配	ACQ.3 合同协议 ACQ.4 供应商监控
—	5.4.4 管理系统	SUP.1 质量保证 SUP.7 文档管理 SUP.8 配置管理 SUP.10 变更请求管理
SEC.1 网络安全需求提取	9.3 项目定义 9.4 网络安全目标 9.5 网络安全概念	SYS.1 需求提取 SYS.2 系统需求分析 SWE.1 软件需求分析
SEC.2 网络安全实现	10.4.1 设计	SYS.3 系统架构设计 SWE.2 软件架构设计 SWE.3 软件详细设计和单元构建
SEC.3 风险处理验证	10.4.2 集成和验证	SWE.4 软件单元验证 SWE.5 软件集成和集成测试 SWE.6 软件资格测试 SYS.4 系统集成和集成测试 SYS.5 系统资格测试
SEC.4 风险处理确认	11 网络安全确认	SWE.6 软件资格测试
MAN.7 网络安全风险管理	15 威胁分析和风险评估方法	SYS.5 系统资格测试 MAN.5 风险管理

> **提示**：在更新软件开发流程以考虑网络安全时，建议将 ISO/SAE 21434 的要求映射到 ASPICE 的相应过程范围，以展示过程覆盖情况。

4.2.3　可信信息安全评估交换

鉴于汽车供应链的高度分散性，一个供应商的信息安全系统中的漏洞可能对供应链的其他成员产生连锁反应，并对用户的个人数据、安全敏感数据、商业机密和知识产权造成影响。为应对此风险，德国汽车工业协会（VDA）创建了可信信息安全评估交换（Trusted Information Secuity Assessment Exchange，TISAX）[23]，该标准现已被全球汽车公司广泛采用。TISAX 提供了一个评估和认证组织信息安全措施的框架，重点是保护整个汽车供应链中的敏感数据，使得各合作伙伴可以信任其数据在分享给供应链其他成员后，能够得到适当的保护措施。汽车组织可以要求潜在的供应链合作伙伴提供 TISAX 认证作为合作的前提。

> 提示：ISO/SAE 21434 要求在供应商选择阶段评估供应商的网络安全能力。TISAX 可以解决信息安全管理（Information Security Management System，ISMS）能力方面的问题。

获得 TISAX 认证的前提条件是建立 ISMS，以管理组织内敏感信息的安全。获得 TISAX 认证的过程包括三个步骤：①注册，即收集有关公司的信息；②评估，即 TISAX 审计机构检查合规性；③交换，即公司将认证结果与合作伙伴共享。

TISAX 定义了八个评估目标，这些目标可能全部都在审计范围内。评估目标从处理高保护需求的信息到保护原型部件、组件和车辆，以及根据欧盟《通用数据保护条例》要求保护个人数据[21]。保护需求的程度越高，审核员需采用的评估方法就越严格。因此，TISAX 规定了三个评估级别，由申请组织自行决定。信息安全评估（Information Security Assessment，ISA）问卷中的问题使组织能够在进行外部审核前进行自我评估。ISA 要求对每个问题给出 0～5 之间的成熟度等级评分。图 4.8 所示为 ISA 问卷摘录。

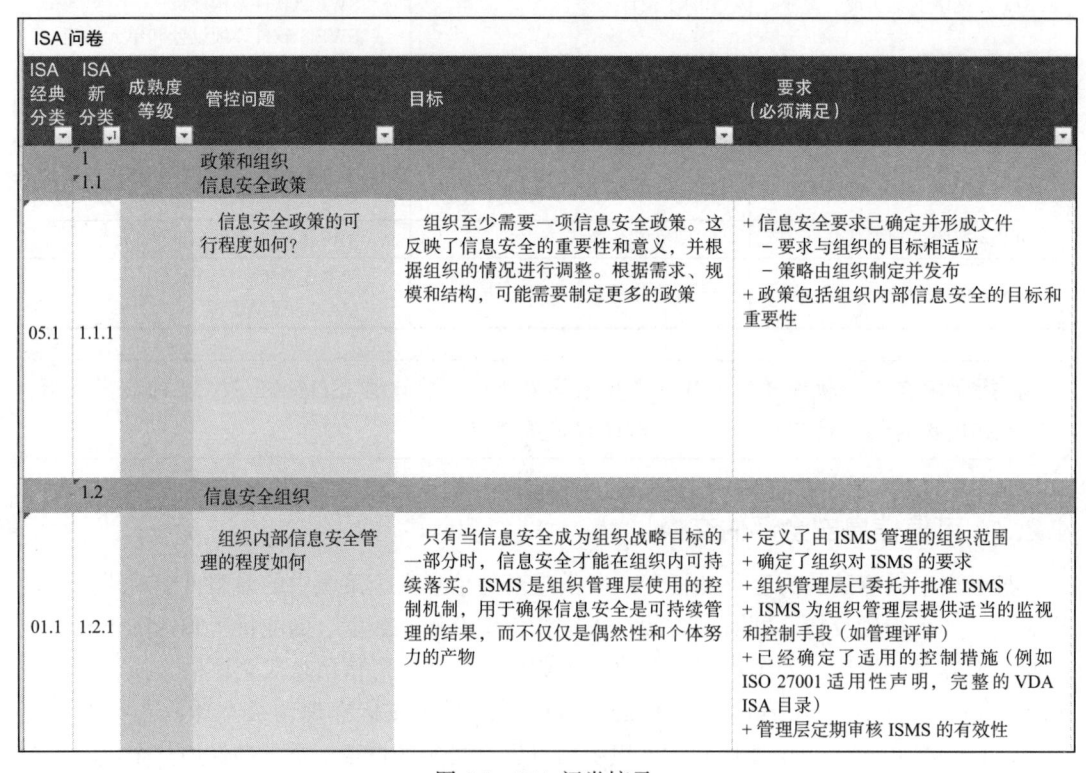

ISA 问卷					
ISA 经典分类	ISA 新分类	成熟度等级	管控问题	目标	要求（必须满足）
	1 1.1		政策和组织 信息安全政策		

05.1	1.1.1		信息安全政策的可行程度如何？	组织至少需要一项信息安全政策。这反映了信息安全的重要性和意义，并根据组织的情况进行调整。根据需求、规模和结构，可能需要制定更多的政策	+信息安全要求已确定并形成文件
					  - 要求与组织的目标相适应
					  - 策略由组织制定并发布
					+政策包括组织内部信息安全的目标和重要性

	1.2		信息安全组织		
01.1	1.2.1		组织内部信息安全管理的程度如何	只有当信息安全成为组织战略目标的一部分时，信息安全才能在组织内可持续落实。ISMS 是组织管理层使用的控制机制，用于确保信息安全是可持续管理的结果，而不仅仅是偶然性和个体努力的产物	+定义了由 ISMS 管理的组织范围 +确定了组织对 ISMS 的要求 +组织管理层已委托并批准 ISMS +ISMS 为组织管理层提供适当的监视和控制手段（如管理评审） +已经确定了适用的控制措施（例如 ISO 27001 适用性声明，完整的 VDA ISA 目录） +管理层定期审核 ISMS 的有效性

图 4.8　ISA 问卷摘录

每个问题涉及一个特定方面，如物理安全或身份与访问管理。问题附有必须满足的目标和具体要求，使审核员能够确定相应目标的满足程度。

当自我评估结果达到可接受的外部审核标准时，组织可联系 TISAX 审核供应商安排外部审核。审核结果将记录在 TISAX 审核报告中，结果分为符合、重大不符合或轻微不符合三类。为解决发现的问题，组织需制定一份纠正行动计划，该计划涉及记录根本原因、计划采取的行动、纠正措施的实施日期，以及针对无法立即解决的不合规项的补偿措施。评估完成后，评估结果可通过交换平台与合作伙伴共享。

最后，组织被授予 TISAX 标签作为组织已完成严格信息安全措施评估，并能保护客户和合作伙伴机密数据的明确标识。TISAX 标签提供了一种标准化和公认的方式，用以验证合作伙伴是否具备必要的安全控制措施来应对网络威胁。

4.2.4　SAE J3101——道路车辆的硬件保护安全

与管控流程的标准不同，SAE J3101[24]关注一个特定的技术领域。该标准推动了 ECU 安全，为嵌入式 HSM 规定了一系列的安全要求，这些模块常用于特定的汽车安全场景，如车载通信安全和 OTA 更新。该标准将 HSM 称为硬件保护的安全环境（Hardware-Protected Security Environment，HPSE），并倡导其在构建 ECU 的安全防护方面的关键作用。若缺乏 HPSE 的支持，ECU 将不得不依赖纯软件解决方案，然而软件解决方案在支持安全启动和加密密钥保护等安全控制方面具有局限性。

SAE J3101 中的安全要求包含八个主要部分：加密密钥保护、加密算法、随机数生成、安全非易失性数据、加密灵活性、接口控制、安全执行环境和自检测。例如，在处理加密密钥保护时，标准定义了密钥生成、密钥归属、密钥封装、密钥配置和密钥清除的要求。该标准从汽车的角度阐明这些要求的必要性及其适用场景，这使得 SAE J3101 特别适用于汽车行业。

使用 HPSE 作为可信的硬件根以及安全的执行环境和受保护内存是保护 ECU 安全关键资产的基本组件。通过 HPSE 可构建安全协议，以确保 ECU 数据在产品生命周期各阶段的机密性、完整性和真实性。HPSE 可发挥关键作用的场景案例包括：使用不可更改的公钥通过数字签名验证诊断客户端、通过硬件保护的加密密钥加密用户的私人数据，以及使用 MAC 对车载通信进行身份验证。

随着安全用例的扩展和加密性能要求的提高，HPSE 需要更强大的功能，如配备更多的加密处理器、扩大内部系统内存容量和提升主 CPU 接口速度。这些性能提升对于在高吞吐量条件下进行数据加密处理至关重要，例如传感器数据认证和基于云的通信。需要定义 HPSE 技术路线图的 OEM 和芯片供应商可以利用 SAE J3101 作为参考基准，以明确 HPSE 的定义及其实现目标。该标准同样适用于设计硅基 HPSE 硬件的芯片供应商以及开发 HPSE 软件功能的固件供应商。

4.2.5　编码和软件标准

软件实现错误是安全漏洞的常见来源。消除可被攻击者利用的软件缺陷是一项极具挑战性的任务，尤其是在使用 C 或 C++ 等本质上不安全的编程语言时。为了减少具有安全或安全性影响的软件错误，开发人员依赖编码标准，通过限制语言子集和采用防御性编码技术来禁止编程语言中的潜在危险特性。编码规则的应用通常通过静态代码分析工具自动化实现，也称为 SAST（Static Code Analysis Tool）自动化实现。这些工具通常在每次软件提交时或达到特定发布里程碑时启用。编码规则违规以警告形式由工具反馈，软件开发人员需要解决这些警告，除非能够证明这些警告可以忽略。通常，组织会抑制某些规则违反的警告，前提是这些警告可以被解释为非关键性偏差。然而，如果开发人员未经过适当培训以区分真正问题的警告和简单的误报，盲目依赖 SAST 可能适得其反。使用 SAST 的另一个潜在问题是分析运行太晚，以致无法及时修复违规问题。采用这种做法的团队可能在进行大量测试后需要重写大部分代码，这不仅成本高昂，还会对项目进度和客户承诺构成风险。与所有安全发现一样，根据风险严重程度优先处理规则违规至关重要，以避免在修复与表面或无关紧要的问题相关条款时忽视严重的违规问题。鉴于多种编码标准适用于汽车软件，接下来我们将对最常见的标准进行探讨。

（1）MISRA　汽车工业软件可靠性协会（Motor Industry Software Reliability Association，MISRA）旨在为使用 C 和 C++ 编程语言开发安全关键系统提供编码标准。尽管 MISRA 规则主要关注生成可靠和安全的代码，但通过适当的提高代码健康度和采用防御性编码技术，它们也能有效预防软件漏洞[10]。对于开发安全关键代码的团队而言，兼容 MISRA 标准是向更注重安全的编码标准过渡的良好起点。

（2）AUTOSAR C++　鉴于 SAR 自适应平台依赖于 C++，且预计该语言将在域控制器和车载计算机中得到广泛应用（详见第 1 章），AUTOSAR 与 MISRA 联手为 C++14 语言版本制定了安全编码指南。最终发布了《用于关键和安全相关系统的 C++14 语言使用指南》（Guidelines for the use of the C++14 language in critical and safety-related system）[25]。该子集通过增加针对已被证明会对内存安全构成风险、影响运行时确定性或导致实现特定行为的语言领域的规则而创建。即使不在 AUTOSAR 自适应框架内开发软件，使用 C++ 进行汽车应用开发的组织也可以遵循 AUTOSAR C++14 指南。

（3）CERT C/C++　与 MISRA 类似，CERT C 和 CERT C++ 旨在提供语言子集以消除已知的安全问题。但与 MISRA 不同，CERT 更专注于安全，因此对软件层面的漏洞覆盖更为全面。这些规则由卡内基梅隆大学软件工程研究所维护[26]。每条规则代表一组软件问题，如果遵循规则集中列出的编码检查项，则可以有效解决这些问题。

例如，规则 06 涉及处理数组中的漏洞，并列举了六项需要考虑的编码检查要求：

ARR30-C　严禁形成或使用越界指针或数组下标。

ARR32-C　确保可变长数组的大小参数处于有效范围内。

ARR36-C　不得对不属于同一数组的指针进行减法或比较操作。

ARR37-C　禁止对非数组对象的指针进行整数加减运算。

ARR38-C　必须保证库函数不会生成无效指针。

ARR39-C　严禁对指针进行带比例因子的整数加减运算。

此外，CERT C/C++ 根据重要程度将规则划分为 L1、L2 和 L3 三个级别，其中 L1 级别为最高等级。对于希望从大规模代码库中消除软件安全漏洞的组织而言，应首先解决 L1 级别的不符合问题，随后再处理 L2 和 L3 级别的问题。

4.2.6 NIST 加密标准

在实施加密功能时，参考 NIST 标准是确保正确实现并避免常见安全隐患的必要步骤。NIST 提供了一系列标准，这些标准详细描述了如何实现加密功能以及必须遵循哪些约束条件，以确保安全机制的部署。除加密功能外，部分 NIST 标准还就密钥管理和平台固件弹性等领域提供了宝贵指导。忽视这些建议或约束，可能会削弱加密机制的安全性，使系统面临更高的篡改和非授权访问风险。我们简要探讨几个常见的 NIST 加密标准。

- FIPS 180-4：安全哈希标准（Secure Hash Standard，SHS）规定了一组密码学哈希函数，这些函数能将任意长度的输入转换为固定长度的输出。该输出称为哈希值，广泛应用于数字签名和数据完整性验证等多种场景[27]。
- FIPS 197：AES 是用于加密电子数据的联邦信息处理标准。AES 广泛应用于数据加密的各类场景中，包括安全通信和数据存储[28]。
- FIPS 186-4：数字签名标准（Digital Signature Standard，DSS）是用于数字签名的信息处理标准。DSS 提供了一种验证数字数据真实性和完整性的安全方法[29]。
- SP 800-131A：《加密算法和密钥长度过渡标准》(*Transitioning the Use of Cryptographic Algorithms and Key Lengths*) 提供了从较弱加密算法和密钥长度向较强加密算法和密钥长度过渡的指南。它为组织维护系统和数据安全性提供了建议，包括禁用某些加密算法和规定最低允许的密钥强度[30]。
- SP 800-57 第一部分：《密钥管理建议》(*Recommendation for Key Management*) 为在各种应用（包括安全通信、数字签名和数据加密）中管理加密密钥提供了指导[31]。
- SP 800-38A：《分组密码操作模式建议》(*Recommendation for Block Cipher Modes of Operation*) 为分组密码加密模式（包括格式保持加密）的使用提供了指导[32]。
- SP 800-38B：《分组密码操作模式建议：用于认证的 CMAC 模式》(*Recommendation for Block Cipher Modes of Operation: The CMAC Mode for Authentication*) 为使基于密码的报文认证码（Cipher-based Message Authentication Code，CMAC）操作模式提供了建议，CMAC 是一种可用于报文认证的分组密码模式[33]。
- SP 800-56A：《离散对数密码学的对称密钥建立方案建议》(*Recommendation for Pair-Wise Key Establishment Schemes Using Discrete Logarithm Cryptography*) 为使用基于离散对数密码学的密钥建立方案提供了推荐方法，这些方案用于在两个实体之间建立安全通道[34]。
- SP 800-56B：《基于整数分解密码学的对称密钥建立方案建议》(*Pair-Wise Key-Establishment Schemes Using Integer Factorization Cryptography*) 为使用基于整数分解密码学的密钥建立方案提供了推荐方法[35]。

- SP 800-133：《加密密钥生成建议》(*Recommendation for Cryptographic Key Management*) 为安全生成加密密钥（包括密钥生成、密钥存储、密钥分发和密钥销毁）提供了指南[36]。
- SP 800-90A：《使用确定性随机比特生成器的随机数生成建议》(*Recommendation for Random Number Generation Using Deterministic Random Bit Generators*) 为使用 DRBG 生成随机数提供了指南，涵盖了包括熵源、随机数生成器和熵测试方法在内的多项内容[37]。
- SP 800-90B：《用于随机比特生成的熵源建议》(*Recommendation for the Entropy Sources Used for Random Bit Generation*) 为使用熵源生成随机比特（这些比特随后可用于通过 DRBG 生成随机数）提供了指南，涵盖了包括熵源、随机比特生成器和测试方法在内的多项内容[38]。
- SP 800-90C：《加密技术生成密钥的建议》(*Recommendation for the Use of Cryptographic Key Generation Techniques*) 为使用加密技术生成密钥提供了指南，涵盖了密钥生成算法、密钥强度和密钥管理实践等多项内容[39]。
- SP 800-108：《基于伪随机函数的密钥派生推荐》(*Recommendation for Key Derivation Using Pseudorandom Functions*) 为利用伪随机函数进行加密密钥派生提供了全面指导，涵盖了密钥派生函数、伪随机函数以及密钥建立协议等多项内容[40]。
- SP 800-193：《NIST 平台固件安全指南》(*NIST Platform Firmware Resiliency Guidelines*) 为提升平台固件的安全性和韧性，以及降低嵌入式计算系统遭受未授权访问和恶意攻击风险提供了全面建议。该标准包含针对平台固件制造商、开发人员和用户的建议，涉及固件更新与恢复、安全引导以及防止未授权访问等方面。这些指南强调了保护平台固件免受恶意攻击的重要性，并确保固件更新过程的安全性和可信度。它涵盖了通过信任根（Root of Trust, RoT）和信任链（Chain of Trust, CoT）实现的固件保护、检测和恢复的各个方面。该标准要求固件仅能通过经过身份验证的机制进行更新。同时还要求在固件或关键数据遭受损坏的情况下，能够实现检测和恢复。此外，该标准提供了如何安全存储和管理用于保护固件的加密密钥和证书的指导。该标准适用于任何具备闪存重编程能力或支持 OTA 更新的 ECU[30]。

深入理解这些次要标准将有助于构建更为全面的安全流程，同时为组织在定义安全要求和探索安全解决方案时提供有价值的参考。在下一节中，我们将介绍一些对网络安全专业人员有重要价值的支持性标准和资源。虽然这些仅是一部分参考文献，但每个组织都应建立并定期更新一个支持性标准数据库，以确保遵循最新且最先进的安全技术。

4.3 支持性标准和资源

本章剩余部分将重点讨论有价值但不是强制性的标准和资源。我们鼓励各组织维护此类资源的清单，以提高安全从业人员的认知水平，并了解最新发布的安全出版物。

4.3.1 MITRE 通用弱点枚举

MITRE 编制了一份基于定期提交到国家漏洞数据库（National Vulnerability Database，NVD）的漏洞的软硬件安全问题清单。这些问题按类别分组，便于检索。MITRE 每年根据全年报告的漏洞情况发布前 25 名 CWE（Common Weakness Enumeration，通用弱点枚举）[42] 概览，如表 4.3 所示。

表 4.3　2022 年前 25 名 CWE 概览

排名	编号	名称	分数
1	CWE-787	越界写入	64.20
2	CWE-79	网页生成时输入处理不当（跨站脚本）	45.97
3	CWE-89	SQL 命令中的特殊元素处理不当（SQL 注入）	22.11
4	CWE-20	输入确认不当	20.63
5	CWE-125	越界读取	17.67
6	CWE-78	操作系统命令中的特殊元素处理不当（操作系统命令注入）	17.53
7	CWE-416	释放后使用	15.50
8	CWE-22	到受限目录的路径名限制不当（路径遍历）	14.08
9	CWE-352	伪造跨站请求	11.53
10	CWE-434	危险类型文件的无限制上传	9.56
11	CWE-476	空指针解引用	7.15
12	CWE-502	不可信数据的反序列化	6.68
13	CWE-190	整数溢出或环绕	6.53
14	CWE-287	认证不当	6.35
15	CWE-798	使用硬编码凭证	5.66
16	CWE-862	授权缺失	5.53
17	CWE-77	命令中的特殊元素处理不当（命令注入）	5.42
18	CWE-306	关键功能的认证缺失	5.15
19	CWE-119	内存缓冲区操作限制不当	4.85
20	CWE-276	默认权限错误	4.84
21	CWE-918	服务器端请求伪造	4.27
22	CWE-362	共享资源的并发执行中同步不当（竞态条件）	3.57
23	CWE-400	资源消耗不受控	3.56
24	CWE-611	XML 外部实体引用限制不当	3.38
25	CWE-94	代码生成控制不当（代码注入）	3.32

在表 4.3 中，CWE-787 仍然位列前 25 大 CWE 之中，是导致越界写入的内存安全漏洞最常见的根本原因。深入了解前 25 名 CWE 及其类别是确保你的系统已考虑并避免了常见隐患的有效方法。在进行威胁分析时，查阅 CWE 网站以识别分析中的系统可能存在的弱点有助于丰富威胁识别阶段。同样，在安全审查过程中，了解针对特定组件的常见问题可以帮助审查人员聚焦潜在问题点。

4.3.2 US DoT NHTSA 现代车辆的网络安全最佳实践

为帮助 OEM 和汽车供应商应对互联车辆面临的新兴威胁，国家公路交通安全管理局（National Highway Traffic Safety Administration，NHTSA）发布了一份指南，通过应用网络安全最佳实践来增强机动车辆的网络安全，如图 4.9 所示。这些实践分为两个主要类别：①通用网络安全最佳实践，涉及过程和管理相关活动；②技术网络安全最佳实践，涉及应用于车辆和 ECU 层面的对策[2]。

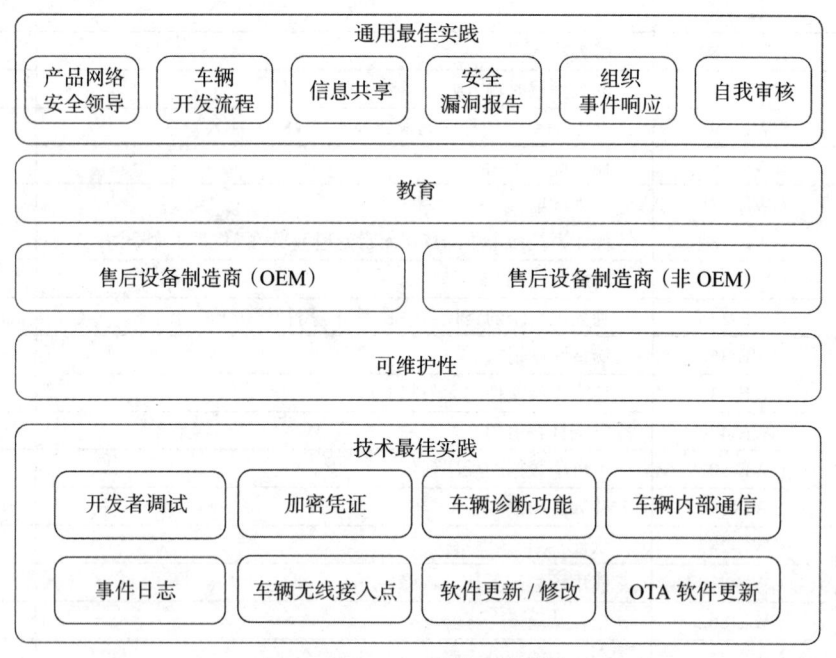

图 4.9 NHTSA 最佳实践分类

NHTSA 在图 4.9 中的关键领域定义了 45 项通用网络安全最佳实践。以下是这些通用最佳实践的简要概述：

- 基于 NIST 网络安全框架，采用系统性方法，开发分层的车辆网络安全防护措施。
- 领导负责分配资源，促进与网络安全相关事项的沟通，并在车辆安全设计过程中融入网络安全考量。
- 基于安全工程方法，建立健全的流程体系。
- 运用风险评估方法，优先确保车辆乘员和道路使用者的安全。
- 考虑针对传感器的潜在威胁，如 GPS 信号欺骗、LiDAR/雷达干扰以及摄像头致盲。
- 消除或缓解严重安全风险。
- 构建多层防护层，明确向防护措施供应商传达安全需求。
- 维护车辆内部软硬件组件的详细清单，以追踪新发现漏洞的影响范围。
- 进行网络安全测试，包括渗透测试，并对已知漏洞进行全面分析。

- 实施监控、遏制和修复措施，在检测到网络攻击时，降低对车辆乘员和道路使用者的安全风险。
- 实施严格的文档管理制度，并与行业机构（如 Auto-ISAC）进行信息共享。
- 定期评估网络安全环境变化引发的潜在风险。
- 积极参与行业标准化组织，并与行业合作伙伴协作，应对新兴风险。
- 建立以汽车为中心的漏洞报告机制。
- 支持制定事件响应计划，并进行跟踪。
- 对网络安全相关活动进行内部审查和审核。
- 通过教育和培训，提升员工的网络安全意识。
- 评估售后设备连接到车辆系统时的潜在风险，尤其关注通过 Wi-Fi 和蓝牙提供外部连接的设备。
- 将售后设备制造商纳入必须对其产品实施网络安全保护的范畴。
- 在限制 ECU 访问的网络安全需求与便利的车辆第三方维修服务之间，寻求平衡。

此外，25 项技术最佳实践包括：调试访问、加密方法、车辆诊断/工具、内部通信、日志记录、无线接口、网络分段、与后端通信以及软件更新等关键领域。以下是这些技术最佳实践的简要概述：

- 在 ECU 部署后，限制或消除开发人员级别的调试访问。
- 采用强健的加密方法，并保护与车辆平台绑定的加密凭证。
- 限制或移除可能被恶意利用的诊断功能。
- 当诊断工具请求诊断服务或重新编程操作时，强制实施访问控制。
- 反制内部车辆通信通道上的欺骗和重放安全关键报文的威胁。
- 支持事件日志记录，以便在发生网络攻击时辅助数据取证。
- 保护外部网络接口和无线通信链路。
- 采用网络分段和隔离，防止一个通道的攻击拓展到关键安全域。
- 在车辆网关上应用基于白名单的过滤，限制车辆跨域的流量。
- 消除可能被攻击者恶意利用的非必要网络协议，并实施端口级保护。
- 通过加密和身份认证，与后端系统建立安全通信通道。
- 保护固件和软件免受未经授权的篡改，并防止回滚攻击。
- 保护 OTA 服务器，防止 OTA 更新过程中的 MITM 攻击。

> 提示：在制定 ECU 的网络安全需求时，请对照 NHTSA 最佳实践，以识别未被覆盖的网络安全需求。

4.3.3 ENISA 智能汽车的安全良好实践

欧洲网络与信息安全局（European Network and Information Security Agency，ENISA）

是一家专注于网络安全的欧洲机构,已发布多份汽车安全报告,旨在提高汽车行业的安全意识,并提供应对网络威胁的实践和技术措施指导。《ENISA 智能汽车的安全良好实践》(ENISA good practices for security of Smart Cars)[43] 报告就是其中一份,包含了对汽车供应链所有成员有价值的信息。报告中的资产分类提供了一个全面视角,涵盖了确保车辆安全运行的重要有形资产,例如传感器数据、车载网络、车辆功能、决策算法、支持的后端服务器和外部网络保护系统。而威胁分类则列举了多种类型的威胁,如会话劫持、数据重放、通信系统的拒绝服务、软件操纵等。报告提供了一份攻击场景列表,明确了常见的攻击步骤、受影响的利益相关者和潜在的对策。ENISA 的资产、威胁和攻击场景可用于预填或增强车辆级别 TARA。报告还列出了一系列可以从政策、组织实践和技术对策层面落实的安全措施,尤其是技术对策,非常有助于构建网络安全控制目录,为创建特定车辆系统的网络安全概念提供支持。

4.3.4　SAE J3061——网络-物理车辆系统的网络安全指南

尽管 SAE J3061 已被 ISO/SAE 21434 取代,但它仍然是改进汽车系统信息安全的通用方法和实践的良好参考资源。SAE J3061 指南目的是提供一个确保联网车辆网络安全的全面框架[8]。与 ISO/SAE 21434 结合使用时,它可在安全与安保交叉分析方面或者在 EVITA 和 HEAVENS 等风险评估框架领域提供有价值的参考资料。该指南还包含在设计和验证网络-物理车辆系统时使用的常见工具和方法的详细信息。

4.3.5　ISO/IEC 27001

ISO/IEC 27001 是一项国际标准,规定了 ISMS 的要求。该标准通过制定和实施政策和程序来管理信息安全风险,提供了保护敏感信息(如财务数据、知识产权和个人信息)的全面框架。这是通过系统化的方法进行风险评估、处理,以及持续监控和改进来实现的。该标准强调领导层在建立和维护支持 ISMS 的管理框架中的关键作用。它详细描述了风险评估方法在识别和评估数据机密性、完整性和可用性风险中的重要性。此外,它要求实施安全控制措施来管理已识别的风险,并通过事件管理设立报告、调查和响应信息安全事件的程序。持续改进和合规管理也是 ISMS 的重要方面。

由于工程团队在整个产品生命周期内依赖 IT 系统,负责安全开发汽车产品的工程团队与处理信息安全的 IT 团队不可避免地会发生冲突。因此,深入研究 ISO/IEC 27001 有助于在双方发生冲突时协调需求。

4.3.6　NIST SP 800-160

NIST SP 800-160 为安全工程过程提供通用思路。对于汽车网络安全来说,其列出的安全控制措施非常有用。由于 ISO/SAE 21434 要求组织建立网络安全控制目录,以协助工程师选择经过验证的安全对策来缓解特定威胁,NIST 标准中的控制措施目录可以作为构建产品特定控制目录的初步参考。

同样，ISO/SAE 21434 要求组织确立安全设计原则，以指导工程师在架构设计阶段的工作。NIST 提供了一个全面的安全原则清单，这些可信的安全原则在第 2 章中进行了介绍[13]。将这些原则进行适当调整，并结合产品领域的具体示例进行补充，是一种良好的实践，有助于团队在设计决策时增强安全意识。

4.3.7 Uptane

Uptane[12] 是学术界与行业专家合作开发的一种安全架构，旨在为车辆提供安全的 OTA 更新。Uptane 的目标是解决 OTA 更新基础设施和目标 ECU 面临的威胁，提高这一关键车辆功能的安全性和可靠性。Uptane 适用于涉及 OTA 系统设计和实施的所有相关方，如 OEM、后端解决方案提供商和 ECU 开发人员。Uptane 标准通过将管理 OTA 更新的职责分离，确保单一漏洞不会导致 OTA 功能的完整性完全丧失。为此，它将软件存储库分为包含二进制映像的映像存储库和部署软件二进制文件的引导存储库。此外，公钥基础设施（Public Key Infrastructure，PKI）被划分为四个角色：①根签名角色作为 Uptane 环境的证书颁发机构，负责分发所有其他角色的公钥；②时间戳签名角色指示何时有新的元数据或软件二进制文件需要更新；③快照签名角色为特定时间点发布的特定目标映像创建签名元数据；④目标角色提供目标元数据，如二进制哈希值和文件大小。Uptane 标准旨在防范多种类型的攻击，包括重放攻击、回滚攻击和中间人攻击。其防护措施结合了数字签名、安全哈希和时间戳等技术。Uptane 安全模型确保了软件更新的完整性和真实性，而 Uptane 元数据格式提供了有关软件更新内容和属性的信息，包括用于签名和验证软件更新的加密密钥。

4.4 总结

总之，理解和实施汽车网络安全标准不仅是合规要求，而且是构建具有安全防护能力的汽车系统的基石。本章将标准分为三个主要类别——主要标准、次要标准和支持标准，以便提供对合规层面的全面理解。主要标准构成了网络安全的主干，并通常为强制性要求；而次要标准和支持标准在实施强大的网络安全管理系统中也发挥着重要作用。同时，它们作为有用的资源帮助理解安全弱点和最佳实践，为开发安全的汽车系统及其支持基础设施提供了通用指导。此外，遵守这些标准确保了一个有序的过程驱动的方法，增强了从开发到运营的各个阶段的车辆生命周期安全。鉴于汽车网络安全现状的不断变化，与时俱进适应新的规范可以确保行业内的网络安全实践能够统一地被采纳，从而强化供应链过程中的每个环节。因此，本章应作为标准化意识的起点，提供当今核心标准的概述，并鼓励你关注相关标准的更新，以增强你在对应领域中的专业能力。

在下一章中，我们将深入探讨 ISO/SAE 21434 标准，该标准为道路车辆及其组件和接口建立了完善的网络安全生命周期方法和指南。

4.5 参考文献

[1] *Automotive SPICE® Process Reference Model Process Assessment Model Version 3.1*: http://www.automotivespice.com/fileadmin/software-download/AutomotiveSPICE_PAM_31.pdf

[2] *Cybersecurity Best Practices | 2020 Update*: https://www.nhtsa.gov/document/cybersecurity-best-practices

[3] *UN Regulation No. 155 - Cyber security and cyber security management system*: https://unece.org/sites/default/files/2021-03/R155e.pdf

[4] *SEI CERT C Coding Standard*: https://wiki.sei.cmu.edu/confluence/display/c

[5] *UN Regulation on uniform provisions concerning the approval of vehicles with regard to cyber security and of their cybersecurity management systems*: http://www.unece.org/DAM/trans/doc/2020/wp29grva/ECE-TRANS-WP29-2020-079-Revised.pdf

[6] *UN Regulation No. 156 – Software update and software update management system*: https://unece.org/sites/default/files/2021-03/R156e.pdf

[7] *Automotive SPICE® Process Reference and Assessment Model for Cybersecurity Engineering*: https://www.automotivespice.com/fileadmin/software-download/AutomotiveSPICE_for_Cybersecurity_PAM_1st_edition_2021.pdf

[8] *Cybersecurity Guidebook for Cyber-Physical Vehicle Systems J3061_201601*: https://www.sae.org/standards/content/j3061_201601/

[9] *IATF 16949:2016*: https://www.aiag.org/quality/iatf-16949-2016

[10] *MISRA-C*

[11] *Automotive Industry SBOM Project*: https://www.ntia.doc.gov/files/ntia/publications/ntia_sbom_energy_automotive.pdf

[12] *IEEE-ISTO 6100.1.0.0 Uptane Standard for Design and Implementation*: https://uptane.github.io/papers/ieee-isto-6100.1.0.0.uptane-standard.html

[13] *NIST Special Publication 800-160*: https://nsarchive.gwu.edu/sites/default/files/documents/5989591/National-Security-Archive-National-Institute-of.pdf

[14] *ISO/PAS 5112:2022 road vehicles – guidelines for auditing cybersecurity engineering*: https://www.iso.org/standard/80840.html

[15] *ISO/SAE 21434:2021 road vehicles – cybersecurity engineering*: https://www.iso.org/standard/70918.html

[16] *ISO 24089:2023 road vehicles – software update engineering*: https://www.iso.org/standard/77796.html

[17] *WP.29 – Introduction*: https://unece.org/wp29-introduction

[18] *GB/T 32960.2-2016*: https://www.chinesestandard.net/PDF.aspx/GBT32960.2-2016

[19] https://www.chinesestandard.net/PDF.aspx/GBT38628-2020

[20] https://www.chinesestandard.net/PDF/English.aspx/GBT40861-2021

[21] https://gdpr.eu/

[22] https://portal.enx.com/TISAX/downloads/vda-isa-archive

[23] https://enx.com/en-US/TISAX/

[24] https://www.sae.org/standards/content/j3101_202002/?src=iso/sae21434.d1

[25] https://www.autosar.org/fileadmin/standards/adaptive/18-03/AUTOSAR_RS_CPP14Guidelines.pdf

[26] https://resources.sei.cmu.edu/downloads/secure-coding/assets/sei-cert-cpp-coding-standard-2016-v01.pdf

[27] https://csrc.nist.gov/publications/detail/fips/180/4/final

[28] https://csrc.nist.gov/publications/detail/fips/197/final

[29] https://csrc.nist.gov/publications/detail/fips/186/4/final

[30] https://csrc.nist.gov/publications/detail/sp/800-131a/rev-2/final

[31] https://csrc.nist.gov/publications/detail/sp/800-57-part-1/rev-5/final

[32] https://csrc.nist.gov/publications/detail/sp/800-38a/final

[33] https://csrc.nist.gov/publications/detail/sp/800-38b/archive/2005-05-01

[34] https://csrc.nist.gov/publications/detail/sp/800-56a/rev-3/final

[35] https://csrc.nist.gov/publications/detail/sp/800-56b/rev-2/final

[36] https://csrc.nist.gov/publications/detail/sp/800-133/rev-2/final

[37] https://csrc.nist.gov/publications/detail/sp/800-90a/rev-1/final

[38] https://csrc.nist.gov/publications/detail/sp/800-90b/final

[39] https://csrc.nist.gov/publications/detail/sp/800-90c/draft

[40] https://csrc.nist.gov/publications/detail/sp/800-108/rev-1/final

[41] https://cwe.mitre.org/

[42] https://www.enisa.europa.eu/publications/smart-cars

[43] https://www.sae.org/standards/content/j3061_201601/

[44] https://www.iso.org/standard/82875.html

[45] https://www.intertek.com/automotive/ul-4600/

[46] https://www.csagroup.org/testing-certification/testing/

cybersecurity/

[47] https://webstore.iec.ch/preview/info_iec62443-3-3%7Bed1.0%7Den.pdf

[48] https://standards.ieee.org/ieee/21451-1-6/7315/

[49] https://www.etsi.org/deliver/etsi_en/303600_303699/303645/02.01.01_60/en_303645v020101p.pdf

[50] https://www.sit.fraunhofer.de/fileadmin/dokumente/studien_und_technical_reports/China-electric-vehicle-study_2021.pdf?_=1631783328

[51] https://www.aiag.org/about/news/2018/05/02/automotive-industry-collaborates-on-new-cybersecurity-guidelines

[52] https://www.astm.org/get-involved/technical-committees/work-items-full-list

[53] https://blackberry.qnx.com/content/dam/qnx/whitepapers/2017/7-pillar-auto-cybersecurity-white-paper.pdf

[54] https://nvlpubs.nist.gov/nistpubs/ir/2014/nist.ir.7628r1.pdf

[55] https://www.iso.org/standard/59689.html

[56] https://www.sae.org/publications/technical-papers/content/2020-01-0142/

[57] https://www.iso.org/standard/72891.html

[58] https://www.cisecurity.org/controls

[59] https://www.iso.org/standard/77490.html

[60] https://www.en-standard.eu/pas-11281-2018-connected-automotive-ecosystems-impact-of-security-on-safety-code-of-practice/

[61] https://www.singaporestandardseshop.sg/Product/SSPdtDetail/81ad7d3f-2e04-4497-a72b-dd0bd0875148

[62] https://www.congress.gov/bill/115th-congress/house-bill/701/text

[63] https://research.chalmers.se/publication/527752

[64] www.chinesestandard.net

[65] https://www.chinesestandard.net/PDF.aspx/GBT40856-2021

[66] https://www.chinesestandard.net/Related.aspx/GBT40857-2021

[67] https://www.chinesestandard.net/PDF/English.aspx/GBT40855-2021

[68] https://www.iso.org/obp/ui/#!iso:std:68383:en

[69] https://www.iso.org/iso-9001-quality-management.htm

[70] https://www.nvd.nist.gov

[71] ISO/IEC 15408-1:2022 Information security, cybersecurity, and privacy protection

[72] ISO/IEC 27002:2022 Information security, cybersecurity, and privacy protection — Information security controls

第 5 章

深度解析 ISO/SAE 21434 标准

ISO/SAE 21434 是汽车工程网络安全的权威标准。它提供了一个全面的框架，用于管理产品开发生命周期各阶段的网络安全风险，涵盖从计划设计到生产及后续阶段。第 4 章中，我们介绍了 ISO/SAE 21434 标准，并强调了采用系统化方法设计安全产品的重要性。本章将深入探讨这种方法的各部分内容，展示其对克服开发安全产品所面临的技术和流程挑战的关键作用。我们不会逐条解释每项标准要求，而是详细总结每个条款的目标，并配以最佳实践和实现这些目标的实际例子。

本章涵盖以下主题：
- 组织网络安全管理
- 采购与供应商管理
- 概念阶段
- 设计与实现
- 验证测试
- 确认测试
- 产品发布
- 生产计划
- 运营与维护
- 生命周期终止支持

5.1 注释

在阅读本章时，建议你更多地参考 ISO/SAE 21434 标准，以更好地理解流程要求和工作成果。了解国际标准化组织（International Organization for Standardization，ISO）使用的一些约定会有所帮助。首先，标准用 [RQ-*xx-yy*] 表示强制性流程要求，其中 *xx* 表示章节编号，*yy* 表示该章节中的要求编号。未能满足流程要求将引发审核员的质疑，因此必须严格遵守这些要求。标准用 [RC-*xx-yy*] 标记推荐建议。最完善的做法是在网络安全工程流程中包含所有建议。评估员可能会询问为何某些项目忽略了某项建议。[PM-*xx-yy*] 指的是项目管理相关的流程声明，在符合特定标准要求时可予以考虑。网络安全活动则通过用 [WP-*xx-yy*] 标注的工作成果来体现。工作成果是执行网络安全相关活动的证据，用于构建整体网络安全案例。

在深入探讨具体内容之前，我们先概览标准的整体范围。

5.2 ISO/SAE 21434 标准概览

任何网络安全工程管理系统的最终目标都是构建出适合预期用途的安全系统。这一目标的实现依赖于准确识别和评估产品生命周期中出现的网络安全风险，并提供响应的缓解措施将这些风险降低到可接受水平。如果缺乏结构化的系统工程方法，导致工程师在风险出现后依赖一种临时的方式来识别风险，并使用安全最佳实践和专业知识的混合方法应用网络安全控制。这通常会导致三种结果：

- 由于流程无法确定是否考虑了所有风险源或分析了所有技术风险，某些风险可能仍未被发现。
- 选择了不完善的网络安全控制措施，导致残余风险未被量化或充分理解。
- 网络安全控制过度，导致资源滥用、成本增加和进度延误。

与临时方法相反，基于风险的系统化网络安全工程方法旨在为组织提供清晰的网络安全风险暴露视图。这有助于正确选择安全措施应用的优先级，同时避免随意应用安全控制。通过提供工具来列举和量化残余风险，组织能够系统地应对这些风险。同样，正确的选择网络安全控制流程，确保缓解措施应用在适当的层面，以最大化其有效性。在详细讨论之前，让我们看看网络安全工程方法的整体框架及其如何应用于整个产品生命周期，具体项目流程图如图 5.1 所示。

图 5.1 中的生命周期分为以下四个主要项目阶段：

1）**项目启动**阶段：该阶段为网络安全活动的计划奠定基础，并注意与采购零部件相关的潜在风险。

2）**概念**阶段：该阶段通过应用 TARA 方法，确定系统层面的安全目标和需求。

3）**产品开发**阶段：该阶段将网络安全控制措施整合到设计和实现过程中，同时尽量减少安全漏洞。确保网络安全控制措施经过安全验证和确认测试，得到正确实施和部署。

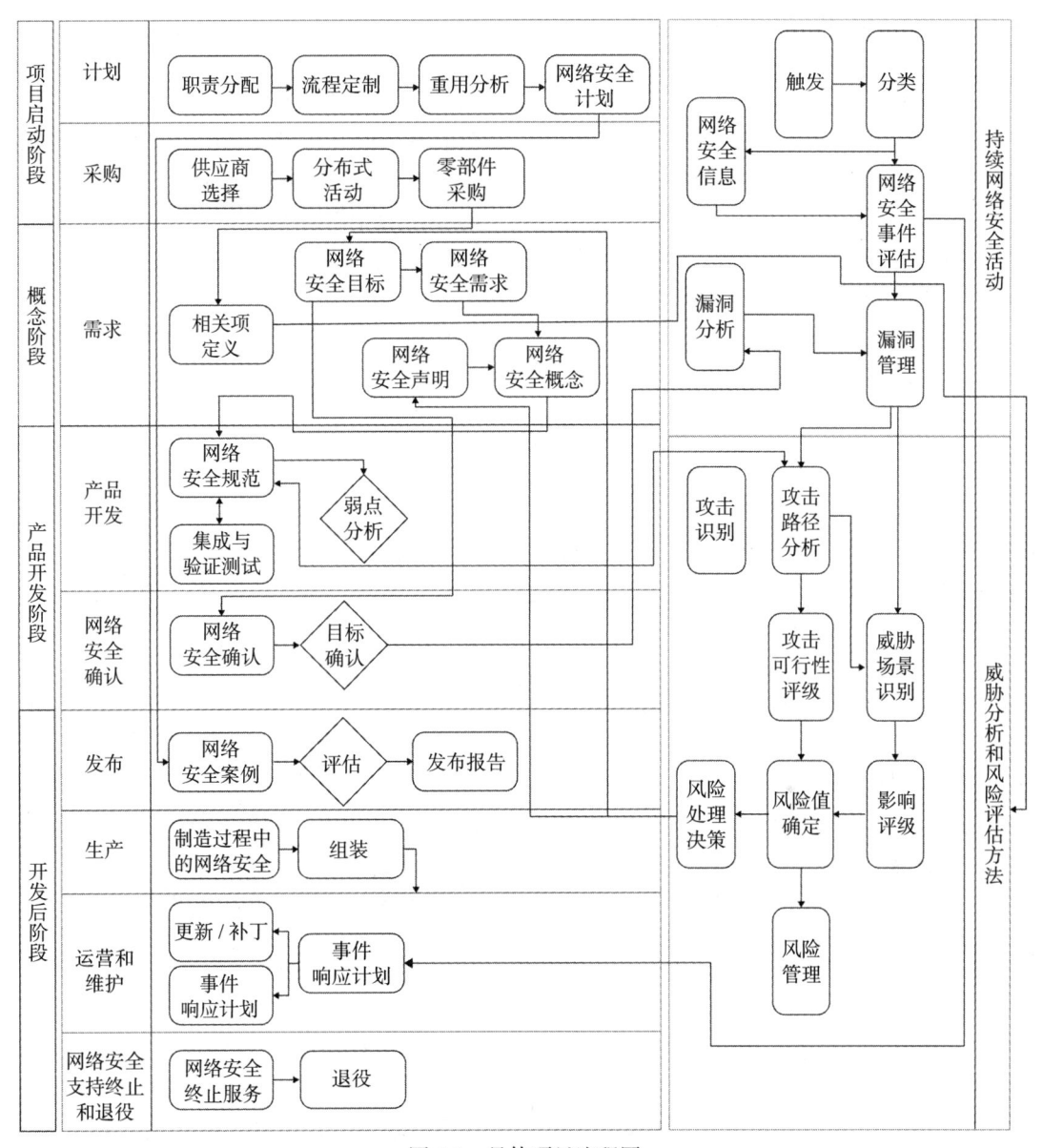

图 5.1 具体项目流程图

4）**开发后阶段**：该阶段定义产品安全发布的前提条件，以及网络安全对生产、运营、维护和生命周期终止的影响。

在图 5.1 中，各阶段之间流程存在依赖关系。具体来说，漏洞管理、威胁分析与风险评估这两个流程区域贯穿多个阶段，因此在图 5.1 中以纵向流程表示。在后续章节中，我们将反复回顾此流程，以突出项目阶段和流程区域之间的相互依存关系。接下来，我们将探讨组织在建立 CSMS 和提供适当资源以确保其成功部署中的作用。

5.3 组织网络安全管理

与任何完善的网络安全工程流程一样，ISO/SAE 21434 的构想始于组织层面。鉴于网络安全工程方法本质上在于风险管理，而不同组织的风险偏好各异，因此有关网络安全的讨论必须从组织的管理层面开始。这体现在网络安全政策中，通过定义流程、职责以及分配资源，为管理网络安全风险奠定基础。通常，组织习惯于管理 ISMS 的安全政策。此政策可以用来扩展现有政策，以通过 CSMS 管理运营技术（Operational Technology，OT）。网络安全政策与 CSMS 流程手册的关系如图 5.2 所示。

简而言之，网络安全政策是要求建立 CSMS 的基础，该系统将通过一个流程手册予以记录。该手册可以是一份简洁的文档，也可以是一个交互式的流程定义工具。政策的一个重要的作用是将产品工程的风险矩阵与组织的总体风险矩阵保持一致。尽管 IT 和 OT 系统的风险评分方法可能存在差异，但通过政策规定哪些风险级别必须被缓解、哪些可以共享或接受，是管理层帮助工程团队建立产品应追求的安全基线的一种方式。

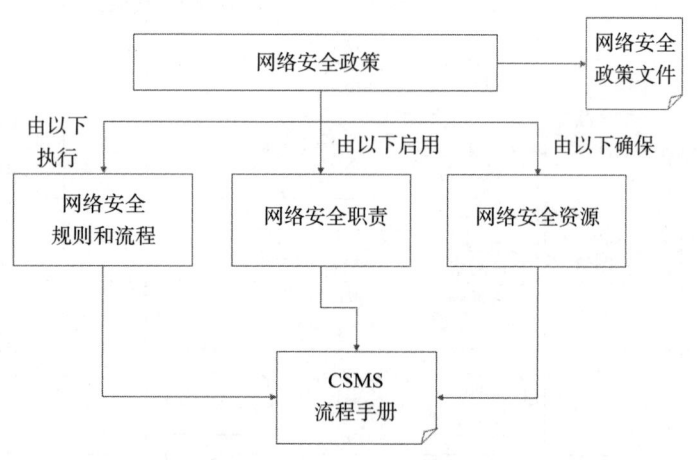

图 5.2 网络安全政策与 CSMS 流程手册的关系

> **注意**：风险评分方法综合考虑攻击可行性与相应的影响程度，生成风险评分，从而指导风险处理决策。在本章后面的概念阶段中对此进行了更详细的描述。

为促进 CSMS 的快速落实，组织应考虑以下路线图：

1）**执行差距分析**：假设组织尚未建立 CSMS，首要步骤是进行差距分析，以估算达到合规所需的时间和资源。网络安全工程不应单独构建一个并行的工程流程，而是必须与现有的质量管理和安全管理系统相集成。同样，支持管理系统必须扩展以应对安全风险。这需要多领域专家的协作，以确保为应对网络安全而进行的流程调整不会与现有流程和程序产生冲突或重复。管理系统的更多内容将在下一小节中详细讨论。

> **提示**：必须针对 ISO/SAE 21434 标准中的每项要求逐一进行差距分析，以确保所有流程要求都得到充分考虑（不仅限于工作成果）。

2）**建立网络安全意识文化**：除制定政策外，组织还应通过定期培训以及建立信息共享和风险升级流程来培养网络安全意识文化。然而，在构建具备网络安全意识的组织之前，需要配备足够的人员担任网络安全相关职责。拥有合适的安全专业人才是确保产品网络安全领域的输入能够正确传递到适当管理渠道的前提条件。这些前提条件对于帮助网络安全角色消除不合理风险至关重要，若未得到及时处理，这些风险可能在未来演变成代价高昂的安全漏洞。在适当的人员配置基础上，组织可以通过建立网络安全文化强调网络安全并非事后补救或营销手段；相反，应在产品生命周期的各个阶段保持安全警觉，计划应对潜在网络安全事件的准备工作。要实现这一目标，员工必须意识到所有产品都存在漏洞，并面临被攻击的风险。资深网络安全工程师的指导也不可或缺，这让员工可以获得指导并学习最佳实践，将其融入工作中。鼓励自由交流想法和问题以营造协作文化；因此，员工将理解自己有责任在设计中注意并融入网络安全。这可以通过将网络安全意识适当地融入现有流程和交流平台来实现。

3）**发展持续学习环境**：组织应投资于持续教育，同时鼓励接触行业网络安全机构（如AutoISAC），并监控各种安全渠道（包括暗网）以预测潜在的网络安全事件。在信息共享方面，组织需要建立漏洞披露的规则和流程。组织必须有政策规定漏洞披露的时效性，允许谁进行披露，披露的沟通渠道，以及如何处理敏感信息。这些流程必须在各个部门之间保持一致，以防止常见失误，如在供应商未授权的情况下披露漏洞，或延迟通知客户将影响其产品的漏洞修复。

4）**保证工具完善**：提供合适的工具非常有助于提高工程团队的接纳度。例如，如果工具链过于复杂或难以使用，工程师可能会选择绕过流程或寻找捷径，从而违背原始意图。此外，建议将先前产品中的漏洞教训融入新的和未来的产品中，因为人们往往容易再次犯过去的错误。

将网络安全流程融入组织层面的一个重要部分是扩展支持系统，使其包含安全方面的内容。接下来，我们将通过讨论对管理系统的影响，来探讨这一点。

5.3.1 管理系统

管理系统是实现网络安全管理的重要支撑。缺乏这些系统的公司将难以满足ISO/SAE 21434的要求，特别是在提交流程审核时。以下是必须调整以涵盖网络安全的关键管理系统。

（1）质量管理　如第4章所阐述，质量管理是网络安全管理的基础。QMS确保产品开发在可控且可量化的方式下进行，这自然有助于减少可能演变为安全漏洞的缺陷。然而，仅有QMS是不够的，还需适当的质量成熟度，以满足安全工程流程的要求。举例来说，如果QMS允许在缺乏需求或设计文档的情况下开发软件，那么它将不适用于网络安全管理，因为这些文档是生成网络安全规范等产品开发成果的前提。此外，质量管理可以通过要求在通过质量关卡之前至少提供一套完整的网络安全工作成果来执行质量控制。将网络安全指标与质量指标结合，可以更全面地展示系统的成熟度，并使管理者能够通过权衡成本效益来优先解决问题。

（2）配置管理　配置管理系统确保工作和设计文档以可追溯和可复现的方式存储。控制每个工作成果的版本、日期和所有权信息，可以查看更改历史。在进行网络安全产品评估时，所有安全相关工作产品都要有版本标识，并且可追溯。

（3）需求管理　需求管理主要有两个目标：①确保需求在其属性和特征方面得到准确定义；②在系统生命周期内保持这些需求的一致性管理。

需求管理系统可以将安全需求正确分类，并建立与其他工作内容的可追溯性。这包括将功能性安全需求追溯到更具体的技术安全需求、架构逻辑、接口以及测试规范。

（4）变更管理　**变更管理**的目标是确保对系统或产品的变更在整个产品生命周期内进行系统化的分析、控制、监控、实施和记录。在此分析过程中，会评估对成本、项目进度和所需资源的影响。通常，变更控制委员会（Change Control Board，CCB）会在接受或拒绝变更前权衡这些因素。从网络安全的角度来看，每个功能或变更请求都可能影响系统的安全态势。网络安全工程师的主要职责之一是持续评估变更请求，以确保在功能被接受后不会引入难以解决的风险。因此，CCB必须评估网络安全影响，并在决策和审批过程中考虑网络安全工程师的意见，以避免接受可能使产品暴露于重大安全风险的变更。维护变更历史日志，是任何变更管理系统的关键功能，以确保变更请求记录变更的来源，包括日期、变更原因及影响分析的描述。

（5）文档管理　网络安全计划、手册、案例等文档需要在文档管理系统中进行管理，以便可以追踪文档版本、文档所有者、目标受众等信息。文档管理系统必须支持文档审查和文档变更的跟踪。文档应根据其网络安全重要程度进行分类以方便执行对应的数据共享策略。

5.3.2　网络安全与其他学科的交叉

汽车网络安全与多个组织层面的领域向交融，包括ISMS、功能安全和质量管理等。明确界定这些独立部门之间的流程和沟通渠道可以避免冲突和疏漏。例如，CSMS依赖ISMS来提供证据，证明基础设备能够有效防御入侵和安全漏洞。此外，CSMS可能需要利用ISMS程序举证云端和后端服务已受到保护。在这些部门间建立并鼓励沟通，可以防止重复工作和在审核期间收集必要信息时出现延误。同样，在概念、产品开发和测试阶段，功能安全流程与CSMS存在显著重叠。定期安排功能安全和网络安全专家之间的会议，识别这些共性、冲突和可协作之处，可以避免在开发生命周期后期发现冲突而进行大量返工。

> **注意：**下一章将专门讨论功能安全与网络安全的交叉部分。目前需要强调的是，你的流程不能忽视领域。

5.3.3　工具管理

工具在产品工程生命周期的各个过程都需要使用。无论是用于系统建模设计、软件配置，还是生成签名二进制文件并在现场进行烧录，每种工具都可能对产品引入网络安全风险。举例来说，用于代码签名的第三方工具可能存在漏洞，导致在签发数字签名前将恶意代码注入软件二进制文件。在其他情况下，由于使用了存在漏洞的开源代码，工具本身可能成为攻击目标，进而成为对产品进行更严重攻击的跳板。

为管理与工具相关的风险，首先需要一个流程来判断工具分类是否与网络安全相关，以确保所有应纳入网络安全管理的工具都得以处理。对于每一种此类工具，需要制定流程来评估其安全级别，启用工具供应商指定的安全控制，并应用全部风险的缓解措施，以缓解工具安全评估中发现的风险。维护一个涵盖所有网络安全相关工具的数据库是非常有必要的，可以便于跟踪工具相关的漏洞报告，确保最新补丁已在所有使用这些工具的团队中应用。工具管理的证据可通过一份报告来记录，该报告显示所有网络安全相关工具均已被正确识别，并有相应措施来跟踪和维护这些工具的安全性。

表 5.1 所示为 ISO/SAE 21434 定义的组织管理条款范围内的工作成果。为了证明符合条款 5 的要求，表 5.1 中列出的所有工作成果必须完成。这在网络安全审核中是必不可少的，该审核将评估网络安全流程的合规性和有效性，并确定是否有程序来持续改进。审核结果将记录在审核报告中，也被称为 WP-05-05。

表 5.1 ISO/SAE 21434 定义的组织管理条款范围内的工作成果

标准部分	范围内的工作成果
5.4.1 网络安全治理	[WP-05-01] 网络安全政策、规则和流程
5.4.2 网络安全文化	[WP-05-01] 网络安全政策、规则和流程 [WP-05-02] 能力管理、意识管理和持续改进的证据
5.4.3 信息共享	[WP-05-01] 网络安全政策、规则和流程
5.4.4 管理系统	[WP-05-03] 组织管理系统的证据
5.4.5 工具管理	[WP-05-04] 工具管理的证据
5.4.6 信息安全管理	[WP-05-03] 组织管理系统的证据
5.4.7 组织网络安全审核	[WP-05-05] 组织网络安全审核报告

现在我们已经对汽车网络安全的组织层面有所了解，接下来将探讨网络安全标准如何影响产品工程生命周期的各个阶段，首先从计划阶段开始。

5.4 计划

虽然制定网络安全计划看似无足轻重，但它是指导团队在产品发布前完成所有必要工作的关键。网络安全计划包括以下内容：分配网络安全角色和责任，阐明项目和安全计划的交叉关系，明确必须完成的网络安全活动，活动策略，明确重用的依据，以及处理现有组件和非特定场景组件的策略。团队可以在现有项目计划的基础上，扩展其范围以涵盖网络安全活动；或者，可以制定专门的网络安全计划来详细描述相关活动。ISO/SAE 21434 标准要求网络安全计划至少涵盖概念阶段、产品开发阶段、验证阶段以及 TARA 活动。然而，涵盖额外方面（如网络安全评估和发布活动的计划）也具有实际价值。

> 注意：TARA 分析与概念、产品开发和验证阶段相关的其他网络安全活动，将在本章中详细阐述。

在图 5.1 中，网络安全计划是编制网络安全案例的重要输入。通过审查网络安全计划，评估团队可以判断网络安全案例中提供的证据是否符合网络安全计划的要求，并识别两者之间可能存在的差距。

对于每项网络安全活动，计划必须涵盖以下几个关键方面：

- 网络安全活动的目标。
- 执行、审查和批准活动的资源。
- 执行活动所需的输入信息。例如，网络安全确认需要已从概念阶段定义并提供网络安全目标。
- 根据项目需求定制活动。
- 活动是否可以利用先前工作的重用证明。
- 活动的预期输出，如确认测试报告。

明确定义活动目标可以确保负责执行计划的团队成员充分理解完成活动的具体要求。分配角色和责任，有助于防止跨团队沟通不畅，明确各方职责，并确定适当的审批流程。建议在项目级资源分配表中预先定义角色和责任，并在网络安全计划中引用该表，以便快速查找资源的名称和角色。可以在资源分配管理文件中找到每个角色的能力证明，这有助于回答审核员关于岗位是否配备了合适人员的问题。

> 注意：项目特定的资源分配管理文件通常用于记录给定项目所需的所有角色、分配给每个角色的具体人员，以及证明被分配人员具备充分技能履行角色职责的证据。

计划还可以包括适用每个活动的定制部分。项目团队可能会认为某些活动并不完全适用，因此可以全部或部分定制。例如，如果产品是无法直接集成到车辆级零部件的，且产品供应商不可能验证其网络安全目标，那么可以提供一个合理的理由来排除网络安全验证测试。在这种情况下，网络安全计划应详细描述活动的哪些部分已被定制以及定制的原因。

鉴于大多数项目并非从零开始，在符合重用条件的情况下，重用部分可以同时重用其相应的网络安全工作成果。为确定重用的可行性，需在网络安全计划中记录重用分析，或将其作为独立文件附加到网络安全计划中。分析应列举从先前产品版本中重用的组件，并对重用条件进行详细描述，例如，组件是否在未经修改的情况下重用，其集成的运行环境是否保持不变，或其初始设计假设是否仍然有效。基于这些问题的答案，可以得出重用部分或全部组件网络安全工作成果的论证。例如，在相同的车辆环境和使用场景下，将一个库集成到新的 MCU 中，可以重用相同的安全需求和设计文档，但可能需要重新执行安全测试，以确保库在新目标平台上仍然满足其安全需求。实际上，大多数重用情况都涉及变更，导致需要更新网络安全工作成果。通常，需要进行 TARA，以确保其他网络安全风险仍可通过现有的安全工作成果得到解决；如不能，则需进行额外工作。

最后，网络安全活动必须详细记录预期输出，以及团队应如何准备该输出的具体指导。例如，在制定准备网络安全概念的计划时，输出应明确概念的捕获格式及其存储位置。

除了为正在开发的产品计划网络安全活动外，计划还必须考虑产品集成范围内的外部供应组件。这些组件主要分为两类：现有组件和**非特定场景组件**。

计划必须考虑所有这些组件，并明确需要执行的网络安全活动，以缓解这些组件引入的额外风险。网络安全计划范围内的工作成果如表 5.2 所示，所有与计划相关的网络安全活动都通过一个工作成果即网络安全计划进行全面覆盖。

在下一节中，我们将探讨如何通过遵循采购和供应商管理流程来应对第三方组件引入的风险。

表 5.2　网络安全计划范围内的工作成果

标准部分	范围内的工作产品
6.4.1 网络安全职责	[WP-06-01] 网络安全计划
6.4.2 网络安全规划	[WP-06-01] 网络安全计划
6.4.3 定制	[WP-06-01] 网络安全计划
6.4.4 重用	[WP-06-01] 网络安全计划

5.5　采购和供应商组件的集成

在开始计划项目和网络安全活动的过程中，假设你已确定了几个必须为项目采购的组件。那么将面临两个选择：①使用一个为广泛场景开发但未考虑你具体产品需求的现有组件；②与第三方合作开发或调整现有组件以适应你的产品需求。无论选择哪种方案，你都希望证明你采用的产品符合 ISO/SAE 21434 标准，不论这些组件的安全成熟度如何。集成新的组件本质上会使你面临该组件带来的继承性网络安全风险。为了应对这些风险，你必须实现以下目标：

❑ 识别组件在符合 ISO/SAE 21434 标准要求方面的差距。
❑ 评估组件是否能满足分配的网络安全需求。
❑ 验证其预期用途、外部接口和操作环境的假设，以及组件供应商转移或接受的任何风险。

在处理流程差距方面，你可以寻求供应商的协助，以提供流程满足合规要求的证据。在评估组件是否适合你预期用途时，你必须首先执行 TARA，以识别风险且输出组件必须满足的相应网络安全缓解措施。

> **注意**：TARA 方法用于识别受组件管理或影响的资产，以及可能影响这些资产的潜在威胁。通过执行 TARA，我们能够推导出组件必须满足的网络安全需求，并评估组件是否能够实现这些需求。关于 TARA 方法的更多详细信息将在项目级概念部分进行阐述。

举例来说，假设你需要将一个现有的 MCU 集成到安全网关的 ECU 中，该单元需要利用加密芯片和密钥存储来处理车内通信的安全要求。如果 MCU 不支持 HPSE 或密钥管理功能，则不应考虑将其集成到智能网关中。若 MCU 支持 HPSE，你可以与组件供应商进行沟通，以进一步确认其是否能满足你的流程级设想。同样，如果你计划集成一个非特定场景组件，除了确保组件能够满足你的要求外，还必须确认组件开发过程中考虑的使用假设对你而言是可接受的。若不然，则需要在集成的产品中增加额外的安全对策以弥补这些差距。为了促进与供应商的沟通并明确网络安全活动的角色分配，ISO/SAE 21434 定义了通过网络安全接口协议（Cybersecurity Interface Agreement，CSIA）选择供应商并分配分布式活动的流程。最好将这一流程整合到现有的采购和供应商管理流程中。

供应商能力评估和 CSIA 的作用

ISO/SAE 21434 要求组织在将供应商纳入批准供应商名单之前，建立一个评估供应商网络安全能力的流程。这确保只有能够满足组织制定的流程级安全要求的供应商才能被考虑参与**报价请求**。供应商能力评估可通过问卷进行，这些问卷评估供应商在信息管理系统安全和产品安全等方面的安全成熟度。尽管该标准未具体规定记录供应商能力证据的工作成果，但编制文件，通过评分系统跟踪每个供应商的网络安全能力是一个良好实践。对于存在显著差距的供应商，应积极监控，以确保他们正在采取措施弥补这些差距。拒绝或未能解决网络安全问题的供应商应被排除在未来的投标之外，以消除供应链风险。

一旦供应商获准响应报价请求，建议签署 CSIA 以明确界定客户和供应商之间的责任。在报价请求阶段共享网络安全目标和要求对于帮助供应商评估其是否能够实现这些要求，以及是否需要调整成本以应对额外工作至关重要。在某些情况下，供应商可能未计划遵循 ISO/SAE 21434，因此可能会推迟填写 CSIA 的需要。在这种情况下，CSIA 有助于识别供应商交付物中的差距，并协助项目团队通过执行网络安全活动来弥补这些差距。例如，项目团队可能会计划进行额外的安全测试，或者决定对所提供的组件执行 TARA 以应对供应商未缓解的风险。

CSIA 应详细规定以下各个方面，包括：每个网络安全工作的责任方，是否可以共享结果以及以何种形式共享，网络安全支持的持续时间，信息共享的频率（如漏洞报告、SBOM 共享、评估预期等），以及每项交付物的详细程度。CSIA 被视为具有法律约束力的合同，以确保供应商履行先前的承诺。在达到关键节点时，应反复审查该协议，以确保网络安全交付物信息交换的持续进行。供应商通常倾向于以摘要形式分享结果，而非共享详细的工作成果（如 TARA 文件）。供应商与客户之间需要就共享的详细程度进行协商，在此过程中需平衡知识产权保护的合法诉求与验证工作产品准确性和严谨性的需要。在这种情况下，依赖第三方评估来证明是否合规有助于缓解这些顾虑。表 5.3 所示为供应商管理和分布式网络安全活动范畴内的工作成果。

表 5.3　供应商管理和分布式网络安全活动范畴内的工作成果

标准部分	范围内的工作成果
6.4.5　非特定场景的组件	[WP-06-01] 网络安全计划
6.4.6　现有组件	[WP-06-01] 网络安全计划
7.4.1　供应商能力	没有工作产品，但要求适用
7.4.2　报价请求	没有工作产品，但要求适用
7.4.3　职责分配	[WP-07-01]CSIA

在深入理解了网络安全计划和供应商管理活动后，我们现在将转向网络安全产品工程的第一阶段——概念阶段。

5.6 概念阶段

在概念阶段，你正在开发新的车辆功能或一个单独的非特定场景件，并需要确定必须由你的项目或组件满足的网络安全目标和需求。融合安全考虑的 V 型模型如图 5.3 所示，你位于 V 型开发周期的左上方，你的目标是识别并应对与系统相关的风险。

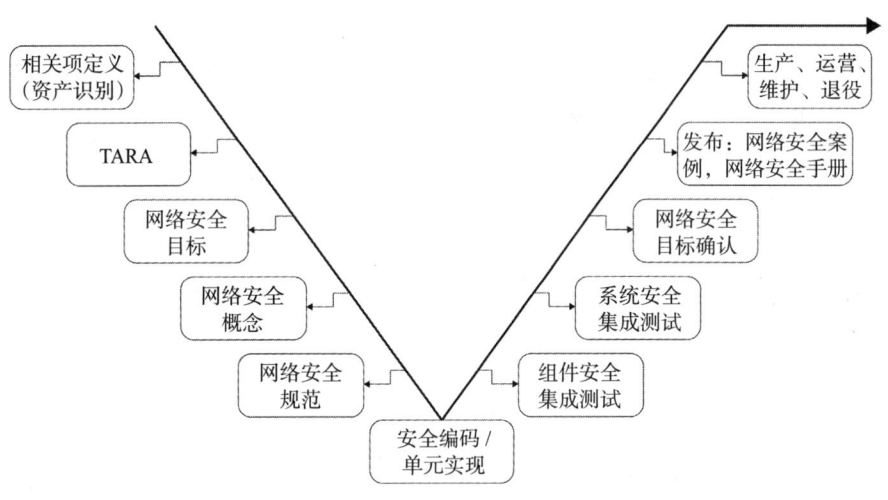

图 5.3　融合安全考虑的 V 型模型

要实现此目标，你必须依据图 5.1 中的 TARA 方法。在实际操作中，每当系统引入新的安全相关功能时，就会启动此流程，以确保充分理解任何新的网络安全风险，并调整总体网络安全概念以应对这些新风险。这种**安全设计方法**有助于减少在产品生命周期后期发现问题时进行昂贵返工的可能性。

在深入探讨本节细节之前，建议你参考 ISO/SAE 21434 标准的第 3 部分，以复习相关术语和定义。

5.6.1　项目级概念

相关项是由若干 ECU、传感器、执行器和网络通道组成的集合。这些组件协同工作，以实现车辆级的功能。从项目级进行分析的做法源自功能安全标准，该标准要求将车辆功能划分为相关项，以识别危险和安全目标。在网络安全领域，相关项定义必须明确操作环境及其外部接口，这对于识别威胁来源至关重要。为准确把握相关项定义，你必须先识别分析范围内的车辆功能，然后与实现该功能的组件绘制相关项边界，确保包括车辆边界的外部接口。准确描述相关项边界和操作环境是识别需保护资产及其相关威胁的关键步骤。过度扩展相关项边界将导致包含其他项目的资产，从而造成重复的威胁分析。相反，选择过于狭窄的相关项边界将导致忽略与威胁分析活动相关的资产。我们以实现 SAE 三级自动驾驶功能的相关项为例，如自动紧急制动（Automatic Emerge Braking，AEB）。要执行

AEB 功能，相关项包括：处理车辆传感器数据，融合传感器信息，并通过车载网络向制动 ECU 发送执行指令。表 5.4 所示为概念阶段的工作成果。

未显示完整操作环境的相关项定义如图 5.4 所示。首先，需要明确相关项边界，即 ADAS 系统边界，如图 5.4 中虚线框所示。系统边界内包含实现 AEB 功能所需的所有组件，包括执行 AEB 感知、控制和执行算法的 SoC，存储 AEB 软件、固件和机器学习模型

表 5.4 概念阶段工作成果

标准部分	范围内的工作成果
9.3 相关项定义	[WP-09-01] 相关项定义
9.4 网络安全目标	[WP-09-02] TARA [WP-09-03] 网络安全目标 [WP-09-04] 网络安全声明 [WP-09-05] 网络安全目标验证报告
9.5 网络安全概念	[WP-09-06] 网络安全概念 [WP-09-07] 网络安全概念验证报告

的内存存储单元，各类传感器及其数据，以及用于传感和执行数据传输的通信通道。作为安全监控和故障转移系统的 MCU 也包括在内，用以确保即使 SoC 发生关键故障，AEB 功能仍能保持可用。MCU 还提供车载通信支持，用于发送和接收车辆状态数据。值得注意的是，后端服务也被纳入系统边界，因为系统可通过 Wi-Fi 和蜂窝通道向遥测服务报告紧急制动事件。

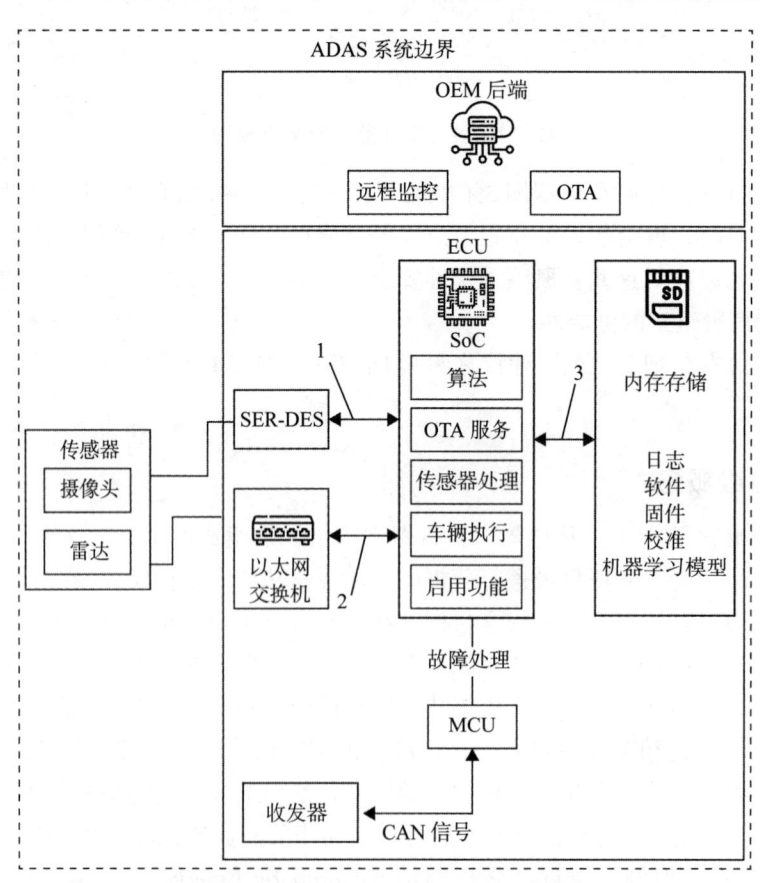

SER-DES—串行器 – 解串器　1—摄像头帧　2—传感器数据　3—数据码

图 5.4　未显示完整操作环境的相关项定义

接下来，我们需要引入运行环境，其中包含与相关项直接交互并可能影响相关项安全性的组件。值得注意的是，安全分析必须考虑构成车辆攻击面的所有车辆接口，即使它们与安全无关。对相关项外部接口进行分析的重视源于以下原因：威胁来自恶意攻击的车辆外部接口，而危险（在功能安全范畴内）则源于系统故障所导致的车辆内部问题。下面我们来看看添加运行环境如何扩展相关项定义，包含运行环境的相关项定义如图 5.5 所示。

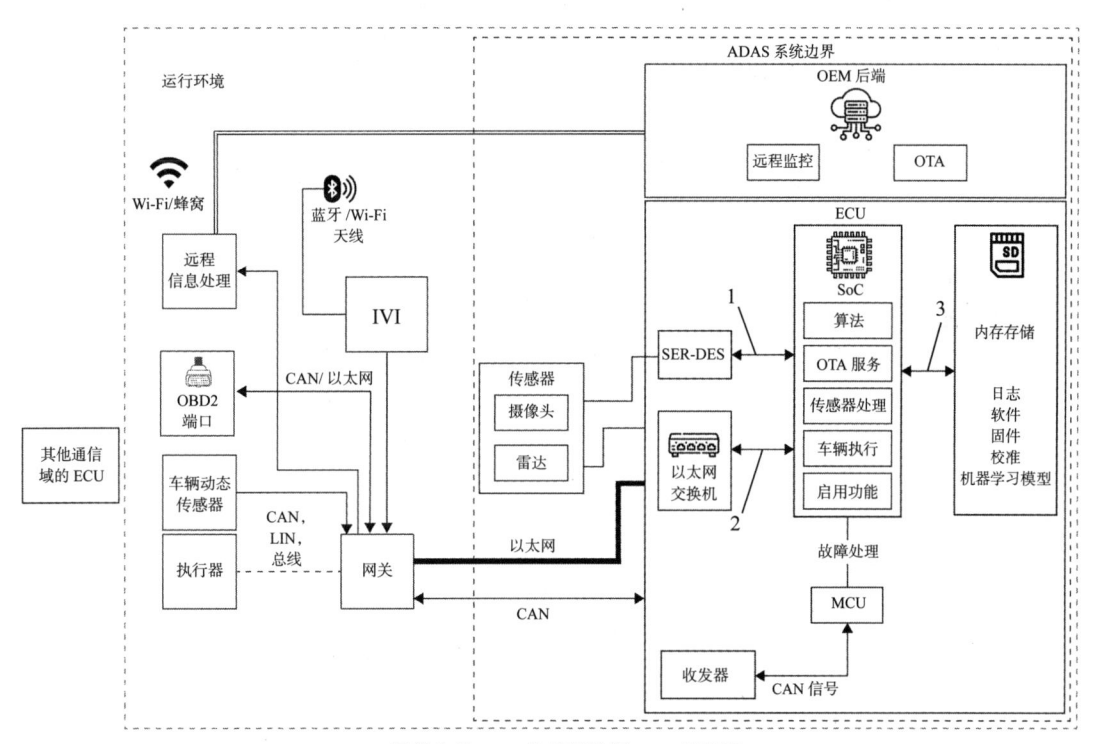

1—摄像头帧　2—传感器数据　3—数据码

图 5.5　包含运行环境的相关项定义

为支持 AEB 功能并向后端报告紧急制动事件，相定项定义必须包括中央网关，它允许 CAN、LIN 和以太网帧在车辆侧进行发送和接收，这包括执行器和车辆动态传感器。远程信息处理被纳入，用来说明遥测数据如何通过 Wi-Fi 和蜂窝链路传输到后端。OBD2 端口的显示是因为它使基于 UDS 的 ADAS SoC 闪存编程成为可能。其他不与 AEB 功能交互的 ECU 在图 5.5 中被标记为操作环境之外，包含这些仅是为了表明它们是刻意被排除的。

为进一步完善分析，最后一步是揭示可能与项目功能无关，但与威胁分析相关的任何额外外部接口。例如，IVI 系统通过蓝牙和 Wi-Fi 接口与中央网关 ECU 相连。将此接口纳入项目定义中，将有助于我们在后续识别威胁和攻击路径时，评估对处于项目范围内资产的潜在影响。

一旦项目定义得到满意的结果，并假设所有利益相关者已审查并批准了分析范围，就可以着手准备 TARA，执行 TARA 的四步流程如图 5.6 所示。

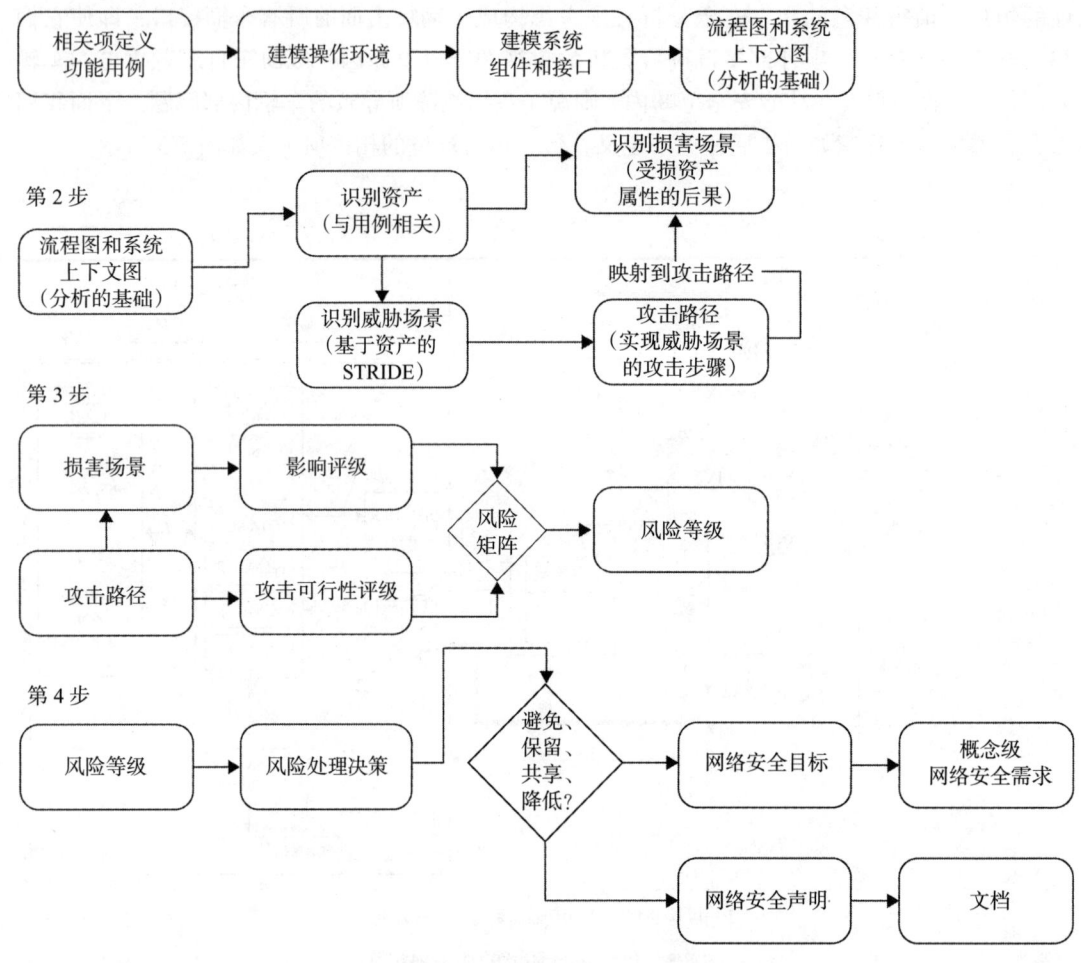

图 5.6 执行 TARA 的四步流程

在图 5.6 中，为符合 ISO/SAE 21434 标准，执行 TARA 的过程包含以下四个主要步骤：

> **注意**：在本章中，我们将简要描述每个步骤的内容，详细内容将在第 7 章中进行介绍，届时我们将重点优化这一方法并结合功能安全的相关方面。

1）第 1 步已在相关项定义中有所涉及，此外，第 1 步还需要收集数据流图，以描述系统如何与操作环境交互，从而辅助识别威胁和攻击路径。

2）在第 2 步中，我们利用描述项目、上下文及其硬件和软件组件的图来识别具有价值的对象作为资产。通过评估这些资产的网络安全属性被破坏的影响，我们可以确定车辆层面的不利后果，即损害场景。

利用这些资产，我们可以应用 STRIDE 等威胁建模框架来列举影响资产的威胁。每个威胁场景被进一步细化为实现威胁所需执行的攻击步骤列表。每个攻击路径的影响被映射到相应的损害场景。

3）在识别所有资产、列举威胁并定义和映射攻击路径到损害场景之后，第 3 步是评估攻击的可行性和损害影响。在这一步骤中，我们需要根据对安全性、车辆运行、财务损失和用户隐私的影响，为损害场景进行影响评级；同时，根据攻击参数（如所需时间、专业知识、对系统或组件的了解程度、实施攻击的时机以及所需设备），为攻击路径进行攻击可行性评级。借助风险管理框架，将影响评级和攻击可行性转化为 1～5 之间的风险值。

4）第 4 步是分析所有风险值以确定风险处理决策。可选择的策略包括：通过消除风险源（如修改系统架构）来避免风险；通过制定网络安全控制措施来降低风险；通过提出合理理由来接受风险；或者通过将风险转移给其他方（如系统集成商或购买网络安全保险）来分担风险。降低风险的结果是制定网络安全目标；而接受或分担风险的结果是形成网络安全声明。网络安全目标进一步细化为系统级网络安全需求；而网络安全声明则阐明接受或分担风险的合理性。

网络安全目标是网络安全需求的最高抽象层级，它简要阐述了需要保护的资产属性的目标。

假设我们已对 ADAS 进行了全面分析，预计会产生一系列必须实现的网络安全目标，以确保 ADAS 系统免受不合理的风险。以下是一些目标示例：

```
1- The ADAS system shall protect the integrity of software,
calibration and ML models against physical and logical threats
2- The ADAS system shall protect the integrity and authenticity of
sensor communication data received over CAN and Ethernet against
physical and network threats
```

目标也可以直接针对车辆功能进行编写：

```
The ADAS system shall prevent the loss of AEB function caused by
network or physical threats.
```

虽然从技术角度来看，这可能是一个有效的网络安全目标，但由于系统中多项功能可能面临相同的威胁，这种方法可能会产生许多冗余目标。因此，我们倾向于基于资产的目标定义方法。

概念阶段的另一个输出是制定网络安全声明。这些声明阐述了接受或分担风险的理由。必须记录这些声明，以便组件集成商验证其有效性。例如，ADAS 所有者可能决定接受 SoC 和 MCU 之间的心跳报文被物理篡改的风险，这可能导致 ADAS 不必要地关闭。

这将导致以下声明：

```
The ADAS system accepts the risk of 'physical tampering of the
heartbeat signal (between the SoC and MCU)' due to the localized
impact of such an attack and the low feasibility of performing the
attack while the vehicle is in motion. The user is advised to apply
tamper resistant enclosures to reduce the likelihood of this attack.
```

在制定网络安全目标和声明后，有必要进行审核以验证 TARA 的准确性和完整性。此过程是通过检查项目资产覆盖范围、损害场景的准确性、威胁场景的覆盖范围以及攻击路径的详细程度来对攻击可行性评级进行评估实现的。审核人员还应检查影响评级是否充分考虑了受影响的利益相关者，以及攻击可行性评级是否符合 ISO/SAE 21434 标准。最后，必须检查风险处理决策的正确性，确保需要降低的风险已分配有效的网络安全目标，并在适用情况下提出了网络安全声明。鉴于典型的 TARA 可能涉及数十甚至数百个威胁和攻击路径，在考虑所有网络安全目标和声明时，验证其一致性至关重要。

5.6.2　网络安全概念

完成 TARA 并通过评审和批准后，下一步是明确需要解决的安全问题，以及为此制定的总体网络安全策略。这可以通过列出项目范围内的功能来定义，包括系统上下文图、需要保护的系统级资产以及在 TARA 过程中考虑减少或消除的风险。另外，解决问题的策略是通过定义网络安全控制措施和需求规范，并将其分配给对应相关项及其组件来完成的。在控制措施、需求和网络安全目标之间建立可追溯性对于证明网络安全目标已得到充分覆盖至关重要。

在选择网络安全控制措施时，建议考虑以下类别：
- 防护
- 检测
- 恢复
- 记录

在我们的列举的案例系统中，媒体存储中软件二进制文件的**防护**目标是通过采取控制措施，防止使用安全更新机制替换未经授权的二进制文件，并对闪存编程工具（如 UDS 客户端）实施严格的访问控制来实现的。如果攻击者成功篡改了二进制文件，则必须在启动时使用安全引导机制来**检测**此类篡改。还应规定**恢复**系统软件的控制措施，以确保系统可用性得到保护，例如，要求使用备份存储分区，在一个分区启动失败时启动备份存储分区。最后，还需要建立**记录**安全异常的控制措施，以便在系统投入使用后对安全事件进行分析和识别。每项控制措施可通过定义系统级网络安全需求进一步细化，这些需求描述了系统在应对每个需要缓解的威胁场景时的预期行为。在这里，TARA 中的攻击路径对于制定网络安全需求非常有用，因为目标本质上是防止或至少显著降低这些攻击的可能性。在某些情况下，网络安全需求被分配给项目边界之外的操作环境中的组件。此类要求必须记录并与系统集成商共享，后者必须确保这些需求得到落实。回到我们的示例，对诊断客户端实施访问控制机制将产生一个操作环境需求，即客户端必须支持基于 PKI 的程序来进行其 ADAS 身份验证。这一需求需要 ADAS 提供商和诊断客户端所有者在启用闪存编程之前就客户端身份验证方案达成一致。ISO/SAE 21434 标准要求验证网络安全概念，以确保网络安全需求和控制措施可以正确且完整地覆盖网络安全目标。

网络安全概念的读者应该相信，你已经制定了一套合理的网络安全策略，足以指导后续的产品设计。因此，网络安全概念作为最高安全等级的功能级安全需求，是项目团队制定组件级安全控制措施和需求的基础。每一个团队在开发其细化的组件时，都必须能够回溯到网络安全概念，以了解必须考虑的威胁类型。这将在 5.7 节设计和实现部分中进行更详细的探讨。

5.6.3　对组件级开发的影响

ISO/SAE 21434 从车辆级相关项的视角阐述了概念阶段。它在要求 RQ-09-01 的注释 6 中隐晦地表达，基于假设或通用相关项开发的非特定场景组件可以假定其操作环境和外部接口。将概念阶段应用于组件不如应用于相关项直观，因此我们将通过一个示例来阐明这种差异。

在图 5.4 所示的 ADAS 相关项中，多个组件是非特定场景开发的，例如以太网交换机、监控 SoC AEB 功能的 MCU 软件以及向 ADAS 提供图像帧的摄像头传感器。如果你正在开发这些组件中的任何一个，就不能简单地探究集成组件的所有可能的相关项，因此必须对你的组件所使用的相关项、其操作环境及可能存在的接口做出一些假设。我们鼓励组件供应商在制定其网络安全概念之前假设最具威胁的环境。尽管作为组件供应商，你可能无法缓解或消除该环境中的所有威胁，但至少可以记录运行环境需要满足的网络安全需求，以确保组件的安全使用。以摄像头传感器为例，如果你假设摄像头传感器与车辆的其他部分隔离良好且攻击面较小，你可能会开发一个缺乏网络安全控制措施的传感器，未对图像通信帧欺骗、篡改或重放等威胁采取防护措施。对于希望在传感器易于被替换的环境中使用摄像头传感器的客户来说，这样的传感器将不适用，客户可能被迫选择其他传感器。相反，假设一个具有威胁的将有助于你作为传感器供应商考虑到所有潜在威胁，例如攻击者可能通过 MITM 攻击来拦截、伪造、篡改或重放图像帧。因此，该传感器的网络安全概念将提供充分的网络安全控制措施来保护传感器的资产。

一旦获得了假设的场景，就可以准备一个假设的相关项，以方便进行安全分析。尽管此活动看似与 OEM 所做的工作重复，但在这种情况下，TARA 的重点是组件本身。换言之，在执行 TARA 时，你需要深入研究组件接口，以确保为该组件制订可行的网络安全目标和需求。这种方法适用于任何组件供应商，无论他们是提供嵌入式系统的软件，还是可用于多种场景的 MCU。为了补充远离项目边界组件的威胁分析，建议考虑适用于该组件的通用弱点。简单地考虑所有适用的弱点，就有能获得有意义的威胁和攻击路径，以及对需要保护的组件资产进行逆向工程。以一个需要准备 TARA 的 MCU 供应商为例，除了捕捉常见的与安全相关的用例，以准备自上而下的威胁分析外，供应商还可以自下而上地考虑漏洞，如 JTAG 端口的访问控制不佳、嵌入式闪存命令的锁定不当、隔离混合临界软件的内存管理机制薄弱，以及缺乏 IP 块级隔离控制。这些弱点各自都会产生一系列威胁，考虑如何定义这些弱点即可定义这些威胁。这样做的结果是更完整的 TARA，以确保组件在交付时足够严谨安全。

现在我们已经阐述了概念阶段的预期成果，无论是针对相关项，还是非特定场景开发的组件。现在是时候转向产品开发阶段了，在该阶段中，概念阶段的结果将被应用于设计和实现。

5.7 设计和实现

回顾图 5.3 中的 V 型模型，我们可以看到，网络安全概念的需求被进一步细化为网络安全规范，并分配给架构及其子组件。网络安全规范的主要目的是确保架构满足来自更高层次的网络安全需求（例如概念或父组件）。在这里，简单地提供与父级网络安全需求的可追溯性，就可以利用现有的架构规范来满足此工作成果。

接下来，你需要将高层次的网络安全需求和架构细化为组件级的网络安全需求和架构片段。这些组件级的安全要求和架构片段构成了组件网络安全规范。假设你正在开发能够为软件应用的其他部分提供密钥管理服务的软件，网络安全概念将包含防止非法访问防止加密密钥泄露的需求。网络安全规范必须制订安全需求，详细说明满足这些需求的具体机制，例如使用自由访问控制和启用硬件的侧信道攻击防御对策。此外，组件架构应至少提供一个安全覆盖层，展示这些要求如何通过架构得到满足。在考虑网络安全时，架构主要有两个方面的影响。对于导致新系统功能的安全要求，可能会有新的架构元素和接口来描述它们。例如，采用 MACsec 保护以太网帧的完整性和保密性的安全需求，将导致新的通信序列和静态架构图，这些图概述了在软件和硬件中如何支持 MACsec。与其在独立的架构文档中捕捉这些细节，不如将这些片段集成到通用系统架构文档中，以简化可追溯性和与其他架构支持功能的交叉链接。在某些情况下，安全需求只会限制现有功能。例如，一个安全需求可能规定所有进程在从初始化模式过渡到操作模式之前必须禁用 root 特权。这可以在架构中表式，首先识别描述进程如何启动的架构元素和接口，并添加有关如何放弃 root 特权的约束。其结果是一个增强现有架构图的安全覆盖层。

5.7.1 开发后要求

在制订安全需求的过程中，会产生若干影响组件集成商的需求。这些需求被记录作为后期开发需求，用于告知用户如何安全地安装、初始化或操作组件。

这些需求可以被归纳为安全流程，以便在组件部署后应用网络安全控制，包括安全配置、初始化、生产和退役系统的流程。例如，在工厂中配置加密密钥的流程，熔断保险丝以使芯片进入安全生命周期状态，锁定调试端口，以及在将设备转换到退役状态前清除私有数据。需要注意的是，这些流程必须记录在客户文档（如网络安全手册）中以便与系统集成商共享。

5.7.2 配置和校准

与启用网络安全控制或满足网络安全需求相关的组件所需的配置和校准设置，也必须记录在网络安全规范中。例如，定义一旦芯片转入特定生命周期状态后，强制执行安全启动的配置选项。

根据系统的复杂性，网络安全规范可以在设计的多个层次进行细化，直至达到单元级别，以确保安全行为已被充分指定，以支持单元实现。

5.7.3 弱点分析

在开发网络安全规范并成架构的过程中，预计会出现新的风险。简言之，网络安全控制的引入为系统增加了新的资产，这些资产反过来可能暴露于系统级 TARA 中未考虑的新威胁。建议准备残余风险分析，以检查可能违反高级别网络安全需求的威胁。这将导致一个迭代过程，不断处理残余风险，直到风险水平降至可接受的程度。

例如，当试图保护持久存储中的资产免受篡改时，你可能决定派生一个新密钥，专门用于生成存储记录的 HMAC。然而，未经授权的应用程序可能滥用该密钥，生成新的 HMAC 并将其与被篡改的存储记录一起写入。为减轻此风险，你需要应用额外的安全控制措施，如通过基于软件的访问控制机制将密钥使用权限限制为单一所有者。这种分析残余威胁并细化安全要求的过程可被称为设计级 TARA 或残余风险评估。尽管 ISO/SAE 21434 并未强制要求在设计的每个层级重复进行 TARA，但通过迭代的 TARA 过程来考虑残余风险是一种良好实践，有助于将威胁从系统级分解到组件和子组件级。这确保了随着设计的演进，高层网络安全目标仍能得到满足。

全面设计 TARA 的替代方法是架构弱点分析。ISO/SAE 21434 将这种分析作为一项要求，并提出攻击路径分析作为执行方式之一。根据组件的重要性，依赖在安全专家的帮助下咨询制定的通用弱点清单，就足已确保遵循最佳实践并消除已知弱点。

> **提醒**：在第 3 章中，我们探讨了车辆各层级的威胁和漏洞。了解通用弱点是解决实际设计中漏洞的重要前提。

通常用于报告安全事件的漏洞分析过程，也可应用于设计阶段分析潜在弱点。例如，可以分析处理软件更新认证过程中的弱点，以识别可能的攻击路径。如果确定了可行的攻击路径，应将该弱点视为漏洞，并可计算 CVSS（Common Vulnerability Scoring System，通用漏洞评分系统）的分数来确定修复优先级。该弱点可通过修改架构或引入新的对策来消除。

5.7.4 单元实现

ISO 标准的产品开发部分还指出需要应用安全设计原则和安全编码指南。前者可借鉴第 2 章介绍的可信的设计原则。每次做出新的设计选择时，都必须考虑执行输入验证、输入净化、应用最小特权和域分离等原则。为支持安全的单元实现，必须使用静态代码分析工具和安全代码审查。如果开发硬件组件，则可利用信息流分析和形式化验证工具来消除特定情况下可能暴露硬件安全资产的弱点。

完成设计和实现后，需转向测试阶段执行的网络安全活动，验证安全要求是否得到满足，并确保实现中不存在安全漏洞。

5.8 验证测试

全面覆盖硬件和软件网络安全需求的测试是必要的，以确定硬件和软件设计是否符合网络安全规范。安全要求与安全测试用例之间的可追溯性是确保按预期实现的必要步骤。

同样，可以采用形式化验证技术来验证特定硬件模块是否能达到其安全目标。在单元级上，ISO/SAE 21434 标准并未提出具体的流程要求，仅要求进行标准的单元验证。遵循通用的质量管理体系将确保在将软件单元在集成到更大组件之前以适当的覆盖程度进行测试。单元测试的良好实践包括应用测试以进行单元的输入、输出、数据和控制流。测试应涵盖错误处理、故障注入和恢复方法，以确保单元按预期运行。从安全角度来看，这些领域中的单元级错误可能引入可被利用的漏洞。因此，纠正单元测试失败可以增强对软件或硬件不存在未知漏洞的信心。此外，应用回归测试也很重要，它可以消除单元更改对其他软件单元造成不利影响的可能性。在设计单元测试用例时，应从常规测试数据、边界条件、错误处理和故障/恢复处理中选取具有代表性的测试用例集。值得注意的是，边界条件是漏洞的良好来源，尽管在正常环境下它们可能被测试人员忽视，但在面对恶意攻击者时却极有可能被利用。

在网络安全验证测试方面，ISO 标准规定了几种方法，包括**模糊测试**、**漏洞扫描**、**基于需求的测试**、**检查**，甚至**渗透测试**。

> **注意**：基于需求的测试和检查是功能安全和质量管理实践中常见的测试方法。在网络安全方面，基于需求的测试旨在验证产品是否确实满足安全需求，同时考虑测试场景，评估安全功能是否足以应对相应的攻击场景。类似地，检查旨在通过考虑攻击者可能违反需求的场景来，验证设计和代码是否真正捕捉到需求的意图。在这两种情况下，区分因素在于验证过程中考虑了攻击者的思维方式。

模糊测试是一种软件测试方法，通过注入畸形输入来暴露可能构成系统漏洞的软件缺陷。模糊测试工具向系统注入这些输入，然后监控异常情况，如系统崩溃或信息泄露。除了能够生成有效的测试输入集，模糊测试器还必须能够检测系统的不利影响，如系统崩溃或异常行为。

最简单的模糊测试用例依赖于基于固定种子的随机数据生成，以确保随机集合可重复。基于模板的模糊测试引入无效输入，然后根据系统行为反馈调整后续测试，以提高测试效率。生成式模糊测试需要了解所测试的协议、API 或数据源，以确保测试系统地违反基础规则，从而触发意料之外的可利用行为。

需要注意的是，模糊测试并不直接测试安全措施，而是揭示可能导致安全措施无法实现其目标的漏洞。

模糊测试已证实其作为一种高效经济的手段，能够识别软件系统中潜在的网络安全漏洞，且效果显著。这些漏洞包括缓冲区溢出、资源耗尽和解析错误，它们都可能被恶意攻击者利用，从而获得对 ECU 的未授权访问。

例如，在正常情况下，加密函数能够产生符合安全目标的正确结果。然而，可能存在一个导致密钥泄露的缓冲区溢出漏洞，这种漏洞往往只能通过模糊测试工具发现。该工具会提供格式错误的输入，以暴露此类漏洞，从而揭示加密函数的安全隐患。值得注意的是，模糊测试既是测试工具，也是黑客工具，攻击者可利用它来识别易于利用的漏洞。发现安全漏洞的一个附带益处是，可以确保系统对异常或随机输入的鲁棒性。模糊测试面临的一个挑战是，如果触发了系统崩溃，尤其是对于复杂的 ECU，恢复系统可能需要较长时间。这增加了重现和分析漏洞的难度。为了辅助根本原因分析，必须进行代码插桩，以精确识别触发崩溃的事件。

对位于信任边界的软件组件进行模糊测试是一种良好实践。模糊测试对执行复杂输入数据操作（如解析或数据转换）的组件尤其有效。这可确保组件能够处理格式错误的输入，且不会因无效输入而降低系统安全性。根据 ISO/SAE 21434 标准，在组件级进行独立分析或探测性渗透测试是可选的。通常，组件供应商可能会基于安全重要性选择系统的某些部分进行外部分析或测试。例如，芯片供应商可能希望在芯片投片前由独立安全审查员对其引导只读存储器代码进行分析，以避免昂贵的后期修复。产品开发阶段范围内的工作成果如表 5.5 所示。

表 5.5　产品开发阶段范围内的工作成果

标准部分	范围内的工作成果
10.4.1　设计	[WP-10-01] 网络安全规范
	[WP-10-02] 开发后的网络安全需求
	[WP-10-03] 建模、设计或编程语言和编码指南的文档
	[WP-10-04] 网络安全规范的验证报告
	[WP-10-05] 产品开发中发现的弱点
10.4.2　集成与验证	[WP-10-05] 产品开发中发现的弱点
	[WP-10-06] 集成和验证规范
	[WP-10-07] 集成和验证报告

请注意，必须对每个工作产品进行评审，以确保达到预期的质量标准。

随着集成和验证测试的完成，我们必须确认网络安全目标是否得到切实实现。

5.9　确认测试

ISO/SAE 21434 将确认定义为在车辆级执行的活动。本条款的目的是确认概念阶段确定的网络安全目标在项目集成到实际车辆环境后是否真正实现。组件供应商可以通过在模拟车辆环境中应用测试来执行网络安全目标确认。虽然不是强制性的，但在 OEM 发现目标未实现之前，确认产品中网络安全目标的实现通常是一种良好实践。确认通常通过尝试发现未知漏洞的渗透测试来进行，即尝试违反网络安全目标。希望优先考虑对 ECU 进行渗透测试的 OEM，可能会选择先由第三方测试所有面向外部的 ECU（如远程信息处理或信息娱乐系统），然后再测试更深层嵌入的 ECU。网络安全确认测试阶段范围内的工作成果如表 5.6 所示。

渗透测试旨在揭示已纳入网络安全控制后残留的风险。渗透测试可在多个层面进行。例如，可以进行网络渗透测试以识别不安全的端口、开发协议的使用情况等。

表 5.6 网络安全确认测试阶段范围内的工作成果

标准部分	范围内的工作成果
11 网络安全确认	[WP-11-01] 确认报告

可以进行接口渗透测试来识别开放接口或服务，如 SSH 和 Telnet。ECU 级的渗透测试可执行半侵入和全侵入测试，通过故障注入和侧信道分析提取加密密钥。让我们详细探讨执行渗透测试可以实现的目标。

- **识别安全漏洞**：渗透测试有助于识别可能被攻击者利用的安全漏洞。这些漏洞可能包括过时的软件、弱密码、不安全的网络配置以及其他可能危及敏感数据的问题。
- **降低数据泄露风险**：通过识别和解决安全漏洞，组织可以降低数据泄露的风险。鉴于数据泄露不仅代价高昂，还会损害公司声誉，因此，采取积极主动的预防措施至关重要。
- **增强整体安全态势**：定期进行渗透测试能够帮助组织识别需要改进的领域，并实施安全最佳实践，从而提升整体安全态势。

在完成与产品开发相关的网络安全活动后，即可为发布阶段做准备。下一节将详细阐述在完成特定安全检查和保证后，确认产品适合发布所需的步骤。

5.10 产品发布

此时，你已执行网络安全计划中规定的所有网络安全活动。现在，你已准备好正式发布产品。然而，在此之前，你必须证明已按照组织的 CSMS 准备好工作成果，且你的产品已充分实现 CSMS 的目标。获得发布批准需要你准备一份网络安全案例并进行网络安全评估。

5.10.1 网络安全案例

在项目结束阶段，你必须在网络安全案例中阐明产品已在其预期使用场景中达到适当的网络安全水平的理由。通常，案例依赖于两类论据：过程论据和技术论据。过程论据展示产品遵循了网络安全工程流程，并说明任何基于偏差的风险都可接受的理由。整个网络安全工作成果将被汇编成一个存储库，作为所有计划活动已充分完成的证据。技术论据阐释计划的网络安全目标，以及在整个生命周期中为确保这些目标实现而采取的所有技术对策。同样，任何残余风险都将包含在内，说明为何这些残余风险在允许产品投入使用时处于可接受水平。

5.10.2 网络安全评估

以计划为指导，进行评估，以衡量产品对组织网络安全工程流程的合规性。评估通常在工作成果可用时分阶段进行。这种方法是首选，因为它能确保在仍有时间进行更改时，检测到不合规之处，而不是等到项目接近生产阶段才开始调整。评估人员通常会要求将工作成果提交给一个独立团队（可以是组织外部或内部团队），以评估合规性。除了过程合规性外，评估团队可能还会依赖独立的技术审核员来判断工作成果的质量，例如，TARA 是否充分考虑了与产品相关的所有威胁，或者技术对策是否被正确选择和实施。成功的评估将促成签署发布后的开发报告，表明产品已实现其所有预期的过程和技术目标。产品发布阶段范围内的工作成果如表 5.7 所示。

表 5.7 产品发布阶段范围内的工作成果

标准部分	范围内的工作成果
6.4.7 网络安全案例	[WP-06-02] 网络安全案例
6.4.8 网络安全评估	[WP-06-03] 网络安全评估报告
6.4.9 开发后发布	[WP-06-04] 开发后发布报告

注意：产品可以在多个成熟度级别发布（例如，α 版、β 版和生产意向版）。重要的是选择每个产品发布级别必须执行的网络安全活动。例如，即使仅发布一个用于路测的软件产品，也应进行漏洞扫描。同样，如果基础资产在不同发布版本之间是通用的，则无论发布类型如何都应该应用某些网络安全控制。例如，如果某些机器学习模型被认定为机密，那么即使发布仅用于台架测试，也应对其进行加密，以防止攻击者获取早期产品版本而导致信息泄露。

将产品认定为适合发布的生产意向版，为进入下一阶段奠定了基础，即制造和生产阶段。在接下来的阶段中，我们将考虑与网络安全相关的生产方面，这些方面在相关项和组件进入生产周期时必须予以考虑。

5.11 生产计划

产品发布意味着其已准备好投入生产。此时，它必须在制造环境中实际生产。无论是生产单个组件还是完整集成的车辆，在制造过程中实施网络安全措施都是确保系统在正常运行期间安全的重要环节。在设计阶段确定的开发后需求由系统集成商在生产阶段应用。所有这些活动都必须通过生产计划详细记录。例如，MCU/SoC 供应商可能会在制造过程中规定注入密钥或锁定特定接口的程序。如果芯片供应商负责执行此步骤，则这些程序必须记录在芯片供应商的生产计划中，或者记录在相应的集成商计划中，如 ECU 供应商的计划。同样，与 ECU 和车辆组装相关的开发后需求必须记录在各自的生产计划中。值得注意的是，如果 TARA 已充分分析制造流程，则网络安全对策预计将与制造过程集成。例如，在制造线中使用 HSM 来执行代码签名以及生成要在 ECU 进入生产状态前注入的包裹密钥必须已经到位。

对于软件组件，生产计划通常涉及二进制加密和代码签名方面。如果组件以加密形式交付，且供应商有意禁止软件修改，他们可能会选择在交付前用自己的私钥对其进行签名。如何签署代码，以及如何管理密钥的计划，可以记录在软件网络安全生产计划中。生产阶段范围内的工作成果如表 5.8 所示。

表 5.8 生产阶段范围内的工作成果

标准部分	范围内的工作成果
12 生产	[WP-12-01] 生产控制计划

> **注意**：预计 ECU 或硬件组件将有一个生产计划，尽管某些软件组件可能会被豁免。例如，集成到更大系统中的软件库可能不需要正式的生产计划。相反，只需在用户手册中详细说明该库如何安全地集成到更大系统中即可。

如果在设计过程早期不考虑制造因素，到了组件生产阶段再进行更改的可能性极小，因此必须在威胁和风险分析的早期阶段纳入制造工程师，以避免后期出现不必要的问题。图 5.7 所示为映射到网络安全风险管理的不同阶段。

随着产品退出生产阶段，它现在正进入运营与维护阶段。在下一节中，我们将了解确保产品在此阶段的网络安全，对于完成整个生命周期至关重要。

图 5.7 映射到网络安全风险管理的不同阶段

5.12 运营与维护

你已完成了自己的工作，产品现已投入使用。恭喜你——这值得庆祝！然而，不要忽视你的网络防御工作，现在已转变为事件响应。在图 5.7 所示的前三个阶段中，我们的目标是尽可能消除或减少风险。对于无法降低的风险，会给出接受风险或将其转移给其他方的理由。一旦进入运营与维护阶段，我们的目标是通过遵循一个识别和处理风险的流程，及时有效地应对新出现的风险。

当系统处于其实际环境中时，它会暴露在你在概念和设计阶段考虑的所有假设威胁中。此时，来自各个领域的攻击者可能会积极尝试破坏你的系统，因此在操作模式下维护网络安全是必不可少的。这可以通过两种主要方法来实现：

❑ 网络安全监控

❑ 事件响应和补救

运营阶段还涉及服务环节，这必须在威胁分析中予以考虑，以确保在此类事件中维护网络安全。例如，如果需要在经销商处更换 ECU，则必须制定网络安全程序，以确保新 ECU 能够安全配置。同样，如果执行诊断例程进行故障排除或重新刷新某个部件，必须考虑适当的诊断客户端认证机制。这一原则应扩展至所有车辆组件，以确保在不危及操作系统安全性的情况下进行故障分析。举例来说，启用 JTAG 调试一个故障部件不应导致全局密钥泄露，进而使生产意向系统处于不安全状态。

5.12.1 监控

首先，了解产品在该领域面临的新威胁至关重要。通过监控与你的产品相关的领域，你可以及时获知可能适用的漏洞信息。例如，如果你正在构建一个远程信息处理单元，那么跟踪针对手机和蜂窝网络基础设施的攻击对于识别相关漏洞就变得尤为重要。这需要建立一个流程来获取风险、筛选事件，并通过事件响应机制做出反应。图 5.8 所示为可用于识别潜在网络安全事件的典型信息来源：

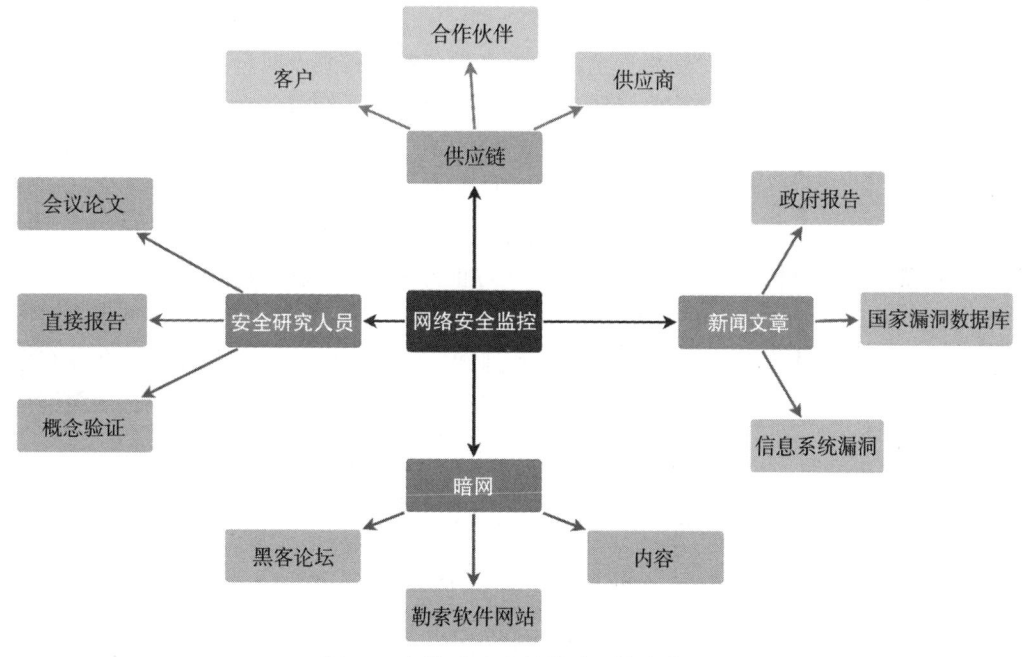

图 5.8 网络安全事件的典型信息来源

5.12.2 漏洞分析

在产品开发过程中，漏洞分析是识别和消除可被利用的安全弱点的关键工具。我们在"设计和实现"部分已经涉及了这一点，强调了需要将安全检查表和设计级威胁分析相结合来分析潜在的漏洞。

产品交付后，漏洞分析转变为分析事件，以确定系统是否受到影响及其影响程度的过程。假设一位研究人员联系了你的公司，声称你的某个 ECU 存在一个漏洞，可以通过诊断服务回拨车辆的里程表。首先，需要对该事件进行筛选，以确定问题是否适用于你的车辆，以及组织内哪些受影响部门需要参与。如果事件被确认为可能存在，团队会进行攻击路径分析，以确定利用该漏洞所需的攻击步骤。其可行性可以通过基于攻击潜力的方法或基于 CVSS 的方法进行评分。前者依赖于诸如 HEAVENS 之类的风险评分方法，而后者依赖于**事件响应与安全团队论坛**定义的可利用性指标。结合攻击路径分析来评估其影响，以确定总体网络安全风险等级。如果总体风险等级被证明高于组织可接受的阈值，则该漏洞将从分析阶段转移到管理阶段。

> **注意**：攻击路径分析不仅限于开发阶段执行的 TARA，它也是已发布产漏洞分析阶段中应用的重要工具。攻击路径分析的目的在于描述漏洞被利用的方式，以准确评估漏洞的严重性并确定是否需要修复。

5.12.3 漏洞管理

事件响应流程必须确保对网络安全漏洞或事件的报告得到及时分析和处理。建立完善的事件报告程序至关重要，它能为受影响方提供充足时间，制订包括准备和测试补丁在内的缓解计划。为漏洞分配一个唯一标识（如 JIRA 工单），并指派合适的人员跟踪解决方案，是确保漏洞得到有效管理的第一步。随后，团队需制订详细的事件响应计划，包括识别受影响方、向这些方传达缓解措施信息以及执行缓解措施的具体行动方案。同时，启动**根本原因分析**，以查明事件起因，并采取纠正措施防止再次发生。在某些情况下，如果缓解成本高于风险接受成本，OEM 可能选择接受风险而不采取缓解措施。例如，在里程表回拨的场景中，OEM 可能认为因里程表回拨导致的虚假保修索赔影响远小于修改软件和发布更新的成本（假设软件不再维护且无 OTA 机制）。无论采取何种决策，都必须详细记录缓解措施或风险接受的理由。漏洞管理阶段范围内的工作成果如表 5.9 所示。

表 5.9 漏洞管理阶段范围内的工作成果

标准部分	范围内的工作成果
8.3 网络安全监控	[WP-08-01] 网络安全信息来源 [WP-08-02] 触发因素 [WP-08-03] 网络安全事件
8.4 网络安全事件评估	[WP-08-04] 网络安全事件中的弱点
8.5 漏洞分析	[WP-08-05] 漏洞分析
8.6 漏洞管理	[WP-08-06] 漏洞管理证据
13.3 网络安全事件响应	[WP-13-01] 网络安全事件响应计划

5.12.4 更新

及时修补车辆系统漏洞的能力,是减轻新兴网络安全风险的关键方法。近年来,添加OTA 更新功能,已成为防止车辆系统处于不安全或潜在不安全状态的必要措施。除软件更新外,车辆系统还必须具备在绝对必要时接收硬件更新的能力。鉴于硬件变更成本显著,汽车公司有责任投资于网络安全工程系统,以避免必须进行物理更换组件的情况。这种情况可能发生在硬件包含不可修补漏洞时,例如,启动 ROM 错误可能导致安全启动被绕过。

在涵盖了运营与维护阶段后,从网络安全角度需要考虑的最后一个阶段是生命周期终止。下一节中,我们将探讨如何保护生命周期的这一最终环节,确保仍在使用的产品的安全,并保护各种利益相关者的资产。

5.13 生命周期终止

产品已达到其生命周期终点。此时,你可能认为系统不再面临攻击威胁,但事实并非如此。即使你已准备将该产品"埋葬",仍需要保护那些可能被决心发起攻击的攻击者"挖掘"出来的活跃资产,这些攻击者可能针对仍在使用和运行的产品发起攻击。例如,知识产权或用户个人数据可能仍可在准备报废的车辆中被访问。爱好者经常在电子商务平台上购买这类部件,因此产品必须有相应的程序将这些系统转换为安全状态,确保资产不被暴露。这可通过调用随机化密钥或清除用户机密的程序实现。生命周期终点还必须包括所有权变更事件,OEM 必须提供在所有权变更时移除个人身份信息(Personally Identifiable Information,PII)的程序。生命周期终止和退役阶段范围内的工作成果如表 5.10 所示。

表 5.10 生命周期终止和退役阶段范围内的工作成果

标准部分	范围内的工作成果
14.3 网络安全支持终止	[WP-14-01] 终止网络安全支持的沟通程序
14.4 退役	无

除了解决退役问题外,ISO/SAE 21434 还要求所有相关方明确规定网络安全支持的终止时间,以确保系统在其计划到期日之前得到充分支持。考虑到车辆可能在生产后 15 年以上仍在道路上行驶,与组件供应商就网络安全支持进行协商至关重要,以确保在供应商不再运营的情况下,你仍有方法维护和修补供应链中的关键产品。

5.14 总结

本章全面阐述了 ISO/SAE 21434 标准及其在实施系统化网络安全工程方法,以开发汽车系统中的关键作用。通过深入分析 V 型模型生命周期各阶段及其相互关联性,我们强调了在产品工程过程的每个环节都必须遵循安全设计原则的重要性。如本章所展示的,网络安全活动须贯穿整个过程，而非事后补充。我们的讨论突出了理解与该标准相关的各类工作成果的重要性及其在实现安全系统中的作用。此外，我们阐明了标准中规定的网络安全活动在系统生命周期内的适用性，从计划阶段直至生命周期终止。

总体而言，本章提供的见解强调了遵循 ISO/SAE 21434 标准进行系统化网络安全工程的必要性。采用这种方法将确保网络安全风险得到有效管控，从而为所有利益相关者创造更安全、更可靠的汽车系统。在下一章中，我们将探讨网络安全与功能安全之间的差异和交叉点。通过整合这两个领域的流程和技术工作成果，我们可以构建一个更加全面和稳健的汽车系统开发方法，以应对功能安全和网络安全风险。

在深入理解 ISO/SAE 21434 标准的基础上，我们将进一步探讨该网络安全标准与汽车功能安全标准 ISO 26262 之间的重叠和潜在冲突领域。

第 6 章

功能安全与网络安全的交互

对车辆中常见的 ECU 进行简单调查就会发现，大多数 ECU 都与安全息息相关。无论是制动、转向、动力系统还是电池管理系统，几乎每个车载系统的首要目标都是维护安全性。每当系统面临安全隐患时，就会采用一整套工程实践和方法来达到所需的安全完整性水平。这些做法旨在消除系统在使用过程中可能导致人身伤害的不合理安全风险。设计既安全可靠又能抵御网络攻击的汽车系统为汽车工程增添了新的维度，这是汽车网络安全与信息安全之间的主要区别之一。除了注重保护车辆和用户数据外，汽车网络安全还致力于消除可能对车辆及其环境产生物理影响的不合理安全风险。对许多汽车公司而言，功能安全实践已相对成熟，因此当涉及网络安全时，汽车公司自然倾向于调整现有的工程流程和实践，以尽可能减少对现有管理系统的影响。然而，相较于集成的功能安全、网络安全与质量管理系统，这种割裂的方式会不断产生不一致性和重复工作，从而导致成本增加和进度严重延误。本章将探讨如何将功能安全与网络安全管理系统集成起来，不仅消除冲突，还在整个开发生命周期中发掘协同效应。

本章将通过探讨以下主题来阐述这一问题：
- 两个标准的演进历程
- 统一与集成的方法
- 建立功能安全和网络安全的基本认知
- 扩展功能安全与质量支持过程
- 在概念阶段创造协同效应
- 在设计阶段寻找协同效应和冲突
- 安全编码实践与功能安全编码技术
- 在测试阶段寻找协同效应

6.1 两个标准的演进历程

ISO 26262 是系统地消除汽车系统中不合理安全风险的实际安全标准。它确立了一种结构化的统一方法，用于管理从概念阶段到退役的整个开发过程中的安全风险。该标准通过 12 个部分定义了所需的流程和指南，涵盖安全生命周期的各个方面，如管理、开发、生产和运营。这些部分采用分层结构，每个部分建立于前一个部分的基础之上，从而形成了一个全面的安全框架。

ISO/SAE 21434 标准与功能安全方面的同类标准类似，旨在指导汽车 OEM 和供应商通过系统化方法调整现有工程流程，以确保产品免受不合理的网络安全风险。比较这两个标准可以发现，它们具有高度的相似性，这源于它们共同基于 V 型模型的基础。此外，通过以类似功能安全标准的方式构建标准，具有功能安全背景的汽车工程师可以更好地过渡到网络安全领域。因此，ISO/SAE 21434 标准借鉴了许多功能安全中的术语，并在整个 V 型模型中对两个领域的活动进行对齐，功能安全与网络安全标准活动的映射如图 6.1 所示。

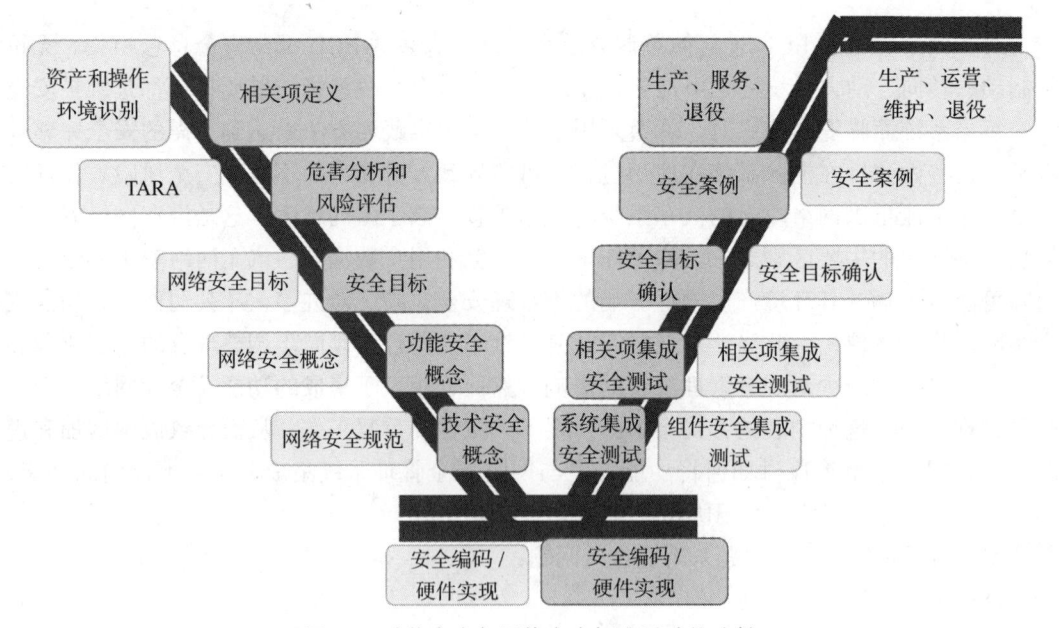

图 6.1 功能安全与网络安全标准活动的映射

从概念阶段开始，危害分析与风险评估（Hazard Analysis and Risk Assessment，HARA）类似于 TARA。安全目标和功能安全要求的定义，与网络安全目标和网络安全要求的定义如出一辙。这种类比还延伸到分析方法，例如，故障树分析（Fault Tree Analysis，FTA）与攻击树相对应，而故障模式影响分析（Fault Mode Effect Analysis，FMEA）与漏洞分析相对应。这种相似性一直延续到架构定义、编码以及集成和验证测试阶段。虽然这些类比意味着两种系统工程方法之间存在高度的协同效应，但在整个开发生命周期中必须仔细审查其独特方面，以解决出现的冲突。在本章中，我们将探讨每个阶段的协同效应和差异化领域，但首先，让我们探讨在结合这两个工程框架时必须遵循的方法类型。

6.2 统一与集成的方法

功能安全和网络安全的工程方法都涉及风险分析，通过设计和实施限制措施来保护系统。然而，它们各自采用了一套独特的方法、指南和工具来实现这一目标。显而易见，功能安全与网络安全工程的割裂会导致效率低下和大量返工，但在选择统一或集成的方法时，决策并不那么简单。简而言之，**统一方法**是指将功能安全和网络安全的工程方法和工作成果统一起来。例如，HARA 将扩展以覆盖恶意事件引发的危害，FMEA 也会扩展以考虑恶意原因导致的失效模式等。同样，功能安全和网络安全要求不再互相独立，而是将它们统一起来，以解决系统面临的这两个方面的问题。这将以统一协调的方式贯穿整个开发生命周期。由于功能安全和网络安全团队通常属于不同部门，且拥有不同的专业知识，因此让这些专家协同执行功能安全和网络安全活动并非易事。即使专家意见一致，但由于历史遗留问题，在现有功能安全成果中注入网络安全内容（或者反过来），将颇具挑战性。

此外，功能安全和网络安全分析方法及工具已高度成熟，但存在显著差异。统一方法需要整合这些方法和工具，这对现有工具链构成挑战。此外，该方法需要整合功能安全和网络安全专业人员的知识，使他们能够同时处理这两方面的问题。但实际上，功能安全和网络安全专业人员都具有独特的技能，并且不断在各自领域内深入专业化，这使得统一方法显得不切实际。

而**集成方法**旨在协调功能安全和网络安全流程，以识别两者之间的流程，并建立旨在发现和消除冲突的检查点。例如，在评估破坏场景的安全影响和考虑安全相关的破坏场景时，HARA 结果会对 TARA 产生影响。同样，可将功能安全要求纳入网络安全分析，以识别通过恶意代理操纵或禁用安全机制的方法。在每个开发里程碑处设立检查点进行跨学科审查，以确保能够检测冲突，例如错误处理策略与安全策略相矛盾。因此，集成方法将专家保持在两个不同的域，但通过定义两者之间的交互和执行交叉检查，可以确保他们不完全孤立地工作。这进一步体现在集成的工程管理过程中。对于工程师而言，流程框架应该是通用的，但每个人都会参考影响其领域的对应部分，同时查看整体流程，该流程结合了功能安全和网络安全活动。

图 6.2 所示为在概念、需求和设计阶段的集成流程，其中功能安全流程的输入被整合到网络安全流程中，通过交叉检查促使各领域的工作成果得到优化。在概念阶段，功能安全相关项定义被用于进行 TARA，TARA 会重用相关项定义的部分内容，但会调整相关项边界，并加入与网络安全非常相关的额外接口和运行环境参与者。此外，危害分析的功能安全影响将被纳入概念级 TARA 中损害场景的影响评级。由此产生的功能安全和网络安全需

求将由两个领域专家共同审核，以消除潜在冲突，然后再引入候选架构。功能安全分析和网络安全分析同步进行，从而对候选架构进行更新。每次变更都需要对功能安全和网络安全进行进一步迭代分析，直到架构达到稳定状态，并充分解决所有功能安全和网络安全风险。在这个集成流程方法的示例中，工程师可以清晰地把握各流程的依存关系，无须成为每个领域的专家。此外，保持工作成果模板的同步和一致性，避免对既有工作成果进行返工，有助于团队顺利适应新流程。因此，理想的情况是制订一个统一的流程，以协调的方式全面考虑所有功能安全和网络安全活动，但更实际的做法是统一重叠程度高的流程，并通过创建流程衔接点和跨职能检查点来整合具有根本差异的流程，以确保其输出的一致性和完整性。

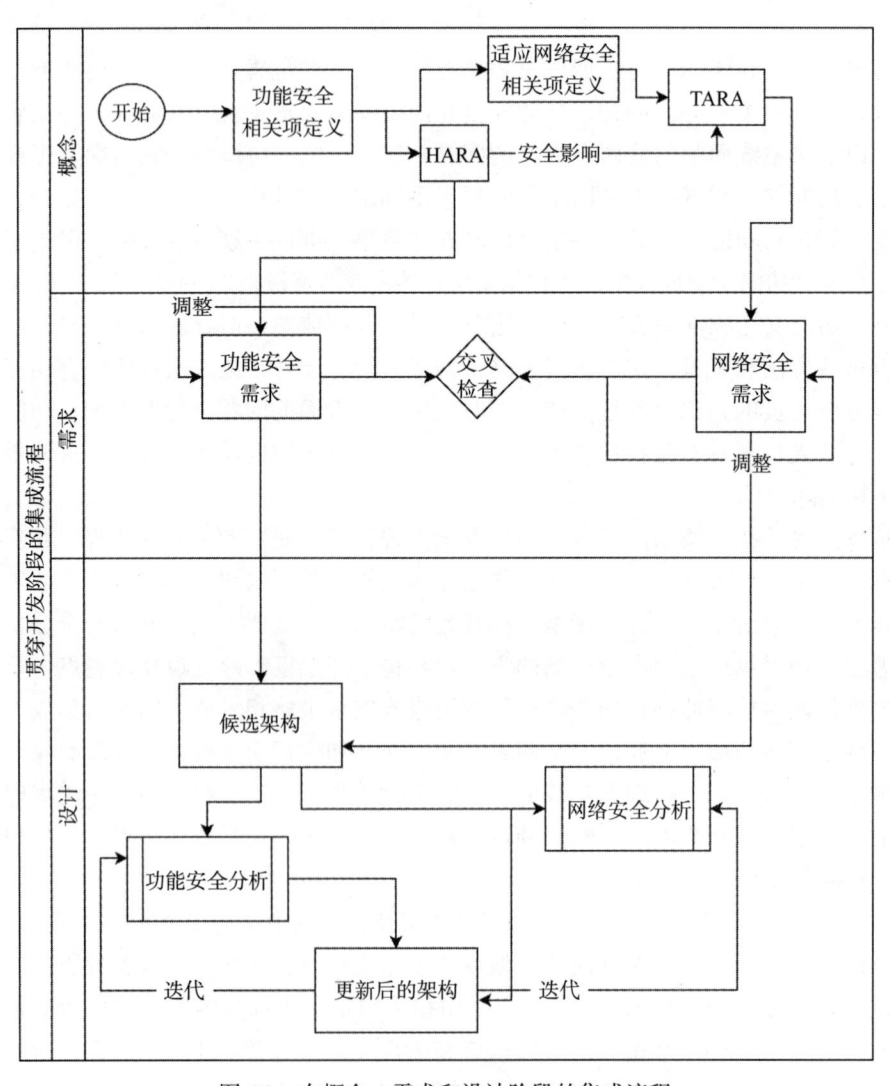

图 6.2　在概念、需求和设计阶段的集成流程

> **注意**：团队很容易在不断增加的设计迭代中迷失，从而导致项目进度严重延误。尽管出发点是好的，但设定明确的设计迭代限制至关重要，以避免陷入分析瘫痪。跨领域协作的前提是具备基本的功能安全和网络安全素养。

为实现高效的跨领域协作，首要前提是掌握功能安全和网络安全的基础知识。我们将在下一节中深入探讨这一主题。

6.3 建立对功能安全和网络安全的基本认知

实施功能安全与网络安全工程的综合方法，将促进功能安全团队与网络安全团队之间的交流。这两个团队从不同角度分析风险，并在产品生命周期的不同阶段（如制造、开发和测试）发挥作用。尽管不要求任何一个团队完全精通对方的领域，但让每个领域的从业者熟悉彼此的术语、概念，以及一般方法和工具是很有价值的。这有助于在对话中理解各自关注的领域，以及从不同角度理解这些问题的重要性。让我们通过一个例子来说明缺乏共同理解如何给功能安全与网络安全关键系统带来实际问题。在对控制系统启动方式进行功能安全分析时，功能安全工程师发现描述启动链的特定配置结构中罕见的损坏将导致系统无法启动。由于风险仅限于初始化阶段，最坏的结果是系统无法运行，因此他们认为该风险不会影响安全。从技术角度看，一个无法启动的系统是安全的，因为它无法执行任何其他操作。他们甚至进一步声称即使损坏是由恶意因素引起的，也无须缓解这种风险，因为无法运行的系统不会造成任何伤害，所以不会导致危险事件。虽然从功能安全角度来看，这种影响分析是正确的，但如果攻击能够损坏该配置结构并导致启动失败，将会带来重大财务和运营影响（例如，可能使车辆无法使用），使其成为一个重大的网络安全风险。试想一下，假设这种攻击使成千上万甚至数百万个 ECU 处于瘫痪状态，这将导致大规模召回，给汽车制造商造成严重的财务损失，并给车主带来巨大不便。虽然设置交叉检查应该可以防止忽视这种风险，但仅仅依靠交叉检查意味着在某些情况下检查可能会被遗漏，这种风险可能会进入产品。因此，必须让功能安全和网络安全从业者都具备基本知识，以了解每个领域的独特之处，使他们能够熟悉彼此的专业知识。此外，通过要求所有工程师（无论专业领域如何）接受特定的入门培训，包括网络安全工程师在内的所有工程师都将熟悉功能安全的基本术语，例如汽车安全完整性等级（Automotive Safety Integrity Level，ASIL）的含义、各种故障指标、安全机制的类型，以及不同的安全方法和工具。

> **注意**：ASIL 是 ISO 26262 功能安全标准中概述的风险分类框架，它反映了开发过程中所需的严谨性，以确保特定的汽车功能满足所需的安全措施。ASIL 的等级范围为 ASIL A 到 ASIL D，其中 ASIL A 表示最低的安全要求，发生故障后影响最小，ASIL D 表示最严格的安全要求和流程，一旦发生故障，可能导致致命后果。确定这些级别的依

据是对故障严重程度的评估、发生的可能性（暴露程度）及其可控性（系统发生故障时驾驶员处理情况的能力）。

同样，功能安全工程师也应熟悉网络安全的基本术语，例如资产定义、网络安全中考虑的各种影响、安全漏洞类别、安全控制类型，以及独特的网络安全方法和工具。对于让来自两个领域的从业者使用共同的语言交流，而无须过度涉足各自的专业领域，这些知识至关重要。为了引入这种共同理解，我们通过研究功能安全和网络安全的差异和相互依赖性来探讨网络安全和功能安全之所以独特的一些基本方面。

6.3.1 理解两个领域的特性及其相互依赖关系

如果你曾参加过功能安全与网络安全专家的联合会议，就会经常看到经验丰富的工程师将关于系统故障和危险的讨论与安全攻击和损害的讨论混为一谈。当缺乏正确的视角时，就很容易混淆术语，并无意中扩大了本应纯粹从功能安全或网络安全角度考虑的风险。为避免这种混淆，我们将深入探讨这两个领域之间的差异和相互依赖性。

6.3.2 功能安全与网络安全的差异

1. 关注范围的差异

功能安全与网络安全的一个根本区别在于其关注范围。从故障的角度看，功能安全主要关注的是降低因系统性或随机硬件故障导致危险事件的风险。这是一个有限集合中的搜索，会随着时间的推移而趋于稳定。相比之下，网络安全关注的是降低攻击所导致的风险，这些风险不仅包括危险事件，还涉及系统运行中断、财务损失和隐私侵犯。功能安全与网络安全分析和交叉领域范畴的差异如图 6.3 所示。

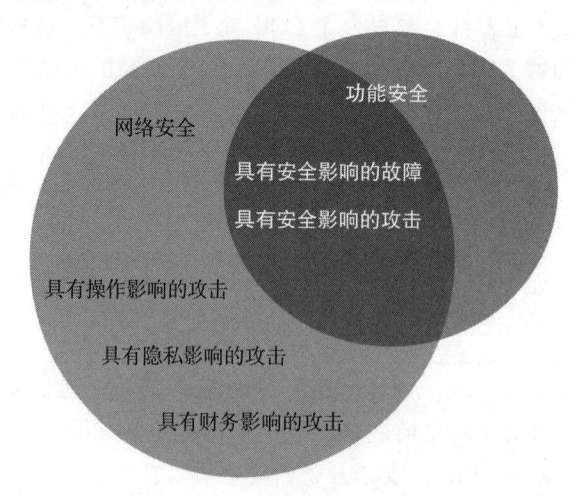

图 6.3 功能安全与网络安全分析和交叉领域范畴的差异

直观地看，网络安全的搜索空间比功能安全的更为广泛。此外，一旦所有安全故障原因都被考虑在内，那么它们对于特定系统来说仍然是已知且固定的。基于汽车的制造数量（比如数百万辆）和行驶里程（比如数千公里），功能安全关键的缺陷很快就能被识别出来。因此，发现开发过程中遗漏的功能安全缺陷的可能性一开始很低，随着时间的推移最终趋于零。相比之下，网络安全工程面对的是不断演变的智能攻击空间，其中恶意因素持续变化。这意味着一个系统可能一开始处于高度安全状态，未知的安全关键缺陷极少；但随着时间的推移，由于攻击者能力提高，系统的安全强度逐渐减弱，而内置的网络安全防御措施却保持不变。例如，为特定 CPU 指令集编写的软件包含功能安全和网络安全功能。在 CPU 架构上运行多年而未出现缺陷后，其硬件安全功能被认为是可靠的。然而，在此期间，研究人员发现了一类基于推测执行的 CPU 架构弱点，导致安全功能暴露于基于时间的侧信道攻击之下。突然间，一度安全且可靠的系统变得不安全，可能对系统的安全产生影响。此外，智能攻击者的这一维度使得网络安全工程师难以全面掌握整个恶意因素的搜索空间，因为新的网络安全漏洞和攻击方式不断涌现。因此，评估网络安全威胁与评估功能安全隐患有着本质区别。这些威胁的来源涵盖了极为广泛的可能情况，因此很难有一个专家能够考虑所有威胁和潜在的缓解措施。尽管网络安全专家可能专注于某些领域（如硬件和软件安全），但网络安全要求更细致、更专业化，因为网络安全专家在网络安全方面的技能与专攻 CPU 和微架构安全的专家的技能存在显著差异。虽然安全原则相同，但每个专业领域存在的漏洞类型以及所需的缓解措施都是多样且不断演变的。

2. 依赖程度的差异

另一个根本区别在于两个领域之间的相互依赖程度。尽管网络安全工程对于确保系统免受不合理安全风险影响至关重要，但它无法消除所有源于恶意因素的安全威胁。从某种意义上说，网络安全工程是功能安全的前提条件，因为它可以保障系统满足其功能安全需求的能力。以一个系统为例，该系统设计旨在消除在较低 ASIL（如 QM）开发的软件元素与较高 ASIL（如 ASIL D）软件之间的干扰。实施**空间隔离机制**可以证明系统能够抵御可能影响 ASIL D 软件的瞬时和系统性故障。假设 QM 软件负责发送和接收网络报文，这使其面临基于网络的攻击风险。如果攻击者成功对 QM 软件进行代码注入攻击，可能会发现禁用功能安全定义的空间隔离机制的方法，进而导致该软件干扰 ASIL D 软件。这种情况之所以可能发生，是因为功能安全分析仅考虑了非恶意因素导致的故障，例如 QM 软件可能意外尝试写入 ASIL D 软件的内存。因此，功能安全分析未考虑到 QM 软件可能被赋予较高的特权级别，允许其重新配置内存管理单元（Memory Management Unit，MMU）以禁用内存隔离。只有在进行网络安全分析时，才会分析恶意因素，并考虑多个成功攻击步骤的可能性。这导致了增加额外的网络安全控制措施来缓解相关威胁，例如，从 QM 和 ASIL D 软件中移除不必要的特权，以防止其中任何一个违反空间隔离规则。因此，网络安全方法可以被视为系统维持功能安全目标的重要促进因素，尤其是在故障由恶意因素引起时。

> **多点故障与多攻击步骤**：尽管功能安全考虑多点故障，但分析的故障顺序很少超过三个。这在功能安全中是合理的，因为三个或更多独立事件同时发生导致故障的概率极低。相反，通过攻击触发的故障很容易超过三个，因为攻击者可能构建复杂的攻击链来破坏系统。

相比之下，开发一个被证明是功能安全的系统有助于提升安全性，但不足以证明该系统具备网络安全性。按照功能安全标准开发的系统隐式地表明它符合稳健的质量管理体系［ISO 26262（参考了 ASPICE）、ISO 9001 和 IATF 16949］要求。这自然加强了质量论证，而质量是网络安全的前提条件。尽管一个安全且可靠的系统不太可能包含可能成为漏洞的缺陷，但它并不一定没有设计缺陷，这些缺陷可能会被网络攻击利用。在本章的后续部分，我们将看到，按照功能安全标准开发的系统引入了许多可以与网络安全需求互补的方法和工具，帮助满足网络安全的期望。

3. 风险分析技术的差异

另一个显著的差异体现在风险分析技术上。以攻击可行性评估为例，它考虑了不断变化的因素，如攻击者对系统的了解、他们的专业水平以及进行攻击所需的设备。对于功能安全来说，给定一组固定的危险场景和稳定的运行环境，功能安全风险水平应当随着时间变化保持不变。而在网络安全方面，即使系统保持不变且运行环境没有变化，先前定义的威胁的攻击可行性却可能随时间增加。比如，考虑一个加密功能及其相关的加密密钥的网络安全强度。随着时间推移，攻击者的计算能力不断提升，可能使原本安全的密钥强度无法抵御更复杂的密码分析攻击。因此，TARA 结果需要定期更新，以应对新发现的漏洞和攻击手段，这些手段可能会提高先前已接受的风险水平。除了这些风险评估方法外，两个领域在分析方法上也存在显著差异。接下来，我们将探讨一些常用的功能安全分析方法，并展示它们与网络安全分析方法的区别。

- **危害与可操作性分析**（Hazard and Operability，HAZOP）是一种风险评估方法，用于识别汽车系统设计和运行中潜在的危险和操作问题。在对汽车系统进行 HAZOP 分析时，专家团队系统性地审查系统，并通过一组标准化的引导词识别出偏离预期设计或操作参数的情况，这些偏差可能会导致危险情境发生。分析过程会考虑形成每种偏差的可能原因，并评估潜在事件的发生概率和严重性。例如，在汽车系统的 HAZOP 分析中，可能识别出的危险包括制动失效、转向故障、发动机熄火、电气系统故障等，还可能考虑由外部因素（例如恶劣天气或道路状况）引发的潜在危险。
- **FTA** 是一种自顶向下的安全分析方法，用于在功能安全工程中识别导致系统故障或事故的潜在原因。FTA 通过识别和分析可能导致系统或组件故障的各种故障或事件组合来工作。在 FTA 中会创建一个故障树，列出可能导致系统故障的不同场景。故障树将系统分解为各种组件和子系统，然后识别可能导致每个组件或子系统故障的故障或事件。每个被识别出的故障或事件都在故障树中表示为一个节点，不同事件组合导致系统故障的路径通过树中的分支和链接来表示。该分析考虑了每个事件发生的概率，并评估了出现系统故障的整体可能性。
- FMEA 是一种自底向上的方法，广泛应用于工程和制造领域，用于识别系统或流程中的潜在故障并制订预防或减轻这些故障的策略。FMEA 技术包括将系统或流程分解为组件或步骤，识别每个组件或步骤的潜在故障模式，并分析这些故障的潜在后果。在 FMEA 过程中，专家团队会系统地评估每个潜在故障模式的发生概率、严重程度以及可检测性。随后，基于这些信息为每个故障模式分配一个风险优先级编号（Risk Priority Number，RPN），该编号是一种相对的定性风险度量，而非绝对的定量评估。一旦识别并分析出潜在的故障模式，FMEA 团队便可以制订预防或缓解故障的策略。这可能包括重新设计组件或流程，以降低故障模式发生的概率，实施额外的测试或检查程序，以检测潜在故障，或制订应急计划，尽量降低无法预防的故障的影响。
- 关键路径分析（Critical Path Analysis，CPA）是一种基于系统元素之间顺序调用流（即所谓的"关键路径"）的演绎方法。该分析从特定用例的关键路径创建开始，以功能安全目标或功能安全需求的输出为起点，沿着所有受影响的元素接口路径，采用自顶向下的方式识别可能的故障原因。通过这种分析，可以提出额外的功能安全措施，以应对可能导致违反功能安全目标的故障模式。

相比之下，网络安全依赖于一套与安全分析方法并行的不同方法。
- 基于资产和交互的威胁建模是一种风险分析方法，通过关注资产或研究跨越信任边界的交互来识别作用于系统的威胁。类似于 HAZOP 用于识别危险，威胁建模的目标是识别潜在的威胁。在基于资产的方法中，可以使用类似 STRIDE（欺骗、篡改、否认、信息泄露、拒绝服务、特权提升）的威胁模型来揭示针对每个资产的网络安全属性的威胁。列举系统范围内的所有威胁是探讨这些威胁可能被利用的攻击方式的基础步骤。而在基于交互的威胁建模中，系统的模型通过暴露元素之间跨越信任边界的交互来进行分析。根据交互的类型、来源和目的地，可以探索一组预定义的威胁。
- 攻击路径分析的结构与 FTA 类似，通过将高层次威胁分解为一系列攻击步骤，揭示实现顶层事件所需的具体操作。该分析的最终结果是一棵攻击树，这一树状结构提供了系统如何被攻击的可视化表示，从根节点（威胁和损害场景）开始，沿着树结构遍历，识别出具体的攻击方法和相应的攻击步骤。每条攻击路径都会被赋予攻击可行性等级，以便进行风险评估。
- 弱点分析类似于 FMEA，都是采用自底向上的方式，旨在探索现有功能中的常见弱点，并确定这些弱点是否存在于系统中。不同的是，FMEA 关注的是由于随机和系统性故障导致的组件失效，而弱点分析的目标是揭示一个或多个组件缺陷，这些缺陷可能被恶意攻击者利用，从而实现攻击目标。一旦发现弱点，便可以构建攻击路径，评估攻击的可行性，并决定适当的缓解措施。

❑ **信息流分析**是一种网络安全技术，通过检查系统或网络中信息的流动情况来识别潜在的缺陷或安全漏洞。该方法用于理解信息在系统中传输的路径，并识别攻击者可能利用的任何薄弱点。通过分析信息流，网络安全专家能够深入了解数据的处理方式，以及网络安全资产是否暴露于未处理的威胁之中。信息流分析特别适用于识别与数据泄露、未授权访问等相关的风险，这些风险可能在敏感信息在多个系统或网络间共享时出现。

了解不同的分析方法可以帮助功能安全和网络安全从业者发现共享分析成果的途径。例如，用于 FTA 和 CPA 的系统图可以用于加速创建数据流图，后者在基于资产的威胁建模和信息流分析中是必需的。同样，在 FMEA 中使用的功能也可用于揭示可诱发相同故障模式效应的弱点和攻击场景。

6.3.3 功能安全与网络安全需求之间相互依赖程度的差异

理解功能安全与网络安全需求及其对策之间关系的分类有助于优化资源配置、降低成本，并提高系统的整体可靠性和安全性。在考虑功能安全与网络安全需求之间的关系时，有四种可能性需要关注：依赖、增效、对立以及独立性。

❑ **依赖**：当功能安全或网络安全需求的实现依赖于另一个领域需求的满足时，就存在这种关系。例如，防止 QM 软件与更高级别 ASIL 软件之间时间干扰的安全需求，依赖于保护 QM 和 ASIL 软件免受恶意攻击的安全措施，这些攻击可能会违反 ASIL 软件的时间性能。相反，检测 DoS 攻击的网络安全需求可能依赖于能够识别资源因故障或攻击而停止响应的功能安全监测措施。显然，在这些情况下，任何一方都无法在不依赖另一方的情况下完全满足需求。

❑ **增效**：当满足功能安全需求或采取措施能够促进网络安全时，就会产生这种关系，从而优化资源和降低成本。尽管与相互依赖关系相似，但主要区别在于功能安全和网络安全措施相互加强彼此的目标。从理论上讲，这些目标可以独立实现，但由于措施产出存在重叠，因此我们称之为协同关系。一个著名的协同措施的例子是使用 MAC 或哈希值来保护报文的完整性，以替代 CRC。由于 MAC 或已签名哈希值提供了更强的数据完整性保证，并且提供了额外的安全优势（防止报文伪造），因此可以用来实现报文的安全完整性保护。

❑ **对立**：当功能安全和网络安全的需求或措施导致冲突结果时，便形成了这种关系。一个典型的例子是，当发生事故时，为避免人员被困，功能安全分析可能提出的要求是进行事故检测时车窗应开启；然而，针对未经授权的解锁风险，网络安全分析则要求车窗保持关闭，除非由车主发起授权操作。这两个要求相互冲突，因此需要协调目标，充分考虑所有可能的场景。

❑ **独立性**：当功能安全和网络安全的要求或措施之间没有相互作用时，即为独立关系。明确标记要求为独立关系对于避免误判协同关系至关重要。例如，双 CAN 通道的使用可以提高系统可用性，以确保安全性。然而，如果攻击者能够使一个 CAN 总线超载，那么他们也可能通过更多手段使第二条总线超载。未经充分分析攻击可行性就假定双 CAN 通道可抵御 DoS 攻击是常见误区。为了防止这种误判，应在进行跨职能的功能安全与网络安全分析后，明确标记需求或控制措施为共同点。

了解了功能安全和网络安全领域的不同之处后，可以预见在开发生命周期的各阶段，这两个领域的需求会产生冲突。因此，提前准备应对这些冲突对于制定有效的解决策略至关重要。

6.3.4 冲突解决

即使设立了检查点来识别和解决功能安全与网络安全之间的相互依赖关系，在实际操作中，暂停功能安全工程以进行冲突解决（或反之）依然具有很大的挑战性，尤其在不同团队步调不一的快速项目中更是如此。除非团队完全整合、流程高度同步，否则冲突解决只能在特定的检查点或阶段进行，这也意味着问题可能会在开发周期后期才被发现，导致不必要的返工。

为了帮助解决冲突，团队应制定政策，对两者发生冲突时的优先顺序规则进行规范。以下是组织可以定义的一些冲突解决规则示例：

- 如果网络安全需求或设计决策损害了功能安全目标，则通过修改网络安全需求或设计来优先考虑功能安全目标。
- 如果网络安全需求应对的财务影响与功能安全需求中处理生命损失相冲突，则优先考虑功能安全需求。
- 如果功能安全需要捕获网络安全敏感信息以协助故障分析，则优先考虑禁止此类日志记录的网络安全需求。

随着组织的成熟度提高，冲突领域不断被识别，冲突解决规则也将不断完善。除了明确如何解决冲突，建立一个能识别冲突并提供解决途径的流程同样至关重要。

在本章的其余部分，我们将从管理流程开始，探讨协同作用和冲突领域如何在开发生命周期的各个阶段发挥作用。

6.4 扩展功能安全和质量支持过程

引入网络安全管理流程的常见挑战在于如何将其与现有流程整合。

为了应对这一挑战，我们首先假设已有质量管理团队负责维护整体开发生命周期，例如，定义并维护一个通用的工程开发手册。通常也会有功能安全工程团队在标准工程实践之上建立一层安全实践，例如通过系统 ASIL 期望管理流程，对需求进行安全覆盖描述。首要的难题是如何调整质量和功能安全工程流程，以包含网络安全活动。自然的步骤是对照现有的功能安全和质量工程实践，进行 ISO/SAE 21434 的**差距分析**，以确定如何集成网络安全流程要求。要准确映射不同领域的流程区域，必须深入理解 ISO/SAE 21434 和 ISO

26262 的流程要求，并需要一个熟悉现有工程流程的团队来高效识别差距。需要理解的是，尽管功能安全和可靠的实践对开发网络安全系统是必要的，但它们不足以构建具备韧性的网络安全系统。因此，有必要增加一层网络安全流程，补充功能安全和质量实践，以满足所有相关工程标准的要求。在质量管理系统中，支持性流程（如需求管理、配置管理和文档管理）可以找到协同之处。在调整这些流程时，务必考虑这些管理系统的网络安全风险。例如，配置管理需要管理含敏感内容的网络安全工作产品，并进行特殊处理。类似地，文档管理流程需要标记文件的机密性等级，并确保有合适的流程来审批访问权限。

表 6.1 所示为功能安全和网络安全领域工作成果之间的映射，这些工作成果需要作为协调和对齐的目标。接下来，我们将逐一介绍这些活动，指出协同作用和关键接触点，并深入探讨每个具体的主题。

表 6.1 功能安全与网络安全领域工作成果的映射

功能安全工作成果	网络安全工作成果	协调范围
功能安全计划	网络安全计划	根据 ISO/SAE 21434 的要求，在功能安全计划之后制订网络安全计划。创建两个计划之间的跨职能链接。利用复杂性管理、重用组件和现有组件列表等常见方面
设计接口协议	CSIA	在设计接口协议之后制定 CSIA，同时捕获 CSIA 中的具体网络安全工作成果。利用通用的方法在文档中进行批准和签字。当这些文档针对共同成果启动时进行对齐，以同时实现功能安全和网络安全需求
功能安全相关项定义	网络安全相关项定义	重用功能安全中的相关项定义，但要指定必须捕获的与外部接口和操作环境相关的不同方面。预计将有两个版本的项目定义，并通过链接使它们保持同步
功能安全目标	网络安全目标	建立跨职能审查
功能安全概念	网络安全概念	建立跨职能审查
功能安全需求和架构规范	网络安全规范	建议使用带有功能安全和网络安全标记的通用需求和架构文档，并使用覆盖层以便于追溯
功能安全编码和设计指南	网络安全编码和设计指南	协调流程和指南，确保工程师可以遵循一套通用的工具来执行指南。如果可能，统一功能安全和网络安全设计原则，强调工程师在设计时需要同时考虑这两个方面
功能安全测试	网络安全测试	在功能安全测试计划之后制订网络安全测试计划。定义新测试方法以解决网络安全问题，同时利用通用的测试基础设施
功能安全工作成果	网络安全工作成果	协调范围
功能安全确认	网络安全确认	根据功能安全确认计划制订网络安全确认计划，同时关注方法和工具上的差异
功能安全案例	网络安全案例	根据功能安全案例制定网络安全案例，以产生熟悉且一致的格式。目标是创建一个统一的可靠性案例，捕获系统既安全又可靠的整体证据
功能安全手册	网络安全手册	在功能安全手册之后制定网络安全手册，以避免中断现有的捕获分配给用户的需求的流程，确保产品安全集成。建立手册之间的链接，并对发布节奏进行对齐，以便客户使用

(续)

功能安全工作成果	网络安全工作成果	协调范围
功能安全评估报告	网络安全评估报告	对流程进行对齐，确保评估按顺序进行，以最小化不同步评估导致的返工
开发后发布报告	开发后发布报告	在功能安全报告之后制订网络安全报告，同时捕获网络安全发布条件的独特方面。利用通用的批准和签字格式
功能安全生产控制计划	网络安全生产控制计划	在功能安全生产控制计划之后制订网络安全生产控制计划，重点关注生产过程中应用网络安全控制的不同方面。执行跨职能审查，以消除潜在的冲突生产要求
功能安全支持终止	网络安全支持终止	对终止支持的流程进行对齐

6.4.1 计划

首先，我们考察功能安全计划，该计划反映了网络安全计划的内容。如第5章所述，网络安全计划需要展示系统的网络安全相关性、计划的网络安全活动以及其他方面，例如旧组件的重用、**现有组件**的处理和非特定场景的组件。使用统一的网络安全计划模板能确保团队制订出完整且一致的网络安全计划。实际上，无须从头开始设计网络安全计划模板，可以参考功能安全计划模板，借鉴其中通用或可适配的部分。这一过程会让人迅速意识到ISO/SAE 21434在很大程度上是以功能安全标准为蓝本的，这样设计正是为了帮助已在功能安全合规工程流程上投入大量资源的汽车企业更容易地引入网络安全需求。功能安全计划和网络安全计划的一个重要内容是记录角色和职责，以此展示项目已配备适当人员来执行规划的功能安全活动和网络安全活动。采用通用的资源管理文件来记录功能安全和网络安全角色，能确保角色分配清晰一致，方便工程师快速查找相关资源，例如相关项的功能安全或网络安全负责人。此外，功能安全计划中的**现有组件**列表也可以为网络安全评估的组件清单提供基础。建议使用单一的供应商接口来统一沟通渠道，这样所有功能安全和网络安全问题都能得到有效答复。在重用分析中，功能安全计划中提到的重用组件清单可以共享，以准备网络安全计划的重用论证。例如，组件的更改程度、操作环境的变化，以及用例是否发生变更，这些信息都可以从功能安全重用分析中继承，以评估网络安全活动的影响。然而，尽管使用的上下文可以共享，但网络安全活动重用的论证必须从网络安全角度严格进行。比如，一个计划在不同项目版本之间重用的网络驱动程序，尽管在功能安全方面没有变化，但由于车辆架构的变化，系统可能会面临更多的威胁向量，从而导致威胁模型不同。因此，需要制订单独的指南，明确何时可以从其他项目版本中继承网络安全工作成果，何时需要更新或完全重做。

6.4.2 供应商管理

在供应商管理方面，CSIA可以与功能安全设计接口协议（Design Interface Agreement，DIA）共享类似的结构和格式。建议你在DIA模板的基础上进行调整，将功能安全工作成果替换为网络安全工作成果。为了便于采用，可以在两个文档之间共享责任分配和审批程序等字段。由于许多供应商产品可能同时与功能安全和网络安全相关，因此重要的是要协调这些流程，以确保 CSIA 和 DIA 在相同的项目里程碑上同时触发，包括使用相同的供应商管理团队，或者至少让负责功能安全和网络安全的人知道每个协议的进展情况。即使计划接收某些功能安全工作成果，协调网络安全工作成果的交付也是有益的，以避免多轮产品集成。尽管功能安全 DIA 和 CSIA 之间有显著的重叠，但二者的一个主要区别在于对维护和生命周期终止支持的处理。经过 20 年的实际使用后，发现重大功能安全相关软件缺陷的可能性几乎为零。相反，发现网络安全相关漏洞的可能性依然存在。因此，在制定维护和生命周期终止支持条款时，必须考虑网络安全因素，因为软件、硬件和工具可能需要在超出正常功能安全产品支持期的情况下保持支持状态。

6.4.3 概念

随着我们从项目管理活动过渡到工程活动，功能安全和网络安全之间的相关项定义成为整合和协调的首要候选项。利用功能安全方面的相关项定义，例如相关项功能、操作环境和接口，可以为从网络安全角度准备相关项定义提供良好的开端。网络安全工程师必须对功能安全相关项定义进行调整，以揭示操作环境中可能遗漏的与网络安全相关的实体，并考虑那些虽然与功能安全无关但仍具有网络安全相关性的接口。例如，在功能安全相关项定义中，外部车辆接口（如蓝牙或 Wi-Fi）可能会被忽视，因为它们被视为提供驾驶便利功能的渠道，而非与功能安全相关的功能（如 ADAS）所需的接口。然而，从网络安全的角度来看，考虑这些接口对于准确定义攻击路径和评估攻击可行性至关重要。同样，一些工具（如诊断客户端或调试设备）可能会引入新的网络安全威胁，而在功能安全相关项定义中因其与功能安全无关而被遗漏。这些工具必须被纳入考量，以便全面评估来自操作环境的所有威胁。最后，调整相关项边界以纳入与网络安全分析相关的其他系统组件也是必要的。

在我们进入网络安全概念的定义阶段时，建立功能安全与网络安全目标及其需求之间的交叉审查程序非常重要。功能安全从业人员了解网络安全目标尤为重要，因为这些目标是网络安全需要防范恶意攻击的关键。同时，对功能安全和网络安全需求进行跨职能审查可以帮助识别不一致之处，甚至潜在的冲突。在捕获功能安全和网络安全需求时，使用一个通用的需求管理系统是很自然的做法。将安全需求管理计划进行调整以包含网络安全需求管理也是一个良好实践，能够避免流程的分歧。此外，有效标识需求是与功能安全相关的、与网络安全相关的，还是具有双重目的，也有助于实现与更高层次目标和需求的可追溯性。

6.4.4 设计

同样，在架构定义方面，依靠独立的架构文档来捕捉功能安全和网络安全方面的信息不切实际。相反，应该利用一个共同的架构规范，以支持功能安全和网络安全需求与架构规范之间的可追溯性。拥有一个共同的架构规范对于简化功能安全和网络安全分析也至关重要，能够避免团队忽视某些重叠的架构方面，从而导致双方分析的不完整。

6.4.5 实现

在实现过程中，功能安全和网络安全域都期望遵循编码和设计指南，以防止出现软件和设计缺陷。功能安全设计原则与网络安全设计原则有许多相似之处，因为它们的共同目标是构建可靠和高效的系统，工程师应遵循一致的原则，而不是在两个领域之间不断切换，因此，建议将这些设计指南统一起来。虽然这一点显而易见，但要熟悉功能安全和网络安全设计原则，仍需要有意识地努力，以建立共同的理解水平。这是一个交叉素养至关重要的领域，以确保设计选择在关注功能安全和网络安全时同样重视并有明确的意图。

同样，在编码实践方面，了解功能安全和网络安全编码规则对于编写无缺陷和无弱点的代码至关重要。此外，使用统一的工具集进行功能安全和网络安全静态代码检查，有助于识别规则违规并更新代码。再次强调，这些代码检查不能孤立地进行；否则，相同的软件可能会经历多次迭代，直到修复所有功能安全和网络安全编码违规。相反，组织应该建立统一的流程，在特定事件（如代码提交）或达到特定发布里程碑时强制执行编码规则检查。

6.4.6 测试和确认

进入测试和确认阶段，我们认识到可以利用功能安全测试和确认计划来定义网络安全测试和确认计划。同样，应尽可能在两个领域间共享测试环境。虽然测试方法可能不同，但只要有可能，提供网络安全需求覆盖的测试用例应利用功能安全需求，反之，提供功能安全需求覆盖的测试用例应利用网络安全需求。

6.4.7 发布

随着接近发布阶段，我们首先会看到功能安全和网络安全手册之间的协同作用。这些手册旨在与系统集成商共享，包含必须遵循的要求，以确保系统安全且可靠地集成。因此，这些手册在结构和范围上应具有高度的相似性。创建这些手册内容的过程应尽可能协调。例如，在概念阶段识别出的危险或威胁，如果其缓解措施分配给一个或多个车辆组件，则应分别纳入功能安全和网络安全手册。同样，针对车辆操作环境的共同要求也应在这两本手册中体现。这需要能够轻松交叉引用两份文档之间的内容，以避免偏离。

在准备网络安全案例时，应以功能安全案例作为参考模型，收集有关产品网络安全保证水平的证据，这是产品发布的先决条件。理想情况下，应针对共同的功能安全和网络安全案例工作成果，因为功能安全和网络安全的论证可以相互补充和强化。然而，当无法实现共同案例时，两份文件应采用相同的格式和结构，因为它们都依赖于类似的流程和输入源。同样，功能安全和网络安全评估报告也可以相互借鉴。更为重要的是，在项目里程碑期间，应协调功能安全和网络安全评估的执行，确保能够同步解决功能安全和网络安全发现的问题，避免触发不必要的重新评估工作。功能安全和网络安全的产品发布审批流程是协调的理想对象，以确保所有产品风险都以一致的方式呈现给审批机构，从而提供发布准备状态的全面概览。

6.4.8 生产

进入生产阶段后，功能安全和网络安全的生产控制计划应协调一致，以便在生产环境中更有效地执行计划。必须注意确保那些对功能安全至关重要的生产步骤（如终端测试），不会因暴露资产或在生产阶段结束后遗留可利用的测试程序而产生残余的网络安全风险。为消除计划之间可能存在的冲突，需要进行交叉审查。

6.4.9 生命周期终止

功能安全和网络安全生命周期终止支持的定义需要协调一致，以解决监控和支持方面的问题。尽管 ISO 26262 要求在现场监控以检测可能构成不合理风险的未知故障，但网络安全标准更强调由于新出现的威胁和新发现的漏洞而需要持续监控网络安全事件的必要性。这项监控活动需要专门的资源，定期通过各种渠道的漏洞报告来评估是否对产品产生影响。

此外，在监控和生命周期终止支持期方面，由于新的威胁和攻击方法不断出现，网络安全需要比功能安全更长的支持周期，以便持续进行安全补丁。

每当认为需要进行网络安全更新时，都必须评估其对功能安全的影响，以避免在修复网络安全漏洞时引入与功能安全相关的缺陷。因此，组织必须调整其生命周期终止支持规划，以纳入网络安全方面的考虑。

在接下来的部分中，我们将深入探讨如何在本节提及的流程工作成果层面实现协同、冲突解决和协调。这将使我们更具体地了解这些领域如何相互作用。

6.5 在概念阶段创造协同效应

概念阶段是网络安全分析的起点。其目标是绘制威胁图谱，并选择适当的风险处理决策。最终，产生一套网络安全目标、声明和需求。在本节中，我们将了解如何通过考虑功能安全分析以及功能安全概念的输入来增强概念阶段范围内的各种网络安全工作成果。

6.5.1 相关项功能

如前所述，执行概念阶段 TARA 的第一步是通过列出其功能、这些功能与车辆其他部分交互的边界，以及设备运行的环境来定义相关项。对于与功能安全相关的系统执行 TARA 时，许多功能安全工件可以直接使用或适当调整以用于网络安全分析。

相关项功能是理解其目标的关键资源。理解系统目标是发现因网络安全威胁而产生误用案例的首要步骤。让我们考虑一个虚构的转向系统的两项主要功能：一是通过减少转向车辆所需的转矩，为驾驶员提供转向辅助；二是通过持续校正转向角度以匹配道路中心线，使车辆在车道间保持居中。从网络安全角度看，网络安全团队的职责是确保即使在系统遭受攻击时，这些功能仍然可用且正确执行。要分析系统在受攻击时的网络安全韧性，我们必须考虑所有支持车辆级功能的辅助功能。只有在这些辅助功能得到充分保护后，我们才能断言车辆功能同样受到保护。例如，在我们的转向系统中，提供转向辅助和车道居中能力依赖于以下功能的正确执行：

- 感知数据的能力
- 执行控制功能的能力
- 向转向电机和其他车辆 ECU 发送执行命令的能力

进一步分解这些能力，我们发现了必须保护的一系列支持功能，以确保转向系统的可用性和正确性。传感和执行功能的正确性和可用性依赖于与转向系统传感器和车辆输入报文通信服务的正确性和可用性。转向控制功能的正确性和可用性依赖于运行时执行环境及其相关软件的正确性和可用性。在评估暴露于网络安全威胁并影响这些属性的支持功能时，我们可以识别几个系统特性，如软件安装和重新编程、诊断服务、通信服务以及系统校准服务。列举所有这些功能是确保网络安全分析充分涵盖所有可能违反我们高级车辆功能（即转向辅助和车道居中）的威胁的第一步。随着功能的增加，我们不断评估新功能是否扩大了攻击面，并产生了新的网络安全风险。例如，假设 OEM 决定添加一项新功能，允许转向系统通过从 ADAS 接收的以太网帧支持免手转向。这一功能将要求新的状态管理功能，以实现从人类驾驶模式到自主驾驶模式的过渡。状态管理和基于以太网的连接将引入一组新的威胁，这些威胁在之前的分析中并不存在，因此与此功能相关的功能必须添加到需要进行网络安全分析的功能列表中。将网络安全团队纳入新功能的评审流程至关重要，以便在未充分评估网络安全风险之前拦截潜在的高风险功能，防止其未经评估便被项目接受。

> **专业提示**：建议使用一个工具链，以便在功能安全和网络安全项目定义之间转移信息，从而确保工作产品保持同步，并保持功能安全和网络安全分析的一致性。

6.5.2 相关项边界和操作环境

除了相关项功能之外，复制相关项边界和操作环境中的公共接口和组件，可以重用系统上下文图进行安全性分析。在此，需要注意在功能安全分析中可能未考虑但对网络安全分析至关重要的额外接口。例如，调试接口可能不会在功能安全相关项定义的操作环境中暴露，但需要添加到网络安全分析中。同样，提供外部连接的 ECU 可能不存在于功能安全分析的操作环境中，但必须包含在网络安全分析中，以了解源自车辆外部的攻击路径。

图 6.4 所示从功能安全相关项定义中调整的相关项模型。相关项边界包括运行感知、控制和执行功能的 MCU。定义转向功能行为的校准数据，以及用于在运行时修改转向系统软件和行为的诊断与重编程功能，均存储于 MCU 的嵌入式闪存中。此外，项目边界内还包括专用于转向的传感器以及提供转向助力的电机。所有由转向系统传输和接收的 CAN 报文都集中

在项目边界内的底盘 CAN 总线上。同样，电源控制和 CAN 收发器也被视为相关项边界的组成部分，因为它们影响系统的供电及其与车辆网络的连接。以上所有元素均继承自功能安全相关项边界，唯一的例外是出于网络安全相关性而暴露的诊断和重编程服务。由于这些功能对软件完整性和操作正确性具有关键影响，因此必须将其纳入网络安全分析。在相关项边界之外，我们可以观察到远程信息处理、IVI、OBD-2 端口和诊断工具被包含在操作环境中（仅作示例用途）。这些组件通常不包括在功能安全相关项模型中，因为它们不影响功能安全相关功能。然而，从网络安全的角度来看，这些组件有助于构建源自车辆外部接口的攻击路径。

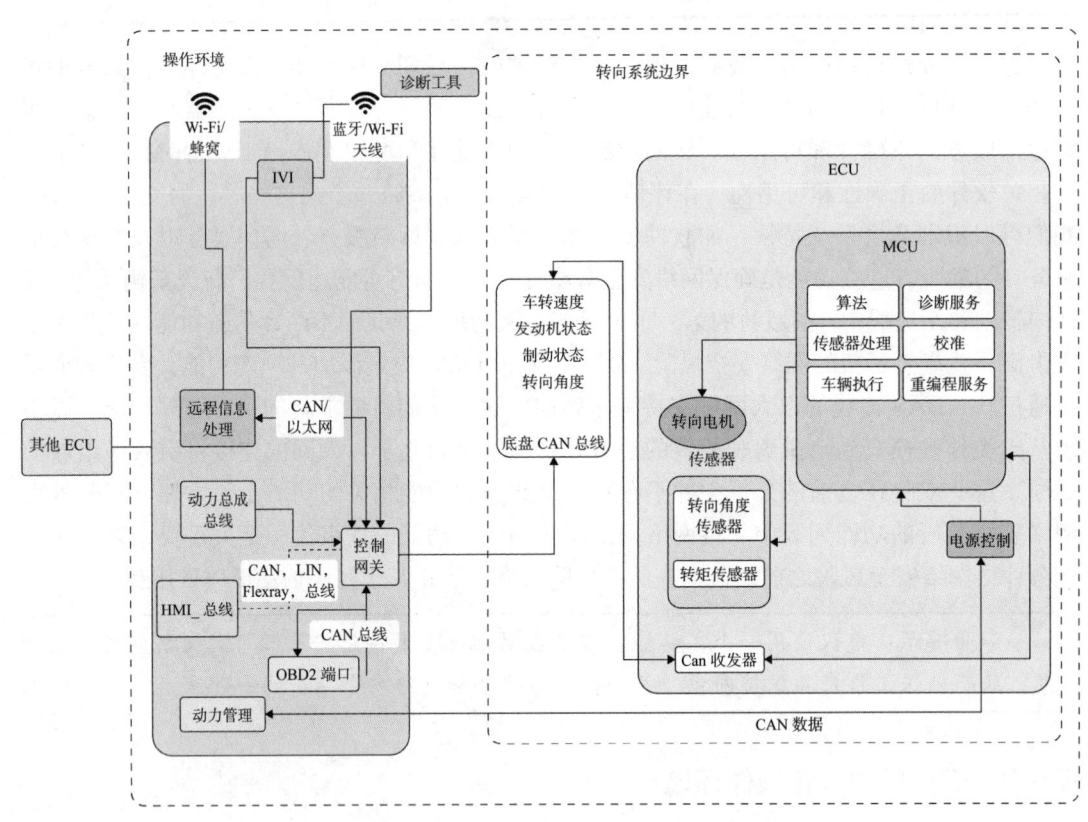

图 6.4　从功能安全相关项定义中调整的相关项模型

6.5.3　损害场景和危害

在明确定义相关项功能和相关项边界后，我们可以着手进行资产识别和损害场景创建。前者可利用功能安全分析的结果，识别对实现系统功能安全有贡献的有价值对象。例如，故障检测功能、传感器数据和车辆执行指令均被视为基于以下标准的网络安全资产：

❏ 该对象对实现功能安全目标具有价值。
❏ 该对象暴露于网络安全威胁中。

当然，我们不能完全依赖于功能安全驱动的资产，因为其他资产也可能具有价值，这是由于它们对财务、运营或隐私损失的潜在影响。例如，在我们的转向系统中，存在需要加密保护的专有控制算法，以及需要防止伪造的驾驶员碰撞日志。这些资产只能通过考虑系统所有功能的网络安全分析来识别，而不论它们的功能安全相关性如何。

> **注意**：本章中介绍的与功能安全相关的 TARA 工作成果将在第 7 章中进行深入讨论。

在创建影响安全的损害场景时，我们可以从检查功能安全分析中的危害开始，并将其整合为一组损害。虽然可以简单地复制危害并将其称为损害场景，但通常这些危害共享一个基础资产，并且具有共同的威胁和攻击路径。因此，将重叠的损害场景合并为一个较小的由共同独特资产损害引起的损害集合，将减少 TARA 中的冗余分析。例如，在我们的转向系统示例中，存在如下危害事件：

- 在高速行驶时，突然的转向辅助。
- 进入高速公路时突然失去转向辅助。
- 在转弯过程中转向过度。
- 在驶出弯道时转向不足。

如果固件或传感器数据被篡改，或者网络报文被伪造，则可能发生所有这些危害。因此，我们可以将危害事件合并为以下损害场景：

- 意外、过度或不稳定的转向。
- 失去转向辅助。

值得注意的是，我们决定将失去转向辅助保持作为一个独特的损害场景，因为展望未来，我们意识到系统的可用性依赖于不同的资产和攻击路径。

在评估损坏场景的安全影响时，必须参考 HARA 来确定功能安全严重级别。这里的一个挑战在于，功能安全严重级别是针对特定驾驶场景定义的，例如雨天驾驶、在碎石路面驾驶、夜间驾驶等。然而，对于网络安全而言，这些具体条件并不重要，因为成功入侵转向系统的攻击者可能在任何驾驶场景下发起攻击。因此，在推导损坏场景的功能安全影响时，我们必须假设所有这些危险事件中最严重的功能安全影响。表 6.2 所示为 ISO 26262 中的功能安全严重级别，继承自损坏场景安全影响级别。

表 6.2　ISO 26262 中的功能安全严重级别

级别	S0	S1	S2	S3
功能安全严重程度	无伤害	轻伤和中度伤害	严重和危及生命的伤害	危及生命的伤害，致命伤害

如果 HARA 不可用（例如由于元件的开发脱离了上下文），则可以从系统的 FMEA 中推导出损坏场景。FMEA 记录了每种故障模式对外部系统的影响。通过检查 FMEA，我们可以识别系统级影响的功能安全严重程度，这些影响可用于确定通过网络攻击触发损坏时的损坏场景功能安全影响等级。

接下来，我们将探讨 TARA 的结果如何通过功能安全和网络安全目标与 HARA 的结果相互作用。

6.5.4 功能安全和网络安全目标

完成 TARA 后,我们将得到一组与需要保护的资产密切相关的网络安全目标。如果我们已充分分解影响系统功能安全的功能,那么我们应得到一组网络安全目标,默认情况下,这些目标可以确保在系统受到攻击时,功能安全目标得以维持。例如,通过制订保护传感器和执行数据的完整性与真实性,以及保护转向控制功能的完整性和可用性的网络安全目标,我们就支持了防止意外转向、转向过度和转向不足的功能安全目标。为了验证网络安全目标是否充分覆盖功能安全目标,进行功能安全和网络安全目标的交叉审查是必不可少的,以确保系统的最终目标一致。例如,功能安全可能规定系统功能必须保持可用,即使在某个转向传感器失效的情况下。因此,功能安全分析指定了冗余的网络通信通道,以确保即使一个通道出现故障导致无法接收传感器报文,系统仍能保持功能。如果网络安全分析仅规定丢弃损坏的消息,但允许 DoS 攻击,那么当两个网络通道同时受到攻击时,系统可用性的功能安全目标就无法维持。这需要仔细考虑,以确定在网络安全风险下系统的行为从功能安全角度看是否是可以接受的。跨职能审查可能会得出结论,认为两个通道同时成功被攻击的风险足够低,因此可以接受该风险。如果不能接受,可能就需要更改设计,以引入额外的网络安全控制措施来阻止网络干扰,防止损坏变得可行。

6.5.5 功能安全和网络安全需求

假设你已经制定好网络安全概念,准备开始在组件和子组件级细化需求。在开始之前,进行网络安全和功能安全需求的交叉审查至关重要。如果缺少这次交叉审查,细化后的需求可能会暴露出不一致甚至冲突,这在设计过程后期解决起来将更加昂贵。

假设网络安全概念规定使用 HPSE 来验证网络通信报文的密码完整性。在这个过程中,安全概念期望所有报文都路由到 HPSE,在这里将对报文的 MAC 值与报文负载进行验证。初步的网络安全分析确定 HPSE 的硬件和固件应作为 QM 组件进行开发。然而,与功能安全团队的交叉审查显示,这种做法与网络报文完整性保护的 ASIL 策略不一致。从功能安全的角度来看,依赖 QM 组件来实现功能安全需求而不采取额外的功能安全措施是不可接受的。经过团队间的进一步讨论,决定网络报文需要一个额外的功能安全完整性 CRC 值(按所需的 ASIL 评级),该值将在 MAC 正确验证后由应用程序进行检查。这确保了即使 MAC 验证因 HPSE 硬件瞬态或随机故障而失败,应用程序仍然可以通过使用功能安全认证的 MCU 计算的 CRC 机制来检测报文是否被篡改。这一变化之所以能够实现,是因为有一个流程确保功能安全和网络安全团队进行了交叉检查。

> **注意**:可以找到一种方法来识别相互依赖的功能安全和网络安全需求,例如,使用需求管理系统中的可追溯性机制来发现潜在的不一致甚至冲突。

除识别冲突或不一致外,交叉审查还可发现重复的需求,特别是在需要完整性保护和不受干扰的领域。由于这两个领域都关注这些特性,因此功能安全和网络安全需求通常会涉及非常相似的目标。例如，功能安全需求可以规定 ASIL D 软件分区必须与 QM 软件分区在空间上隔离。类似地，网络安全需求可以规定不打算交换数据的软件实体需要通过内存管理和保护机制进行隔离。虽然这些需求有共同的目标，但网络安全需求的范围更大，因为它并不关注软件分区的 ASIL 等级。从网络安全的角度来看，进程和内存隔离是一个强有力的条件，可以防止一个软件实体的成功攻击导致其他软件实体受到损坏。试图将这些需求统一将增加统一需求的 ASIL 级别范围，实际上会提高必须满足该需求的系统组件的 ASIL 级别，即使它们与功能安全无关。因此，有必要让这两个需求共存，同时在它们之间建立可追溯性，如图 6.5 所示。

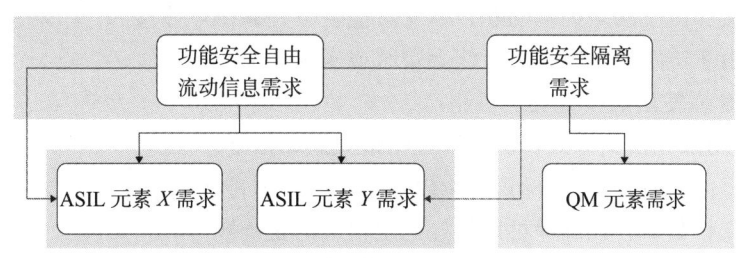

图 6.5　通用的功能安全需求和网络安全需求的可追溯性

这有助于架构子组件在细化需求时认识到这种重叠，而无须重复其组件级需求以满足两个目标。因此，如果实现这两个目标的机制相同，细化后的子组件需求可以追溯到两个上游需求。

6.6　设计阶段寻找协同效应和冲突

在设计阶段，来自概念层面的网络安全控制和需求被细化为技术上的网络安全需求、软件和硬件级架构元素和接口。细化后的功能安全和网络安全需求需要再次进行协调，以便识别协同效应并消除冲突。在这个阶段，由于需求被分配到架构组件，机制变得更加具体，因此更容易识别协同效应。当功能安全和网络安全目标重叠时，一个常见的策略是利用网络安全机制来满足功能安全目标，反之亦然。

6.6.1　利用功能安全和网络安全机制

如前所述，功能安全和网络安全目标在以下三个主要领域重叠：
❏ 实现不受干扰。
❏ 保护数据完整性。
❏ 检测和恢复可用性故障或攻击。

在设计阶段，重用功能安全和网络安全领域中的通用机制以实现重叠目标是理想的做法。这样可以提高设计效率，因为可以选择满足系统功能安全和网络安全目标的最佳解决方案。

让我们来看一个旨在检测与通信报文相关故障的系统。在 AUTOSAR 经典架构中，端到端库允许功能安全应用通过接收报文来检测以下任一故障：
- **损坏**：报文在从源头到目的地的过程中，可能会因穿越软件和硬件层而受到损坏。例如，这可能是由于通信控制器的瞬态硬件故障、网络通道上的比特翻转，或从网络控制器到软件网络栈的错误复制操作造成的。
- **错误来源**：由于系统性软件故障或通信控制器的故障，报文内容可能会意外与另一个报文的内容互换。
- **过时消息**：由于多种瞬态或系统性故障（如网络报文优先级丢失或发送方的硬件故障），报文可能会延迟或卡住。
- **乱序报文**：由于网络拥塞问题，报文可能会以错误的顺序接收。
- **超时**：由于链路故障，报文可能会暂时或永久丢失。

以下是 E2E 库使用的一些安全机制：
- 将 CRC 附加到报文有效负载，以检测报文损坏错误。
- 在 CRC 计算中包含报文标识符，以检测报文标识符和报文有效负载的意外交换。
- 嵌入报文计数器，以确保可以轻松确定报文的正确顺序和新鲜度。
- 使用报文计数器，以检测顺序报文消息。
- 实施超时监视器。如果报文未在配置的截止时间内接收到，将报告错误。

现在，让我们从报文安全角度来看同样一个问题。报文欺骗、篡改和 DoS 攻击，可以触发上述每一种故障条件。例如，具备网络访问权限的攻击者可以构造带有篡改数据的报文，修改报文标识符，重放旧报文以阻止或延迟传输。

如第 2 章所述，通过使用密码学中的 MAC 来提供报文的完整性和真实性保护。MAC 值可包含报文负载和源标识符，以减轻负载造成的损坏以及恶意或无意的标识符篡改。将新鲜值计数器附加到报文，并将其保护在 MAC 生成过程中，使其可以检测重放攻击。结合网络入侵检测系统可以帮助检测旨在中断或拥塞网络流量的 DoS 攻击。由于 MAC 提供比 CRC 更强的完整性保护，因此建议使用 MAC 而非 CRC 来应对前两类故障。采用通用的检测策略，可以在功能安全和网络安全之间统一消息新鲜值和顺序检查。对网络安全来说，使用硬件保护的单调计数器，可在点火周期间保证新鲜值。此外，可借鉴功能安全机制中的超时监控机制，在报文未在预期截止时间内到达时进行监控。另一种方法是，网络入侵检测软件可实现截止时间监控，以检测报文接收速率异常。决定使用网络安全机制来满足功能安全目标会引入与必须实施该机制的功能安全完整性级别相关的新潜在冲突。一旦网络安全机制被指定为兼具网络安全和功能安全的双重用途机制，它就同时受 ISO 26262 和 ISO/SAE 21434 标准流程的约束。这意味着需要进行功能安全分析，以确定该机制是否能够实现与其所跟踪的功能安全目标相关的指定 ASIL。例如，功能安全分析可能揭示在加密发动机中验证 MAC 的过程中，由于潜在故障导致验证步骤产生错误结果的问题。即使在 ASIL 等级对齐之后，也需要额外审查以消除可能由于功能安全修改而产生的潜在冲突。例如，为确保正确检查 MAC 值，功能安全团队可能建议将预期和接收到的 MAC 值都提供给功能安全应用，以允许其直接进行比较。由于功能安全应用是以适当的 ASIL 等级开发并在 ASIL 认证的运行时环境中执行的，从功能安全角度来看，这是一个充分的对策。然而，向应用程序暴露预期的 MAC 值会使系统面临风险：攻击者可能通过提供无效认证的报文并等待系统报告预期的 MAC 值来欺骗系统。如果攻击者能够访问接收此 MAC 的应用，他们可能在后续时间点构建具有有效 MAC 的报文。经过另一轮跨功能审查后，网络安全团队增加了额外约束：由于使用单调计数器阻止重复报文，因此不允许重复 MAC 值。如果收到具有未来新鲜值的不真实报文，则不会计算预期的 MAC，以防止预言机类型的攻击。

> **注意**：需要强调的是，这个过程有时可能会相当耗时，因此定期进行跨职能审查有助于避免网络安全和功能安全团队之间的无休止循环讨论。

另一个功能安全可以利用网络安全机制的例子是安全启动检查。功能安全要求在系统进入操作模式之前检测软件是否被破坏，以防止可能导致危险的软件错误。功能安全方面可以利用安全启动过程中应用的数字签名算法，而不是依赖于 CRC 来验证启动时软件镜像的完整性，从而验证软件镜像的完整性和真实性。然而，由于安全启动现在旨在实现功能安全目标，因此必须进行功能安全分析，以确保在安全启动过程中出现的故障不会导致被标记为有效的损坏镜像。在这里，可以利用 FMEA 等功能安全分析方法，确保安全启动检查具备足够的功能安全对策，以消除具有高 RPN 的故障。图 6.6 所示为不安全的启动检查处理。

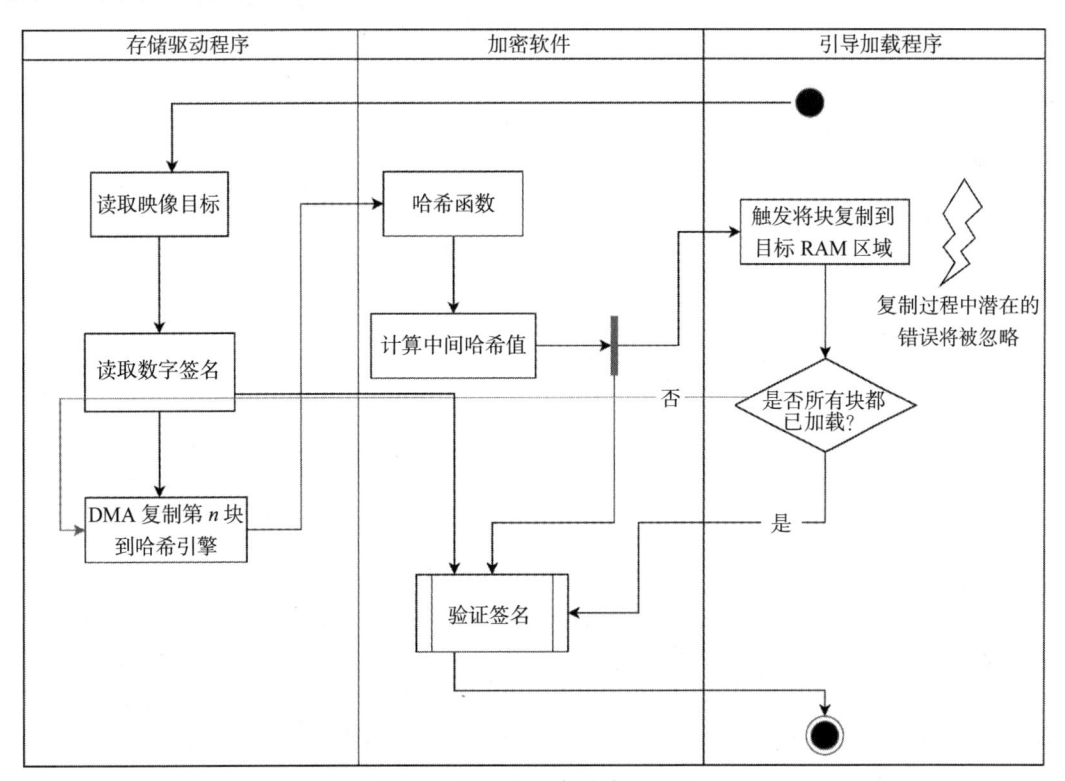

图 6.6 不安全的启动检查处理

在图 6.6 中,假设在启动检查过程中,每个代码块从闪存复制到哈希引擎,然后加载到目标 RAM 区域。一旦所有块都被哈希并复制到 RAM,就会通过将从闪存复制的块的哈希值与从镜像本身获取的签名哈希值进行比较来执行哈希检查。这样可以确定从闪存加载的镜像是否存在任何损坏(无论是由于故障场景还是篡改攻击)。然而,功能安全分析揭示了一个场景:在将块从闪存复制到 RAM 区域时,由于硬件内存故障,RAM 块本身可能会变得受损。因此,即使闪存中的源镜像已被验证为真实且无损坏,最终加载的镜像仍可能包含损坏的数据。借助功能安全分析,我们可以选择修改安全启动顺序,先将块加载到 RAM,然后将数据输入到哈希引擎,启动检查的安全处理如图 6.7 所示。如果在镜像加载到 RAM 时发生损坏,最终的哈希检查将失败,从而检测到故障,无论故障是由恶意原因还是非恶意原因导致的。

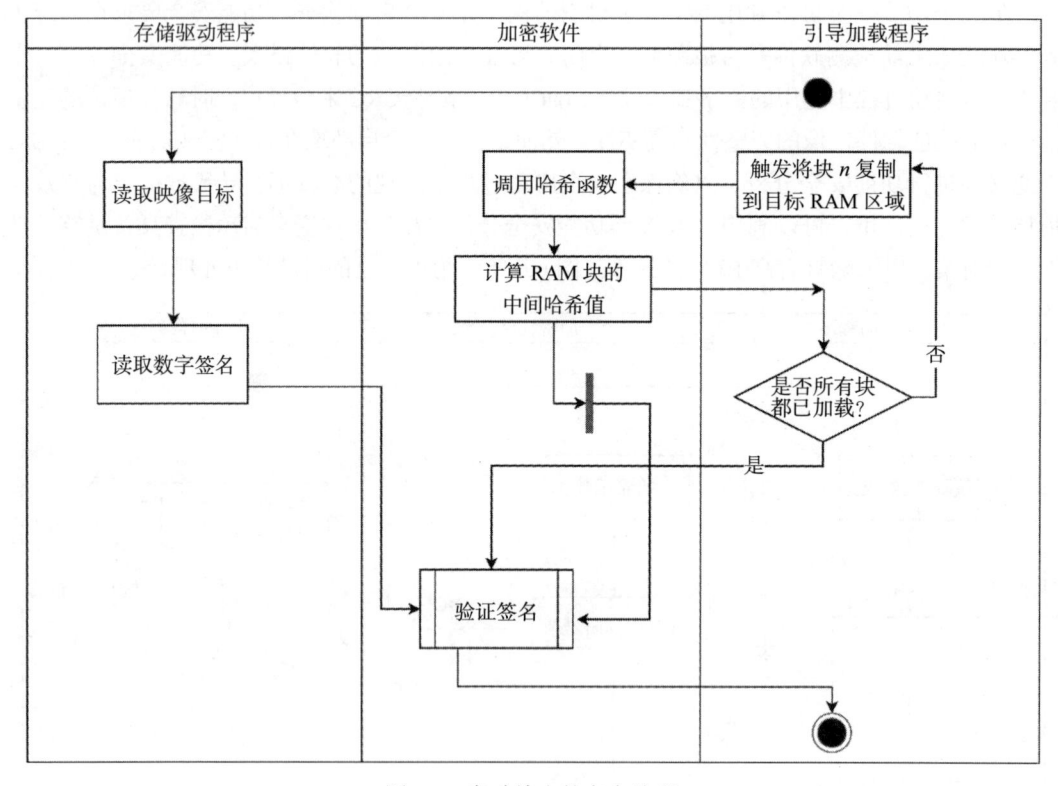

图 6.7 启动检查的安全处理

如端到端安全库的超时监控案例所示,在攻击检测的情况下,网络安全可以利用功能安全机制。由于功能安全对故障检测有严格的要求,因此在许多情况下,网络安全分析可能依赖此类监视器来检测与网络安全相关的攻击,但前提是,监控机制本身必须加强以防止篡改或禁用。假设网络安全想要缓解图像处理引擎可能因用户的恶意输入而进入冻结状态的情况。快速检查硬件引擎故障的安全错误处理,可以发现一种监控算法,该算法可以检测挂起情况并发出恢复序列。通过验证监控条件是否可以处理格式错误的输入，网络安全分析可以利用此监视器来检测旨在使硬件引擎不可用的 DoS 攻击。接下来，分析可能禁用或篡改功能安全监视器的潜在攻击路径来评估监控机制的网络安全。该分析可能会对监视器的设置方式和谁可以配置其参数产生额外的限制，以确保功能安全机制在网络攻击和系统故障面前既有效又有弹性。表 6.3 所示为重叠的功能安全机制和网络安全机制的映射。

表 6.3 重叠的功能安全机制和网络安全机制的映射

功能安全	网络安全
校准数据的合理性检查	校准数据的健全性检查
校准数据的冗余存储和比较	网络安全关键参数的冗余存储
使用错误检测码的校准数据检查	网络安全关键参数的完整性检查值
针对错误输入的稳健性	针对格式错误输入的验证
不同功能之间的独立性或免受干扰	隔离和沙箱技术以维护空间完整性

6.6.2 跨功能安全和网络安全的自检

自检是一种成熟的功能安全技术，用于主动检测故障并发现潜在故障。潜伏故障指的是那些隐藏或休眠的缺陷，这些缺陷尚未导致任何故障，但在特定条件下可能引发故障。这些条件可能包括系统环境的变化、组件老化或与其他故障的相互作用。**内置自检**等自检方式确保在潜伏故障对系统构成危害之前能够被检测到。这些测试通常在初始化期间进行，但在运行时也可以执行，但需要谨慎考虑，以避免干扰正在进行的操作。

而网络安全依赖于自检来验证网络安全关键功能，例如硬件随机数生成器的熵测试和密码函数的已知答案测试。这类测试旨在检测阻止系统生成适当熵水平的随机数的故障，以及防止故障的密码加速器或实现被用于执行网络安全关键操作。尽管功能安全和网络安全自检的重点领域不同，但当这些自检应用于网络安全组件（如 HSPE 或密码加速器）时，网络安全域从以功能安全为驱动的自检中受益。检测主动故障增加了对底层硬件执行其功能正确性的信心，从而有助于提升整个系统的可靠性。

6.6.3 利用错误检测功能安全机制

了解功能安全关键系统如何检测和响应与功能安全相关的错误，有助于寻找检测攻击的方法。这也为制订在检测到网络安全异常时的可接受网络安全策略奠定了基础。

以下列出了功能安全领域用于预防和检测错误的主要机制：
- **同质冗余**：通过使用冗余硬件组件来检测和控制硬件中的瞬时或随机故障，以应对这类故障的风险。
- **多样冗余**：使用多个不同的组件或系统来防止和控制系统性故障，以提高容错能力。
- **错误纠正码**（Error-Correcting Code，ECC）：用于检测和纠正内存或数据传输中可能发生的错误，以确保数据完整性。

❑ **强制访问权限检查**：在软件或硬件层面实施访问权限检查，以防止对共享的功能安全相关的资源进行未经授权的访问。

这些策略完全符合攻击检测的网络安全目标，能够在系统受到攻击时提供保护，并尽可能实现恢复。其中一些机制甚至可以帮助减轻特定类型的攻击。例如，双锁步核心作为一种同质冗余机制，在特定条件下可以检测到故障攻击，因为它们在编程元素（例如 CPU）状态上的差异可以被识别。另一个可以用于网络安全的机制是 ECC 保护，它通过在每个内存字中添加额外的位来检测和纠正位错误。当检测到错误时，ECC 保护可以自动纠正错误，从而防止数据损坏并保持数据完整性。对于行翻转攻击，攻击者通过在其内存空间中写入特定序列来翻转 RAM 单元中的相邻位。当系统支持 ECC 时，行翻转攻击在目标内存块中翻转位的能力会大大受到限制。强制执行访问权限是一种常见的网络安全策略，通过网络安全策略为共享文件、库和资源提供更广泛的访问权限范围。这里，网络安全提供的访问权限范围更广，不受共享资源是否与功能安全相关的限制。需要注意的是，单靠功能安全机制并不能完全有效抵御网络安全攻击，因为这些机制并未设计用于处理此类攻击场景。在计划利用这些机制增强网络安全时，必须谨慎考虑。

在错误处理方面，功能安全领域采用了几种策略来应对检测到的错误：

❑ **失效功能停用**：在检测到功能失效时，通过停用该功能来确保系统处于功能安全状态。
❑ **静态恢复**：在检测到故障后，将系统恢复到功能安全状态，无须进行主动干预。
❑ **平稳降级**：优先保证关键功能的正常运行，使非关键功能在发生故障时逐步降级，以减少对系统的影响。

网络安全领域的专业人员必须充分了解系统的功能安全错误处理策略，以避免制订相互矛盾的安全政策。此外，设置一个集中处理错误报告和网络安全异常日志的系统组件，可以有效确保功能安全和网络安全两个域之间采取协调一致的方法。

6.6.4 消除错误响应中的不一致

在制定功能安全和网络安全错误处理策略时，可能会出现不一致的情况。如前所述，从功能安全的角度来看，因严重功能安全故障而导致的失效功能停用，或完全关闭系统，被视为一种可接受的功能安全状态。然而，在系统故障时允许关机可能成为攻击者的攻击途径，因为攻击者可以恶意触发故障条件，从而发起 DoS 攻击。假设攻击者发现，如果重放五个连续的相同计数值报文，系统就会报告过时报文故障，进而禁用某些依赖该报文的安全功能。作为功能安全错误处理的响应，系统在接收到一定数量的新报文后会尝试恢复功能。此时，已经获得网络访问权限的攻击者可以通过定期发送过时报文来轻松发起此类攻击，然后在功能恢复后重复这一模式，导致系统的安全功能不断退化并周期性地恢复。这至少会造成驾驶人的不便，因为仪表盘上的故障提示要求驾驶员将汽车送去维修。这也可能导致汽车制造商因保修成本增加而遭受经济损失。由于这一模式的特点，记录这些事件以便进一步分析是很有必要的。通过远程信息处理单元将异常报告发送到安全运营中心（Security Operation

Center，SOC）的入侵检测系统，OEM 可以检测到这种攻击模式，并启动漏洞分析流程，以确定攻击者是如何获得系统访问权限的。网络安全工程师对功能安全错误处理策略进行审查，使两个团队达成一致，形成一种有效的、能抵御网络安全操控的错误处理策略。在某些情况下，由于发起攻击的难度较低，攻击者可能无法减轻功能安全状态被利用的风险。然而，应该能够检测到这种模式，以确保主动攻击不会被错误记录为正常系统故障。

同样，在制定网络安全错误策略时，在系统检测到攻击时，也需要协调功能安全和网络安全行为。针对攻击做出的正常网络安全响应包括立即使资产不可访问，并发出重置或暂停系统的命令，以防止进一步的损害攻击。然而，如果车辆正在行驶，这种行为可能是危险的，因为突然重置会导致安全功能中断。因此，网络安全团队需要与功能安全团队合作，定义一个可接受的网络安全状态，以实现系统的平稳关闭和恢复，同时保护系统资产。例如，网络安全策略可以包括禁用对加密密钥的访问，这样系统仍然可以运行，但无法验证来自车辆的任何报文。这最终将导致依赖这些报文的安全功能下降，类似于网络发生错误的情况。

在协调错误处理和网络安全策略时，另一个重要方面是考虑故障响应和处理时间。功能安全通过容错时间间隔（Fault Tolerant Time Interval，FTTI）和故障处理时间间隔（Fault Handling Time Interval，FHTI）提供了明确的故障处理指标。FTTI 是指从故障发生到危害发生之间的时间间隔。因此，任何功能安全缓解措施必须在达到 FTTI 时间之前激活。FTTI 的分解如图 6.8 所示，FTTI 是指如果在诊断测试间隔（Diagnostic Test Interval，DTI）和故障反应时间间隔（Fault Reaction Time Interval，FRTI）过期之前未达到功能安全状态，系统能够安全运行的最大持续时间。

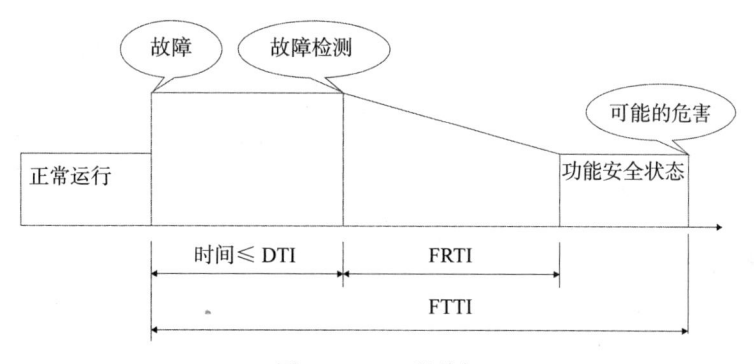

图 6.8 FTTI 的分解

相比之下，FHTI 指的是在发生危险事件之前，必须在这个时间内检测、诊断和处理故障的时间限制。FHTI 是系统从故障中恢复的最长时间，超出这个时间就可能带来功能安全风险。FHTI 用于定义故障检测、诊断和处理的功能安全机制和程序。在进行网络安全分析时，网络安全团队需要了解这些指标，以确保网络安全错误政策不会影响安全关键功能的时间要求。例如，如果使用加密功能通过 MAC 验证来检测功能安全报文的损坏，该功能必须能在 FHTI 内显示完整性状态，以便应用程序有足够的时间对这个损坏的值做出反应。

6.6.5 设计原则的相似之处

如果你从事功能安全工作,可能会对"**设计即功能安全**"这个术语比较熟悉。网络安全工程也推广了类似的做法,称为"**设计即网络安全**",旨在确保在系统设计时,网络安全是首要考虑因素,而不仅仅是事后的考虑或附加功能。这种做法在这两个领域都通过遵循一套明确定义的设计原则来加强。这些原则旨在通过构建更易于分析且不易出现缺陷和设计弱点的系统架构来降低功能安全和网络安全风险。通过简化软件的设计和实现,我们可以简化对功能安全和网络安全关键应用的软件验证和确认。

表 6.4 所示为 ISO 26262 第 6 部分中定义的软件设计原则与 NIST SP800-53 中定义的常见网络安全设计原则比较,以突出显示两者之间的重叠和关联领域。

表 6.4 基于 ISO 26262 与 NIST SP800-53 的功能安全和网络安全设计原则比较

编号	功能安全原则	网络安全原则
1	组织软件组件为一个清晰且定义明确的层次结构。这确保了组件之间良好的互联,并且每个组件都负责特定的功能或任务	清晰抽象原则要求系统具有简单且定义明确的接口和功能,以提供数据及其管理的统一和直观的视图
2	限制软件组件的大小和复杂性。这确保每个组件都为特定功能或任务设计和测试,并且组件之间的交互可以很好地定义和测试。这自然简化了功能安全分析和组件测试	模块化使得功能和相关数据结构能够隔离为定义明确的逻辑单元。分层使这些单元之间的关系更易理解,从而避免了依赖关系不清或不必要的复杂性
3	限制接口的大小,以确保仅将必要的接口暴露给其他系统组件,以尽量减少误用的机会并简化集成测试	降低复杂性原则指出,系统设计应尽可能简单而小。小而简单的设计更易理解、分析且错误更少
4	强调每个软件组件内部的强内聚性,将组件的范围集中在单一功能或行为上	部分有序的依赖关系和系统分层包括根据系统组件对其他组件的依赖程度来组织系统组件。依赖性较少的组件被放置在较低层次,而依赖性较多的组件则放置在较高层次。这有助于系统设计的简洁性和连贯性
5	软件组件之间的松散耦合涉及设计独立且松散耦合的软件组件。当组件松散耦合时,一个组件的更改不太可能影响其他组件,这使得在不影响安全的情况下,随着时间的推移,系统更易于维护和修改	最少共同机制原则指出,多个用户共享或依赖的机制数量应最小化。这通过减少不同用户或进程之间的组件或资源共享,降低了网络安全漏洞的潜在影响
6	适当的调度属性原则确保安全关键任务在预期的时间片内进行调度和执行。这可以包括实时调度、基于优先级的调度和截止时间驱动的调度等技术,帮助确保功能安全关键功能被优先考虑并按时执行,同时将非关键任务的干扰风险降到最低	最小特权原则基于这样一个理念,即用户或进程只能访问执行其特定任务或功能所需的最少资源或权限。这有助于减少安全漏洞或攻击的潜在影响,从而加强系统任务的调度属性
7	限制中断的使用旨在生成一个确定性系统,该系统不太可能出现意外的高工作负荷峰值。它还降低了由于中断泛滥导致的故障组件使系统不可用的风险	攻击面减少原则旨在减少攻击者可利用的潜在入口点,以获得对系统或其资源的未经授权的访问。减少中断机制是减少中断滥用的一种方法,有效地缩小了攻击面
8	适当的空间隔离软件组件。此原则旨在通过加强不同组件之间的内存和资源隔离,防止一个组件中的故障影响其他组件或系统	通过分区或域分离使用隔离边界将网络安全功能与非网络安全功能隔离。系统可以通过异常级别、文件系统访问权限和地址空间内存访问管理来实现代码隔离,并通过实施最小特权来管理

(续)

编号	功能安全原则	网络安全原则
9	适当管理共享资源涉及管理和控制共享资源的使用，例如内存、网络带宽或 I/O 设备，以最大限度地减少可能导致系统故障的冲突或错误的风险	最小共享原则旨在保护用户域资源不受任意主动实体的侵害，确保除非明确请求和授予，否则不会共享任何资源

  建议组织制定一套统一的设计原则，从而以协调一致的方式解决功能安全和网络安全设计问题。在架构设计阶段，工程师需要充分熟悉这两组原则，以确保架构始终不存在功能安全和网络安全风险。即使系统不具有功能安全相关性，功能安全设计原则也能用来强化系统的质量属性，这是系统网络安全的基础前提。这确保了设计具有可理解性、简洁性、可验证性、模块化和可维护性。这些原则进一步简化了网络安全分析，最小化了误用的可能性，并减少了设计错误的机会，而这些错误可能被恶意攻击者利用成为漏洞。

  接下来，我们将探讨网络安全编码实践和功能安全编码技术之间的异同。

6.7 网络安全编码实践与功能安全编码技术

  与设计原则类似，功能安全和网络安全编码指南之间有很高的相关性。无论是功能安全还是网络安全，都旨在降低代码的复杂性，以防止缺陷和漏洞。它们都要求使用语言的子集，以避免引入可能导致意外或不良行为的编程语言风险特性。这可以通过使用基于 MISRA C、CERT C/C++ 和 AUTOSAR C++ 的静态代码分析工具来强制执行。通常，这些工具链支持功能安全和网络安全编码指南，使开发人员能够在一次运行中检查所有编码规则的违规情况。在防御性编码技术方面，以下多种技术之间存在很大的重叠：

- 输入验证：所有外部输入都需要进行验证，以确保它们符合预期的格式、范围和数据类型。这能有效防止处理不合理的输入，避免代码和数据段出现缓冲区溢出的问题。
- 边界检查：确保所有变量和数据结构在其定义的边界内使用，比如数组的大小、最大值等限制。这可以帮助防止内存溢出和缓冲区溢出等错误。
- 错误处理：应采用合适的错误处理技术，从容地应对意外情况，例如无效输入、系统错误或资源使用超限。这可以防止系统崩溃或出现安全隐患。
- 并发管理与消除竞争条件：确保系统不会进入死锁状态、崩溃或处理恶意输入（例如 TOCTOU 漏洞）。
- 结构约束：确保程序的行为可预测，比如要求函数只有一个出口。这使得函数的控制流程更易于理解和测试。此外，明确条件以终止循环可以减少无限循环的风险，从而避免系统无响应或崩溃。

  虽然存在大量重叠领域，但某些防御性编码技术的应用方式及其覆盖的方面存在一些差异。一个独特的功能安全防御编码技术示例是在处理功能安全关键寄存器时使用"写入 – 读回"序列。通过在写操作后读取寄存器值，软件可以确保因硬件故障而未能完成的写操作不会未被检测到，从而避免系统或组件处于不正确配置状态。

```c
void process_register(uint8_t* register_ptr, uint8_t data) {
    // Initialize the register
    register_value = 0x00;

    // Write to the register
    write_register(register_ptr, data);

    // Read back the register
    read_register(register_ptr, register_value);

    if (register_value == data) {
        // Proceed
    } else {
        Log_fault(register_ptr, register_value, data);
    }
}
```

这种技术通常不在网络安全域被强制执行,因为网络安全域主要关注恶意攻击,而不是非瞬时或随机硬件故障。

同样,网络安全还定义了针对故障注入攻击的独特防御编码技术。这些技术包括在执行条件检查时使用具有较大汉明距离的常数,以及执行重复的否定 if 语句。第一种编码技术防止条件检查的故障注入可能将测试位从 0 翻转为 1,从而导致检查通过。通过使用特定构造的常数(例如,0x3CA5965A),即使测试位发生故障注入,也不会匹配预期常数,如下所示:

```c
if (signatureVerificationResult == 0x3CA5965A)
{
    // Hamming distance check passed, now perform a second check using
    // the inverse of the variable
    if (~signatureVerificationResult != 0xC35A69A5)
    {
        Log_fault(error_type);
    }
    else
    {
        Allow_application_to_run(); // Attacker wants to get here
                                    // through glitching
    }
}
```

第二种检查防止了因故障注入导致的跳过 CPU 指令,从而绕过关键安全功能(例如签名验证结果检查)。在前述示例中,if 语句重复了两次,第一次是正数测试,第二次是否定测试,从而使同时故障注入两次检查,以启动未通过签名验证的应用程序变得极其困难。

> **为什么需要两次检查?** 第一次检查(signatureVerificationResult == 0x3CA5965A)用于确定 signatureVerificationResult 是否具有正确和预期的值。第二次检查则验证 signatureVerificationResult 的反向(按位否定)值。这一步骤确保了值没有以可能规避初查的方式被篡改。如果攻击者试图引入错误(例如

> 时钟故障注入）以改变 signatureVerificationResult 的值，原始值及其反向值可能都会改变。因此，即使故障注入导致第一次检查错误地通过，其反向值也极不可能通过第二次检查。这种双重检查的意义在于显著提高系统对故障注入攻击的抵抗能力。

由此可见，功能安全工程为网络安全工程提供了众多增强系统质量和可靠性的属性。对于不涉及功能安全的汽车系统，重要的是要辅以质量管理流程，以确保在没有常见软件缺陷的情况下保证系统的可靠性。

现在我们已经了解了编码技术的相似性和差异，接下来我们将对集成和验证开发阶段的测试策略进行类似的分析。

6.8 测试阶段的协同效应与差异

验证测试贯穿开发过程的多个阶段，依次在单元级、组件级和系统级进行。依照 ISO 26262 标准开发的系统需经过与其系统功能安全完整性级别相称的严格测试，以期达到高水平的质量保证。这些测试方法通过验证单元设计和实现的正确性，以及集成系统组件实现系统目标的能力，来强化系统的质量论证。功能安全定义的一种典型测试方法是边界值和等价类（Boundary Value and Equivalence Class-based，BVEC）测试。BVEC 测试涉及在输入域的边界值或刚好超出其边界值的情况下测试软件系统，以检测不正确的软件响应。BVEC 测试旨在识别在输入域边界处出现的任何错误或异常。它还通过输入等价类中的代表性输入值来替代详尽的输入测试。相比之下，模糊测试涉及向系统输入大量随机或半随机数据，以测试系统对意外或格式不正确输入的响应能力。模糊测试的目标是通过向系统输入大量包括软件开发人员未预期的数据来识别潜在的软件漏洞。BVEC 测试最适用于输入域易于界定且可预见输入域边界处潜在故障模式的情况。然而，它可能无法有效检测输入域之外的漏洞，如由意外用户输入引起的问题。模糊测试则特别适合识别因意外输入导致的漏洞，尤其是缓冲区溢出和内存损坏类漏洞。然而，模糊测试在识别输入域边界值处的错误或异常方面可能不如 BVEC 测试精确。尽管模糊测试是验证系统对格式不正确输入的健壮性的推荐方法，但在某些特定情况下，如软件接口具有明确定义的输入范围（例如布尔输入值），我们可以考虑采用 BVEC 测试作为替代方案。此外，当与代码覆盖测试工具结合使用时，模糊测试可以有效地验证使用大量格式不正确输入的测试覆盖率，增强对代码处理不正确输入而不会崩溃或泄露敏感数据的能力。

基于需求的测试通常可用于验证功能安全和网络安全机制的正确实施和集成。设计测试用例来执行触发机制的条件，可以使测试在正向和负向情况下发现相关缺陷。例如，对于强制执行数字签名验证启动映像的需求，可以通过对一个具有损坏块的映像进行编程来测试，并检验签名验证检查是否导致启动失败和系统停止。虽然本质上这与涉及正向和负向测试的任何功能测试类似，但网络安全测试用例必须考虑可能不被测试人员察觉的安全约束。因此，如果你希望编写完整且一致的测试用例，那么与需求相关的所有网络安全约束都必须是明确的。例如，对于数字签名验证测试，测试用例可以包括对损坏应该有多小的约束，以验证机制是否得到正确实施和部署以捕获哪怕单个比特的损坏。

功能安全测试与网络安全测试的一个重要区别在于**故障注入测试**。这种测试方法对于确保硬件和软件能够安全处理产品生命周期内可能自然出现的故障情况至关重要。软件的故障注入测试涉及对变量、寄存器值甚至代码片段进行破坏。系统能够检测并妥善响应这些故障，表明其已经适当设计，以处理此类异常情况。

故障注入测试可以通过关注攻击者可能恶意触发的故障来适应网络安全测试，这超出了常规功能安全故障注入测试的范畴。例如，堆栈溢出功能安全测试会覆盖进程堆栈缓冲区，以模拟软件故障。当堆栈上的特定标记被修改时，堆栈溢出检测机制将触发异常，导致系统记录故障并终止违规进程。然而，从网络安全角度来看，这还需要额外的测试来模拟网络安全攻击，其中部分堆栈被破坏但不覆盖堆栈溢出标记。这些测试需要针对堆栈上的返回地址，以改变软件控制流。如果网络安全机制正确实施，以检测堆栈破坏，系统将触发异常并执行相应的错误处理策略。

> **故障注入与渗透测试**：功能安全（FuSa）中的渗透测试和故障注入测试，都专注于在系统中有意引入异常或不规则情况，以观察其响应并识别潜在缺陷。虽然 FuSa 中的故障注入主要旨在确保安全机制能够检测和处理硬件或软件故障，从而防止意外操作。渗透测试则通过模拟对系统的蓄意攻击，扩展了这一框架，其目标不仅是发现无意的弱点，还要评估系统对恶意利用的抵御能力，确保数据安全并防止未授权访问。

与故障注入测试类似，渗透测试是一种独特的网络安全测试方法，通过模拟攻击者的行为来发现系统中的未知漏洞。渗透测试需要一套专门针对网络安全的测试工具。这些工具包括网络模糊测试工具、逆向工程工具和专用脚本，旨在识别未受保护的资产，如硬编码密钥或密码。

值得注意的是，尽管功能安全测试可以增强网络安全属性，但功能安全关键系统并不会对其所有组件应用相同程度的测试严格性。由于 ASIL 的分级，只有高 ASIL 软件分区和硬件组件会接受严格测试。尽管 QM 级别的软件或硬件组件与功能安全无关，但它仍可能具有较高的网络安全相关性，因此需要高度严格的测试，以确保此类组件的缺陷不会转化为影响系统其他部分的网络安全漏洞。此外，在开发测试用例时，网络安全测试人员提供的完整测试环境和测试工具对识别重叠区域并减少重复工作是非常有益的。

6.9 总结

本章深入探讨了功能安全与网络安全方法的异同，强调了综合考虑两者的重要性。首先，本章关注了流程的影响，以及需要扩展现有的功能安全和质量流程以满足网络安全的需求。随后，讨论了两个域各自的独特之处，强调提高功能安全和网络安全素养的重要性，以理解功能安全如何专注于识别和管理防止意外事故的风险，而网络安全则致力于识别和缓解防止蓄意伤害的威胁。本章提出了解决功能安全与网络安全冲突的策略，同时探讨了在概念、设计、实现和测试阶段的诸多协同领域。本章列举了几个功能安全增强系统网络安全属性及其反向作用的实例。重要的是，本章强调功能安全实践是网络安全的必要条件，但并非充分条件。总之，功能安全和网络安全方法有许多共通之处，但系统地识别和处理两者之间的差异至关重要。

在下一章中，我们将深入探讨威胁建模的实际方法，并利用我们在功能安全领域的认知来丰富包含功能安全相关输入的网络安全分析。

6.10 参考文献

若要深入了解本章涉及的主题，请参阅以下资源：

[1] T. Novak, A. Treytl, and A. Gerstinger, *Embedded security in safety-critical automation systems*, in Proceedings of the 26th International System Safety Conference (ISSC 2008), Vancouver, Canada, 2008, pp. S.1–11.

[2] L. Piètre-Cambacédès, *Des relations entre sûreté et sécurité*, Télécom ParisTech, 2010.

[3] G. Stoneburner, *Toward a Unified Security-Safety Model*, Computer, vol. 39, no. 8, pp. 96-97, 2006.

[4] D. P. Eames and J. D. Moffett, *The Integration of Safety and Security Requirements*, in Proceedings of the 18th International Conference on Computer Computer Safety, Reliability and Security, London, UK, UK, 1999, pp. 468-480.

[5] B. Hunter, *Integrating Safety And Security Into The System Lifecycle*, in Improving Systems and Software Engineering Conference (ISSEC), Canberra, Australia, 2009, p. 147.

[6] M. Sun, S. Mohan, L. Sha, and C. Gunter, *Addressing Safety and Security Contradictions in Cyber-Physical Systems*, in 1st Workshop on Future Directions in Cyber-Physical Systems Security (CPSSW'09), Newark, United States, 2009.

[7] A. Derock, *Convergence of the latest standards addressing safety and security for information technology*, in Proceedings of Embedded Real Time Software and Systems (ERTS2 2010), Toulouse, France, 2010.

[8] Force, Joint Task. *Assessing security and privacy controls in information systems and organizations*. NIST Special Publication 800 (2022): 53A.

[9] J. Delange, L. Pautet and P. Feiler, *Validating Safety and Security Requirements for Partitioned Architectures*, in Reliable Software Technologies – Ada-Europe 2009, F. Kordon and Y. Kermarrec, Eds. Springer Berlin Heidelberg, 2009, pp. 30–43.

[10] S. Zafar and R. G. Dromey, *Integrating safety and security requirements into the design of an embedded system*, in Software Engineering Conference, 2005. APSEC '05. 12th Asia-Pacific, 2005.

[11] D. K. Holstein and B. Singer, *Quantitative Security Measures for Cyber and Safety Security*, in ISA Safety & Security Symposium, 2010.

[12] W. Pieters, Z. Lukszo, D. Hadziosmanovic, and J. van den Berg, *Reconciling Malicious and Accidental Risk in Cyber Security*, J. Internet Serv. Inf. Secur. JISIS, vol. 4, no. 2, pp. 4-26, 2014.

[13] W. Young and N. G. Leveson, *An integrated approach to safety and security based on systems theory*, Commun. ACM, vol. 57, no. 2, pp. 31-35, Feb. 2014.

[14] W. Young and N. G. Leveson, *Systems Thinking for Safety and Security*, in Annual Computer Security Applications Conference, New Orleans, LA, pp. 9-13, December.

[15] Kriaa, Siwar. *Joint safety and security modeling for risk assessment in cyber-physical systems*. Diss. Université Paris Saclay (COmUE), 2016.

[16] Kreiner, Christian Josef, and Richard Messnarz. *Integrated Assessment of AutomotiveSPICE 3.0, Functional Safety ISO 26262, Cybersecurity SAE J3061*. IIR Konferenz: ISO. Vol. 26,262. 2017.

第三部分 *Part 3*

打造网络安全的汽车产品

在这一部分中，我们将在前几章所学知识的基础上转向实践，以确保车辆的网络安全。首先，我们将通过威胁建模方法来学习如何执行有效的 TARA，以识别与我们产品相关的所有潜在威胁。其次，我们将探讨可以应用于车辆架构级的技术性网络安全控制。最后，我们将深入研究 ECU 的硬件和软件架构，重点阐述可应用于 ECU 级的技术性网络安全控制。

本部分包含以下章节：
- 第 7 章　汽车系统的实用威胁建模方法
- 第 8 章　车辆级网络安全控制
- 第 9 章　ECU 级网络安全控制

第 7 章 Chapter 7

汽车系统的实用威胁建模方法

威胁建模是任何网络安全工程流程的核心环节。它是理解和确定针对系统的威胁的优先级，并派生处理这些威胁所需的网络安全目标、安全控制和安全需求的驱动因素。在执行 TARA 之前，团队基本上对他们的系统所面临的大多数风险视而不见。他们也不清晰哪些风险是最迫切需要处理的。即使通过头脑风暴或咨询安全专家进行了基本的安全分析，也不能保证对风险进行了全面地分析。TARA 解决了这个问题，它为工程团队提供了一种基于风险管理方法的系统方法来暴露威胁并确定威胁的优先级。由于汽车系统的安全性和操作性，简单地借鉴 IT 的威胁建模方法是不够的。ISO/SAE 21434 通过提供以汽车为中心的威胁建模方法来解决这一差距。该方法将复杂的汽车系统分解为最与安全相关的功能，利用现有的系统模型进行分析，并在合理的时间框架内生成有限的威胁集，以允许项目团队对风险优先级做出明智的决策。本章以 ISO/SAE 21434 定义的 TARA 方法为基础，通过揭示常见的陷阱和突出最佳实践，深入研究该方法的实际方面。本章的目标是提供所需的工具和方法，以避免常见的陷阱，并生成增值的安全分析，从而在不严重影响项目进度和交付承诺的情况下实现系统的正确安全级别。

本章涵盖以下主题：
- 有效进行 TARA 的基本原则
- 准备 TARA 时需规避的常见陷阱
- 确定适当的 TARA 范围
- 实用的 TARA 方法
- 数字视频记录仪的案例研究

7.1 有效进行 TARA 的基本原则

在第 5 章中，我们介绍了 ISO/SAE 21434 威胁建模方法的一些基本原则。然而，即使遵循 ISO 方法，执行 TARA 效果不佳的情况并不少见——在超出分配的分析时间时产生次优分析结果。对于团队来说，花费大量时间执行 TARA 是很常见的，因此不可能在给定的项目进度表中纳入风险缓解措施。当我们深入研究 TARA 的实际方面时，我们将牢记这一点，以确保我们不仅仅是在执行 TARA 的过程中走过场，而是在合理的时间范围内产生有价值的输出，以提高汽车系统的安全性。首先，让我们回顾一些将在本章中频繁引用的基本术语和定义。

7.1.1 资产

ISO/SAE 21434 将资产定义为"具有价值或对价值有贡献的对象"。这一定义还暗示资产具有需要保护的网络安全属性，如机密性、完整性和可用性（Confidentiality, Integrity, Availability, CIA 三元组）。这组属性还可以扩展为包括真实性、不可否认性和可追责性。这些细粒度属性在识别威胁时非常有用，但也意味着更严格和更耗时的安全分析。汽车环境中的资产可以是有形的，也可以是无形的。尽管某些组织可能包括无形资产（如安全性或性能），但我们强调需要专注于有形资产，因为它们更易于产生具体且有限的威胁。

> **有形资产与无形资产**：无形资产是指系统中难以具体化的概念，如系统安全性或系统实现其操作和性能目标的能力。使用无形资产的团队往往会定义一些难以验证的抽象网络安全目标，例如，系统应确保不违反所有性能指标。相比之下，有形资产是指可以包含在物理边界内的具体系统价值对象。通过物理网络链路传输的制动命令、在易失性内存区域中加载的软件校准表或存储在外部闪存区域中的软件二进制文件都是有形资产，它们可以具有与之相关联的具体网络安全目标，例如系统应保护存储在外部闪存中的软件二进制文件的完整性和真实性。

此外，准确识别资产是产生有意义的安全分析的基本前提。这可以通过调出资产的名称和描述以及它是在传输、静止还是在使用中来实现。具有准确描述的示例车辆资产可以是通过摄像头链接传输的摄像头传感器框架。该资产由 ADAS 功能使用，例如，保持车辆在车道之间的中心位置。我们将在本章后面花更多时间讨论资产识别，但现在请记住，正确的资产识别是有效 TARA 输出的关键。

7.1.2 损害场景

ISO/SAE 21434 将损害场景定义为"涉及车辆或车辆功能并影响道路使用者的不利后果"。道路使用者包括行人、骑自行车者、驾驶员或车内乘客。简而言之，损害场景描述了成功攻击对车辆利益相关者造成的影响。尽管 ISO/SAE 21434 仅提及对道路使用者的影响，但组织应该从所有车辆利益相关者的角度探索潜在损害，以发现不局限于道路使用者的资产和威胁。例如，OEM 的发动机校准数据集可能被视为知识产权，其泄露会对 OEM 造成经济损失。如果仅考虑道路使用者的角度，这种损害场景可能被忽视。因此，准确描述主要系统利益相关者及其资产可以确保生成全面的损害场景集合。一个好的损害场景应该回答"如果资产属性受到损害，对车辆利益相关者有什么影响？"。通过生成全面的损害场景列表，我们可以评估是否已定义和分析了足够的威胁，以覆盖所有相应的损害场景，尤其是那些对车辆利益相关者影响较大的场景。

7.1.3 威胁场景

ISO/SAE 21434 将威胁场景定义为"导致一项或多项资产的网络安全属性受损并造成损害场景的潜在原因"。威胁场景很容易与损害场景混淆，因为原因（威胁）和结果（损害）之间存在紧密耦合。为了避免这种混淆，威胁应该回答这个问题，即"需要采取什么高级行动来破坏资产属性并产生特定的破坏场景？"。此外，威胁可以通过威胁建模方法（如微软的 STRIDE）和涉及领域专家与安全专家的头脑风暴练习来枚举。

给定一组资产及其对车辆利益相关者重要的相应属性的选择，我们可以借助 STRIDE 通过探索以下操作来列举威胁：

1) **欺骗**（Spoofing）：伪造资产身份的行为。
2) **篡改**（Tampering）：修改资产值的行为。
3) **否认**（Repudiation）：拒绝承认对资产更改负责的行为。
4) **信息泄露**（Information Disclosure）：未经授权披露资产内容的行为。
5) **拒绝服务**（DoS）：破坏资产可用性的行为。
6) **权限提升**（Elevation of Privilege）：未经授权访问资产的行为。

在此过程中，我们需要聚焦于资产属性本身所面临的威胁，而非攻击步骤或威胁后果。不遵循这一原则将导致威胁类型分类混乱。举例而言，篡改摄像头传感器帧在传输过程中的 CRC 字段，会导致 ADAS 丢弃该帧。如果篡改持续进行，则最终会使得依赖于该帧的 ADAS 功能受影响。尽管影响（或损害场景）表现为 ADAS 功能可用性的丧失，但威胁类型仍应被归类为对摄像头帧内容的篡改。类似地，获取摄像头传感器电源输入的未授权控制，可以实现对摄像头帧的 DoS 威胁。即便攻击步骤涉及篡改摄像头传感器的电源控制，该威胁仍应被视为 DoS 威胁。通过定义对利益相关者至关重要的所有资产属性并应用 STRIDE 模型，我们可以得到一份需要进一步分析的潜在威胁的全面清单。这构成了资产驱动威胁建模方法的核心。另一种威胁建模方法是考虑系统内跨越损坏边界的所有组件交互，然后从 STRIDE 模型中分配威胁类型，从而识别威胁。为简化基于交互的威胁生成过程，我们可以利用专门的工具，通过预定义的威胁生成规则来辅助考虑交互类型和交互中涉及的组件。例如，对存储设备的写入操作必然会产生篡改存储设备内容的威胁，而读取操作则会产生信息泄露威胁。支持这一方法的示例工具链是 Microsoft 威胁建模工具，它允许通过模板对组件进行建模，并通过模板之间的数据流进行交互。

尽管资产驱动和交互驱动这两种方法都会生成大量威胁，但基于交互的威胁建模往往会产生更多的误报，因为威胁完全基于交互类型和交互所涉及的双方。这需要投入大量精力来验证哪些威胁是有效的，并证明哪些是不适用的。这需要进行大量额外的分析，以消除无效的威胁。鉴于 ISO/SAE 21434 标准强制要求采用资产驱动的威胁建模方法，本章剩余部分将集中讨论这一方法。

7.1.4 攻击者模型与威胁类型

有效威胁分析阶段的前提是准确定义攻击者模型和给定系统范围内的威胁类型。如果没有这一点，团队在进行 TARA 时容易陷入对某个威胁是否值得考虑的无谓争论。在分析初期明确说明某些类型的威胁不在考虑范围内的理由，可以避免反复讨论这一问题，并在整个 TARA 过程中保持一致性。例如，对于行驶中车辆 ECU 的物理威胁，你可以认为这类威胁等同于针对特定目标的物理破坏，与破坏车辆制动系统线路并无本质区别。将这种类型的威胁合理地排除在分析范围之外，可使团队专注于其他更具可行性的威胁类型，而无须重复解释排除的理由。如果未来某些威胁类型的可行性和影响范围增加了，这些论证也可以进行相应更新。让我们再看一个在评估基于 MCU 的 ECU 安全性时常见的例子。在这个案例中，加密密钥需要 HPSE 来保护它的机密性、完整性和可用性，来防范物理、网络和逻辑攻击。初始假设是，ECU 环境中只运行一个应用，从 HPSE 的角度看，该应用的所有软件组件被视为具有相同的信任级别。因此，HPSE 固件将被设计为保护其密钥免受应用程序内任何软件组件的暴露；但是，当这些组件提交需要使用特定加密密钥的作业请求时，它不会区分它们。通过记录这一假设的基本原理，我们可以解释为何排除一个软件组件恶意使用另一个软件组件密钥的情况是可以接受的。这种情况下的理由必须得到安全专家的认可，并应记录残余风险。在系统集成过程中，OEM 必须验证这一假设，并确认其与其威胁模型相一致。此外，如果日后有人将此安全风险标记为弱点，则可参考预先定义的假设，避免无谓地争论系统是否存在漏洞。值得注意的是，在基于 SoC 的 ECU 中，上述假设不再成立。由于这类系统中的应用是单独构建和部署的，其安全性和关键程度各不相同，因此我们必须调整假设，以确保同一系统中的恶意应用的威胁在范围内。因此，HPSE 固件必须设计为根据授予特定应用的访问权限来强制实施密钥使用访问的隔离。

7.1.5 攻击路径

ISO/SAE 21434 将攻击或攻击路径定义为"为实现特定威胁场景而采取的一系列有目的的行动"。假设你已经列举了分析范围内的所有威胁，那么攻击路径就是实现该威胁所需的具体步骤。在分析的这个阶段，你的问题是回答"攻击者实现威胁的最有效方式是什么？"。我们强调需要有效的攻击路径是为了专注于破坏系统的最可行和最合理的方法。这类攻击路径一定优先于纯理论场景但实际上极不可能的攻击步骤。此外，攻击路径描述得越详细，相应的缓解措施定义就越准确。事实上，在 TARA 验证过程中，你必须评估网络安全控制措施是否充分覆盖了攻击路径，这只有在攻击被详细描述时才能实现。

1）通过通常用于故障诊断的暴露接入点，获得对摄像头连接的物理访问。
2）记录 ADAS 中先前摄像头会话的有效摄像头帧信息。
3）断开摄像头传感器的连接。
4）重放来自不同驾驶场景的已记录摄像头帧，以诱发 ADAS 产生不安全反应。

当然，单独讨论攻击路径是不恰当的，此例仅用于说明。在实际的 TARA 中，我们需要深入理解系统和车辆架构，以准确描述威胁来源及其实施方式，从而评估攻击的可行性。处理攻击路径复杂性的一种方法是依赖威胁建模工具，这些工具通过攻击树帮助可视化攻击步骤及其与上级威胁场景的关系，我们将在本章后续部分详细探讨。

7.1.6 风险评估方法

一旦所有损害、威胁和攻击路径都被充分描述，就需要量化相关风险，以实现两个目标：
❑ 确定风险处理决策。
❑ 确定风险缓解的优先级。

让我们以这样一个场景为例：一个组织有威胁分析的流程，但没有风险评估的流程。如果你"有幸"在这样的组织工作，那么在任何时刻，任何人都可能识别出一个安全风险，决定必须紧急缓解该风险，并着手进行系统变更以缓解风险。这种方法的主要缺陷在于持续干扰项目进度，并且缺乏对给定项目所承担的整体网络安全风险的任何认识。在这些组织中，风险很容易仅基于主观意见而被夸大，而非基于风险评分等量化指标。最终，要么精疲力竭的团队会反抗，要么客户会因未能履行项目交付承诺而寻求法律赔偿。具有讽刺意味的是，这种方法仍可能导致存在重大网络安全风险，因为团队可能由于缺乏风险优先级而无法缓解所有风险。

相反，某些组织的工程团队和项目经理拥有决定缓解哪些威胁的全部权力。为了最大化利润并适应客户需求，这些团队倾向于认为大多数威胁都是假设性的，因此选择不采取任何行动。在这些组织中，团队会辩称没有时间进行任何设计变更以缓解安全风险，或者变更会产生成本，从而推动风险接受。

这两种叙述的共同点是，这两类组织都缺乏对其自身及其利益相关者所面临风险水平的洞察，这不可避免地会导致未来的不良后果。幸运的是，ISO/SAE 21434 要求在定义所有威胁和攻击路径后，就应用风险管理框架来量化相关风险。然后使用这些计算的风险值来驱动风险处理的决策，其范围可以从风险缓解或风险转移到风险接受。

网络安全风险由两个组成部分构成：攻击可行性评估和影响等级。第一个部分旨在评估实现给定威胁场景的攻击路径可能性。这是通过评估系统所需的攻击方式、所需的专业水平等因素来完成的。第二个部分旨在假设攻击成功的情况，根据财务、安全等影响的领域来评估影响级别。直观地说，较低的攻击可行性和影响等级意味着风险较低，而较高的攻击可行性和较高的影响等级则意味着风险较高。

尽管 ISO 提供了计算攻击可行性、影响等级和风险值的示例，但并未强制要去使用特定的方法。汽车组织可自行选择使用现有的风险管理框架，如 HEAVENS（HEAling Vulnerabilities to Enhance Software Security and Safety）或 EVITA（E-safety Vehicle Intrusion Protected Application），或者定义自己的框架。在评估损害影响时，ISO 标准要求，如果损害场景可映射到安全隐患，则在定义安全影响评级时必须考虑安全严重程度，除非能就可控性和暴露提出充分论证（参见 ISO/SAE 21434 附录 F.2）。关于风险评估，ISO 并未定义将风险组成部分转化为具体风险等级的风险矩阵，而是要求风险等级为 1～5 之间的整数值。

每个组织可根据自身风险承受能力定义相应的风险矩阵，或采用现有的风险矩阵，图 7.1 所示为 HEAVENS 2.0 风险矩阵[5-6]，其中威胁等级是 ISO/SAE 21434 攻击可行性评级的产物。在设计风险矩阵时，组织可能会赋予影响评级比攻击可行性评级更大的权重，即使攻击发生的可能性极低，只要影响严重，风险等级也会较高。或者，组织也可采取更为平衡的方法，通过给予影响评级和攻击可行性评级相同的权重来调节风险水平。这可避免组织过分关注不太可能发生的风险，而将重点放在那些影响更为严重的实际风险上。总体而言，风险管理框架是一个高度可调的系统，可根据产品类型和组织整体风险承受能力进行调整。关于风险管理框架的讨论应涉及高层管理、项目管理和工程等方面的利益相关者，以确保各方利益和需求得到充分考虑，而不偏向于某一方面。这些决策必须记录在组织的网络安全管理系统中，并纳入产品的网络安全案例。

安全等级		影响等级				
		0	1	2	3	4
威胁等级	0	质量管理	质量管理	质量管理	质量管理	低
	1	质量管理	低	低	低	中
	2	质量管理	低	中	中	高
	3	质量管理	低	中	高	高
	4	低	中	高	高	危急

图 7.1　HEAVENS 2.0 风险矩阵

7.1.7　风险处理

在定义风险处理决策之前，组织必须建立对应的安全政策，明确哪些风险等级可以接受，哪些需要降低。通常，风险等级 1 视为可接受，而风险等级 2 及以上则需要采取降低措施或给出合理声明。假设组织已建立相关政策，并针对特定威胁计算出风险值，ISO 标准提供了四种风险处理选项。

❑ **消除**风险：这是处理风险最有效的方法，通过完全消除产生风险的功能特性来彻底规避风险。例如，移除 ADAS 中支持 Wi-Fi 连接的选项来避免通过 Wi-Fi 连接对 ADAS 进行代码注入的风险。尽管这是最安全的选择，但通常车辆相关利益方难以接受功能的完全移除，因此需要采取一些缓解措施以降低风险。
- **降低**风险：当风险等级高于某个阈值且无法避免时，这是最常见的处理决策，实施一项或多项网络安全控制措施来降低风险。控制措施必须足够强大，才能将风险降低到风险阈值以下，才能认为风险得到充分处理。如果不能，则必须捕获残余风险并做出相应的决策来处理（例如，残余风险可能与系统集成商分担风险，系统集成商可以实施系统级网络安全控制措施）。
- **共享**风险：在许多情况下，风险缓解措施只能由其他车辆利益相关方执行。这可能是被分析系统应用网络安全控制措施后的全部风险或残余风险。在选择共享风险时，必须向集成系统利益相关者提供足够的指示，说明他们应该做什么。这些本质上是用户需求，必须经过最低可行性评估，以避免给用户造成不必要的负担。例如，作为基础软件开发者，你可能认为你的软件因性能问题无法加密文件系统中的所有文件，并决定将此风险分担给你的基础软件和应用程序的 ECU 供应商。供应商可以根据每个文件所需的机密性级别选择进行加密的文件。解释风险以及如何执行加密对于使 ECU 供应商能够正确缓解风险非常重要。通常，风险分担会记录在随产品一起交付的网络安全手册中。
- **接受**风险：如果风险低于预定义的风险容忍水平，则可以自动接受该风险。然而，在某些情况下，即使风险水平高于可接受的风险阈值，目标系统也无法缓解或转移风险，使得接受风险成为唯一可行的选择。在这种情况下，记录风险接受的理由是强制性的，并将风险上报至管理层，以评估接受风险决策对组织的影响。确认接受的风险可能还需要与最终的系统集成商沟通，以允许他们验证风险接受决策，并考虑在必要时在他们的系统级别进行更改。例如，ECU 供应商可能需要接受 ECU 外壳内部传感器接口进行物理篡改的风险。这是由风险管理框架指导的，由于物理攻击载体和影响局限于单个目标 ECU，该框架可能会降低此类攻击的评分。通过共享已经接受的风险，OEM 可以确定该风险在其风险模型中是否也可以接受。值得注意的是，这正是重新考虑威胁和攻击者模型定义的时机。如果 OEM 未定义威胁和攻击者模型，随之而来的讨论将变得困难，因为利益相关者可能会争论为什么某些风险可以接受。因此，强烈建议比较攻击者和威胁模型，以确保讨论基于明确的假设，而不是由主观观点决定哪些风险是不可接受的。

在了解了基础知识后，现在是时候探讨准备 TARA 时可能遇到的一些常见陷阱。

7.2 准备 TARA 时的常见陷阱

在深入探讨本章实际 TARA 方法的细节之前，让我们先花点时间审视一下在准备 TARA 过程中可能导致不理想结果的迹象。通过了解这些常见陷阱，我们可以更好地理解为什么需要采取更好的方法。

如前所述，在攻击者和威胁模型上缺乏一致性意见是整个 TARA 过程中出现问题的根源。如果你作为 TARA 的审查者，而 TARA 的编写者无法清楚地阐述他们想要防御哪些攻击者类型和威胁种类，这时应当引起注意。同样，缺乏对操作环境的正确假设也可能导致 TARA 不完整或系统设计过度。在许多情况下，你没有关于目标系统的完整详细信息。在许多情况下，你可能并不了解目标系统的全部细节。你可能正在开发一个 ECU、一个软件应用、一个 MCU，甚至只是一个库，无法全面掌握你组件可能被使用的所有场景。然而，即便如此，关于操作环境和车辆架构的一些基本假设还是必要的。缺乏假设或者假设过于乐观都会造成问题。在前一种情况下，团队假设所有东西都是不可靠和无效的，结果导致分析过程冗长且产生不切实际的需求。一个典型的例子是在假设 ECU 内的任何硬件组件都可能被篡改或替换的情况下处理物理威胁。如果忽视了关于车辆物理安全的任何假设，则会有一些不太可信的威胁分析；如果我们提供可靠的论据，说明为什么某些硬件组件篡改应该在分析范围之外，则可以消除这些威胁。

相反，系统架构师如果认为车辆的环境是完美的，往往会认为整车方面已经将一切都做得正确且充分，他们会证明他们的系统所面临的大部分风险都是合理的。这必然会忽视应在组件级实施的安全控制措施。结果会导致，其组件的缓解措施成了零部件供应商的责任，而他们可能没有能力去完成零部件级的安全措施。例如，ECU 一般位于中央网关后面，而网关可以过滤所有不需要的 CAN 流量。在这一场景下，ECU 供应商可能不会过滤任何 CAN 报文标识符，也不认为 CAN 通道可能被滥用。如果此假设无效，就必须在其他位置采取缓解措施，从而导致昂贵的架构变更，而在整车级上，这种变更往往是不可行的。因此，系统假设必须始终遵循纵深防御的安全原则，倾向于认为车辆安全架构并不完美无缺。

与错误的假设一样，不恰当的安全目标描述也是导致分析不足或不当的常见原因之一。邀请一位组件工程师参与 TARA，他们会详细描述目标系统的各个细节。这将导致需要分析数十个甚至数百个资产，并列举出成千上万的威胁。相反，邀请一位系统架构师，他们可能只会绘制一个带有三个输入和一个输出的简单框图。对这样的系统进行分析可能会导致威胁识别和缓解措施过于简单，从而几乎无法真正提升车辆的安全态势。因此，选择合适的系统抽象层级至关重要，它能够揭示有意义的资产和具有影响力的威胁场景，从而有效地产生增值的缓解措施。

即使选择了适当的资产抽象层级，在资产识别过程中仍存在一个常见陷阱，即重复列举同类资产。这可能导致出现大量本质上具有相同影响评级的损害场景，以及一系列难以处理的威胁场景。这些场景将映射到相同的攻击路径并采用相同的缓解措施。识别一组高度相似的资产是提高 TARA 效率的重要方法，且不损害其完整性和准确性。与其分析每个资产，更有效的做法是将这些资产进行分类，并进行统一分析。

资产分类：在对资产进行分类时，需要谨慎考虑与这些资产相关的时间因素。分组

> 中的某个资产可能由于其暴露于威胁的时间特性（例如，仅在系统停机期间）而面临独特的攻击路径。请密切关注此类资产，并确保将它们排除在分组之外，以避免遗漏潜在的威胁和攻击路径。

在审查 TARA 时，另一个需要注意的迹象是如果你开始注意到威胁是用损害场景的语言描述的，或攻击步骤被定义为资产的抽象妥协。使用这些模糊和混淆的术语会掩盖提交者的意图，使得评估缓解措施的有效性或风险相关值的准确性变得困难。本章后面我们将介绍威胁和损害场景的撰写模板，旨在帮助你编写一致且连贯的 TARA 工作成果，便于检查和验证。

即使你设法避免了上述所有陷阱，在进行风险评估时，仍可能会陷入风险参数选择的主观争论。人们自然会对实施攻击所需的知识、专业设备以及安全严重性影响等风险参数展开争论。虽然这些数值对合理优先排序风险至关重要，但如果将这一步骤置于威胁枚举和攻击描述之前，可能会耗尽分配给安全分析的大部分带宽，最终得到一个简单且具有高度争议的威胁列表。相反，最好将风险评估与威胁分析分开进行，让工程师首先专注于技术细节，然后再切换到风险评估的思维方式。当难以就风险值达成共识时，我们可采用加权平均法以考虑多种观点。然而，在风险被接受或共享的情况下，允许专家在无法达成一致时进行详细论证是可以接受的，因为这些决策会影响最终用户必须承担或自行缓解的风险。关于如何为特定产品选择风险值的指南，可以为团队提供一个共同的参考框架，帮助他们理解这些风险参数与其产品的关系。

假设你的团队已经克服了风险评估的障碍，另一个常见的陷阱是忽视在实施风险缓解措施后仍然存在的残余风险。值得注意的是，在处理风险时，并非所有缓解措施都具有同等效力。花时间评估风险是否得到了充分缓解，对于确保没有隐性地接受重大残余风险是至关重要的。一些工具链允许用户在应用网络安全控制后计算差异化攻击可行性。这会产生一个显示残余风险级的次要风险评分。如果风险评分仍然高于最低风险阈值，则可能需要采取额外的缓解措施，或者将残余风险转移给系统集成商。本节将讨论的最后一个陷阱是未对产品的所有相关生命周期进行 TARA。我们将在下一节中详细探讨如何恰当地界定 TARA 的范围。

7.3 界定适当的 TARA 范围

ISO/SAE 21434 标准要求在概念阶段进行 TARA，同时考虑产品的所有生命周期阶段（生产、运营、维护和退役）。一个常见的误区是只关注运营阶段，因为这是车辆安全直接暴露于网络安全威胁的阶段。这种做法会导致网络安全的概念不充分，而忽视了涵盖车辆生产、维护和退役阶段的安全目标。因此，在规划 TARA 时，确保所有工程团队都参与到各个产品生命周期中并明确职责非常重要。当扩展 TARA 的范围以涵盖这些生命周期阶段遭遇阻力时，开发团队应记录其他生命周期风险的所有假设，以确保系统集成商至少了解这些风险。例如，如果生产阶段未得到充分分析，那么运营阶段的 TARA 可能会假设生产阶段的安全不充分，从而推导出影响运营阶段的安全需求，例如控制如何在工厂中配置加密密钥，或如何管理芯片生命周期的状态。图 7.2 所示为 TARA 的广度和深度。

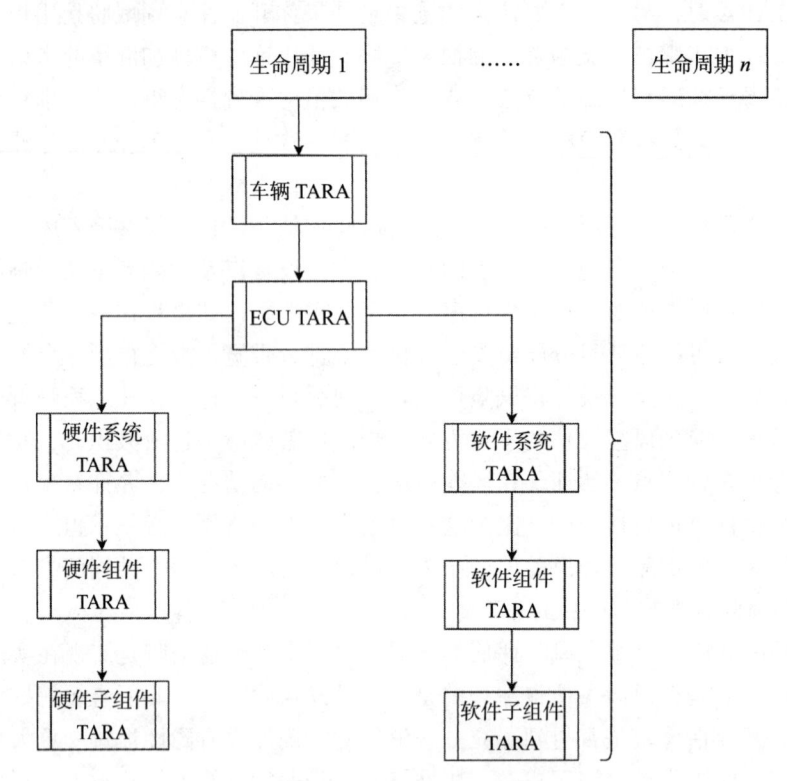

图 7.2 TARA 的广度和深度

在图 7.2 中，安全分析的广度和深度都必须足够，才能确保分析结果的完整性。广度通过涵盖与安全相关的生命周期来实现，而深度则通过涵盖车辆架构不同层级，直至零部件级别，从而确保识别出对整体车辆安全具有重大影响的安全弱点。事实上，仅依靠 OEM 的车辆级 TARA 来发现 ECU 及其零部件的所有风险和需要的缓解措施既不现实也不可行。相反，TARA 应被视为一个迭代过程，该过程需要在设计的多个层级上执行，以识别和消除在更高层次架构中潜在的风险。虽然在概念级执行 TARA 对于揭示特定系统必须实现的整体网络安全目标和高层次网络安全概念是至关重要的，但在不同架构级细化 TARA 对于揭示只有在架构细节具体化时才显现出的安全漏洞是必要的。理解 TARA 过程的一种方法是结合闭盒和开盒的方法论。

在车辆级 TARA 中，可将 ECU 视为一个闭盒系统，以关注与网络通道、传感器、执行器、常见硬件组件以及车辆级协议接口层面的威胁。OEM 进行 TARA 后，会将一系列网络安全目标和高层次的安全需求交给 ECU 供应商，以确保符合整车的车辆网络安全概念。此外，OEM 还可对供应商无法全面覆盖的车辆协议进行详细的 TARA。例如，密钥管理协议、软件更新流程、诊断服务和车载网络协议，这些都应纳入车辆 TARA 的范围之中，以便 OEM 能制定出一套所有 ECU 都需遵循的技术网络安全规范。ECU 供应商会根据这些输入的参数来执行系统级 TARA，将 ECU 建模为开盒系统，而软件和硬件组件则被视为闭盒。对系统级架构细节进行建模，可在系统层面枚举出更精细的威胁和攻击路径。这一分析将产生 ECU 级网络安全概念，为进一步细化软件和硬件安全要求提供基础。同样，软件和硬件团队需要在各自层级重复进行安全分析，从闭盒转向开盒，直至设计中所有与安全相关的方面都得到充分覆盖。

> **注意**：这里提到的闭盒与开盒专指网络安全分析，而不是测试方法中的黑盒和白盒概念。尽管这些概念表面上相似，但我们选择"闭盒"和"开盒"术语，是为了强调在分析时有意选择系统细节的层级是至关重要的，即使已经掌握系统内部架构的信息。

让我们通过一个简短的例子来说明整车级与 ECU 组件级 TARA 如何相互补充。整车级 TARA 可以发现滥用诊断协议及其支持的各种服务相关的风险。这将促使制订减少这些风险的网络安全目标和要求，并将其分配给诊断客户端、目标 ECU 和诊断网关。由此衍生的网络安全需求包括执行强制的诊断客户端身份验证，并在网络架构中的特定节点执行诊断帧过滤。基于诊断数据在非易失性存储器中的持久化存储方式，ECU 零部件 TARA 暴露了整车级 TARA 未考虑的数据篡改的风险。这是因为整车级分析故意抽象了有关诊断数据存储和访问的 ECU 组件级的细节（闭盒视图）。这一过程可以在诊断软件和硬件存储层中重复进行，以识别和消除与诊断数据篡改相关的安全漏洞。在这个例子中，整车级 TARA 和 ECU 组件级 TARA 各自揭示了不同的威胁集合及其对应的安全需求。如果 TARA 的范围错误地局限于其中任何一个，那么这些都将无法实现。

此外，设计级 TARA 在识别安全漏洞方面可能非常有效，但由于资产的细粒度和在详细设计分析中可能出现的大量攻击路径，将导致高昂的工作成本。因此，团队必须意识到，TARA 的进一步细化应在收益开始递减的临界点停止，以避免陷入无休止的分析阶段。这并不意味着在设计后期若出现新风险就不能更新 TARA；相反，应该设定一个明确的截止点，以确保 TARA 的变更仅由新出现的风险驱动，而不是出于任意延长分析阶段的目的。

> **将 TARA 设计与漏洞检查清单相结合**。建议组织定义架构漏洞检查清单，以便在识别残余风险时补充或替代设计级 TARA。一份全面的架构漏洞检查清单能够在不耗费大量时间和资源的情况下，达到与详细设计 TARA 相当的效果。是否依赖检查表通常取决于组件的安全重要性和复杂性。

7.4 实施方法

在掌握了 TARA 的基本原理和常见陷阱后,我们现在可以开始探讨汽车系统威胁建模的具体实施方法。在此过程中,我们将重点关注三个主要目标:

- 为目标系统提供尽可能高的威胁覆盖率。
- 选择正确的风险处理决策。
- 在合理的时间范围内完成 TARA,以符合项目分配的时间。

7.4.1 深入了解系统

当安全分析人员对所分析的系统非常熟悉时,TARA 是最有效和最简化的。然而,鉴于准确分析汽车系统所需的广泛知识,在大多数情况下,安全分析人员必须与领域专家合作,以全面理解系统功能,发现潜在的损害场景,并准确识别需要保护的资产。这可以通过访谈的方式进行,安全分析人员提出一系列问题来了解系统的正常功能,探索其使用案例,并开始揭示常见的误用案例。当分析涉及多个领域专家的复杂系统时,首要任务是将系统进行分解,找出与安全最相关的用例,同时有意识地探索产品生命周期的每个阶段,这样会有所帮助。

如果系统尚未完全定义,则可以基于初步架构和已知用例集展开分析。在设计阶段后期,随着更多细节的确定,TARA 可以进一步细化,以便更准确地评估实际攻击路径的可行性和潜在的损害场景。

> **最佳实践——确定能给提供系统详细信息的领域专家**。安全相关项定义是一种很好的资源,可以快速了解系统的目标和需要保护内容。如果缺乏安全相关项定义,可以参考描述系统功能规范的文档,甚至可以查阅组件需求和架构的设计文档。对于非安全相关系统(如远程信息处理单元),查阅功能规范和高层架构文档是安全分析的良好起点。

7.4.2 明确假设

在进行威胁分析之前,有一个关键步骤为后续所有分析奠定基础,即明确关于系统利益相关者、他们关心保护的资产属性以及他们希望缓解的威胁类型的一系列假设。这些假设通常是隐含存在的,往往在 TARA 过程触及某些争议话题时才会显现。从一开始就需要明确这些假设是为了确保 TARA 有效执行的关键。尽管在概念 TARA 完成之前不期望具备完整的网络安全概念成果,但随着 TARA 的进展,开始记录网络安全概念中的假设是一种很好的做法。

7.4.3 采用用例驱动的分析

首次对现有系统进行 TARA 时,选择分析的起点是一项挑战。一个典型的 ECU 可能包含数十甚至上百个用例,这些用例在详细程度和复杂性上各不相同。因此,建议筛选出与安全最相关的用例，以识别那些最需要保护的资产。这一步骤需要领域专家和安全专家合作，根据用例所面临的安全风险的程度及其对系统正常运行的重要性来确定分析优先级。例如，一个 ADAS 依赖于提供传感器数据处理、地图数据服务和 OTA 更新的功能。通过建模交互和数据流来理解系统如何满足每种类型的用例，是进行全面安全分析的基础。将一个用例进一步细分为更小的用户故事，以揭示更多需要分析的数据流和系统交互，也是一个有效的做法。

> **最佳实践——根据安全相关性对用例进行优先排序**。如果将所有系统交互（内部和外部）比作一块面包，那么在这个阶段，你的任务就是将这块面包切成薄片，以揭示那些最易受安全攻击的交互。这既是一门艺术，也是科学。假设你正在对一个远程信息处理 ECU 进行 TARA。首先，你需要探索这个高度安全关键系统提供的所有用例，寻找那些将车辆及其数据暴露于外部威胁的用例。你会发现提供软件更新、提取遥测数据和为车辆驾驶舱提供外界温度读数的用例。软件更新和遥测数据报告的用例比提供准确的外界温度读数更安全，因为驾驶员只需将手臂伸出车窗就能确认温度。随后，这些用例被细分为用户故事和用户场景，以揭示外部与内部车辆组件之间的交互。

随着这些细节的显现，应该可以在启动分析时快速识别与每个用例相关的资产和损害场景。基于安全相关性分解远程信息处理 ECU 的用例如图 7.3 所示。

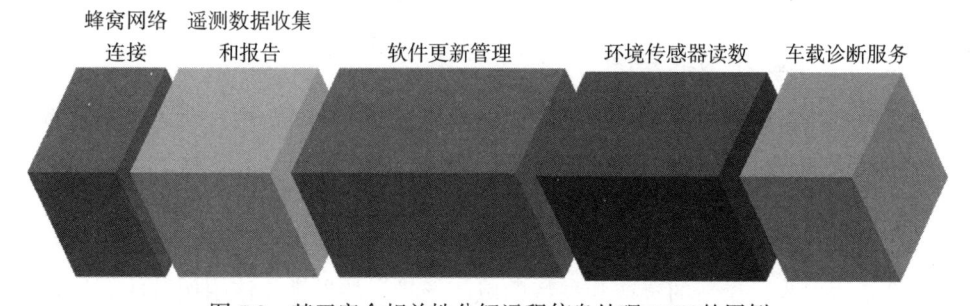

图 7.3　基于安全相关性分解远程信息处理 ECU 的用例

在完成基本用例集的分析后，系统的后续更新应遵循与常规功能开发相结合的 TARA 过程。这样可以在风险传播到设计中需要进行昂贵的变更之前在源头拦截风险。我们倾向于将这视为一种微型 TARA 方法。这可以通过现有的变更管理系统进行辅助，以便在特性超过某个风险阈值时将特性请求转发给 TARA 流程。因此，可以派生出额外的安全需求，以伴随与新特性请求相关的功能需求。类似地，在设计阶段，微型 TARA 应与功能设计紧密耦合，以识别并消除安全弱点，TARA 在功能开发和设计过程中的集成如图 7.4 所示。这需要一个集成工具链，使 TARA 自然而然地成为开发周期的一部分。

> **提示**：工程师通常对 TARA 的执行感觉担忧，认为其增加了流程负担。优化的 TARA 流程可以减轻这种担忧，使其成为流程中的自然步骤，而非额外的负担。

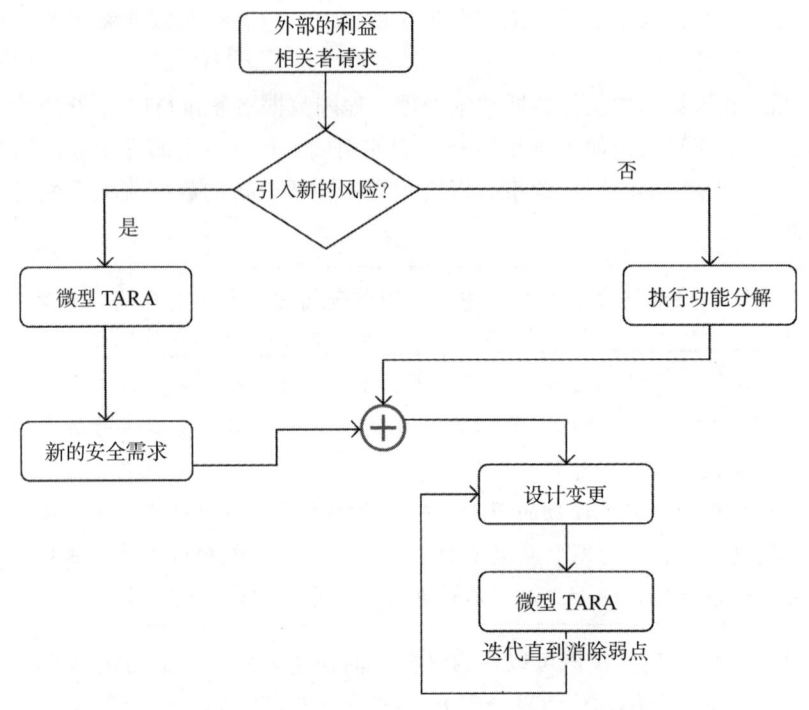

图 7.4 TARA 在功能开发和设计过程中的集成

7.4.4 准备上下文和数据流图

在开始分析一组用例和用户故事之前，与该领域专家一同审核这些内容至关重要，以确保这些用例既准确又足够全面，能够对资产和威胁进行建模。在这些讨论过程中，通常会出现新的用例，此时需要评估它们是否符合分析的优先级标志。一方面，我们希望最大化覆盖危险；另一方面，我们也需要将分析控制在不会影响项目进度的范围内。我们建议评估新用例是否引入了全新的资产和独特的威胁场景，如果排除该用例可能会导致遗漏这些场景。如果没有引入，则可以考虑降低其分析优先级，以便进行更全面且及时的 TARA。

一旦用例和用户故事集经过筛选和细化，下一步就是对系统上下文和相应的数据流进行建模。在这一阶段，我们需要利用第 5 章中讨论的相关项定义来揭示操作环境的细节并明确系统边界。这对于构建攻击路径至关重要，否则这些路径将仅停留在理论层面，除非对整车环境进行建模。

> **最佳实践——选择适当的图表细节等级**。除了上下文图之外，我们还需要对系统内部与特定用例相关的交互关系进行建模。选择恰当的建模细节等级决定了分析的全面性。在此过程中，至关重要的是找到适度的细节平衡，以避免生成包含数百个冗余威胁的难以管理的威胁模型。这是决定 TARA 是否能高效进行的关键因素之一。在概念 TARA 阶段，安全专家必须坚持从设计中抽象出细节，以限制需要分析的资产和数据

> 流。同样，开盒和闭盒方法在这里也非常有效。鉴于 TARA 的目标是推导出网络安全目标和高层次网络安全需求，选择系统组件和子组件的开盒视图将会产生详细的技术安全需求，而这些需求应在后续阶段推导。为避免冗长且昂贵的 TARA，我们应控制分析范围，以确保其有助于推导高层次安全需求并将其分配到系统的各个组件。这样，我们可以利用剩余时间定义安全架构，以便在推导详细技术安全需求时作为参考。随后在组件和子组件级别进行的额外 TARA 迭代可以聚焦于细节设计的特定方面，以揭示具体的安全弱点。

在许多情况下，数据流图并非现成可用，团队可能会因需要额外工作而抗拒创建专用的图表。尽管绘制这些图表是最佳选择，但也可以利用现有的序列图和状态图来揭示系统内的各种交互。在这种情况下，必须扩展图表以展示系统上下文，从而帮助明确潜在威胁的来源。

7.4.5 损害与资产——从何处着手

在准备 TARA 时，一个常见的问题是应先识别损害场景还是资产。了解系统的功能和目标可以迅速揭示恶意破坏这些目标对系统造成的潜在影响，因此损害场景自然成为首要衍生的工作成果。例如，在分析提供动力辅助转向功能的系统时，即使不了解该系统的具体资产，考虑到对转向系统的攻击可能导致失去动力辅助、转向过度、转向不足或转向异常行为，损害就变得明显。然而，当系统的主要目标与安全直接相关时，更容易从资产中识别损害场景，因为资产本身更为明确。在已知资产的情况下，可通过探究每个资产属性受影响时对系统造成的影响来推导损害场景。例如，提供车载网络路由和转换的中央网关负责保护通过网关的网络报文、网络配置和相应的过滤规则等资产。通过分析这些资产，我们可以确定其属性的损害可能导致的后果，如安全关键功能的不安全执行，以及依赖该网关接收报文和执行功能的安全关键 ECU 无法接收报文。总的来说，决定从哪里开始取决于执行 TARA 的人员。在实践中，定义损害场景和资产的过程是迭代的，一个步骤会促进另一个步骤的完善，直至所有损害和资产都得到充分识别。

> **最佳实践——利用 HARA 推导与安全相关的损害场景**。对于安全关键系统，特别是在相关项级进行 TARA 时，具有安全影响的损害场景的重要来源是 HARA。审查危险事件可以较容易地识别出由攻击而非系统故障引发的危险。在这里，不是将每个危害复制到损害场景中，而是可以将危害概括为一组较小的损害场景，只要导致这些损害场景的资产和威胁是常见的。例如，对转向功能的 HARA 可能引发诸如在进入匝道时转向过度、在退出匝道时转向不足、转向异常、转向丢失等危险。从安全角度来看，转向不足、转向过度和转向异常可能由对网络报文、软件镜像或传感器输入数据的常见攻击引起，并且它们在被恶意触发时都具有类似的安全影响。因此，为了简化单个威胁场景

的映射，它们可以合并为一个通用的损害场景。相比之下，转向丢失可以单独作为一个损害场景，因为它与不同的资产属性相关，如电源的可用性。除了使用 HARA 作为损害场景的来源外，损害场景的安全影响评级还应与相应危害的安全严重程度等级相关联。在某些情况下，可以认为损害场景的安全影响应被视为低于相应危害的安全严重程度等级，因为某些事件可由驾驶员控制。例如，车道保持辅助（Lane Keep Assist, LKA）的失效，该系统旨在当车辆偏离车道边界时向驾驶人发出警告，其安全影响较大，但即使 LKA 被恶意禁用，驾驶员仍然可以采取行动。在这一过程中，咨询安全架构师可以帮助巩固为何选择特定安全影响评级的论据。

正如我们在 7.1 节中所述，使用损害场景模板可以确保损害场景定义的一致性。一个示例模板可以如下所示：

```
<adverse consequence> to <system stakeholder> due to <compromise of
asset(s) property(s)>.
```

基于此模板，我们可以编写以下示例损害场景：
- 由于转向系统软件被恶意篡改，因此道路使用者无法安全地控制车辆。
- 由于非法访问 ADAS 存储的机器学习模型，OEM 的知识产权遭到泄露。

需要注意的是，在描述损害场景时包含造成损害的原因，会导致产生大量具有共同不良影响的损害场景。这使得需要计算的影响评级增加，并在将威胁场景映射到适用的损害场景时增加了选择的复杂性。因此，当损害场景包含足够信息以便进行准确的影响评级时，你可以选择将原因描述从损害场景中抽象出来。

7.4.6　通过资产类别识别资产

资产首先是在系统架构模型和相关项模型的帮助下被识别和细化的。当你浏览这些模型并熟悉正在分析的功能时，你可能会识别出某些暴露于安全相关威胁的资产属性。通常，采访领域专家了解他们的系统如何工作有助于发现易受攻击的资产。预先识别损坏场景也有助于资产识别，因为我们会问这样的问题："为实现特定的损害场景，需要破坏系统中的哪些具体对象？"

以我们的转向系统为例，已识别出以下损害场景：

```
Erratic, under or over steering caused by the misbehavior of control
algorithm
```

通过与转向系统领域专家的讨论和对系统图的仔细检查，我们可以确定，如果以下任何对象被恶意篡改，转向控制算法可能会出现故障。
- 闪存中的转向软件二进制文件。
- 闪存中的转向校准数据。
- 通过 CAN 传输的传感器输入，单边半字节传输（SENT）。

❏ 通过 CAN 传输的车辆状态报文。
❏ 通过 CAN 传输的转向系统接收的动作请求。

从不同系统利益相关者的角度出发，考虑他们真正关心的内容，也有助于资产识别。从 OEM 的角度来看，能够识别系统故障的根本原因是一个重要目标，因此，诊断故障数据的可用性和完整性是需要保护的资产属性。然而，从供应商的角度来看，软件算法的机密性至关重要，因为这些算法被视为有价值的知识产权。

> **最佳实践——准备资产目录。** 由于每个系统都必然具有一组基于其预期功能和底层架构的独特资产类型，因此帮助团队生成一致且连贯的资产定义的一种好方法是让安全架构师将系统分解为资产类别。然后，这些类别将作为参考，以确保团队成员在适当抽象层级下，从一个有限的类别集中识别资产。这种方法将产生一个资产目录，当产品发生变化时，可用于快速发现新资产存在。当识别出一个候选资产时，首先将其与资产目录进行对比，以确定该资产是否适合现有类别，或是否需要为目录添加一个新的资产类别。

此外，简化资产识别和威胁映射过程的资产目录示例如表 7.1 所示，将资产类别映射到威胁类别，使新的 TARA 能够通过将资产分类到相应类别来利用通用目录中的威胁。这种方法既能最大化威胁覆盖率，又能避免不同团队间在威胁定义上的不一致性。需要注意的是，资产划分得越细致，攻击路径及相应的安全控制和需求就越精细化。

表 7.1 简化资产识别和威胁映射过程的资产目录示例

编号	资产分组	资产属性	威胁类型
1	持久存储中的二进制文件	保密性，完整性	存储中的物理篡改
2	加密密钥	保密性，完整性，可用性	侧信道分析
3	通信通道	完整性，可用性	网络链接上的欺骗和篡改

7.4.7 构建威胁目录

将 STRIDE 模型与威胁类型和威胁代理结合使用，即使在如何实施威胁的细节最初不明确的情况下，也有助于构建有意义的威胁。让我们考虑以下威胁枚举模板：

```
<Threat agent> performs <STRIDE action> <against asset property> <via
attack method> to produce <damage scenario>.
```

从威胁代理入手是一种有效的方法，可以聚焦于威胁的攻击面。例如，威胁代理可能是具有物理访问权限的攻击者、网络端点，或系统软件内运行的易受攻击的应用。STRIDE 模型中的威胁行为则紧密围绕在分析范围内的资产属性，例如篡改威胁影响资产完整性，DoS 影响可用性等。尽管并非必需，但在威胁描述中加入攻击方法有助于激发攻击路径的生成。为了评估攻击的可行性，必须将威胁与攻击路径结合考虑，这样在风险评估阶段就能揭示相关信息。此外，在描述中链接损害场景并非强制性，但有助于阐明分析该威胁的重要性。无论是否将其包含在描述中，在计算总体风险值时，都会在风险评估阶段建立对损害场景的可追溯性。

现在，假设我们正在分析通过以太网传输的 LiDAR 传感器数据的威胁，并将传感器数据的完整性和可用性视为需要保护的最重要的网络安全属性。使用我们的威胁枚举模板，可以定义以下威胁示例列表：

- 以太网网络端点伪造 LiDAR 传感器身份，发送不可靠数据，导致 ADAS 错误地检测物体。
- 以太网网络端点通过入侵以太网交换机，篡改 LiDAR 传感器数据，导致 ADAS 的物体检测失效。
- 以太网网络端点通过入侵以太网交换机阻断 LiDAR 传感器数据，使 ADAS 功能退化。

> **最佳实践——投入时间建立威胁目录**。通常，那些擅长列举威胁和推导攻击路径的人在职业生涯中花费了大量时间阅读安全论文，参加安全会议，构建漏洞利用程序并跟踪安全新闻。对于其他人来说，这是一项艰难的头脑风暴练习，往往只能产生一小部分初步的威胁和攻击方法。克服这一挑战的一种方法是鼓励安全专家将他们的威胁和攻击方法描述进行概括，以便用于通用威胁目录。类似于建立资产目录，在揭示威胁场景时，可以将这些威胁场景分组到威胁目录中，以帮助未来的 TARA 准备。目录中的通用威胁可以映射到资产目录中的资产类别和资产属性。将资产类别和资产类型包含在威胁目录中，可以使自动化工具根据新资产与预定义资产类别的映射来识别独特的威胁。例如，非易失性内存中的软件镜像通过 JTAG 和闪存编程工具映射到篡改和数据外泄威胁，而同一资产的 RAM 实例可以通过 DRAM 中介器映射到篡改威胁。这样的威胁目录确保团队在分析新产品时能够构建丰富的 TARA，而不必从零开始进行头脑风暴。

为了快速启动创建威胁目录的过程，我们可以使用多种资源，例如，REG155[1] 中的附件 5 和 ENISA 汽车威胁报告[2]。

> **注意**：当需要遵守 REG155 时，评估人员通常会要求提供证据证明你的 TARA 已考虑了 REG155 威胁。在这种情况下，威胁目录会派上用场。

7.4.8 利用系统流程图创建攻击路径

与威胁枚举类似，定义攻击路径需要领域知识和安全专业知识的结合。要使攻击成为可能，必须利用系统中的弱点，因此你需要熟悉与所分析的项或组件相关的弱点类别。例如，如果你正在推导针对以太网链路的攻击路径，熟悉物理层和网络层的协议级弱点以及以太网交换机配置弱点会有所帮助。

> **最佳实践——密切关注已知弱点以发现威胁**。系统漏洞与安全威胁密切相关。在许

> 多情况下，你可能意识到架构的某些部分存在潜在漏洞，但尚未确定具体威胁。了解这些漏洞可以通过推断其可能被利用的方式来启发威胁列举过程。

虽然依靠安全专家对于生成有意义的攻击路径至关重要，但建议领域专家也不断丰富自身对适用于其组件的漏洞和攻击方法的认知，以便更好地进行全面的攻击路径分析。在构建攻击路径时，你的目标是揭示在分析系统中利用所有可能漏洞实现威胁的最低难度的路径。这使我们能够优先消除合理可行的攻击路径，而非那些极不可能发生的攻击路径。一旦我们发现适用的漏洞，我们必须从攻击者的角度出发，并得出实现威胁的步骤顺序。使用支持创建攻击树的威胁建模工具，可以更好地可视化威胁覆盖范围，以判断分析何时完成，使用 Yakindu 威胁建模工具的示例攻击树如图 7.5 所示。

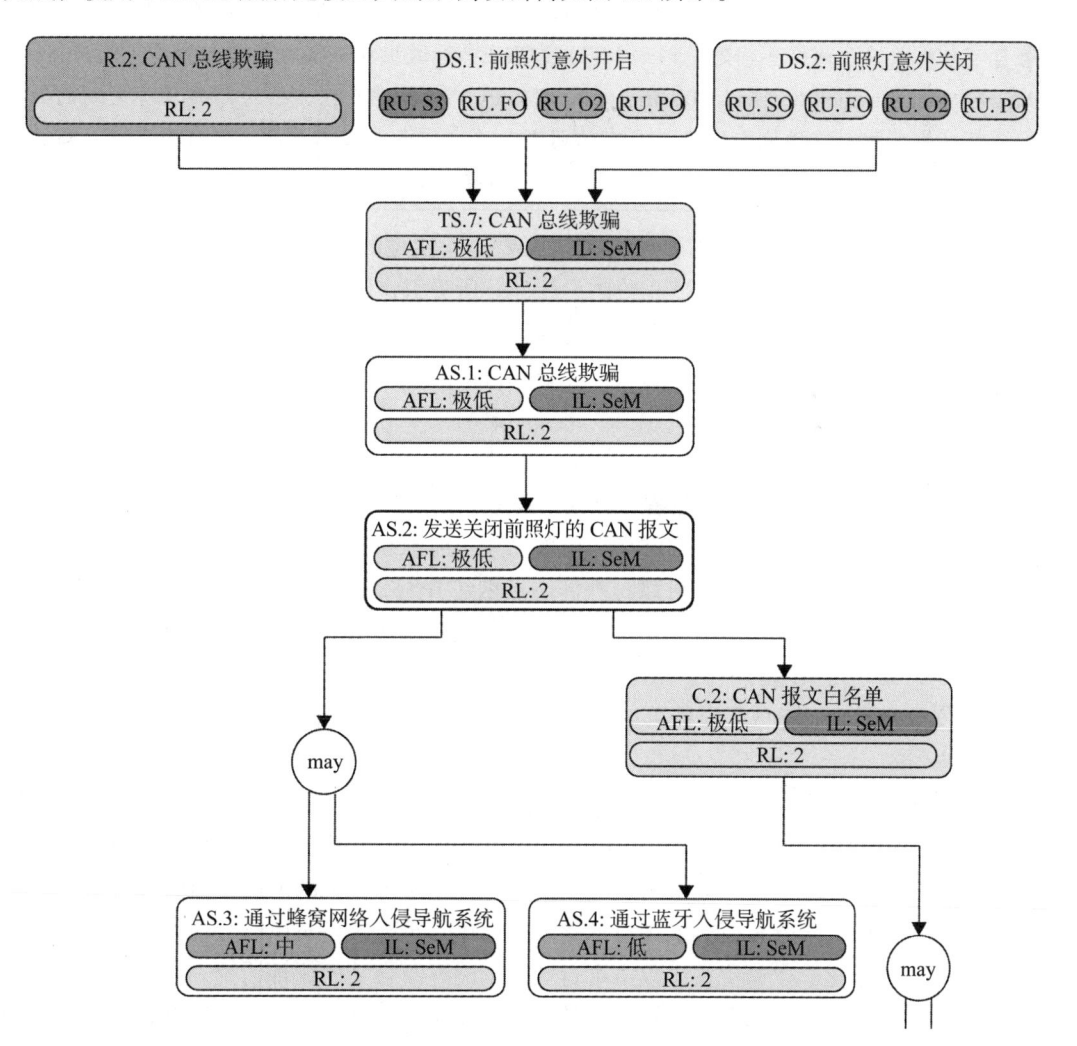

图 7.5 使用 Yakindu 威胁建模工具的示例攻击树

> **注意**：RL = 风险等级，AFL = 攻击可行性等级，IL = 影响等级，DS = 损害场景，AS = 攻击步骤，TS = 威胁场景，C = 控制措施。

此示例展示了一个针对 CAN 总线的欺骗威胁场景。这可以追踪到两条攻击路径：首先通过蜂窝或蓝牙入侵导航系统，然后伪装成 CAN 节点。模拟导航系统发送一个 `Headlamp_Off` CAN 报文，这相当于对 CAN 总线的成功欺骗攻击。图 7.5 中还展示了与两个损害场景的关联，以及一个风险对象，这是该工具捕捉风险评估方面的方式。

> **最佳实践——使用攻击数据库启动分析**。能够在多种软件和硬件组件中识别漏洞是一项需要长期积累的技能，因此，依赖攻击和漏洞数据库非常有价值。拥有针对特定产品定制的数据库这一工具，可以协助领域专家推导出有意义的攻击路径。这些数据库可以使用来自可靠来源的开放信息构建，例如 MITRE CWE[3] 和通用攻击模式枚举与分类（Common Attack Patten Enumeration and Classification，CAPEC）数据库[4]。一个为产品量身定制的数据库可以为工程师提供他们的产品应有的弱点和攻击列表，而不是筛选数百个弱点。随着时间的推移，在产品本身发现弱点的数据库可以扩展，以确保旧的错误不会重复出现。

在进行攻击路径分析时，需要警惕的是不要陷入**狭隘的分析**视角。安全专家和领域专家通常都会被他们认为与安全高度相关的设计部分所吸引，因此在分析过程中给予额外的关注。但这样做会让他们失去对整个系统视角的把握，忽略那些安全关键性较低的部分的明显攻击面。这可能成为攻击系统的成功入口点并获得横向移动的机会。这些通常是可以轻松解决的低风险目标，从而使保护系统中更关键安全部分的工作变得更加容易。以支持 IPSec 协议的新概念为例，该协议允许 ECU 与 OEM 后端进行通信。安全专家会专注于处理加密密钥及协议设计是否存在弱点。在此过程中，安全专家会重点分析 MITM 攻击、重放攻击、配置和实现缺陷，以及加密密钥管理的弱点。如果只关注加密和安全协议的实现，他们可能会忽视一个事实，即所有系统应用都可以与外部端点创建 IPSec 隧道，即使它们没有授权。这使得针对会话密钥建立和密钥暴露的安全缓解措施无效，因为攻击者可以轻松访问 IPSec 服务并伪造端点，而无需实际的密钥。对攻击来源保持开放的心态，有助于我们避免过度关注难以解决的安全问题，而忽视了那些可以轻易绕过我们强大安全控制措施的简单攻击路径。

7.4.9　确定风险优先级

一旦将所有威胁、攻击路径和损害场景联系起来，就可以开始攻击可行性和损害场景影响评级。无论你使用的是专业威胁建模工具，还是基于工作表的方法，风险评分过程都必须根据组织选择的风险管理框架实现自动化。在这里，重要的是对风险评估中使用的每个参数的定义进行标准化，以避免关于攻击可行性或影响评级含义的循环讨论。制订一份清晰解释每个评级值并提供何时选择每个评级值的示例的指南可以帮助降低不同团队执行的 TARA 之间的不一致性。但即使一切都写下来，由于其定性的性质，这一步骤仍然可能存在很大争议。例如，在评估执行故障注入攻击所需的专业知识水平时，有些人可能认为需要熟练级别的专业知识，而其他人可能认为需要专家级别的知识。为了促进一致性，组织可以采用平均法，让多位专家独立评估，然后取平均风险值。或者，可以采用多种风险评分方法，并通过平均法得出更准确的风险表征。例如，使用 CVSS 可以获得额外的分数，该分数可以计入攻击可行性评级的总体计算中。无论选择哪种方法，团队都必须避免在讨论风险值时浪费宝贵的时间，并意识到在某些情况下，减轻攻击可能比评估其风险等级所需的努力更少。

组织在进行风险评分时可以选择将损害影响优先于攻击可行性。然而，这样做可能导致一系列夸大的风险等级，而无法对其进行有效优先级排序。结果是，攻击可行性极低的风险可能与相对容易实施的风险被视为同等优先级。鉴于汽车项目的时间和资源有限，如果不给予攻击可行性评分适当的权重，将所有风险视为同一优先级意味着一些更紧迫的风险可能得不到处理。因此，选择一个能够准确地确定风险优先级的风险管理框架至关重要，以避免产品在某一领域具有强大安全控制措施，但在另一个领域存在明显漏洞的情况。

> **最佳实践——依据安全策略确定风险容忍度**。确定风险容忍度等级是另一个需要组织支持的领域。不应由工程团队来定义网络安全风险可以接受或缓解的风险容忍度等级。归根结底，这是组织的决定，因为如果威胁没有针对给定的风险评分进行处理，那么组织必须有意识地决定这样做是可以接受的。制定一项政策来指定哪些风险等级可以容忍以及哪些风险等级必须采取处理措施至关重要。此外，当团队在风险处理决策上陷入僵局时，定义风险升级流程会有所帮助。当某些团队成员坚持实施其他团队成员希望转移给另一方或推迟到未来产品版本的缓解措施时，可能会发生这些僵局。通过定义风险升级和解决流程，我们可以确保客观地考虑决策，而不是让单一意见占主导地位，而不管组织的风险暴露如何。

7.4.10 定义网络安全目标

风险评分完成后，结果是一组降低风险的网络安全目标，或是明确接受或共享风险的网络安全声明。

> **快速说明**：若在概念阶段之外执行 TARA，结果则不会是目标或声明，而是更细化的网络安全需求、设计变更以及分配给用户的需求。

网络安全目标可以被视为系统安全需求的最高抽象层级。它描述了对特定资产的期望保护以及必须减轻的相关威胁场景。在撰写网络安全目标时，我们需要考虑这些目标的使用方式。首先，目标提供了网络安全概念必须实现的高层视角。当团队熟悉系统的网络安全目标时，他们更容易识别设计中违反系统级网络安全目标的安全风险。其次，目标为确认活动提供了基础，包括开发团队的确认和独立渗透测试。确认可以通过对所有下游网络安全工作成果进行检查评审，以及由独立团队进行的渗透测试来实现，以证明在实际攻击场景中目标未被违反。

> **最佳实践——瞄准最优目标集以简化意识和确认**。在进行广泛的 TARA 时，会定义许多需要确认和维护的网络安全目标。每个目标都需要追溯到下游的网络安全需求和控制措施，以展示目标的实现方式。瞄准统一的网络安全目标集可以减轻追溯工作的负担，并确保有效完成确认。在网络安全目标的定义中对相似资产、其属性及相应的威胁类别进行分组，可以实现整合。需要注意的是，整合是一个常见的做法，也与 ISO 26262 的原则相符，该标准同样鼓励安全目标的整合。

编写有效且简洁的网络安全目标，主要有以下两种风格：

- 第一种方法详细描述了需要保护的资产特性及其对应的威胁类别：

```
The system should protect the integrity and authenticity of
camera sensor data and sensor identity against physical and
network-based threats.
```

- 第二种方法则着重阐述了针对特定攻击手段所需采取的防御措施，而不直接提及资产特性：

```
The system should prevent camera sensor counterfeiting and data
spoofing or tampering through sensor replacement or MiTM attacks
over the sensor communication link.
```

无论采用哪种风格，确认团队都应当研究攻击者如何通过目标范围内定义的攻击列表来破坏网络安全目标。第一种目标定义风格的优势在于，可以创建更为精炼的安全需求，使团队能够更加专注于在概念和产品级制订细化的安全需求。第二种风格的优点是能够更明确地指出必须防范的具体攻击。然而，随着攻击范围的不断扩大，这种方法可能会变得冗长复杂，因此有必要将这些攻击分类并抽象为不同的威胁类别。

7.4.11 选择安全控制措施和操作环境需求

安全控制措施的选择因用例和分析层级的不同而有所差异。在概念级，控制措施通常较为宏观，例如使用 HPSE、在以太网通信中强制执行 MACsec 或使用安全存储器进行密钥存储。通过细化架构，利用硬件和软件架构组件来缓解威胁并解决安全漏洞，控制措施也变得更加精细。在这些层级，我们会遇到更为详细的控制措施，如配置 MMU 或 MPU 以隔离内存区域，或分配 CPU 核心优先级以防止运行时资源耗尽的攻击。

正如识别弱点和推导攻击路径需要独特的技能组合一样，选择适当的安全控制并将其正确应用于架构也是一项同样具有挑战性的任务，这需要在网络安全和功能安全领域都积累多年的经验。正如我们将在第 8 章和第 9 章中所看到的，这项任务要求对底层硬件和软件架构有深入的理解，以确定可以在哪里应用控制措施以及如何有效地部署。

> **最佳实践——维护一个通用的安全控制目录**。拥有安全控制目录可以简化风险降低过程，为工程团队提供经过确认的选择，这些选择已知可以处理特定的安全风险。此外，

创建经过分析和验证的通用安全设计模式可以确保在整个产品中一致地应用安全解决方案。例如，在大的基于 SoC 的 ECU 中，可能存在针对 SoC 内特定用途的 MCU 与正常应用环境交互的常见攻击路径。与其单独分析与这种通信模型相关的威胁并无序规定安全控制措施，不如通过通用安全设计模式描述一种可靠的建立和维护安全通信的方法。此参考安全设计模式可以定义如何在共享内存区域上在通信方之间应用相互认证，以及报文完整性保护，例如通过逻辑通道隔离。这进一步减少了审查工作量，因为现在审查者的任务是确认安全设计模式是否已正确应用。在应用网络安全控制措施后，威胁建模基础设施需要支持能够自动更新风险值以反映残余风险。在评估残余风险时，控制措施可以被视为降低攻击可行性，从而降低总体风险水平。在许多情况下，控制措施本身会引入需要进一步威胁分析和额外安全控制措施的新资产。在系统达到所有残余风险都降低到可容忍水平的状态之前，应用控制措施和评估残余风险的这种迭代过程是必要的。

一旦选择了控制措施，就可以定义分配给被分析系统、操作环境或最终用户的安全需求。正是在分析的这个阶段，会产生两个重要的输出：构成网络安全概念的网络安全需求和必须与系统集成商共享以确保系统安全集成的用户需求。当在设计的更深层执行 TARA 时，所产生的需求将直接输入被分析组件的网络安全规范以及安全手册中，该手册向系统集成商解释了如何安全地集成组件。

最佳实践——与用户分担合理的需求。在将安全要求分配给系统用户时，重要的是要明确对用户的期望应该是合理的。例如，要求 OEM 部署最先进的防火墙和深度包检测解决方案，以保护车辆免受网络攻击，可能不是一个合理的理由来解释为什么你的 ECU 不进行任何网络数据包过滤。

7.4.12 跟踪共享和接受的风险

在风险评估阶段，可能会出现一些风险，这些风险要么不够严重，不符合缓解的标准，要么超出了正在分析的系统范围，因此应由最终用户共享或由系统利益相关者接受。由于风险水平较低而被接受的风险可能被视为未来改进的候选项，因此应在一个共同的数据库中进行跟踪，以便在下一个产品版本中进行监控和评估。后者可能会提供新的硬件安全机制或增强的软件架构，从而有可能在实际中缓解这些风险。如果由于在系统级或组件级缓解措施的不可行性而接受风险，则必须记录声明，以描述被共享或接受的风险，以及使最终用户能够确认风险处理决策的理由。当与最终用户共享风险时，记录可以采取的用户行动以降低风险是有帮助的。例如，与其记录接受量子计算对公钥密码系统构成威胁的风险，不如指示用户考虑实施量子抗性密码算法，并通过应用级软件更新进行部署。拥有一个中心工作成果（例如网络安全手册）来捕捉和传达这些风险，是确保最终用户能够安全集成系统的必要条件。

7.4.13 审查和签字确认

在完成 TARA 并生成相关的网络安全工作成果后,需要对 TARA 本身以及 TARA 产生的工作成果进行验证。通常可以定义一个检查清单,通过评估以下方面来确定验证合格的标准:

- ❑ 资产覆盖的充分性
- ❑ 威胁覆盖的充分性
- ❑ 攻击描述的有效性
- ❑ 损害场景与资产和威胁场景的正确映射
- ❑ 资产属性完整性的考量
- ❑ 残余风险评分的正确性
- ❑ 风险处理决策的正确性
- ❑ 所选的安全控制措施和需求的正确性和充分性
- ❑ 用户需求和网络安全声明定义的完整性

在审查阶段完成后,TARA 进入维护阶段。在此阶段,当系统添加新功能或在产品进入运营阶段后出现新风险时,TARA 可以定期更新。在整个过程中,安全从业者应避免在 TARA 之外进行非正式的安全分析,除非处理的问题非常简单或已经在单独的 TARA 中进行了分析。对于所有其他情况,在 TARA 中正式记录分析证据和风险处理决策,可确保能集中管理所有风险,并且一致应用系统化的风险驱动方法。

在本章接下来的内容中,我们将通过一个与 ADAS 集成的虚构数字视频记录仪(Digital Video Recorder,DVR)案例来阐述 TARA 方法的实际应用。该案例研究有意简化了某些细节,但我们鼓励读者自行思考并补充我们未涉及的资产、威胁、损害和攻击路径。

7.5 DVR 案例研究

假设你被分配了一个任务,负责对 ADAS 中的视频录制功能进行 TARA。该功能会持续记录视频数据,以捕获触发 AEB 事件前后 20 s 的画面。随后,录制的内容可通过 USB 接口或远程信息处理单元提供给外部客户端下载,用于分析事件细节并确定发生碰撞时的责任。你的任务是识别与此功能相关的高风险威胁场景,并定义必要的风险处理决策。让我们按照 TARA 方法的步骤,逐一分析这个用例。

> **注意**:以下分析是完整 TARA 的简化版本,并非旨在提供全面详尽的评估。

在开始分析之前,捕获用例的详细信息是有帮助的,可简化威胁分析,视频记录仪的功能如表 7.2 所示。我们记录的用例细节越多,就越能更全面地发现资产、威胁和攻击面。

表 7.2 视频记录仪的功能

用例名称	AEB 事件的视频记录仪
描述	系统通过前置摄像头捕获图像数据,将视频流编码为一个 20 s 的循环缓冲区。如果检测到 AEB 事件,则将缓冲区保存在 eMMC 中,以分析 AEB 的有效性,并在适用的情况下确定事故责任。视频可通过远程信息处理单元在 OEM 的请求下上传或通过 USB 下载
参与者	碰撞分析工程师

(续)

用例名称	AEB 事件的视频记录仪
输入	摄像头传感器数据 AEB 事件触发器 视频上传请求
输出	20 s 的视频以 MP4 格式存储
终止条件	视频存储在 eMMC 中,并且已满足上传请求

在深入威胁分析过程之前,我们还需要记录一些关于操作环境和系统利益相关者目标的假设。

7.5.1 假设

摄像头传感器通过专用连接直接连接到 DVR,因此排除了针对摄像头传感器数据的基于网络的威胁。此外,OEM 重视视频内容的不可抵赖性,以便在预期条件下未触发 AEB 时确定责任。在我们的威胁模型中,我们考虑了基于网络的威胁,以及已经在 ADAS SoC 中运行的恶意应用可能尝试干扰视频录制的威胁。

7.5.2 上下文图

现在我们已经理解了用例及其假设,需要准备一张上下文图,展示车辆环境内的系统分析情况。这对于理解全面的攻击面和定义攻击路径至关重要。假设的 ADAS 和车辆操作环境如图 7.6 所示。

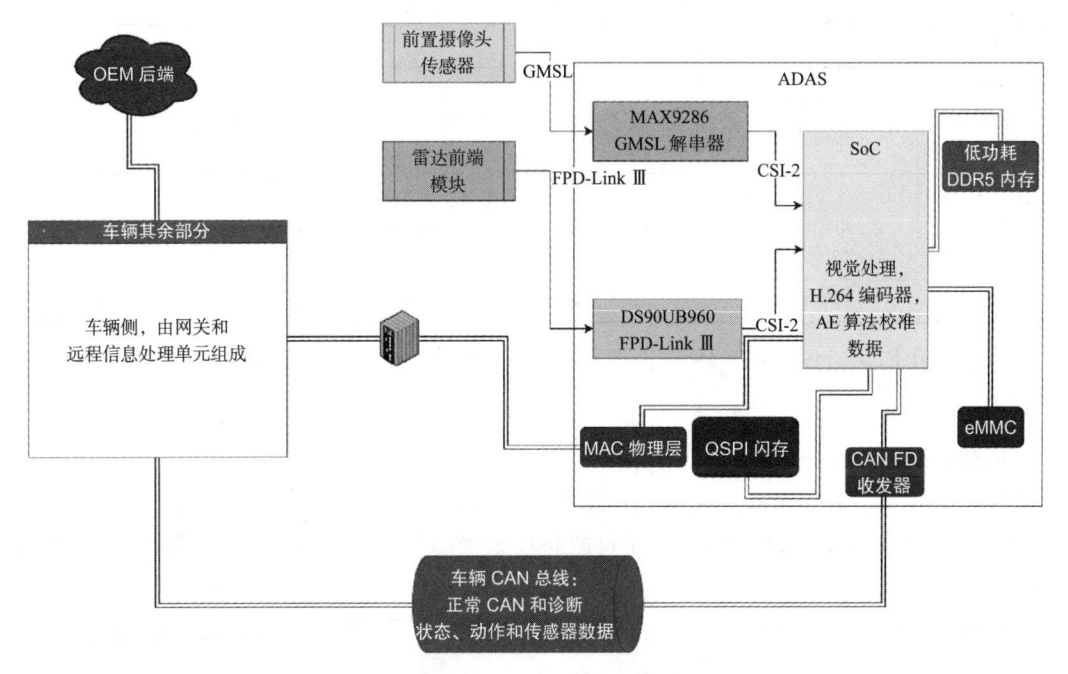

图 7.6 假设的 ADAS 和车辆操作环境

7.5.3 识别资产

通过检查系统图，特别是 DVR 功能，我们可以识别一些可以视为资产的关键对象：
- 摄像头传感器输入
- QSPI Flash 中的视频编码软件
- AEB 事件触发输入信号
- 用于配置视频长度的校准数据
- LPDDR5 内存中的缓冲视频
- eMMC 中的持久化视频
- 提供上传视频命令的 CAN 报文
- 用于传输存储视频的以太网数据包

> **注意**：我们有意忽略了 AEB 功能的资产，因为我们的分析范围聚焦于 DVR。AEB 仍需作为一个独立的 TARA 进行分析，但这在本案例研究中未予呈现。

在此阶段，我们已确定了足够的资产，现在是时候识别损害场景了。

7.5.4 损害场景

考虑到主要利益相关者是 OEM 和驾驶员，他们都希望能够确定事故责任。使用资产及其相应的资产属性推导的损害场景如表 7.3 所示。

表 7.3 使用资产及其相应的资产属性推导的损害场景

资产	属性	损害场景
缓存视频 持久化视频 以太网流数据	完整性 可追责性	由于碰撞记录数据被篡改，导致事故责任分配错误
缓存视频 持久化视频 以太网流数据	可用性	由于视频数据丢失，OEM 无法证明 AEB 功能未导致事故
以太网流数据	机密性	由于未经授权的第三方上传视频数据，侵犯了道路使用者的隐私

现在，我们是时候考虑这些损害如何通过恶意原因触发，即通过枚举针对所分析资产属性的威胁。

威胁枚举和损害场景映射

为简化起见，我们将在威胁描述中结合攻击和威胁场景。在实际系统中，我们应该绘制攻击树，以展示每个攻击路径如何对威胁场景做出贡献。DVR 功能的威胁分析快照如表 7.4 所示。

假设我们已经识别出所有针对资产属性的威胁并绘制了攻击路径，那么我们将进入风险评估阶段。我们将为每个攻击步骤分配攻击可行性评级，并为每个损害场景分配影响评级，从而生成一组风险值。考虑到通过受损的远程信息处理单元和 OBD 诊断工具实施攻击的便利性，我们决定对威胁 T1 至 T3 进行缓解，而接受 T4。

表 7.4 DVR 功能的威胁分析快照

威胁编号	资产	威胁类型	攻击描述	损害场景
T1	以太网流数据	信息泄露	被攻击的远程信息处理单元请求上传 DVR 数据并将视频转发到攻击者的后端	由于未经授权的第三方上传视频数据，侵犯了道路使用者的隐私
T2	持久化视频	否认	未经授权的诊断工具发出请求，用不含事故的早期事件录像替换当前录像	由于碰撞记录数据被篡改，导致事故责任分配错误
T3	持久化视频	篡改	恶意的诊断工具在事故发生后擦除视频记录	由于视频数据丢失，OEM 无法证明 AEB 功能未导致事故
T4	缓存视频	篡改	ADAS 中的恶意应用定期擦除缓存视频数据以防止在事故发生时访问记录	由于视频数据丢失，OEM 无法证明 AEB 功能未导致事故

基于上述分析，我们可以得出以下网络安全目标和网络安全声明：

❑ 网络安全目标：
- ADAS 应保护持久性视频记录的完整性和可用性，防止基于网络的攻击。
- ADAS 应保证视频记录的不可抵赖性。
- ADAS 应保护传输中视频记录的机密性，防止基于网络的攻击。

❑ 网络安全声明：鉴于在 ADAS 中安装恶意应用的难度较大且风险值较低，我们接受缓存视频数据被恶意应用擦除的风险。

确定网络安全目标后，我们需要推导出网络安全控制措施和概念级网络安全需求。考虑到它们的高度耦合性，我们倾向于将网络安全控制措施作为网络安全需求的定义一部分进行整合。这种方法使我们能够通过简单阅读网络安全需求，快速识别所采用的网络安全控制措施。

7.5.5 网络安全需求和控制措施

通过审核 TARA 中需要降低风险的每个攻击路径及受影响的资产，我们可以得出以下网络安全需求及相应的控制措施：

❑ ADAS 应在将视频数据记录存储到非易失性存储器之前，应用数字签名，该签名应包括不可伪造的时间戳或单调递增计数器。

控制措施：数据认证、防重放保护。

❑ ADAS 应在将视频数据存储到非易失性存储器之前，使用经 NIST 批准的加密算法对视频记录的数据进行加密。

控制措施：数据加密。

❑ ADAS 应支持使用设备唯一的私钥对事故记录进行签名，以防止否认。

控制措施：通过数字签名实现不可抵赖性。

- ADAS 应通过加密授权机制，限制视频记录的网络查询，仅允许预定义的授权客户端访问。

控制措施：加密认证机制与基于角色的访问控制。

- ADAS 应在安全生产状态启用后，拒绝任何视频记录删除的请求。

控制措施：安全存储。

- ADAS 应采用抗篡改外壳设计，以防止视频存储介质被破坏和物理篡改。

控制措施：防篡改。

在这个阶段，相关的硬件和软件团队需要将概念级安全需求分解为硬件和软件安全需求。请记住，在设计的每个层次上都需要进一步细化 TARA，以识别和消除架构上的弱点。当分解安全需求时，回顾在 TARA 中考虑的攻击路径，有助于确保低级别的安全缓解措施提供足够的安全防护。

7.6 总结

本章中，我们介绍了一种高效执行 TARA 的实用方法。我们旨在解释 ISO/SAE 21434 TARA 方法的基本原理，同时强调一些能够优化 TARA 结果并简化整体准备工作的关键步骤。我们详细分析了工程团队在 TARA 过程中可能遇到的多种陷阱，并提供了相应的规避策略和最佳实践。这种实用方法分为以下几个阶段：第一阶段通过定义假设，了解正在分析的用例以及对系统上下文和数据流进行建模来了解系统。在第二阶段，将识别并追踪资产、损害场景、威胁和攻击路径。这为第三阶段的攻击可行性分析和影响评级奠定了基础，这些步骤对于计算风险等级和启动风险处理决策过程至关重要。一旦确定了风险优先级，即可定义网络安全目标，并且可以得出所分析的系统及操作环境中的其他车辆组件的相关需求。最后由 TARA 审查和签署来结束这一过程。为了具体展示这种方法，我们以 ADAS 中用于捕获事故相关视频的 DVR 系统为例进行了说明。本案例研究中展示的 TARA 产品示例，可以为你准备实际产品 TARA 时提供有价值的参考。掌握了这些知识，你现在就能够开展安全分析，以识别系统中需要应对的威胁和潜在攻击。

在下一章中，我们将深入探讨指定网络安全控制措施的领域，以确保我们的安全分析不仅能够发现风险，还能够帮助我们定义有效的缓解措施。

7.7 参考文献

如需深入了解本章涵盖的主题，请参阅以下资源：

[1] UN Regulation No. 155 - Cyber security and cyber security management system

https://unece.org/transport/documents/2021/03/standards/un-regulation-no-155-cyber-security-and-cyber-security

[2] Cyber Security and Resilience of smart cars

`https://www.enisa.europa.eu/publications/cyber-security-and-resilience-of-smart-cars/@@download/fullReport`

[3] Common Enumeration Weaknesses (CWEs) `https://cwe.mitre.org/`

[4] Common Attack Pattern Enumeration and Classification `https://capec.mitre.org/`

[5] HEAVENS first edition: `https://autosec.se/wp-content/uploads/2018/03/HEAVENS_D2_v2.0.pdf`

[6] Proposing HEAVENS 2.0 – an automotive risk assessment model: `https://dl.acm.org/doi/pdf/10.1145/3488904.3493378?casa_token=CkQCLzI4xMkAAAAA:GO4IswB9yKy6lbLujicVslr94Av7MOKzOgt5sSrLX4x2Z4_vx9FpHlQLu06m9bcl-sN1mxNXqrw`

第 8 章

车辆级网络安全控制

在第 3 章中，我们探讨了汽车系统中各类网络安全威胁及其与车辆 E/E 架构的关系，强调采用系统化工程方法来识别和管理风险的重要性，而非直接跳入技术解决方案。本章聚焦于通过纵深防御策略来降低网络安全风险的技术解决方案，有时，可以通过在产品设计中移除高风险特征来消除风险。大多数时候，我们必须选择合适的网络安全控制措施来管理风险。正如本章所述，引入网络安全控制会增加组件成本并影响系统性能。此外，每次设计变更都会影响车辆的风险状况，甚至安全控制本身也可能因为配置错误或管理不当而引发问题，造成负面影响。本章将探讨可应用于 E/E 架构各层的多种安全控制措施和技术，以使车辆抵御网络攻击。我们将深入研究每个技术领域，讨论在整个车辆生命周期中开发风险缓解措施的最常见做法，还将涵盖实施这些网络控制措施时应避免的常见错误和可能面临的挑战。

本章涵盖以下主题：
- 选择网络安全控制措施
- 车辆级与 ECU 级控制
- 政策控制
- 安全生产
- 安全的离线网络通信
- 基于主机的入侵检测
- 网络入侵检测与防御
- 域分离与过滤
- 传感器认证

- 安全软件更新
- 车载网络保护
- 诊断能力的安全保障
- 安全退役

8.1 选择网络安全控制措施

网络安全专业人员的工作不仅仅是选择网络安全控制措施来缓解威胁。事实上，确定实施哪种网络安全控制措施只是实施有效的威胁缓解措施的第一步。选择控制措施后，网络安全专业人员需要进行安全分析，以识别可能导致绕过或禁用网络安全控制的新威胁。此外，了解所选控制措施的安全隐患和局限是缓解措施真正发挥作用的关键。所以想要真正完全缓解威胁需要通过多轮安全分析，并识别和审查网络安全控制引入的新资产及其受攻击的方式。例如，安全启动是一种众所周知的网络安全控制措施，作用是检测 ECU 代码或校准数据，防止执行非特定平台的恶意软件。受安全启动保护的主要资产是非易失性内存中的 ECU 代码和校准数据。启用安全启动的同时也会引入一整套新资产，可能导致安全启动控制措施失效，并使主要资产（ECU 代码和校准数据）再次遭到篡改的威胁。

> **想一想**：安全启动引入了哪些资产？如何保护这些资产？

设计和实施网络安全控制时的目标安全严格程度取决于这个问题及你回答这个问题所尝试的迭代次数。下面让我们尝试思考并回答这个问题，了解应用此安全控制措施时所面临的挑战。

首先，启用安全启动要求代码和校准数据要么使用私有的非对称密钥进行数字签名，要么使用对称加密密钥进行认证。前者是首选，因为只需要在 ECU 中加入公钥即可。接下来我们需要考虑这一选项带来的问题。首先，用于签署软件和校准数据的私钥必须严格保密，假设私钥在制造过程中被访问并用于签署二进制文件，则需要进行 TARA 来识别可能导致恶意代理泄露或滥用私钥的攻击路径。这可能为 HSM 中的私钥管理生成额外的安全控制，并限制对生产环境中私钥签名的访问。接下来关注目标 ECU，进行匹配的公钥必须确保其真实性和完整性，如果在不安全的渠道中进行认证，那么公钥可能会被替换，允许攻击者提供自签名的二进制文件而无须进行篡改检测。为了规避此风险，我们需要添加新的控制措施，允许通过认证渠道传输公钥。假设公钥已被安全设置，那么我们必须考虑攻击者通过重编程或物理替换 ECU 非易失性内存来进行篡改的风险。为缓解这种额外威胁，我们必须将公钥存储在由 HPSE 管理的 OTP 内存或保险丝阵列中。

> **提示**：存储公钥的哈希值是一种常见做法，可以减少 OTP 或保险丝阵列的存储占用，同时不损害公钥完整性保护。然后，将其附加到在安全启动期间检查的二进制镜像中。

到现在为止，我们已经迭代了几种对策和残余风险，让安全启动过程真正有效。然而，如果在此停止，将会留下几种未被缓解的残余风险，这最终会导致安全启动过程失效，使之前所做的一切努力付诸东流。因此，我们继续深入探讨，当安全启动检查开始时，关键的代码部分通过比较解密的哈希值与二进制文件的哈希值执行数字签名验证。如果两者不匹配，安全启动过程就会终止。然而，拥有干扰设备的攻击者可以首先用自己的二进制文件替换非易失性内存中的软件镜像，然后应用 EMFI 干扰，导致 CPU 跳过执行验证检查的分支指令，从而有效绕过安全启动并启动被篡改的软件镜像，如下所示：

```
if (decrypted_hash != computed_hash)
{
    Halt();
}
else
{
    StartApp();
}
```

你可能会认为这种攻击只会导致在攻击者所拥有的目标设备上执行恶意代码，但如果攻击者的目的是提取被加密存储的、有价值的知识产权软件二进制文件，那结果就不同了，通过成功启动篡改的软件，攻击者可以启用 UART Shell 来提取加载后的二进制文件，这些文件在加载到易失性内存中时是以明文形式存在的。为应对这种风险，我们可用抗干扰编码技术来强化安全启动代码，例如比较时使用具有大汉明距离的常数，以及使用冗余嵌套 if 语句来提高干扰攻击的难度（参见第 6 章示例）。

现在完成了吗？还没有！如果安全启动实现依赖于多阶段引导方法，那么在每个引导的软件阶段，都存在引导软件部分可能干扰正在进行或已经完成引导阶段的风险。但是，这里出现了一个矛盾——安全启动不是应该保证只有可信软件才能启动，从而建立信任链吗？这取决于你的攻击者模型和系统架构。假设你拥有一个异构核心系统，能够并行引导来自不同来源的软件。如果一个引导的软件实体能够对另一个内核的内存进行写操作，那么我们无法保证信任链的完整性。即使软件本身已签名，也无法保证它不会出现异常行为，因为有害的软件实体可能包含未修补的漏洞。因此，我们必须在启用多个运行时执行环境的独立软件部分强制实施严格的内存隔离，以防止内存破坏攻击。此时，你可能觉得防御措施已经很完美了——但请稍等！除了这些还有呢！

一个无法在目标系统上运行恶意代码的受挫攻击者，最终可能转而进行 DoS 攻击，他们可能将目标转变为破坏你的代码，攻击者可能使用另一个 ECU 的有效签名镜像替换目标 ECU 的二进制文件。这至少可能导致启动不兼容的软件，进而引发异常行为甚至系统崩溃。为此，必须在数字签名生成过程中加入 ECU 标识符或软件版本元数据，以确保只有专为特定系统设计的软件才能通过签名验证检查。

在本次示例中，可以假定我们的工作已经完成，并且任何残余风险都在可接受范围内。

值得注意的是，在每一步分析中，我们都需要评估残余风险，这促使我们继续分析并基于残余风险过高的前提添加新的安全控制措施。我们可以采用 ISO/SAE 21434[1] 风险评估方法，通过计算应用网络安全控制后的攻击可行性来衡量残余风险。这应该作为决定分析何时完成的关键因素，以避免 TARA 无休止地拖延项目进度。定义和完善安全控制的迭代过程如图 8.1 所示。

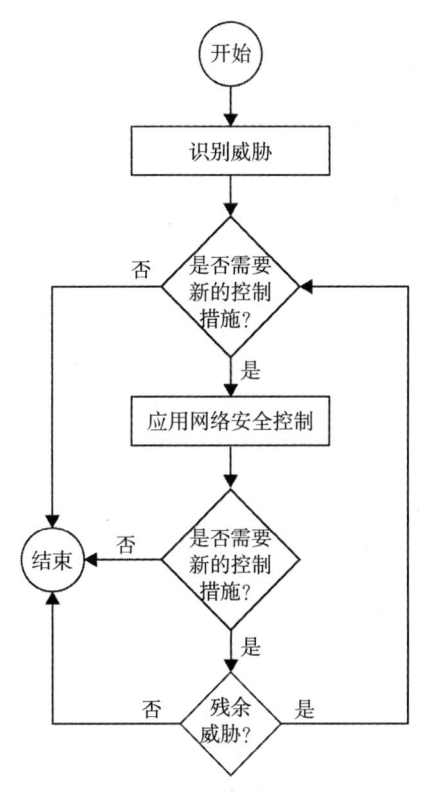

图 8.1　定义和完善安全控制的迭代过程

> **安全专家的作用**：随着架构的演进，这种分析可以迭代进行，每次调整都会带来变化。然而，安全专家可以利用其专业经验揭示潜在的安全漏洞。因此，即使采用这种系统化的方法进行威胁缓解，安全专家对你的分析进行审核也能确保你的工作没有遗漏任何关键威胁或弱点。

挑战领域

即使已经确定了适当的网络安全解决方案来缓解威胁，调整车辆架构、网络基础设施、后端、支持工具和制造过程来适应这些解决方案仍然是 OEM 面临的重大挑战。首先，供应链复杂性意味着 OEM 必须与供应商和标准委员会紧密合作，以确保能够适应新的安全解决方案。同样，为支持代码签名和密钥分发等流程而对车辆基础设施进行调整，会对许多流程产生广泛影响，并带来显著的成本因素。因此，我们建议那些开始在车辆中引入网络安全控制的 OEM 采用渐进式方法，首先识别并解决高优先级的威胁。此外，管理层必须承诺提供必要的资源和预算，以确保在合理的时间框架内部署这些安全控制措施。

现在我们已经了解了定义和部署网络安全控制的技术和程序性挑战，接下来将探讨如何在车辆和 ECU 级应用这些控制措施。

8.2　车辆级与 ECU 级控制

与在设计的多个层面上进行 TARA 类似，安全控制也是以分层方式应用的。这种分层分析导致网络安全控制以多层次的方式实施，本质上是一种**纵深防御的网络安全策略**。每一层的安全措施都会降低成功入侵的可能性，因为攻击者必须突破或找到多层安全防护中的漏洞才能达成目标。图 8.2 所示为应用于车辆生命周期各阶段的 11 个安全层。

在图 8.2 中，每个安全层被视为一系列独立的网络安全控制，而这些控制依赖于多种技术手段。在本章剩余部分，我们将逐层剖析车辆架构，介绍常见的网络安全控制措施。这些措施在各层中实施，以实现这种纵深防御的安全策略。与前几章一样，我们的目标不是深入研究，而是奠定基础，使读者能够理解如何整合更多适合其车辆架构的控制措施。尽管其中一些控制措施会影响 ECU 的设计，我们将 ECU 级网络安全控制留到下一章讨论。同样的安全分层方法将在 ECU 级应用，会重点关注硬件和软件技术措施，以进一步将安全漏洞风险降至 ECU 设计的最低水平。现在，让我们将注意力转向第一个**车辆级网络安全措施**，即**政策控制**。

图 8.2　应用于车辆生命周期各阶段的 11 个安全层

8.3　政策控制

第一类控制措施是由组织级的程序来执行的，这些程序从安全的角度界定了哪些行为是被允许的。简而言之，政策控制就是必须遵守的规范，以消除那些难以通过技术手段控制或低成本缓解的风险。售后远程信息处理单元和 OBD 接口的使用就是政策控制的例子。众所周知，攻击者会利用这类设备进入车辆内部网络并欺骗其组件，这可能导致目标 ECU 的软件或数据被篡改，使攻击者能够远程控制车辆。

为了降低售后 TCU 设备/OBD 接口相关的风险，OEM 可以制定一项政策控制措施：如果车主不希望失去车辆的保修权，就禁止使用此类设备。在中央网关等组件中运行的入侵检测软件支持检测该策略的违规行为，该软件能够监控这些设备传输的典型报文。

在车辆层面可以实施的另一项政策控制措施是通过限制驾驶员推迟更新的次数来保持车辆软件的最新状态。当达到限制次数时，可在车辆首次停车且能够部署软件更新时强制进行更新。

虽然这些控制措施有助于提高车辆的安全性，但由于需要用户遵守，通常无法完全降低风险，部分用户可能会试图忽略或绕过此类政策。因此，应谨慎使用政策控制措施，并通过网络安全控制技术加以强化，我们将在下文讨论这些措施。

8.4 安全生产

第一组技术网络安全控制措施旨在保障生产过程中组件和整车层面的安全。这包括对固件和软件安装、关键安全参数（Critical Security Parameter，CSP）配置，以及对将组件或车辆转换为安全生产状态的过程实施安全控制。这些控制措施的目标是确保从生产开始到车辆下线的全过程中，车辆的所有资产都受到充分保护。实现这些目标的基础是采用安全密钥管理基础设施。具体做法是在工厂环境中部署 HSM，用于生成需要配置到每辆车中的密钥。HSM 还可用于在刷新车辆 ECU 之前，对软件镜像和校准集进行数字签名。在可能的情况下，应利用 HSM 为特定车辆生成公私密钥对和共享对称密钥。这确保了从一辆车中提取的密钥无法用于冒充另一辆车的 ECU，同时在没有适当授权的情况下，ECU 也不能在不同车辆间随意交换。

> **使用唯一的公私密钥对**：在创建需配置到车辆中的根公钥时，建议为特定车辆生成新的公私密钥对。为每辆车配备独特的根公钥，可将私钥泄露的影响限制在单一车辆上，而非所有车辆。

使用车辆唯一的公私密钥对（例如用于安全启动）有助于在私钥遭受攻击时简化密钥撤销策略。避免对所有车辆使用全局根私钥，可以确保即使攻击者获得了私钥，其影响也仅限于单一车辆，而不会危及所有车辆。此外，生产过程中删除开发密钥、在软件安装前擦除内存以及设置熔丝阵列等程序都是确保车辆在安全状态下进入运行模式的必要控制措施。为此，工厂中用于车辆设置的程序应在生产阶段完成后被移除，防止车辆交付消费者后被恶意攻击者滥用。同样，在制造期间启用的任何硬件或软件特殊测试模式也应通过不可逆的锁定方法移除，例如封闭测试端口，并对 ECU 测试接口进行密封。

面临的挑战

将网络安全控制措施适配生产过程是一项充满挑战的任务，原因有多个。首先，生产环境优先确保车辆系统在最短时间内实现正确安装和配置。因此，需要在生产过程中的各个阶段支持程序测试，这与网络安全最佳实践提出的移除测试程序，防止被恶意滥用存在矛盾。同样，软件安装过程中需要访问串行编程接口。网络安全实践主张混淆此类端口，并在不再需要访问时立即禁用。其次，在 ECU 或车辆组装过程中应用网络安全控制，会带来额外的时间开销。例如，在生产 ECU 时，给软件二进制文件和校准集创建数字签名会产生多轮通信，包括将代码传输到签名机构，并在接收数字签名后才能完成闪存。同理，配置密钥和证书也会导致延迟，因为需要为特定 ECU 生成这些密钥，并且必须有程序来验证密钥配置步骤已成功完成，然后才能进入下一个生产阶段。当网络安全控制依赖新技术时，制造系统往往滞后，很难更新来支持新算法，如量子安全数字签名算法。除此之外，即使有合适的工具和程序，生产过程仍可能引入漏洞，例如在生产中的 ECU 中被错误地安装开发密钥，这会使整个 ECU 的安全性失效。鉴于这些原因，通过 ISO/SAE 21434[1] 所述的网络安全生产计划，将制造工程师引入网络安全活动至关重要。必须仔细考量所有制造程序，以确保充分了解生产环境中的威胁，并且保证纳入网络安全控制不会妨碍生产过程。

只有严格贯彻并正确实施网络安全生产计划，我们才能确保车辆在达到符合预期的安全水平下进入运营模式。

8.5 安全的离线网络通信

在先前章节中，我们讨论了攻击者如何利用 Wi-Fi、蜂窝网络、蓝牙和其他外部连接接口窃听或篡改车辆数据和控制功能。减少离线通信技术相关安全风险的一些方法包括：建立网络防火墙、设置入侵检测防御系统、采用网络分段和隔离技术、限制车辆 ECU 的网络访问，以及与后端服务器建立安全通信通道。在采用这些控制措施时，汽车工程师必须考虑其对计算资源、功耗、实时性能和成本因素的影响。在本节后续内容中，我们将探讨每个通信接口层的控制措施，并阐述如何对其进行调整，以适应车辆环境。

8.5.1　Wi-Fi

Wi-Fi 在车辆中可用于提供热点服务、流媒体服务，有时还用于 OTA 更新，例如，当汽车在夜间停泊并连接到家庭路由器时。将 Wi-Fi 用作离线车辆通信的通道时，必须在其生命周期的各个阶段确保**无线局域网**每个组件的安全，从初始设计和部署到持续维护和监控。在车辆层面，谨慎选择供应商确保 Wi-Fi 芯片的安全是防止供应链漏洞的首要步骤。此外，监控这些芯片固件的漏洞对于及时修补潜在的风险设备至关重要，并且强制使用 WPA3（Wi-Fi Protected Access 3，Wi-Fi 保护接入）来避免弱 Wi-Fi 安全协议的漏洞也非常重要。Wi-Fi 网络漏洞的一个常见来源是使用基于低熵数据的 Wi-Fi 密码，使其易受暴力破解攻击。因此，提供 Wi-Fi 连接的车载系统应禁止设置弱密码，并最好要求**多因素认证**，以防止未经授权访问车辆的 Wi-Fi 网络。将用于娱乐和互联网浏览的用户 Wi-Fi 网络与处理

OTA 更新和车辆遥测数据报告的车辆操作网络分离，是另一项减少恶意干扰可能性的基本控制措施。这可以通过使用 VLAN 和**服务集标识符**（Service Set Identifier，SSID）来实现。对于提供互联网浏览功能的车辆，部署入侵检测防御系统、防火墙和 URL 过滤，对于筛选恶意流量和阻止访问已知恶意站点至关重要。禁用在车辆转入生产状态后用于开发目的的任何特殊网络端口（如 SSH 或 Telnet）也是有必要的。未执行此操作可能会为攻击者提供强大的工具来操纵车辆网络，从而危及车辆安全。最后，进行网络渗透测试可以有效帮助在车辆发布给消费者之前识别安全弱点。

8.5.2 蓝牙

在第 3 章中，我们探讨了蓝牙技术在车辆中广泛用于各种应用的情况，例如音频流和免提通话等功能。然而，由于依赖固定 PIN（Personal Indentification Number，个人标识码）和蓝牙堆栈中存在的大量漏洞，蓝牙成为攻击车辆通信服务的常见目标。为了应对这些威胁，必须采用蓝牙核心规范 5.3 或更高版本，因为它解决了先前版本中存在的几个弱点。此外，在移动设备与车辆配对期间使用随机 PIN 可以显著降低连接到不可信设备的风险。考虑到存在历史漏洞，使用经过严格安全验证的解决方案是关键措施。及时更新蓝牙软件对于修复新兴的安全漏洞至关重要，这可以通过软件组成分析（Software Composition Analysis，SCA）监控开源软件实现。最后，具有蓝牙连接功能的 ECU 应采用沙箱技术保护蓝牙软件，防止因为软件安全漏洞影响到安全关键或安全敏感的代码部分。

8.5.3 蜂窝网络

车辆依赖基于蜂窝通信的可靠连接方式，通过远程信息处理单元接收 OTA 更新并传输遥测数据。保护车辆的蜂窝连接需要多层防护措施，从移动网络运营商的后端系统开始。首先，接入点名称（Access Point Name，APN）分割是移动网络运营商用于区分蜂窝流量来源并仅允许授权源访问蜂窝网络的技术。通过这种方式，运营商可以显著降低未经授权访问和数据泄露的风险。APN 本质上是移动设备连接到蜂窝网络内特定分组数据网络（如互联网或企业内部网络）的标识符。为不同类型的数据流量创建多个 APN，可以对每种网络流量应用不同的安全策略、QoS 和路由规则。在汽车安全领域，这可以确保便利性功能与需要更高 QoS 的安全相关服务（如 OTA 和地图更新）得到差异化路由。

由于车辆流量具有确定性，因此可以通过 URL 过滤技术来限制车辆能够连接的服务。该技术使移动运营商能够根据 OEM 定义的过滤规则，控制或限制其蜂窝网络上对特定网站或网络内容的访问。这是通过分析通过远程信息处理单元请求的 URL，然后根据预定义的规则或策略允许或阻止访问来实现的。这可以保护车辆免受恶意网站和内容（如钓鱼网站、恶意软件或间谍软件）的侵害。通过阻止访问已知的有害网站，OEM 可以进一步降低被攻破的远程信息处理单元从被列入黑名单的网站下载恶意内容的风险。URL 过滤过程通常涉及多种技术的组合，例如 DNS 过滤、IP 封锁和深度包检测（Deep Packet Inspection，

DPI）。当用户请求一个 URL 时，运营商的过滤系统会将请求与被阻止或允许的 URL 数据库进行比对。如果该 URL 在被阻止的列表中，请求将被拒绝，用户可能会收到通知或错误消息，表明无法访问该网站。减少车辆白名单中受信任的网站数量，可以极大地缩小基于互联网的攻击面。

> **注意：** 在管理网络过滤规则时，必须通过软件更新通道定期更新此类过滤规则，以确保过滤器能够有效应对新兴威胁。

由于保护蜂窝网络在很大程度上依赖于远程信息处理单元的安全状况，需要注意的是，这些单元必须利用嵌入式 SIM（embedded SIM，eSIM）技术来保护运营商共享的凭据。eSIM 是直接嵌入远程信息处理单元硬件中的虚拟 SIM 卡，无需物理 SIM 卡。eSIM 为加密密钥和唯一标识符提供了安全存储，降低了攻击者冒充车辆远程信息处理单元攻击后端系统的风险。运营商还可以远程配置和管理 eSIM，这有助于更好地控制和监测 SIM 的生命周期，并且可以防止 eSIM 被未经授权更改，确保应用及时进行安全更新。由于 eSIM 嵌入设备内部，它们不能像传统的 SIM 卡那样轻易被物理移除或篡改，这样攻击者更难以用安全性存疑的现有设备替换经过批准的远程信息处理单元。

防止网络降级攻击对于避免重新引入旧版本蜂窝网络（如 2G/2.5G）相关的漏洞至关重要，这些旧版本网络容易受到利用伪基站实现的 MITM 攻击。远程信息处理单元应配置为拒绝使用低于 4G 或 LTE 的网络协议的任何请求。使用 4G 或更高版本，远程信息处理单元与蜂窝网络运营商之间可以通过双向认证来确保通信安全。这一过程始于远程信息处理单元使用移动网络代码（Mobile Network Code，MNC）和移动国家代码（Mobile Country Code，MCC）等唯一标识符来识别其网络运营商。为验证用户身份，远程信息处理单元使用包含唯一 IMSI 和**认证密钥**（Ki）的 eSIM。运营商向远程信息处理单元发送一个**随机挑战**（RAND），远程信息处理单元使用 Ki 和认证算法（如 A3）处理 RAND 以生成**签名响应**（SRES）和**会话密钥**（Kc）。运营商计算自己的 SRES 和 Kc，并与从远程信息处理单元收到的值进行比对。如果值匹配，则用户身份通过验证。随后，远程信息处理单元要求网络运营商进行自我认证。运营商回应基于共享密钥计算的结果。远程信息处理单元验证运营商的响应，如果有效，则运营商身份得到认证。最后，双方使用 Kc 建立安全通信通道，对此后交换的信息进行加密和认证。

假设蜂窝连接现在是安全的，保护车辆免受依赖蜂窝网络的协议（如 SMS）攻击变得尤为重要。通过短信欺骗，攻击者可能持续唤醒远程信息处理单元中的蜂窝调制解调器，或尝试通过格式错误的 SMS 消息传输恶意软件。

SMS 过滤方法

SMS 过滤是一种安全控制措施，可通过以下方法限制攻击者滥用 SMS 欺骗远程信息处理单元的能力：

- **基于发送者的过滤**：这种方法依赖于分析发送者信息（如电话号码或发送者 ID 中的字母、数字），以确定其是否与已知发送者或恶意来源相关。
- **基于内容的过滤**：这种方法检查消息内容，识别与垃圾短信、钓鱼或其他恶意活动相关的关键词、短语或模式。
- **机器学习和人工智能**：这些方法依赖于 AI 技术分析短信消息，识别异常信息，并相应地调整过滤规则。

除短信过滤外，禁用彩信（Multimedia Messaging Service，MMS）也是一种有效的方法，可防止攻击者通过远程信息处理单元利用恶意多媒体文件注入恶意软件。彩信消息可能被用来利用远程信息处理单元传递应用或底层操作系统的漏洞。

实施速率限制机制对于控制网络在任何给定时间可处理的短信数量至关重要。速率限制是一种用于限制网络流量速率的技术。在短信的环境中，它涉及设置 TCU 在任何给定时间内可处理的消息数量的上限。这一限制旨在防止过多流量压垮远程信息处理单元，导致性能下降或服务中断。为实施短信速率限制，网络运营商可采用多种技术，如设定发送消息的最大速率、拦截超过预定义阈值的消息，或延迟超出某一限制的消息。这些技术可根据不同参数进行配置，如消息的来源和目的地、消息内容或一天中的时间。通过执行短信速率限制，网络运营商还可缓解短信泛滥问题。

8.6 基于主机的入侵检测

尽管 OEM 采用了最先进的安全控制措施，但在正常运营期间仍难以评估这些措施的实际效能。确实，某些控制措施初期可能非常有效，但随着攻击者能力和工具的不断演进，其效果可能会逐渐减弱。因此，仅依赖预防性安全控制的策略是不完善的，必须辅以攻击检测机制。在车辆中建立异常检测系统，并配合后端 SOC，可使 OEM 弥补这一不足，并实时掌握整个车队面临的威胁状况。这进一步使 OEM 在检测到安全事件后能够迅速采取漏洞补救措施。鉴于分布式 E/E 架构的特性，单个 ECU 无法获知车辆中的所有安全事件，因此基于主机的入侵检测系统（Intrusion Detection System，IDS）本身必须作为分布式系统来实现。分布式 IDS 还具有一个额外优势，即单个报告异常的 ECU 故障不会导致全部异常检测功能的丧失。此外，为避免网络因传输大量异常事件消息而过载，应在 ECU 内部对安全事件进行初步收集和筛选，然后再将其发送至中央事件聚合器。后者应能在实时约束下对安全事件进行评估，以确保对潜在威胁做出及时、适当的响应。通常，一个完整的 IDS 解决方案包括两个主要组件：异常报告和异常分析。报告部分最好在被认为对车辆安全至关重要的特定 ECU 中实现。异常报告通常由支持外部连接的 ECU（如远程信息处理单元）汇总，然后将事件传输至 SOC。随后，SOC 实施安全分析，对来自车辆的报告进行分析，检测攻击模式并启动事件响应，基于异常检测的事件响应流程如图 8.3 所示。SOC 通常依靠机器学习算法检测跨车辆的异常。这类算法必须定期测试和更新，因为攻击者不断寻找规避检测的新方法。此外，不同制造商和行业利益相关者之间的合作与信息共享，对于应对新兴威胁至关重要。

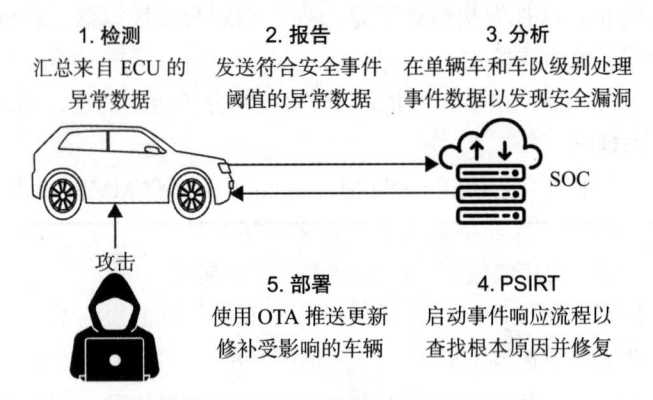

1. 检测
汇总来自 ECU 的异常数据

2. 报告
发送符合安全事件阈值的异常数据

3. 分析
在单辆车和车队级别处理事件数据以发现安全漏洞

SOC

攻击

5. 部署
使用 OTA 推送更新修补受影响的车辆

4. PSIRT
启动事件响应流程以查找根本原因并修复

图 8.3　基于异常检测的事件响应流程

为车辆中收集和报告异常事件提供的一致的接口需求是 AUTOSAR 定义 IDS 解决方案的驱动因素。在该 IDS 中，安全传感器是嵌入 ECU 中的软件算法，用于检测安全事件并将其报告给 ECU 内的专用软件模块——入侵检测系统管理器（Intrusion Detection System Manager，IDSM）报告。在 IdsM 中，安全事件通过鉴定过滤器，当满足特定条件时，被认定为合格安全事件（Qualified Security Event，QSEv）。例如，QSEv 可以是检测到网络报文的 MAC 验证失败，或在闪存编程过程中检测到镜像签名验证失败。设置记录和报告事件的标准为汽车制造商带来了重要优势，使他们能够了解潜在的攻击方式，以及现有网络安全控制措施在抵御此类攻击时的有效性。从软件的角度来看，将相关的 QSEv 发送至中央入侵检测系统报告器（Instrusion Detection System Reporter，IDSR），并将其存储在安全事件存储器（Security Event Memory，SEM）中。必须保护 SEM 以防篡改和删除，从而确保未来进行法医安全分析时能够对事件进行检查。通常，IDSR 在远程信息处理单元或中央网关中实现，以支持将 QSEv 转发至车辆制造商的 SOC。在 SOC 中，安全专家会检查所提供数据的可信度。根据他们的分析结果，实施相应对策以应对检测到的威胁，并改善未来对类似攻击的防护措施。图 8.4 所示为基于 AUTOSAR 的 IDS 流程图。

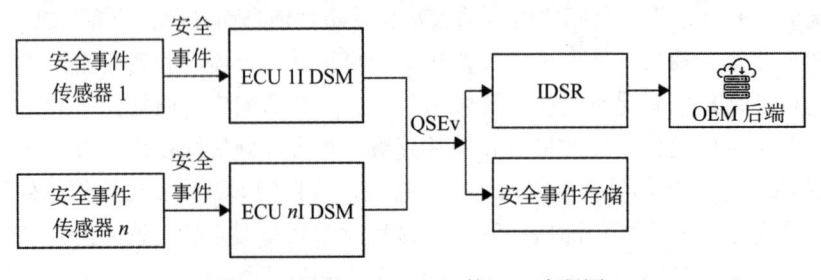

图 8.4　基于 AUTOSAR 的 IDS 流程图

> **检测到入侵时的应对措施**：当考虑如何应对确认的入侵时，添加入侵检测系统的困境便显现出来。一种可能的应对措施是执行最低风险操作（如自动驾驶汽车），但这可能导致驾驶员在偏远地区陷入困境而感到沮丧。这或许正是攻击者一直以来的动机！近年来，一些构想逐渐形成，例如创建"紧急停止开关"以切断所有外部连接，从而将主动入侵的影响降至最低。然而，解决方案需要更加精细，确保每个受影响的 ECU 能够检测攻击效果，并过渡到安全操作状态，使车辆能够继续行驶至目的地。同时，后端监控服务应根据车辆发送的异常报告分析入侵的根本原因，以便通过软件更新迅速做出响应。

8.7 网络入侵检测与防御

尽管基于主机的入侵检测系统能有效警示 OEM 潜在的主动攻击，但其响应时间使其无法完全缓解主动漏洞。因此，需要结合网络入侵防御系统，以在漏洞成为持续威胁之前将其消除。然而，任何此类解决方案都必须经过精心设计，以满足汽车系统中确定性的要求。与 IT 环境不同，在 IT 环境中，可以容忍可能导致关闭网络连接的误报，而在车辆环境中，错误地拒绝承载安全相关数据的网络消息会导致高度不确定性，最终影响安全相关功能的可用性。因此，在选择网络入侵防御解决方案时，消除误报是一个高优先级目标。

在车辆中部署网络入侵检测与防御的一些技术包括设计网络防火墙、深度数据包检测以及禁用潜在易受攻击的网络协议。防火墙首先应用于汽车级以太网交换机，它可以是一个独立设备，也可以集成在中央网关中，防火墙在域控制器架构中的位置如图 8.5 所示。

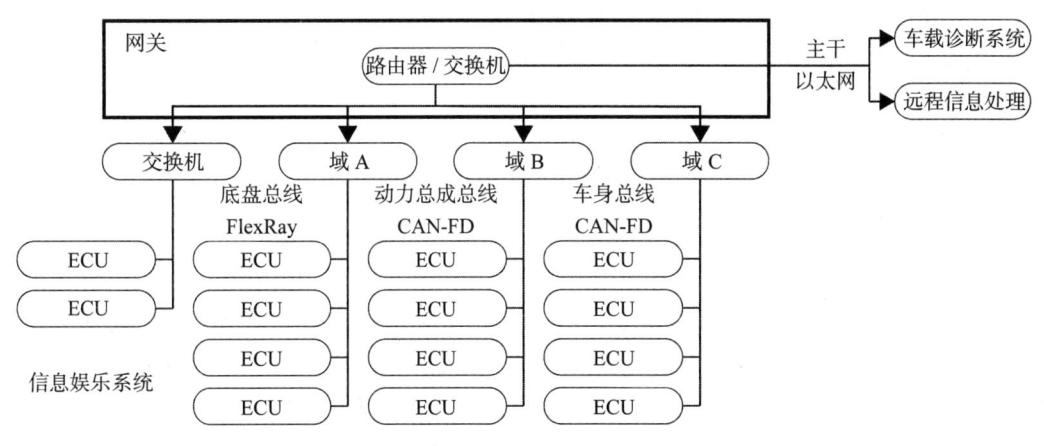

图 8.5 防火墙在域控制器架构中的位置

在图 8.5 中，一些交换机能够利用车辆网络设计的静态拓扑结构，实施第二层和第三层网络过滤机制。丢弃不符合过滤规则的数据包，可有效消除恶意入侵企图。这些过滤器可部署在入口和出口端口，根据预定的网络架构限制流量传输。任何车载网络防火墙都必须遵循汽车系统的网络时序要求，避免引入可能危及车辆安全性的延迟和抖动现象。具备防火墙规则更新能力是另一项关键安全控制措施，当发现网络漏洞时，该功能允许整车制造商对车辆架构进行适应性调整。

车载防火墙通常是无状态的，即每个过滤器都应用在给定的数据包上，而不考虑先前数据包接收。无状态防火墙根据单个数据包的报头信息（如源/目的 IP 地址、协议类型和端口号）做出决策，但它们不跟踪连接状态或上下文。无状态防火墙可通过过滤已知恶意 IP 地址的数据包或阻止来自外部网络但具有属于内部网址的源 IP 地址的数据包来防止 IP 欺骗攻击。它们还能够通过过滤目标为未使用或被封锁端口的数据包来阻止端口扫描，从而防止攻击者发现系统开放端口。相比之下，有状态防火墙在做出过滤决策时不仅考虑数据包报头信息，还会基于连接状态和上下文。为此，它们维护一个状态表以追踪每个连接的状态。有状态防火墙可有效防御 TCP SYN[⊖]泛洪等攻击，通过监控连接状态来限制允许的不完整连接数量，从而防止攻击者通过发送大量 SYN 数据包耗尽系统资源。此外，有状态防火墙还能防御分片攻击，即攻击者发送分片数据包，这些数据包在重组后可能绕过安全控制或利用漏洞。有状态防火墙会重组这些数据包并对完整数据包应用过滤规则，从而在攻击生效前检测并阻止攻击。尽管有状态防火墙能实现更复杂的过滤技术，但也增加了内存和计算资源的消耗。

除网络防火墙外，还需要在中央网关等位置合并能够执行深度数据包检测的硬件和软件，尤其是在支持直接暴露于互联网的应用时。这类解决方案需要强大的计算能力，因此必须通过硬件加速来避免占用 CPU 应用运行时。此类系统面临的挑战是可能产生误报，因此只能应用于非安全关键型网络流量。与防火墙规则类似，依赖已知恶意数据包签名的入侵防御系统需要频繁更新，并消耗大量内存资源，以便及时处理新发现的恶意数据包。随着时间的推移，预计企业级网络入侵防御解决方案将被纳入车辆环境中，并针对车辆的功耗、成本和计算能力进行调整。

8.8　域分离与过滤

除了过滤不需要的流量和检测恶意网络数据包外，在车辆内部网络上实施域分离是一项关键的安全控制措施，旨在防止单一网络段的受损影响扩散至车辆网络架构的更深层次。在车辆网络架构中，通常会设置多个网关，用于在不同车辆控制域之间路由消息。多网关架构的挑战在于容易形成意外的通信路径，导致流量流入那些要求高度完整性和可用性的网络段。为消除薄弱的架构设计，中央网关和域控制器提供了一种明确的域分离方式，这进一步简化了网络过滤的应用。网络分段可用于将连接域（如远程信息处理和信息

⊖ TCP SYN 泛洪攻击是一种典型的分布式 DoS 攻击，通过恶意操纵 TCP 协议的三次握手机制，持续发送恶意构造的 TCP SYN 请求，耗尽目标系统的连接队列资源，最终导致合法用户无法建立正常网络连接的服务不可用攻击。——译者注

娱乐系统）与执行域（如底盘和动力系统）隔离。除网络隔离外，中央网关还充当车辆中不同网络间安全、可靠地互连和数据传输的枢纽。它们提供协议转换功能（例如，从以太网到 CAN），以便在功能域（如动力系统、底盘和安全、车身控制、信息娱乐、远程信息处理和 ADAS）之间路由信号。其中心位置使其成为执行防火墙和入侵检测/预防功能的理想场所。图 8.6 所示为使用嵌入车辆的安全网关进行域分离。

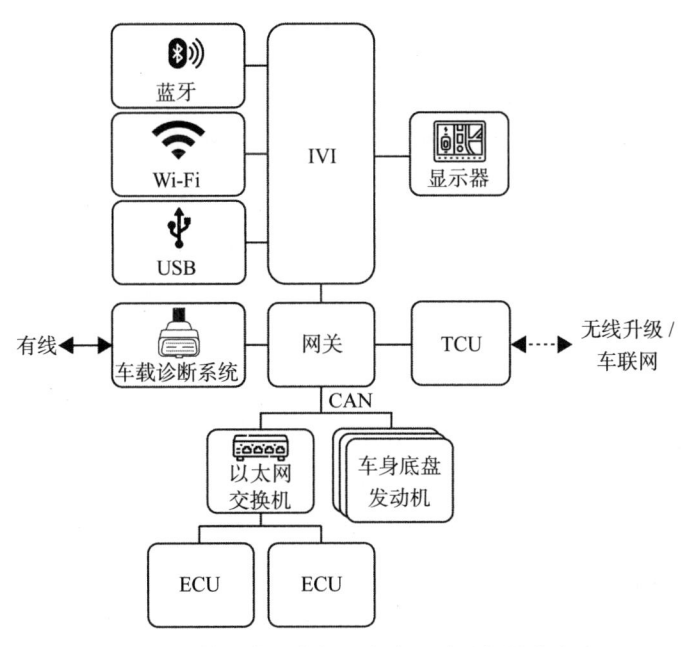

图 8.6 使用嵌入车辆的安全网关进行域分离

网络分段对于通过减少网络拥塞来提高操作性能也至关重要，尤其是在攻击者试图通过对一个网络段进行洪泛式 DoS 攻击，以影响网络架构其他层时。应用 VLAN 过滤器、入口/出口过滤器和路由表，都是增强网络安全概念的有效机制。

中央网关的另一项强大技术是能够在异构网络（如 CAN-CAN、CAN-LIN 和以太网 -CAN）间进行网络过滤。如果通信对于汽车的正常功能并非必要，则网关应用网络过滤规则阻止其进入网络域。如果某个 CAN 帧未映射到指定通道或不符合预期的 DLC，网关可以轻松将其丢弃，防止其在其他 CAN 总线通道上被镜像。同样，网关可以检测异常的网络模式，如以超出预期的周期速率传输的报文。在这种情况下，网关可以选择限制传输速率，以防止 CAN 网络通道中断。这一功能在阻止 CAN 洪泛攻击时尤为有效。安全网关报文路由功能如图 8.7 所示。

如果检测到异常，网关便可将其报告给远程信息处理单元，以便传送至 SOC。更为重要的是，它能在异常 CAN 报文到达目标网络段之前，对其进行过滤。当启用网络认证时，中央网关面临的一个挑战是需要重新认证帧，这会显著增加网关在验证和重新生成新 MAC

的计算负担。这必须加以考虑，以确保硬件加密加速器的设计能够使报文传输的延迟最小化，并对 CPU 资源的影响最小化。

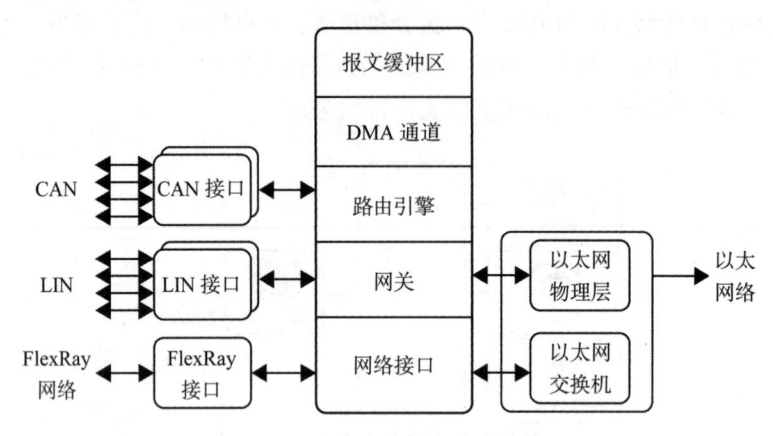

图 8.7 安全网关报文路由功能

8.9 传感器认证

传感器数据的完整性和身份保护已被证明是确保车辆控制功能正确性的主要安全目标。随着 ADAS 用例的增加，对可信传感器的需求急剧上升。安全传感器需要支持以下一种或多种安全控制措施：

- 身份认证
- 加密数据完整性和保密性
- 物理攻击缓解

第一项控制措施确保在接收来自传感器的任何通信之前，建立安全会话，其中传感器能够证明其身份的真实性。这可通过在与传感器通信的 ECU 中预先部署传感器的根公钥来实现。随后，可以对传感器发出随机挑战，要求其提交签名来证明持有私钥。此步骤可能涉及交换临时会话密钥（例如使用椭圆曲线 DH 密钥交换），以保护后续通信。传感器数据的完整性可使用共享会话密钥进行加密保护。每条报文均由传感器进行认证，并由接收方验证。值得注意的是，通常不会启用加密，因为传感器数据的性质无需机密性保护。然而，如果传感器捕获 PII，则应考虑加密，例如摄像头传感器的情况。为了标准化安全会话的建立和传感器报文认证，引入了安全设备管理协议（Secure Protocol for Device Management，SPDM）标准。这消除了对专有安全传感器协议的需求，并提高了传感器与不同 ECU 之间的互操作性。

SPDM 标准提供了一个安全框架，以实现汽车设备能够通过广泛使用的通信接口（包括 I^2C、CSI-2 和 PCIe）进行安全通信。SPDM 通过内联加密引擎提供线速加密功能，该标准包含安全密钥交换、设备认证和加密数据传输，从而增强了汽车系统的安全性。此外，传感器，尤其是那些暴露在外部环境中的传感器（如摄像头、激光雷达、雷达和 GPS），面临物理操纵的风险。滥用传感器物理特性的攻击无法仅通过加密措施消除，需要结合物理和软件技术来检测异常的传感器读数。例如，通过恶意定时激光进行的激光雷达篡改可能会干扰激光雷达传感器读数。防御性人工智能/机器学习等措施对于检测可能由恶意活动导致的异常传感器输入是必要的。

8.10 安全软件更新

通过 OTA 安全更新软件是维护车辆软件更新并防止 ECU 软件被篡改的整体策略中的关键组成部分。要实现这一目标，需要采用端到端的方法，从后端系统直至目标 ECU。这种全面的方法要求在 OTA 更新过程的每个阶段应用一系列安全控制措施，包括健壮的更新服务架构、后端系统的严格访问控制和权限分离、到车辆的安全数据传输，以及在软件重编程前对软件包进行认证和加密。让我们详细探讨软件更新链中的这些安全控制措施。

首先，代码签名服务是保护软件更新真实性和完整性的必要环节。建立一个安全的代码签名服务，允许供应商提交软件包进行签名，是基础性的第一步。使用 HSM 可以保护签名密钥的机密性，防止非法访问。同样重要的是，利用 HSM 构建密钥层次结构，以降低单个私钥泄露导致整个软件更新过程安全性完全破坏的风险。为此，我们推荐采用 UPTANE（一个由学术界与汽车行业合作开发的软件更新安全系统）所定义的角色分离，因为它提供了强健的安全模型。通过分离密钥层次结构，UPTANE 确保单个角色（根角色除外）的泄露不足以危及整个软件更新过程的安全性。根角色负责签署用于验证所有其他角色产生的元数据的公钥，并且在角色被泄露时可以撤销密钥。相应的根私钥必须存储在离线的 HSM 中。**时间戳角色**生成并签署元数据，指示存储库中存在的新元数据或映像。这可以应对多种与时间相关的威胁，如重放、冻结和无休止的数据攻击。**快照角色**跟踪所有目标元数据的版本号，确保 OTA 客户端接收到最新且一致的元数据。这种机制防止了混合搭配攻击，即攻击者试图欺骗 ECU 安装不兼容或恶意的软件更新包。**目标角色**生成并签署有关二进制映像和元数据。这些元数据包含软件更新的关键信息，如文件大小、哈希值和自定义数据，有助于确保更新的真实性和完整性。这使得攻击者难以在不被发现的情况下篡改或替换更新文件。它还可以将签署元数据的责任委派给被称为"委派目标"的自定义角色，这在多个供应商和利益相关者参与为不同组件或车辆型号提供和管理软件更新的大型软件更新生态系统中尤为有用。这种分布式责任有助于确保单个供应商或组件的泄露不会危及整个软件更新过程，因为攻击者无法获取其他组件的签名密钥。UPTANE 提出的角色分离如图 8.8 所示。

远程管理更新时，后端需要从车辆中查询软件清单，以确保更新包包含适用于特定车辆品牌、型号、硬件组件及已安装软件版本的正确软件程序、校准数据和固件版本。使用仅拉取模式查询车辆的软件版本是一种优选方法，因为它允许车辆控制何时以及如何与OTA基础设施共享信息。一旦更新包准备就绪，就需要通过安全通道进行传输。这可以使用相互认证的安全协议来实现，以确保车辆与后端之间的通信是加密和认证的。OTA常用的安全通信协议是TLS 1.3，它可以在后端与车辆OTA主机（如远程信息处理单元）之间实现认证和保密通信。TLS 1.3的一个重要变化是移除了脆弱的加密算法和密码套件，降低了MITM攻击和降级攻击的风险。此外，TLS 1.3改进了密钥交换机制，进一步增强了通信的安全性。将TLS会话的建立限制在一小部分可信服务器上，可以有效地控制和减少攻击面，这是通过限制OTA主机可与之通信的对象来实现的。OTA后端与车辆之间的典型通信流程如图8.9所示。

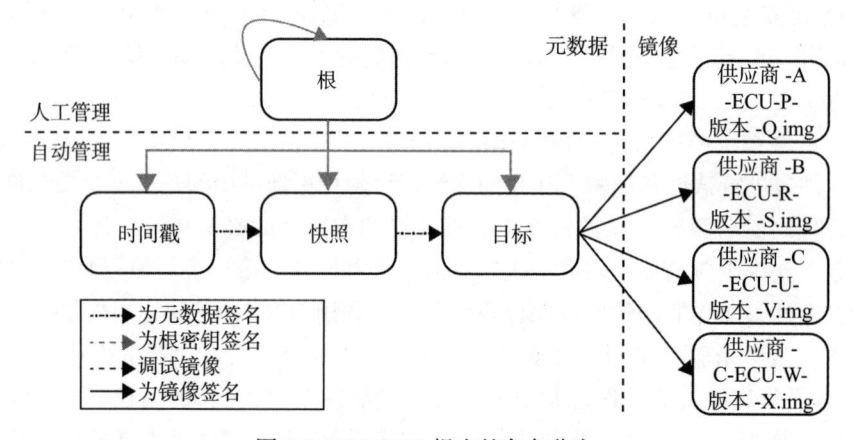

图8.8 UPTANE提出的角色分离

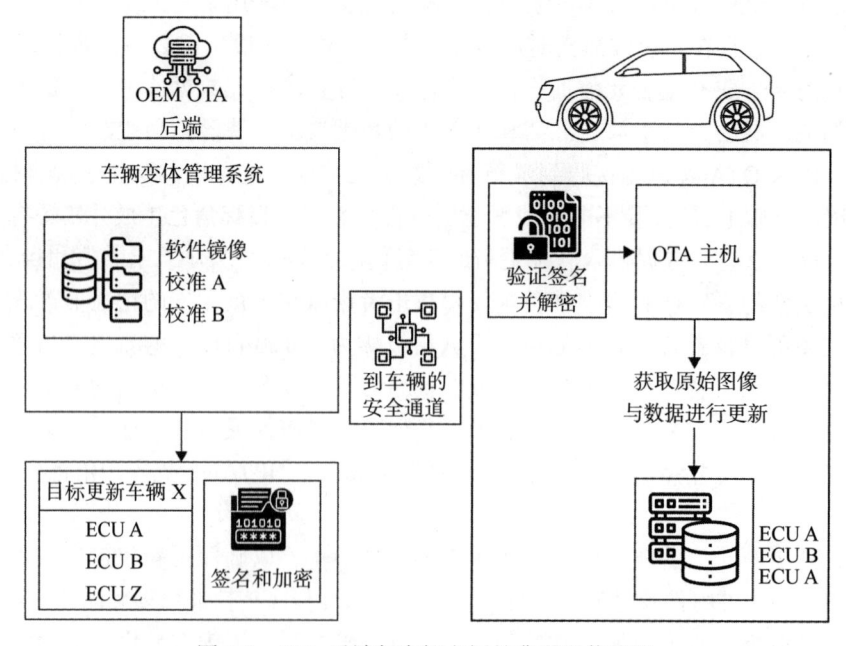

图8.9 OTA后端与车辆之间的典型通信流程

在车辆端，为车辆指定专门的 OTA 主机有助于集中管理 OTA 更新过程，确保更新过程安全且高效。通常，OTA 主机应具备外部连接能力，并拥有充足的存储空间，以在启动更新单个 ECU 前缓存 OTA 包。在 OTA 主机和目标 ECU 中设置备份存储是必要的，以便从故障或恶意中断的更新中恢复。若未分配备份分区，攻击者可能在擦写或编程操作中断时使 ECU 部分编程，导致车辆无法正常运行。一旦更新包交付，OTA 主机必须在将其部署到目标 ECU 前进行第一层数字签名验证。OTA 主机应执行多项验证检查，如检查更新的新鲜度、更新中软件模块与目标 ECU 的兼容性，以及更新的规模和内容。部分操作可考虑委托给目标 ECU 执行。通过遵循这种系统化的 OTA 安全方法，我们可以确保在软件打包、传输和安装的每个环节消除安全漏洞，实现端到端的安全解决方案。

8.11 车载网络保护

如第 1 章所述，车载网络在现代汽车中发挥着关键作用，使不同系统能够高效地相互通信和协作。CAN 是一种标准协议，允许 ECU 实时交换数据。然而，CAN 协议的开放特性使其易受恶意攻击，可能危及车辆的功能安全和网络安全。

在采取加密措施保护车载网络的安全之前，必须考虑所有可能被滥用以直接接入车载网络的外部接入点。为了在开发过程中快速解决网络问题，车辆网络设计师通常会保留易于访问的网络端口。不幸的是，这也使攻击者能够在车辆投入使用后轻易接入车载网络。容易访问内部网络意味着攻击者可以安装 CAN 嗅探工具，在车辆运行时注入恶意 CAN 报文。若车辆用于运输高价值货物（如重型商用货车），则可能成为理想的盗窃或破坏目标，这将是一个严重的问题。最简单的控制方法是通过增加物理访问难度，移除对 CAN 端口的外部访问。可以增加额外的控制措施，如篡改检测机制，在锁定装置被解除时通过仪表盘警告驾驶人。

当车载网络消息的可用性至关重要时，使用冗余网络可降低通信中断的风险，前提是同时攻击两个网络的难度大于攻击单个网络。此外，应实施冗余 CAN，以缓解如零 ID 消息泛滥等 DoS 攻击。为进一步提高安全性，可使用 GPIO 配置锁定，防止重新配置与安全相关的设置（如 GPIO 多路复用）。这通常在每次启动周期的 ECU 初始化阶段进行，以消除在运行模式期间重新配置为不安全状态的风险。最后，可实施 ECU 级别的白名单过滤，以丢弃不必要的消息，确保只接受可信消息。实施这些安全措施，可以提高车载网络的安全性，将现代汽车风险遭受攻击的风险降至最低。除上述措施外，网络认证可作为一种更强有力的手段，防止恶意网络节点伪造或篡改网。

8.11.1 CAN 报文认证

为应对篡改、伪造和报文重放的风险，AUTOSAR 安全车载通信（Secure Onboard Comvnunication，SecOC）(在第 2 章中介绍）是一种广泛采用的控制措施。

> **注意**：SecOC，即安全车载通信协议，是由 AUTOSAR 定义的，用于保护 CAN 报文的真实性、完整性和时效性的常用协议。

该协议依赖于需要交换信息的 ECU 之间使用共享对称密钥，并采用截断的 MAC 和新鲜度计数器来保护数据帧。SecOC 可以通过对每个帧进行认证（包括 CAN 标识符、DLC 和有效载荷字段）来保护 CAN 2.0 和 CAN FD 帧。嵌入有效负载中的新鲜度值，使接收节点能够检测到带有有效 MAC 的帧是否被重放。SecOC 的主要挑战在于性能影响和 ECU 之间新鲜度值的同步。由于安全关键的 CAN 报文必须在特定的最大延迟时间内接收，因此执行加密功能以验证 MAC 可能会超出此时间限制。通常，HPSE 被用来加速 MAC 生成和验证，但即使有硬件加速器，获取密钥和在加密引擎内外传输数据的开销，对于资源受限设备仍然是一个挑战。因此，需要精心设计 HPSE 和加密引擎，以支持在规定时间内必须处理的最大数量的 CAN 帧。例如，使用 DMA 和高速密钥存储，可以帮助最大化加密引擎的利用率，以缓解从一个加密任务上下文切换到下一个加密任务上下文的问题。当使用截断的新鲜度值时，接收端必须采用同步策略，以确保网络链接中的错误不会导致永久性的同步丧失。

8.11.2 以太网

如前所述，由于传感器数据融合和多媒体流等应用对高吞吐量和带宽的需求增加，以太网作为车载通信协议的应用已经显著普及。为了应对以太网帧伪造、篡改、泄露和重放的风险，汽车制造商可以启用名为 MACsec 的第二层安全协议。当结合通过 VLAN 进行的网络分段，并且有鲁棒的以太网交换机配置支持时，车载以太网网络可以有效地阻止未经认证或重放的帧。此外，确保以太网交换机固件、配置和路由表不被篡改也至关重要，需保证固件在启动时进行安全引导和配置。为了尽量降低篡改交换机配置的风险，应该只有单一授权实体能够管理交换机，并且最好在初始设置后禁止重新配置。接下来，我们将深入探讨如何利用 MACsec 保护车辆中的以太网流量。

MACsec 提供的一系列安全功能非常适合车辆 ECU 和传感器之间的点对点通信。每个节点至少有一个单向安全通道，通过安全通道标识符（Secure Channel Identifier，SCI）进行识别。由于车辆网络是静态的，网络架构师需配置匹配的接收和发送安全通道节点与对应的 SCI。在每个安全通道内定义了安全关联，每个安全关联都有一个用于加密和认证的安全关联密钥（Secure Association Key，SAK）。这些关联通过安全标签（SecTAG）报头的关联编号字段进行识别，并配置为在有限的生命周期后必须建立新的会话密钥。图 8.10 所示为在单一连接关联内建立多个安全通道。

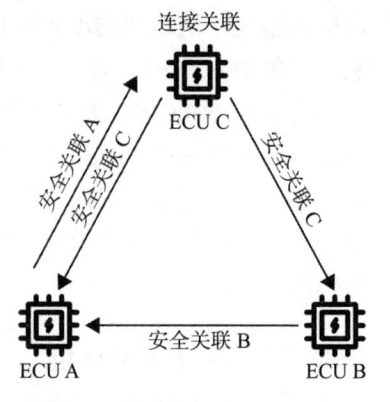

图 8.10 在单一连接关联内建立多个安全通道

重放保护也通过 SecTAG 报头的数据包编号字段在每个安全关联中提供。虽然 MACsec 支持某些帧被接受的重放窗口，即使它们的数据包编号低于预期。我们建议将重放窗口设置为零。值得注意的是，MACsec 中的加密是可选的，对于汽车用例，数据认证通常已经足够。当接收到认证标签错误的帧时，必须丢弃该帧。为了进一步增强 MACsec 协议的鲁棒性，以太网交换机可以配置为仅在建立了安全的 MACsec 会话后才通过端口转发流量。MACsec 还可以通过检测帧源或目标 MAC 地址的变化来进一步防止 MITM 攻击。

启用 MACsec 的以太网帧如图 8.11 所示。

未受保护的以太网帧

| 目的
MAC 地址 | 源
MAC 地址 | 以太网类型 | 负载 | 帧校验序列 |

计数模式-AES 加密

| 目的
MAC 地址 | 源
MAC 地址 | MACsec-以太网类型 | 安全标签
（8～16Byte） | 原始以太网
类型 | 负载（加密） | ICV | 新的帧
校验序列 |

启用 MACsec 的以太网帧

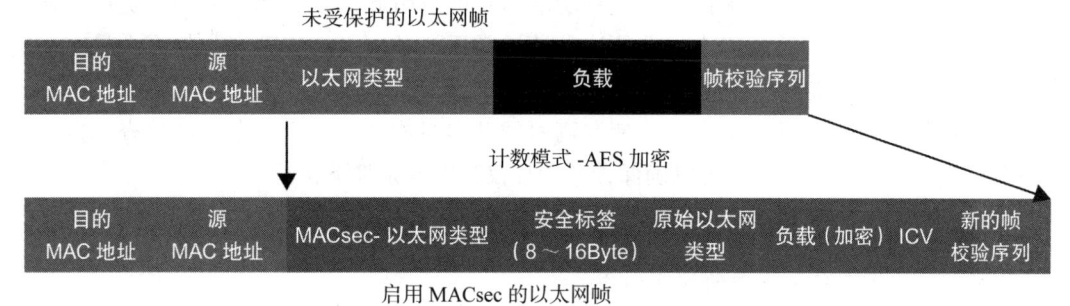

图 8.11　启用 MACsec 的以太网帧

在车辆中部署 MACsec 的一个挑战是在建立安全会话之前管理各节点之间的 MACsec 密钥。首要任务是连接关联密钥（Connectivity Association Key，CAK）必须在需要建立安全通道的 MACsec 节点之间共享。根据 IEEE 802.1X 标准，有两种常用方法可以实现 MACsec 节点间 CAK 的共享。第一种是手动密钥分发方法，即在每个 MACsec 节点上配置 CAK，例如在车辆组装阶段完成。这种方法操作简单，但要求有一个安全的生产环境来保护密钥的机密性和完整性，直至它们在各节点中完成配置。第二种是动态密钥分发方法，它利用 MACsec 密钥协议（MACsec Key Agreement，MKA）自动在 MACsec 节点间分发 CAK。该协议依赖中央认证服务器（如 RADIUS 服务器）来认证节点并分发 CAK。对于大多数汽车系统而言，在车辆中部署可信认证服务器会增加系统复杂性和成本，因此这种解决方案可能不太可取。

部署 MACsec 的一个决定因素是对线速加密和认证的硬件支持。如果缺乏这种支持，执行加密功能的软件将消耗大量 CPU 运行时资源。此外，MACsec 密钥的存储和处理必须得到充分保护，最理想的方式是借助 HPSE 实现。在支持多个不可信应用或虚拟机的系统中，应确保一个应用无法在另一个应用或虚拟机专用的安全通道上发送以太网帧。这种限制可以通过软件和硬件隔离技术的组合来实现。

8.12　诊断能力的安全保障

在开发和维护阶段，诊断和调试服务被视为解决问题的关键工具。然而，这些功能也带来了潜在的滥用风险。攻击者手中的诊断服务可能对车辆数据和控制功能构成严重的风险。这可能导致车辆在行驶过程中出现危险的操作，或者篡改诊断记录和设置，比如篡改里程数或排放记录。

为保护车辆免受诊断服务滥用，可采取以下两种策略：

❑ **禁用不必要的诊断服务**：第一类控制措施涉及对车辆中所有诊断服务协议和功能进行全面清查。这包括基于 ISO UDS 的诊断、XCP 校准和闪存，以及 ECU 供应商在开发或制造过程中可能启用的任何专有诊断例程。对于生产后可以取消的服务，应通过构建时配置将其移除。例如，remoteDownloadandExecute UDS 例程允许外部实体下载代码负载并请求执行。这种功能本身就应引起高度警惕，因为它提供了在车辆中远程执行代码的能力。即便这种请求需要认证，也很难理解为什么在量产车辆中保留这种功能。

合理性检查是汽车系统中安全诊断和刷写的基本组成部分。应用合理性检查来拒绝车辆行驶中不合理的诊断操作，可以确保诊断例程仅在安全条件下执行。

> **注意**：功能安全要求同样需要执行此类合理性检查，以防止在车辆高速行驶时，意外执行可能导致不安全操作的诊断例程。

通常，诊断命令必须通过中央网关路由才能到达目标 ECU。在诊断网关中执行预检查，以启用这种路由，可以有效防止利用诊断协议进行的 DoS 攻击。即使目标 ECU 因车辆行驶而拒绝这类请求，由网关最先阻止请求，也可以将恶意滥用诊断协议导致深层 CAN 不可用或中断的风险降至最低。

❑ **强制实施基于加密的客户端认证**：第二类控制方法基于加密技术进行客户端认证。该控制的目标是对诊断客户端进行认证，以防止未经授权访问特权诊断程序或服务。以下将介绍基于 UDS 的诊断协议提供客户端认证的两种主要方法。

8.12.1 通过 UDS 0x27 实现安全访问控制

首先，我们将探讨通过安全访问服务标识符（0x27）保护诊断协议的传统方法。该服务将访问权限分为多个级别，以限制对一组诊断服务的访问。例如，能够解锁级别 0x02 的客户端将获得闪存编程能力，而能够解锁级别 0x03 的客户端将获得触发执行器功能的例程访问权限。要解锁车辆中的特定 ECU，客户端需要发送一个"种子"请求。ECU 会回复一个随机生成的种子，作为对客户端的挑战。随后，客户端使用预定算法基于"种子"生成一个"密钥"，并将该密钥作为响应发送。如果客户端生成的"密钥"正确，ECU 会回复"密钥"有效，并解锁与请求级别相对应的诊断服务。相反，如果客户端生成了无效密钥，ECU 会拒绝访问请求并阻止任何触发受保护诊断服务的尝试。若多次安全访问请求失败，可以启用额外的控制措施来延长客户端再次请求的时间间隔。只要"种子"是具有足够长度的加密随机挑战，且生成"密钥"的算法依赖于 NIST 或 BSI 认可的、具有充分加密密钥强度的加密方法，则该机制可被视为有效保护受限服务的访问。基于安全访问的协议如

图 8.12 所示。然而，由于这种协议仅基于级别进行锁定，它缺乏细粒度的访问权限控制，且需要使用共享对称密钥进行挑战验证。为了克服这些局限性，引入了服务 0x29，如下所述。

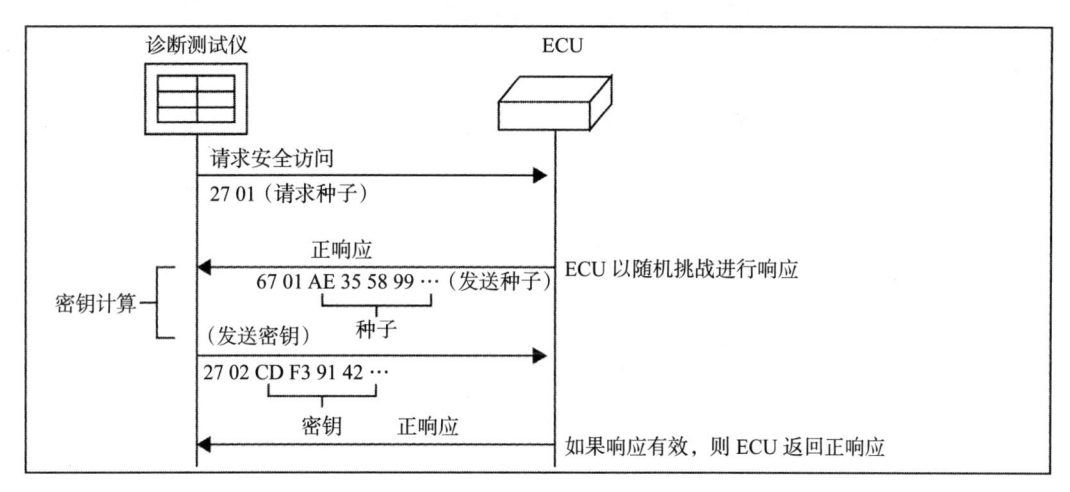

图 8.12 基于安全访问的协议

8.12.2 通过 UDS 0x29 实现基于角色的访问控制

引入 UDS 0x29 旨在提供基于角色的访问控制，使 OEM 能够更精确地控制如何分配不同参与者的诊断服务权限，如维修店、制造商、开发人员甚至车主。使用此服务时，PKI 用于颁发指定每个客户端诊断能力的数字证书。还可以通过证书的有效期来限制角色的有效性。

图 8.13 所示为一个证书角色配置示例，授予经认证的一级供应商角色访问所有列出的诊断服务的权限，而售后市场用户限制为仅能执行 ReadByIdentifier 务。

证书掩码	第三方诊断客户端	OEM	一级供应商	经销商	售后市场
证书配置位	□	■	■	□	□
按 ID 读取数据	■	■	■	■	■
写入 ECU 序列号	□	■	■	□	□
请求下载	□	■	■	□	□
擦除常规	□	■	■	□	□
进入扩展会话	□	■	■	□	□

图 8.13 证书角色配置示例

支持服务 0x29 的首选方法是利用 PKI 按需颁发和撤销证书。在获得诊断权限之前，诊断客户端 PKI 请求一个分配其允许角色的证书。随后，诊断客户端将其证书提供给 ECU，ECU 通过使用预配置的根公钥验证证书签名来确认证书的有效性。接着，ECU 向诊断客户端发送一个挑战，以证明其持有匹配的私钥。客户端计算出对挑战的签名，并使用其匹配的私钥进行回复。ECU 然后使用客户端证书中提供的公钥验证签名，从而确认测试者确实有权执行证书中分配的诊断功能。服务 0x29 的基于证书的认证如图 8.14 所示。

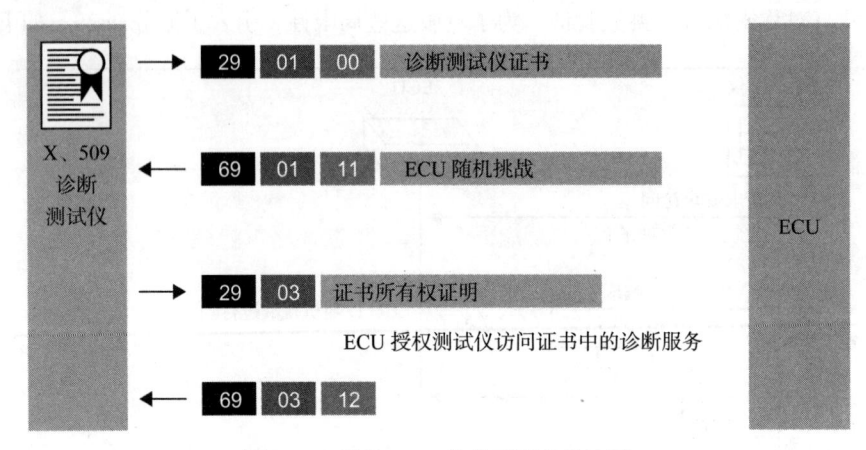

```
X.509              29  01  00    诊断测试仪证书
诊断
测试仪   ←        69  01  11    ECU 随机挑战                    ECU

                  29  03        证书所有权证明
                                ECU 授权测试仪访问证书中的诊断服务
          ←       69  03  12
```

图 8.14　服务 0x29 的基于证书的认证

8.12.3　保护闪存编程服务

通过 UDS 协议进行的闪存编程是一种特殊用例，它允许诊断客户端擦除并重新编程目标 ECU 中的新软件映像。保护闪存编程协议的部分工作包括保护诊断协议本身。例如，在切换到闪存编程会话之前，闪存编程工具必须完成身份认证，并获得诸如 requestDownload（0x34）、requestUpload（0x35）和 transferData（0x36）等服务的访问权限。除了诊断客户端认证外，实施合理性检查，以防止不应更新的区域被擦除或编程也至关重要。此外，应尽可能移除 requestUpload 服务，以降低攻击者在获得认证诊断客户端访问权限后泄露软件的风险。除这些控制措施外，闪存编程协议还应该要求在将更新的映像标记为有效之前，进行数字签名验证，以防止对 ECU 软件、固件或校准数据的篡改。同时，闪存编程协议必须能够抵御恶意中断，这可能导致 ECU 处于部分编程状态。无论如何，编程事件都不应导致 ECU 完全无法启动。

8.13　安全退役

在特定情况下，需要对单个 ECU 或整个车辆进行安全退役。这些情况包括更换有缺陷的 ECU、处理遭受重大事故的车辆或车辆达到使用寿命时。除退役场景外，在车辆所有权转让和归还租赁车辆时，能够安全擦除用户个人数据也是需要考虑的重要情况。

为确保在这些情况下，用户个人数据以及 OEM 或供应商的知识产权不被泄露，车辆需要支持删除或销毁此类敏感数据的例程。一种常见的支持安全退役的技术是确保所有这些数据都已加密。随后，通过销毁加密密钥，数据就变得几乎无法使用。另一种技术是通过识别并擦除 ECU 内所有个人数据的副本来安全删除所有个人数据。这种方法实施起来更具挑战性，因为数据记录可能在多个设备上重复保存，这使得难以确定必须删除的所有记录。此外，典型情况下，擦除涉及的是修改元数据而非物理擦除存储设备。因此，在选择这种方法时必须谨慎，依赖于能够真正将设备置于持久化数据被清除状态的擦除程序。当然，能够永久擦除所有内存内容的功能，对于那些希望在车辆未退役时干扰其运行的人来说，也是一个具有吸引力的攻击载体。因此，必须通过强认证机制来保护这种功能，最好是要求外部可信方授权擦除。实现安全擦除方法的一种方式是将其作为 HPSE 固件的一部分，而后者应要求在执行服务之前，通过相互认证步骤提供授权证明。

8.14 总结

本章深入探讨了安全控制在构建健壮且安全的汽车系统中的关键作用。通过采用纵深防御策略，我们阐述了如何在车辆架构中部署多层保护机制，使攻击者难以绕过这些防护措施并实现其恶意目的。为此，我们重点介绍了适用于车辆架构各层的安全措施，从后端延伸至车载网络层。我们强调，开发有效的安全控制措施需要持续的风险评估过程，以确保这些保护措施具有抗篡改性和抗禁用性。这种对安全控制的全面分析，应激励汽车组织投资于安全控制目录的开发，并认识到基于风险的方法实施适当措施的重要性。通过采用这种方法，组织可以为其汽车系统建立一个稳健的多层防御基础，从而有效保护其车辆以及依赖这些车辆的个体。

在第 9 章，也是最后一章中，我们将继续探讨纵深防御策略，但重点将转向 ECU 的内部架构。

8.15 参考文献

如需深入了解本章涵盖的主题，请参阅以下资源：

[1] ISO, I., & FDIS, S. 21434-2021, Road Vehicles – Cybersecurity Engineering.

[2] National Highway Traffic Safety Administration. (2020). Cybersecurity Best Practices for the Safety of Modern Vehicles. National Highway Traffic Safety Administration: Washington, DC, USA.

[3] Automotive Intrusion Detection Systems | Vector.

[4] Schmidt, K., Zweck, H., & Dannebaum, U. (2016). Hardware and software constraints for automotive firewall systems? (No. 2016-01-0063). SAE Technical Paper.

[5] Overview of Unified Diagnostic Services Protocol: https://nvdungx.github.io/unified-diagnostic-protocol-overview/

[6] Uptane Standard for Design and Implementation: https://uptane.github.io/uptane-standard/uptane-standard.html

[7] 802.1AE: MAC Security (MACsec).

[8] AUTOSAR Intrusion Detection System: https://www.autosar.org/fileadmin/standards/R22-11/FO/AUTOSAR_RS_IntrusionDetectionSystem.pdf.

[9] AUTOSAR Secure Onboard Communication: https://www.autosar.org/fileadmin/standards/R22-11/CP/AUTOSAR_SRS_SecureOnboardCommunication.pdf.

[10] ISO 14229-1:2020 Road vehicles — Unified diagnostic services (UDS).

[11] Protecting Information and System Integrity in Industrial Control Systems.

[12] Environments: Cybersecurity for the Manufacturing Sector: https://nvlpubs.nist.gov/nistpubs/SpecialPublications/NIST.SP.1800-10.pdf.

[13] Vega, Augusto, Pradip Bose, and Alper Buyuktosunoglu. Rugged Embedded Systems: Computing in Harsh Environments. Morgan Kaufmann, 2016.

第 9 章 Chapter 9

ECU 级网络安全控制

在前一章中，我们探讨了车辆级网络安全控制。为了继续贯彻**纵深防御**原则，本章将重点转向在 ECU 的硬件、软件和物理组件层面建立可靠的车辆组件。然而，在实施任何安全控制之前，了解其潜在的挑战和风险至关重要。在介绍每类安全控制时，我们将分享一些关于如何安全部署它们的建议。第一部分探讨硬件安全机制，特别是 MCU 和 SoC 层面的机制。这些控制是高层软件安全控制的基础，包括硬件 RoT、安全存储、加密加速器、芯片级隔离技术和可信执行环境（Trusted Execution Environment，TEE）。第二部分探讨利用硬件安全原语的软件安全控制，例如多阶段安全启动。此外，我们讨论了在多计算环境中隔离技术的重要性，并探讨了如何利用虚拟机监控程序和客户端 – 服务器架构来实现这一目标。我们还深入探讨了操作系统在执行过程隔离、访问控制和时间隔离中的作用。第三部分讨论减少具有物理访问 ECU 能力的攻击者影响的物理层安全控制。在探索这三个部分的过程中，我们将揭示提高性能、先进连接功能和维护系统安全性之间产生的优先级竞争。本章结束时，读者将全面了解汽车 ECU 中最常用的安全控制，以及如何在新威胁出现时评估未来的控制。

总体而言，本章涵盖了与硬件、软件和物理层控制相关的一系列主题，包括：
- 理解控制行为和层次
- 探索政策控制
- 探索硬件控制
- 探索软件安全控制
- 探索物理安全控制

9.1 理解控制行为和层次

与车辆级网络安全控制类似，ECU 级控制主要在检测、保护，并在面对 ECU 级威胁时将 ECU 恢复到安全状态。正如我们在第 7 章中所述，从控制措施在风险处置中的有效性角度来看，控制行为可以按如下顺序分类：

1）**保护**：这些控制可以防止被攻击。例如，加密文件系统可以防止私密数据泄露。

2）**检测**：这些控制能够有效识别异常行为。例如，对文件系统镜像进行身份验证，可以让系统检测到文件系统是否被篡改。

3）**恢复**：这些控制允许系统在检测到异常时恢复到安全状态。例如，在检测到文件系统被篡改时，使用备份镜像以避免系统无法运行。

4）**记录**：这些控制主要用来记录事件以便用户进行**根本原因分析**。例如，当检测到文件系统篡改时，事件将记录在安全存储中以供后续分析。

图 9.1 所示为 ECU 级网络安全控制的分类，按控制类别可分为：政策、硬件、安全软件和物理网络安全。之后，我们将逐一说明每个网络安全控制，并展示它们如何解决特定的安全问题，以增强 ECU 的安全性。

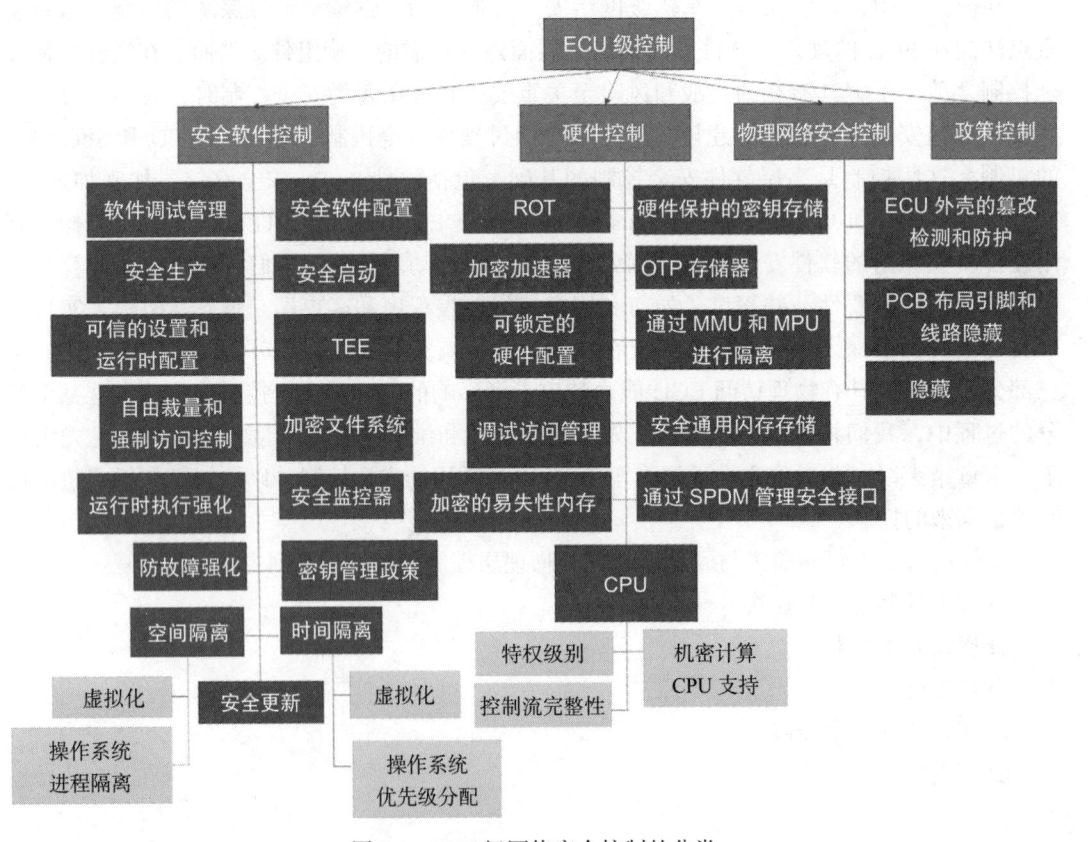

图 9.1 ECU 级网络安全控制的分类

9.2 探索政策控制

与车辆级分析类似,在 ECU 级也必须实施政策控制,以禁止那些扩大攻击面并显著改变 ECU 威胁模型的设计决策。减少攻击面的政策控制示例包括:要求禁用所有调试接口,移除代码分析工具,以及从生产中消除安全日志。移除这类工具和相关功能可降低发现 ECU 弱点的可能性,在风险消除方面具有显著的**投资收益率**。组织还可实施政策控制,禁止那些会改变威胁模型基本假设的设计选择。例如,假设威胁模型认为所有外部网络连接都经由中央网关过滤。为改善用户体验,可能会提出为 ADAS ECU 添加直接 Wi-Fi 访问的功能需求。然而,禁止在负责感知和执行功能的组件中直接外部连接的政策控制将禁止接受此类功能需求。建立一个包含这些政策控制的中央文档对于确保团队能够保持一致和避免引入高风险的变更至关重要。

> **提示**:当反复做出禁止不安全功能的设计决策时,可考虑将这些决策抽象为安全策略控制,并将其纳入策略控制目录。这种做法能够简化团队间的沟通,避免就"为何必须禁止某些操作"这类问题重复进行历史性争论。

值得关注的是,在某些情况下,商业决策可能凌驾于安全策略控制措施之上。此时必须明确记录相关风险,并从技术性网络安全控制措施体系中引入额外的防护机制。

在后续章节中,我们将重点探讨可在硬件层、软件层及物理层实施的技术性控制措施。

9.3 探索硬件控制

在构建安全的 ECU 时,**硬件安全控制**至关重要,因此在网络安全控制中占据首要地位。这类控制为实现基于软件的网络安全控制奠定了基础。当发现硬件漏洞时,这一点就变得很明显,软件开发人员会面临着编写和部署复杂解决方案的挑战。同样,如果忽视硬件安全控制的性能需求,它们在时间敏感的汽车系统中的部署可能会成为重大障碍。即使正确实施并具备足够性能,如果不考虑可用性因素,这些控制也可能难以部署,在某些情况下甚至可能导致用户完全禁用它们。因此,应将硬件控制视为关键的安全使能工具,必须谨慎选择以确保它们能在系统的性能和可用性约束条件下实现预期的网络安全目标。

在以下小节中,我们将着重列举汽车系统中最为常用的硬件网络安全控制措施示例。

9.3.1 RoT

硬件 RoT 是建立 EC、件和校准数据可信性的关键组成部分。它也被称为硬件信任锚(Hardware Trusted Anchor,HTA),可基于**可信平台模块**或嵌入式安全环境(如 HPSE),嵌入式 RoT 的简化架构如图 9.2 所示。

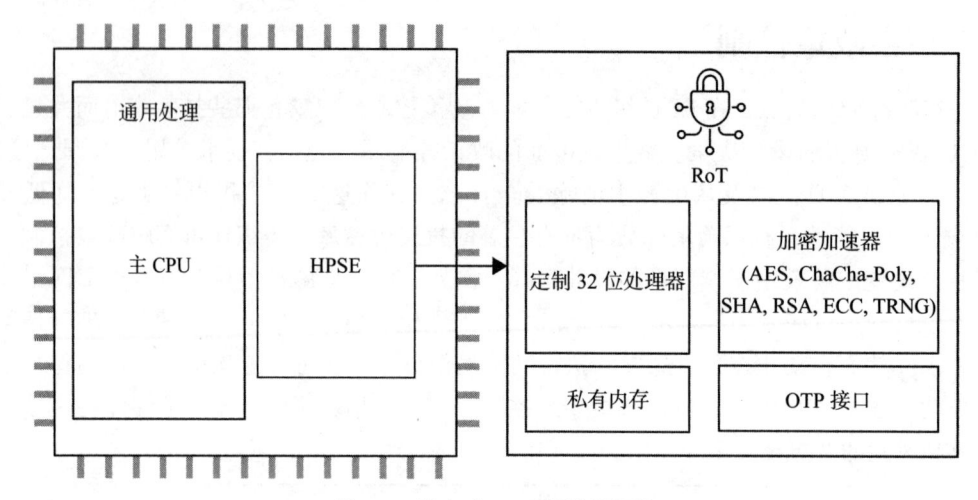

图 9.2　嵌入式 RoT 的简化架构

这些组件提供专用安全存储空间，用于保护关键安全参数，如加密密钥材料和芯片配置参数。这些参数在安全启动和其他安全协议中使用。硬件 RoT 的两个基本特性是其固件的不可变性，以及对关键安全参数的独占控制。作为 RoT，该硬件组件必须具备抗篡改能力，例如，通过额外的电路来检测异常的电压和温度波动，以及异常的时钟和电压输入模式。此外，RoT 必须严格管理关键安全参数，防止其被替换或回滚；否则可能导致启动被恶意篡改的软件。

构建密钥库的 HPSE 架构如图 9.3 所示，在典型的 HPSE 架构中，一个专用 CPU 执行固件，协调来自用户应用环境的加密操作请求。

通常，邮箱机制允许应用发送请求信号，并在响应就绪时接收通知。共享内存空间使应用程序能够向 HPSE 提供数据，该引擎随后执行请求的操作并将结果返回到共享内存空间。这一过程可通过 DMA 控制器实现，该控制器负责在 HPSE 边界内的密码加速器之间传输数据。硬件支持的随机数生成器使 HPSE 能够获取随机性，为 DRBG 提供种子。此外，专用的 OTP 存储区域包含密码学机密和关键安全参数，仅 HPSE 可访

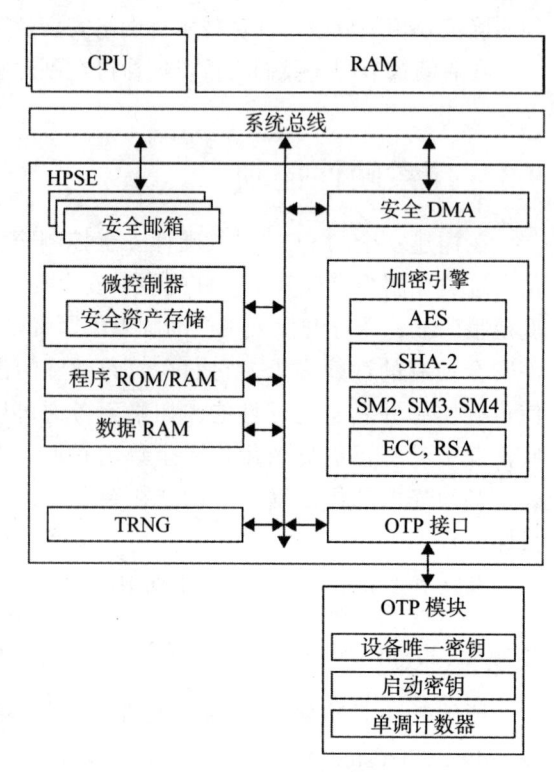

图 9.3　构建密钥库的 HPSE 架构

问。例如，这些机密可用于派生加密密钥，进而在普通 NVM 中构建安全密钥库。OTP 还可存储单调计数器，使 HPSE 能够建立安全协议以检测数据或代码是否被回滚至旧版本。尽管 HPSE 被视为 TEE，通常仍通过创建从 OTP 存储器直接到密码加速器的数据通路，阻止 HPSE CPU 访问某些加密密钥，以防止通过受损固件提取密钥的可能性。

> **注意**：硬件支持的随机数生成器通常被芯片供应商称为 TRNG。在选择 TRNG 时，应确保其符合 NIST SP 800-90C 标准。同样，在评估 DRNG 解决方案时，应确保选择符合 NIST SP 800-90A 标准的方案，以确保生成的随机数具有足够的熵。

鉴于量子计算在车辆生命周期内可能取得的进展，构建支持量子安全加密算法的 RoT 解决方案至关重要。

> **注意**：回顾第 2 章，我们讨论了为后量子安全加密算法做准备的必要性。在硬件中忽视这种支持，意味着需要采用支持软件的解决方案，这将对整个系统性能产生显著影响，因为计算资源将需要从正常的应用功能重新分配到加密操作。

最后，设计 RoT 以支持现场根密钥撤销至关重要，以便在汽车制造商一方的私有签名密钥意外暴露的情况下更新 ECU。由于 RoT 在安全启动中的角色与固件和软件方面高度关联，我们在本章稍后讨论软件安全控制时专门讨论了安全启动这一节。

9.3.2 OTP 存储器

OTP 存储器是一种特殊的非易失性存储器，仅允许数据进行一次性编程。一旦编程完成，OTP 存储器中的数据无法被修改或删除，这使其对未授权的更改或篡改具有防护作用。这一特性确保了存储信息的完整性和可靠性，非常适合存储一次性的系统配置数据。由于 OTP 存储器对物理攻击（如探测、篡改或逆向工程）具有较强的防护能力，因此还常用于存储设备独有的加密密钥和根公钥哈希值。基于 OTP 的机密信息可用于派生多种用途的密钥，如加密密钥库；而根公钥的哈希值则可在安全引导过程中建立信任链。**熔丝阵列**是汽车 ECU 中另一种常用的技术，用于保护机密信息和不可变配置数据。相比熔丝阵列，OTP 存储器具有一些优势，因为其编程相对简便，且在数据提取和逆向工程方面具有更强的安全特性。

9.3.3 硬件保护的密钥存储库

硬件保护的密钥存储库是实现依赖于加密机密的保密性和防篡改安全协议的基础构件。在基于 MCU 的 ECU 中，密钥存储库通常位于仅可由 HPSE 访问的嵌入式闪存区域。如果主应用处理器尝试访问该区域，将触发异常。HPSE 固件可将密钥暂时存储在仅由 HPSE 核心可寻址的专用 RAM 区域，然后加载至加密引擎。一组不可更改的设备唯一密钥会在制造时被编程，而不能从 HPSE CPU 进行读取。这些密钥只能通过指定密钥索引直接加载到

HPSE 的加密引擎，而不能缓存到 HPSE 的 RAM 中。这一额外的安全层确保即使 HPSE 固件本身受到攻击，密钥也无法被直接提取。这些设备唯一的密钥可用于，例如，在需要更多密钥存储空间时，将其他密钥以加密形式存储在正常闪存中。

在基于 SoC 的 ECU 中，密钥存储区可位于仅由 HPSE 访问的专用外部闪存设备，或实现在正常的外部闪存存储器的专用分区中。

无论采用哪种方案，密钥存储库的内容必须加密，以降低攻击者在获得物理访问权限时提取闪存内容的风险。当使用专用安全闪存芯片时，与该存储器的读写操作通常采用在设备初始设置和配置阶段生成的设备唯一密钥进行加密。这提供了额外的保护层，防止通过物理窃听地址总线和数据总线来暴露存储在设备上的机密。

（1）抵御回滚攻击　任何密钥存储库都需要其具备抵抗**回滚攻击**的能力，密钥存储库的快照可能被替换成一组从另一设备克隆的密钥。为此，硬件必须支持回滚保护，例如，通过单调递增计数器。这些计数器由于其实现方式而无法被回滚。例如，专用的 OTP 存储器可用于构建仅能通过 OTP 写操作递增的计数器。重放保护存储块（Replay-Protected Memory Block，RPMB）是另一种回滚预防技术，在某些存储设备中支持用于相同目的。

（2）物理不可克隆功能　保护密钥存储区内容的一种更为有效的方法是利用嵌入在 HPSE 中的物理不可克隆功能（Physically Unclonable Function，PUF）。PUF 是一种易于评估但难以预测的物理实体。它依赖于物理系统的内在随机性和不可控性来生成独特且随机的加密密钥。PUF 的主要功能是确保密钥的安全存储，并防止设备被克隆或篡改。与存储在 OTP 存储器或闪存中的密钥不同，PUF 仅在需要时生成唯一密钥，并不进行存储，这使得攻击者极难发现或复制。PUF 生成的密钥可用于多种安全功能，例如加密和验证存储在闪存中的密钥存储区。

9.3.4　安全通用闪存存储

通用闪存存储（Universal Flash Storage，UFS）是一种高性能非易失性存储器标准，配备了一系列硬件安全控制措施，以保护静态数据。UFS 支持使用 AES 算法的硬件加密。这确保了即使物理存储器被破坏或从 ECU 中移除，敏感数据仍能得到保护。为了将对应用 CPU 的影响降至最低，主控制器中实现了专用的加密引擎，消除了每次读写操作期间需要软件干预的需求。截至本书撰写时，UFS 仅支持 AES-XTS 模式，该模式仅提供加密功能，在保护数据真实性和完整性方面尚不完善。因此，结合额外的安全机制（如数字签名）以提供数据完整性保护至关重要。除数据加密外，UFS 还提供可配置的写保护功能，以防止未授权修改存储的数据。这可应用于内存的特定区域或整个内存，在防止未经授权擦除闪存内容时尤为有效。另一项重要的 UFS 安全机制是支持 RPMB。RPMB 分区是专用于防止重放攻击和未授权访问的独立安全内存区域。为防止重放攻击，UFS 内存会维护 RPMB 分区的**写计数器**。每次在 RPMB 上执行写操作时，该计数器都会递增。当发出写请求时，主设备将在 MAC 计算中包含写计数器的当前值。UFS 内存验证 MAC 并检查计数器值是否与其内部计数器值匹配。如果匹配，则执行写操作，并递增计数器。这一机制确保旧的数据不能被重放用于覆盖 RPMB 中的当前数据。图 9.4 所示为主设备密码加速器之间的 UFS 安全模型，展示了在 UFS 主控制器内嵌入线加密引擎的一种可能实现。主控制器驱动程序的交易，在与 UFS 设备交互时，自动执行加密和解密操作。

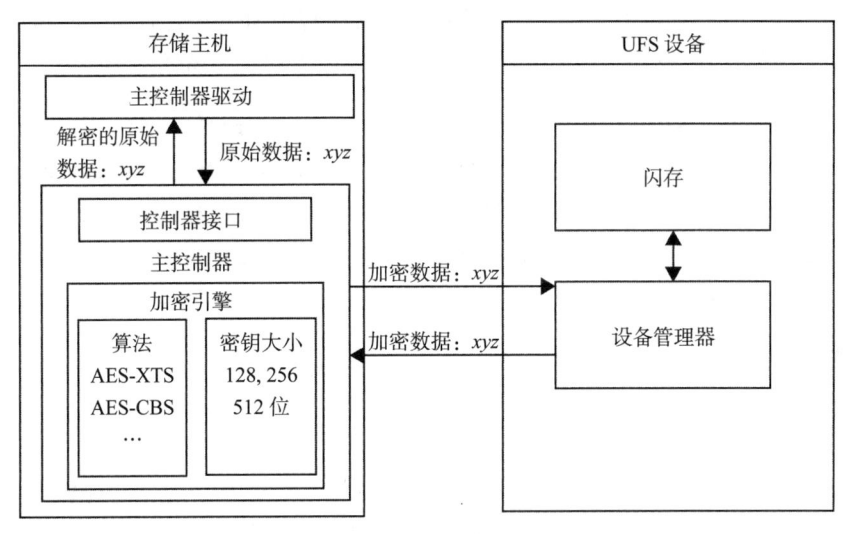

图 9.4　主设备密码加速器之间的 UFS 安全模型

9.3.5　密码加速器

虽然安全密钥存储库的设计是支持安全协议的基础构件；但要在具有时间约束的 ECU 内实现这些协议，密码加速器成为不可或缺且常常稀缺的资源。这些加速器使 ECU 能够在多种场景中执行实时数据认证和加密，例如，通过 CAN 总线和以太网进行通信，与传感器建立安全会话，或与后端服务器建立传输层安全（Transport Layer Security，TLS）连接。若缺乏密码加速器，就必须依赖软件加密库，并占用 CPU 核心。这带来两个主要问题：其一，宝贵的 CPU 资源将被占用于执行密集的加密运算；其二，密钥必须加载到正常执行环境中，这会增加通过非法内存访问和侧信道分析暴露密钥的风险。禁止在 HPSE 之外的软件中实现加密服务以最小化此类风险，确实是一个良好实践。这要求芯片设计师充分了解系统的安全用例，以设计出具有高效的数据流水线架构的正确数量的密码加速器。如果数据无法高效地输入和输出密码加速器，后者将成为系统瓶颈，显著降低 CPU 核心的性能。此外，硬件机制必须精心设计，以确保加密密钥能在不暴露给应用软件的情况下传输到密码加速器，例如，通过 HPSE 索引实现。

随着安全用例不断增多，汽车 ECU 中密码加速器的资源争夺仍然是一个挑战。集成加密引擎可以在此方面弥补差距。在某些硬件接口中得到支持的内嵌加密引擎是执行特定任务的单一用途引擎，例如加密和验证 MACsec 帧、UFS 读/写操作，或在 CSI-2、I^2C 或外围组件互连快速（Peripheral Component Interconnect Express，PCIe）链路上实现安全协议和数据模型（Security Protocol and Data Model，SPDM）协议。这些引擎根据设计可以实现线速加密操作，无须软件干预。然而，必须特别注意密钥如何加载到这些引擎中，以防止篡改和未授权的访问。当加密引擎资源紧缺时，常见的做法是回退到 CPU 支持的加密指令集，例如用于加速 AES 和哈希算法的指令。虽然在密码加速器资源稀缺时这可以发挥作用，但必须谨慎使用这些策略，以避免在正常运行环境中加载的密钥泄露。

> **SPDM 的救援**：SPDM 是一种标准，提供了一套全面的安全功能，用于保护设备间的通信，例如通过 PCIe 链路连接的两个 SoC，或通过 CSI 链路连接的 SoC 和摄像头传感器。SPDM 不是依赖专有安全协议来保护这些设备间控制和数据平面，而是通过提供身份验证、加密、完整性保护的标准化方法来解决设备之间的安全需求，包括重放防护、消息排序和证书管理。此外，该标准还支持使用内嵌加密引擎，这对于处理此类接口的高带宽需求至关重要。

9.3.6 可锁定的硬件配置

以安全状态初始化系统是减少运行时攻击面的关键方法之一。支持硬件启用的配置锁定是一种强大的技术，一旦启用，便可显著降低攻击者绕过安全措施的可能性。可锁定的参数主要包括两类：一类是内存防火墙，可编程为拒绝特定运行时执行环境的访问，如 HPSE 访问安全数据闪存区域；另一类是芯片设置，如 JTAG 端口的锁定，强制系统从 HPSE 启动或锁定安全模式下的测试模式访问。这些锁定机制可通过熔丝阵列、OTP 存储器或一次性写入的影子寄存器实现。建立安全生命周期管理在很大程度上依赖于此类机制，以防止攻击者将芯片转换至不安全状态。例如，在**返回材料授权**过程中，熔断特定熔丝可强制加载测试密钥并清除生产密钥，从而防止授权执行侵入式调试操作的代理泄露关键机密。

9.3.7 CPU 安全

在考虑硬件安全控制时，CPU 的作用常被忽视，尽管它在维护系统安全方面至关重要。CPU 架构既可能成为安全漏洞的潜在来源，也可能是显著提高系统安全态势的先进保护技术的领域。健壮的 CPU 架构的最终目标是通过在相互不信任的应用之间共享时提供充分的隔离和运行时执行保护，从而保障系统的计算完整性。

1. 特权级别

在基于 MCU 的系统中，通常采用管理模式和用户模式将实时操作系统（Real-Time Operating System，RTOS）的特权与用户应用软件分离。这足以确保内核能够配置诸如 MPU 表和管理系统中断等特权设置。在基于 SoC 的系统中，由于软件环境复杂性的增加，需要更为复杂的 CPU 特权架构。更细粒度的 CPU 特权级别决定了软件如何管理系统中指令和资源的访问与执行。这些特权级别提供了一种访问权限的层次结构，规定了正在运行的软件的操作范围，以实现各个软件组件之间的隔离。图 9.5 所示为基于 ARMv8 CPU 架构的特权级别。

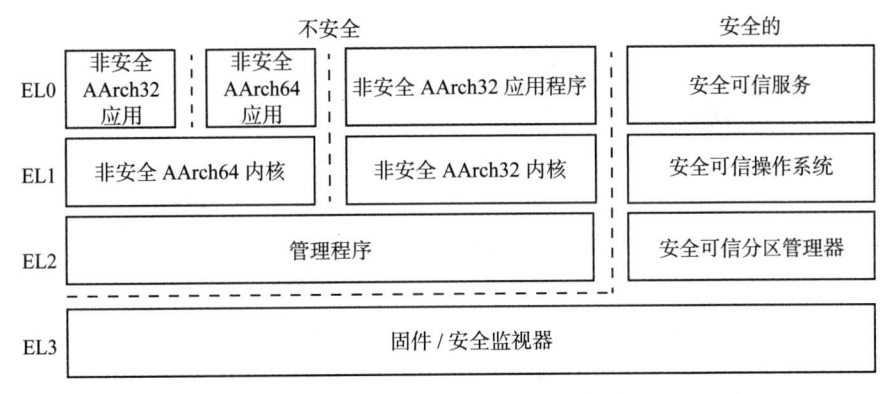

	不安全			安全的
EL0	非安全 AArch32 应用	非安全 AArch64 应用	非安全 AArch32 应用程序	安全可信服务
EL1	非安全 AArch64 内核		非安全 AArch32 内核	安全可信操作系统
EL2	管理程序			安全可信分区管理器
EL3	固件 / 安全监视器			

图 9.5　基于 ARMv8 CPU 架构的特权级别（来源：ARM）

鉴于 ARM 架构在汽车系统中的广泛应用，我们将在本章节中多次引用该架构。

安全状态和非安全状态：安全状态用于执行安全关键代码和管理敏感数据，如加密密钥或关键硬件资源。它提供了一个隔离的执行环境，不受非安全状态的影响，这通常也被称为正常环境。安全状态可分配多个特权，以供更细粒度的访问权限，例如在该环境中运行的 TEE 的操作系统与**可信应用**之间。在非安全或正常环境中，ARM 定义了四个异常级别（Exception Level，EL），从 EL0 到 EL3，级别越高，拥有的权限和控制越多，具体如下：

- **EL0**：这是权限最低的级别，对应于用户应用模式。它用于运行不直接访问系统资源（如内存管理或硬件控制）的用户空间应用。在 EL0 运行的软件通过系统调用向操作系统请求服务。
- **EL1**：EL1 是大多数操作系统运行的级别，包括其内核和设备驱动程序。该级别可以访问系统资源并管理 EL0 应用程序的执行环境。在 EL1 运行的操作系统负责内存管理、任务调度以及处理来自用户空间应用的请求。
- **EL2**：EL2 主要用于虚拟化，通常是运行管理程序的级别。管理程序是一种软件层，能够实现多个操作系统的并行运行，每个操作系统都在其独立的虚拟环境中执行。运行在 EL2 的管理程序负责控制硬件资源，管理在 EL1 运行的客户操作系统，并在它们之间提供隔离和资源调度。在 ADAS 和域控制器（将多个车辆功能整合到单一计算环境中）中，管理程序的使用更为普遍。
- **EL3**：此级别专门保留给固件和安全关键功能，如 TEE 和安全监控调用（Secure Monitor Call，SMC）。SMC 作为安全世界与正常环境之间的门户，允许对安全世界中特权操作和服务的受控访问。

这种异常的级别架构与**最小特权原则**高度契合，仅将更高和更广泛的访问权限分配给必要的系统软件组件和级别来实现。这确保了每个用户或组件在执行其特定任务时只具备所需的最低权限，从而最大限度地减少潜在攻击面，并降低未授权操作的风险。

2. 机密计算

在构建将不同关键性软件组合在同一计算环境中的中央车辆计算机时，践行零信任原则使得机密计算成为汽车行业颇具吸引力的选择。机密计算旨在通过减少系统中需要信任的实体数量来实现数据完整性和机密性目标，从而保护使用中数据的安全。在机密计算环境下，即使是具有较高权限的软件（如管理程序和操作系统）也不应能够窥探或篡改隔离软件实例的运行时执行环境。以 ARM 架构为例，**ARM 领域管理扩展**是 ARM 推出的一套功能，旨在增强运行在新型 ARM 处理器上的软件组件之间的隔离。创建"领域"（一种隔离的软件执行环境）可以在使用中保护敏感数据，能为软件组件提供强大的隔离性。领域可用于执行安全敏感的工作负载，如处理加密密钥、用户私密数据、执行安全关键功能，甚至运行专有软件库，同时将它们与系统中的其他组件（包括操作系统和管理程序）隔离。机密计算的主要方面如下：

- **硬件强制隔离**：领域通过硬件级别的隔离机制实现，相较于传统的软件方法，提供了更高程度的保护。这种隔离确保了使用中的代码和数据的完整性和机密性。这进一步有助于最小化攻击面，降低未经授权访问或数据泄露的风险。
- **最小化可信计算基**（Trusted Computing Base，TCB）：领域旨在通过减少必须信任的软件组件数量来维护安全，从而最小化 TCB。通过在隔离的领域中执行敏感工作负载，操作系统和管理程序不能直接访问领域中的数据或代码，从而最小化了对它们的需求。
- **硬件验证**：为建立对支持机密计算环境中运行软件的信任，**ARM 机密计算架构**支持平台验证（检查底层固件和硬件的状态）和领域验证（检查领域的初始状态）。如果验证失败，验证者可以选择终止与证明者的通信，或应用适合车辆环境的自定义策略。ARM 机密计算架构如图 9.6 所示。

> **ECU 的软件验证**：软件验证是一个确保在 ECU 上运行的软件完整性未被篡改或损坏的过程。通常，证明者根据软件的当前状态生成一个包含验证者提供的挑战的加密签名。随后，验证者将提供的签名与参考签名进行比对。如果签名匹配，验证者则认定 ECU 软件处于可信状态，并可继续授权执行更高权限的操作，例如启用需要访问 OEM 基础设施的付费车载服务。

3. CPU 安全增强

近年来，CPU 架构开始集成硬件安全控制，以增强系统的计算完整性。其中一组增强措施与**控制流完整性**对策相关，这些对策使代码注入攻击更难以控制运行时执行环境。以 ARM 架构为例，我们将在此介绍一些常见技术，如指针认证代码（Pointer Authentication

Code，PAC）、内存标记扩展（Memory Tagging Extension，MTE）和分支目标标识（Branch Target Identification，BTI）。让我们深入了解这些技术：

- PAC：该技术旨在防护控制流劫持攻击，如面向返回编程（Return-Oriented Programming，ROP）和面向跳转编程（Jump-Oriented Pragramming，JOP）。其原理是在指针（如返回地址、函数指针或跳转目标）存储到内存时，添加一个使用处理器专有密钥生成的加密签名认证代码。当指针随后从内存中加载并用于控制流操作时，处理器会验证 PAC 以确保指针未被篡改。如果验证失败，处理器会生成一个错误，阻止潜在恶意代码的执行。

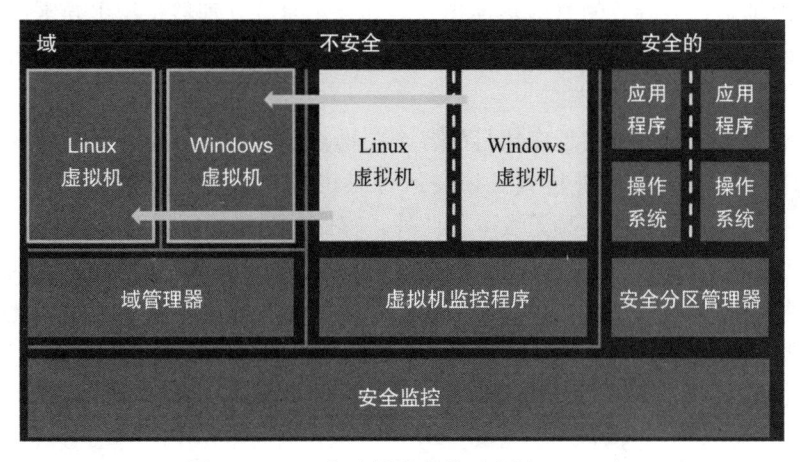

图 9.6　ARM 机密计算架构（来源：ARM）

ROP 和 JOP：ROP 和 JOP 是两种强大的攻击方法，使攻击者能够在启用内存不可执行保护的程序上执行任意代码。ROP 通过在现有程序代码中识别返回指令结尾的指令（被称为"gadget"），并将它们串联起来形成恶意负载。JOP 是 ROP 的一种变体，通过使用间接跳转或调用指令（而不是返回指令）链接形成恶意负载。这些攻击的缓解措施属于控制流完整性保护的范畴。

- MTE：该技术旨在缓解内存安全漏洞，如缓冲区溢出和使用已释放内存（Use-after-Free，UAF）漏洞。MTE 的工作原理是将"标记"与每个分配的内存相关联，这些标记与实际数据分开存储。与每个地址关联的内存标记提供关于内存区域属性或特征的信息。这些标记可用于跟踪内存边界、指示内存权限或表示其他与内存安全相关的元数据。当访问内存时，处理器检查访问相关的标记是否与相应分配内存的标记匹配。如果不匹配，CPU 抛出异常，表示内存访问违反预期的标记权限。

UAF：UAF 攻击利用了程序在释放指针后继续使用它的漏洞，也称为悬空指针。攻击者首先识别程序中使用悬空指针的位置，即在其关联的内存释放后仍然被使用的指针。随后，攻击者尝试通过精心构造的输入（如堆喷射技术）来影响放置在释放内存位置的内容。如果悬空指针现在包含攻击者提供的函数指针，则代码执行可能被重定向到攻击者的代码。类似地，如果悬空指针用于访问数据，攻击者可能篡改提供的数据，以修改包含配置信息或其他敏感数据的变量。

- **BTI**：一种防御控制流攻击的机制，它通过确保间接分支（跳转或调用）只能指向软件明确标记的有效目标地址来实现。在 BTI 的实施中，软件需要在任何有效分支目标的起始处放置一个特殊指令（BTI 落地指令）。当处理器遇到间接分支时，会检查目标地址是否为有效的 BTI 落地指令。如果不是，处理器将抛出异常，从而阻止恶意代码的执行。BTI 通过增加攻击者将控制流重定向至任意代码位置的难度，有效缓解 ROP 和 JOP 等攻击。

实现这些安全机制需要在程序执行的各个关键点进行额外的检查，以确保控制流符合预先确定的路径。当这些额外检查必须在运行时执行时，会增加执行时间，例如，使用 PAC 验证返回地址，这可能会频繁发生。此外，存储某些机制所需的信息（如 MTE 中的内存标记）也可能导致内存使用量增加。尽管这些机制增加了宝贵的安全层，但所需的额外资源和运行时检查不可避免地会导致性能损失，影响应用程序的整体效率。因此，在决定在高可靠性的汽车系统中启用这些机制之前，评估其性能影响至关重要。

第二类 CPU 安全增强措施旨在消除 CPU 环境中的侧信道攻击路径，例如，通过预防推测执行和缓存定时攻击。这仍是一个活跃的研究领域，因为需要在优化 CPU 性能和保护运行时执行环境的完整性和机密性之间取得平衡。在车辆环境中，支持不同安全级别应用的 ECU 必须警惕可能通过 CPU 漏洞导致的数据泄露。因此，在选择 CPU 时，应注意那些未修复的 CPU 漏洞，并考虑这些 CPU 是否提供在数据隐私优先于性能优化时可禁用优化功能的选项。

> **推测执行攻击**：推测执行攻击利用现代处理器中旨在提高性能的特性，这些特性通过预测程序可能采取的未来路径，并在确定路径之前执行该路径上的指令来实现。如果预测正确，执行会无缝继续；但如果预测错误，推测执行的指令会回滚，并执行正确的路径。虽然错误的推测执行不会直接影响程序的输出，但它会在处理器状态中留下微妙的变化，使攻击者能够推断出敏感信息，如密码或加密密钥。在依赖于强隔离不同关键性应用的多租户车载计算机中，这些攻击构成了必须密切关注的严重风险。

确保 CPU 管理的子系统的安全性，对于完善硬件安全架构至关重要。这将是接下来小节的重点，之后我们将转向基于软件的网络安全控制措施。

9.3.8　通过 MMU 和 MPU 实现隔离

MMU 和 MPU 是 ECU 中实现通过内存隔离和资源访问分离，实现无干扰（Freedom from Interference，FFI）目标的关键硬件组件。

MPU 是一种可配制的，能够根据请求的访问类型（如读取、写入或执行）以及 CPU 特权级别来允许或拒绝对特定内存区域的访问。它通常用于基于 MCU 的 ECU 中，以隔离具有不同安全关键性的软件。虽然 MPU 主要用于确保安全的 FFI，但它也可以通过将数据区域配置为不可执行并分区软件应用来降低未授权的代码执行或数据篡改的风险。

MMU 通过将应用和进程使用的虚拟内存地址映射到物理内存地址来实现内存虚拟化。它允许每个进程拥有独立的**虚拟地址**空间。MMU 依赖页表来维护虚拟地址和**物理地址**之间的映射关系，从而将虚拟内存地址转换为物理内存地址。当由可信实体（如操作系统）管理时，MMU 可以防止恶意进程写入其他进程的地址空间。此外，通过对不同内存页分配权限和访问权，MMU 能够实现对内存访问的细粒度控制。MMU 还可以检测并阻止未授权的访问尝试，如访问超出分配范围的内存或修改设置为只读的内存。除内存外，**输入/输出 MMU** 还便于虚拟化硬件资源，如 I/O 设备、中断控制器和其他系统资源。这使得多个**虚拟机**或进程能够根据预定的访问控制策略共享和利用硬件资源。在具有单一客户操作系统或运行在虚拟机监控器上的多个虚拟机的 SoC 基础 ECU 中，MMU 是实现隔离的基本机制。没有这些机制，ECU 将无法满足安全性 FFI 需求和安全隔离要求。

9.3.9 加密易失性内存

尽管通过 MMU 和 MPU 实现的逻辑访问隔离可被视为保护易失性内存（如 DRAM 和 SYSRAM）免受非法访问的有效措施，但这些措施无法阻止从外部易失性存储器（如 DRAM）中提取敏感数据。处理高度机密数据和知识产权的汽车系统可能需要依赖加密 DRAM 来防止中间人攻击窃取内存读写操作。为支持加密的指令提取和执行，CPU 必须支持轻量级加密算法，该算法使用设备生成的密钥来加密保护读写操作，无须软件干预。

9.3.10 调试访问管理

如第 3 章所述，滥用调试接口是提取 ECU 数据和识别软件漏洞的常见攻击途径。虽然在系统转入生产状态后完全禁用调试访问是最安全的选择，但在大多数情况下，开发人员需要一种方法重新启用调试接口，以便在现场报告问题时进行根本原因分析。可以利用硬件控制同时实现禁用调试和锁定调试访问这两种情况。通常，基于 MCU 和 SoC 的系统提供了一种硬件机制，通过编程阴影闪存中的选项字节或熔断保险丝阵列来永久禁用硬件访问。一种不太严格的方法是依靠硬件机制，通过 JTAG 控制器使用预共享对称密钥或公钥证书来对调试客户端进行认证。后者更可取，因为它简化了密钥管理方面，并且仅允许为调试单个设备授予访问权限。图 9.7 所示为通过证书解锁调试访问。

在图 9.7 中，调试客户端首先读取目标设备的唯一 ID，然后向可信第三方进行认证。随后，第三方生成一个由单次使用调试私钥签名的证书，其中包含允许的调试权限和目标设备 ID。调试客户端随即发起调试访问请求，并提供有效证书。SoC 使用预先配置的公钥验证证书，并在确认证书包含的调试权限后，解锁调试访问。这种机制将调试访问限制在单一设备上，并确保只有授权的调试客户端能够获得访问权限。MCU 基础系统通常也支持类似的机制，其中 HPSE 充当调试访问的守门人。可以在 HPSE 固件中实现该流程，要求在解锁调试访问之前完成基于共享密钥的挑战–响应序列，或采用基于证书的认证方法。此外，还可以创建不同级别的调试访问权限，允许调试客户端访问正常环境、TEE 或 HPSE 本身。每个调试访问级别必须使用不同的密钥材料，以实现细粒度的访问控制。

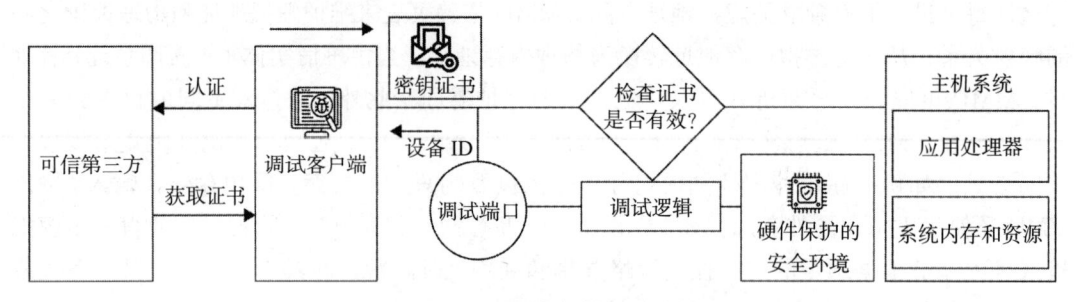

图 9.7 通过证书解锁调试访问

在了解了汽车 ECU 中常用的硬件安全控制措施后，我们现在将注意力转向软件安全控制措施。

9.4 探索软件安全控制

在概述了汽车 ECU 中常用的硬件安全控制措施后，我们现在将重点关注软件安全控制。正如我们将看到的，许多这些控制措施是基于硬件安全原语构建的，旨在提供纯硬件无法实现的更复杂的安全机制。

9.4.1 软件调试和配置管理

在硬件调试访问保护的基础上，消除或限制对软件调试工具的访问同样重要。开发人员通常在生产之前使用各种此类工具来协助 ECU 的故障排除和测试。一个常见的疏忽是在产品发货后仍将这些工具保留在 ECU 中。在基于 MCU 的 ECU 中，这些工具范围广泛，从工厂模式中使用的专有诊断协议，到能够精确定位错误发生位置的追踪工具，再到**通用测量和校准协议**等标准校准协议。通用测量和校准协议允许客户端实时查看和修改内存区域，用于校准和重编程。在基于 SoC 的 ECU 中，由于执行环境的丰富性，调试工具的种类更加多样。例如，代码分析器可以识别性能瓶颈、过度使用的内存和高 CPU 利用率。其他工具如 SSH 和 Telnet 协议，允许开发人员远程访问 ECU 以执行配置、调试、更新软件等任务。显然，在面向生产的 ECU 中保留这些工具是一种不良做法，一旦这些工具被发现和利用，将会带来长期的安全隐患。消除这种风险的第一步是全面清点所有软件调试工具和接口。接下来，应从生产版本中彻底移除这些工具，以杜绝 ECU 投入使用后重新启用这些工具的可能性。那么，如何排除生产后报告的问题呢？

优先采用的方法是使用诊断协议，这些协议能以预定义和协定的格式捕获大量的错误信息，同时避免泄露加密密钥和用户的隐私数据。假设这些协议具备充分的认证保护措施（如第8章所述），依赖这些协议可确保仅通过一种受访问控制的方式获取故障相关数据。此外，还可支持特殊的调试版本，允许在已部署的生产ECU中包含前述工具。选择此选项时，必须遵守两项约束。首先，安装这些版本的方法必须通过安全更新机制实现。其次，调试版本必须通过在生成数字签名时包含唯一的设备标识符来绑定到单个ECU。安全启动检查随后可强制执行这种绑定，并拒绝不适用于该设备的版本。这可防止这些宝贵的调试版本在ECU之间广泛传播，从而避免绕过安全控制并破解设备。

同样，为了在系统配置期间缩小攻击面，必须在系统投入生产前禁用不必要的高风险接口。这包括UART串口通信和USB驱动程序，以及应在生产用途的ECU中封锁的网络服务和端口。

9.4.2 安全生产

在工厂进行的初始设备配置、密钥配置和软件安装，构成ECU安全的首要基础。没有安全的生产过程，我们无法信任设备固件、软件、加密密钥，甚至设备的生命周期状态的完整性和真实性。安全生产过程结合了硬件、软件和政策控制的混合体，因此我们需要仔细审视这一过程。

首先，需要一种安全的方法来配置加密密钥和唯一的设备标识符。最简单但最不安全的方法是依赖配置这些密钥时工厂环境的物理安全性。在这种情况下，至少工厂现场必须部署一个HSM，用于生成和管理加密密钥，然后将这些密钥传递给负责配置设备的工具。这种方法下，这些工具将以明文形式编程密钥，使得该过程容易受到内部威胁。更安全的方法是依赖设备的唯一密钥，通常在芯片制造过程中编程，以允许密封的HSM密钥以加密形式传输，从而消除整个配置工具链中加密密钥暴露的任何机会。类似于设置密钥，还需要配置唯一的设备标识符，以便OEM在构建依赖于ECU身份验证的安全协议时能够识别其ECU。除了密钥和设备个性化外，还需要配置执行其他安全控制（如安全启动和安全更新）所需的公钥。PKCS#11标准安装加密密钥的示例流程如图9.8所示。

OEM根密钥的不可变性和撤销能力是共同确保车辆关键系统完整性和安全性的两个重要的安全措施。OEM根密钥的不可变性意味着存储在车辆ECU信任存储库中的OEM根公钥在生产后无法修改，提供了一个安全可靠的车辆关键系统环境。支持撤销OEM根公钥是应对匹配私钥被破坏事件的理想选择。

完成配置阶段后，我们可以开始安装必要的固件和软件。只有经过数字签名验证的镜像文件才可以用来更新ECU，这些镜像文件需要使用预先安装在工厂的根公钥进行验证。软件安装完成后，设备必须切换到一个安全的生命周期状态，该状态会限制仅在工厂环境中需要的功能。例如，在这种安全状态下，可以强制执行安全启动机制，并可以永久禁用或锁定调试访问权限。

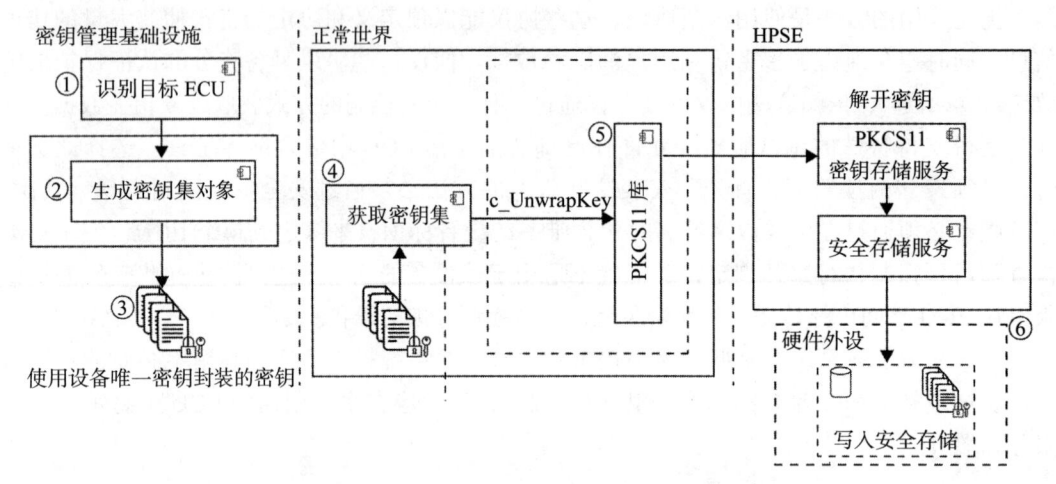

图 9.8　PKCS#11 标准安装加密密钥的示例流程

9.4.3　密钥管理策略

基于硬件保护的密钥存储库，我们可以通过具有独占访问权限的软件来实现更为复杂的密钥管理策略。无论是 HPSE 固件还是 TEE 应用，软件都可以通过定义以下方面的策略来增强密钥保护：

- 基于应用标识符和/或虚拟机标识符，对对密钥进行强制访问。
- 指定允许使用密钥执行的操作，如加密、解密、密钥派生或密钥协商协议。
- 定义密钥的生命周期或加密使用期限；超过该期限后必须更新密钥。
- 确定密钥属性，例如可擦除、写保护或可导出。

密钥管理软件还可以处理设备进入退役状态时如何销毁密钥，例如通过密钥清零处理。在设计自定义密钥管理策略时，PKCS#11 标准是一个值得参考的规范。

9.4.4　多阶段安全启动

由于硬件 RoT 具有不可变代码和对加密材料的独占控制，可以构建安全原语（如安全启动），以确保只有经授权的软件和校准数据可以在 ECU 环境中执行和使用。MCU 和基于 SoC 的 ECU 在安全启动实现上的主要区别在于：前者依赖 HPSE 固件建立安全启动链，而后者依赖不可变的引导 ROM 代码。在基于 MCU 的 ECU 中，代码直接从嵌入式闪存中获取，因此无须将代码加载到系统内存中。HPSE 固件必须是复位后首先执行的代码，以验证闪存引导程序和应用软件的真实性。HPSE 固件通常依赖存储在其专用数据闪存区域内的根公钥来验证二进制文件的真实性。通过其保持 MCU 应用核心处于复位状态的能力，HPSE 可以在相应的软件二进制文件通过完整性和真实性的加密检查之前，防止应用代码的执行。

一旦启动检查通过，HPSE 可以释放应用核心的复位状态。如果应用的大小允许在 ECU 预期的启动时间内完成验证，可以在单阶段完成此操作；如果必须在验证剩余应用软件之前启动早期件分区，则可以在多个阶段完成。在汽车环境中，启动时间是安全启动面临的最具挑战性的问题之一。实际上，许多 ECU 由于无法容忍启动时间延迟而放弃了这一重要的安全功能。因此，选择具有高效数据流水线和加密加速功能的芯片以支持更快的启动时间至关重要。

在基于 SoC 的系统中，软件通常从外部存储设备（如 UFS 或 eMMC）引导至 DRAM 和 / 或内部 SYSRAM。鉴于此类系统代码规模庞大且结构复杂，最为实际的安全启动实现方案是采用多阶段启动流程。利用多核心架构和独立的运行时执行环境，可以对不同软件分区的真实性进行验证，并允许它们并行启动执行。保护多阶段启动的核心原则在于维护从 RoT 加载第一个固件到加载客户操作系统中应用程序的信任链。在基于 SoC 的 ECU 中，RoT 利用启动 ROM 实现，后者能够访问存储根公钥的 OTP 存储器或 eFuse 存储器。启动 ROM 完成第一阶段启动检查后，第二阶段引导程序负责加载额外的软件分区，验证其完整性和真实性，执行必要的硬件设置，然后在相应的执行环境中启用已加载软件的执行。为了维护信任链，每个加载的分区必须使用根私钥或与根私钥相关联的私钥进行签名。若安全启动检查失败，则启动过程应当终止并发布系统复位。如果存在备份分区，则系统应尝试启动备用引导链，期望它不会遭到破坏。基于 SoC 的多阶段安全启动流程如图 9.9 所示。

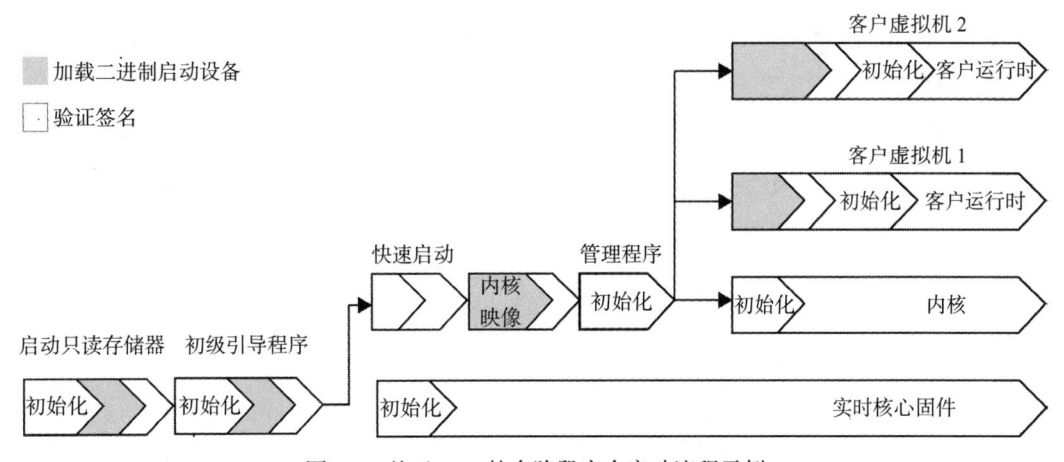

图 9.9　基于 SoC 的多阶段安全启动流程示例

安全启动的设计如果存在诸多潜在缺陷，可能导致整个机制被完全绕过。因此，一旦确定具体的安全启动策略，还是需要进行设计层面的威胁分析，以识别并消除设计中的潜在弱点。以下是实施安全启动的一些最佳实践：

❑ 严禁执行软件映像未经验证的任何软件。这可能意味着将相关处理器核心保持在复位状态，直到认证成功后才予以释放。

- 在一个执行环境与另一个并行启动时，识别并锁定易受篡改影响的内存区域和硬件寄存器。这可以消除通过另一并行执行运行时的环境篡改已安全加载到内存中的软件的风险。
- 除加密外，还应启用签名验证。尽管这会增加启动延迟，但由于代码是从闪存加载到系统内存的，可以并行执行解密和哈希运算。
- 当启用压缩时，务必在开始解压缩之前验证软件的真实性。这可以防止解压后的软件溢出分配的内存（例如，通过压缩炸弹攻击）或恶意二进制文件利用解压算法进行代码注入。
- 尽可能提早在应用链中隔离应用内存和资源，以最大限度地减少干扰机会。

9.4.5 可信运行时配置

紧随安全启动的是系统初始化阶段的安全设置和配置。在基于 MCU 的系统中，可信配置可以在启动代码和主闪存引导程序中实现。同样，基于 AUTOSAR 的系统初始化软件可以应用安全配置，例如，设置 CAN 接收过滤器和外设初始化。在基于 SoC 的系统中，每个运行时执行环境应由其父软件实体进行内存和硬件资源分配与配置。如果硬件支持可锁定的配置设置，那么软件可在此阶段强制实施这些锁定，以降低攻击者在初始设置后篡改系统配置的能力。对于无法锁定的配置设置，应利用细粒度的访问控制，确保只有需要管理这些配置的软件实体才具有访问权限。可信配置依赖于系统内的可信第三方，此第三方可以是具有更高特权的执行环境，例如管理程序或 TEE。

9.4.6 TEE

在配备单一运行时执行环境的系统中，任何该环境内的安全漏洞都可能波及系统的所有其他部分。这种潜在风险促使 TEE 的研发，它提供独立且隔离的运行时状态，对普通执行环境不可访问。TEE 利用先前介绍的 CPU 特权级别分离机制，以实现与正常执行环境隔离的高度特权功能。在系统设置的初始阶段，可以为 TEE 分配多项职责，如在受保护内存中建立密钥存储库，以及在可信状态下配置电源管理子系统。在正常运行时，TEE 可以执行关键功能，如协调与 HPSE 的通信，以及管理系统的有序关闭。利用 ARM TrustZone 技术的 TEE 架构如图 9.10 所示。

此外，可信应用可以在 TEE 中部署，用于执行对安全敏感的操作，如数字版权管理（Digital Right Management，DRM），以确保内容的安全播放。后者在服务加密媒体的娱乐信息系统 ECU 中较为常见，例如通过后排乘客显示器播放内容。DRM 可信应用可以安全地处理解密密钥、解码加密内容，并确保解密后的内容对普通环境的软件不可访问。设备证明是另一个在 TEE 中实施的用例，用于在访问特权服务（如连接到原始设备制造商后端）之前，安全地向第三方报告设备状态。

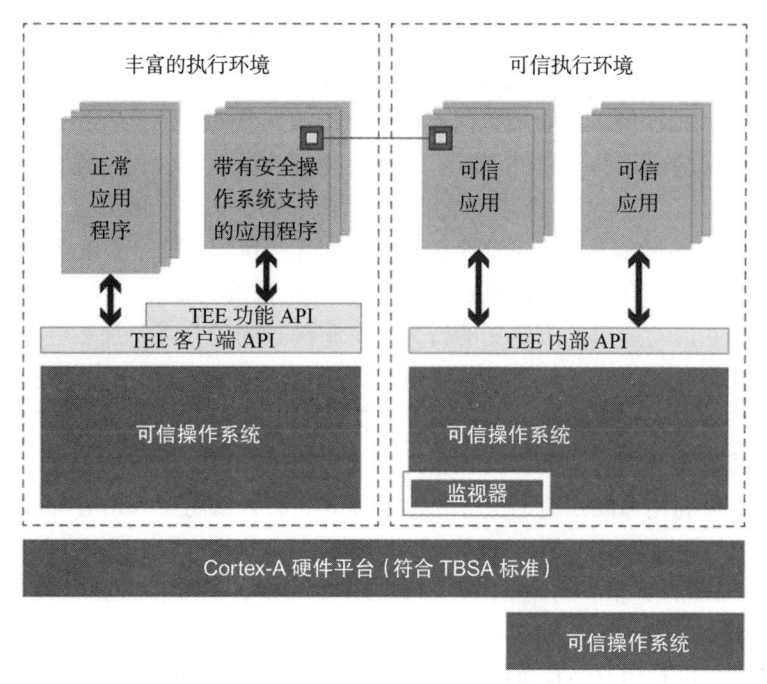

图 9.10　利用 ARM TrustZone 技术的 TEE 架构（来源：ARM）

9.4.7　安全更新

在第 8 章中，我们探讨 OTA 在车辆级网络安全控制的重要性。现在，我们深入分析 ECU 在保护软件如何更新到持久存储方面的作用。无论更新是通过 OTA 还是通过 UDS 协议传输，ECU 都必须应用一套通用的软件网络安全控制，以防止安装未经认证的软件和未经授权修改已认证的软件。通常，主 ECU 负责连接 OTA 后端并接收更新包。随后，次 ECU 可以通过车载网络接收各自的软件镜像更新，例如，通过 UDS 协议。在这种情况下，主 ECU 充当车载诊断客户端，而次 ECU 则为与标准诊断客户端通信的对象。基于 UPTANE 框架的 OTA 流程如图 9.11 所示。

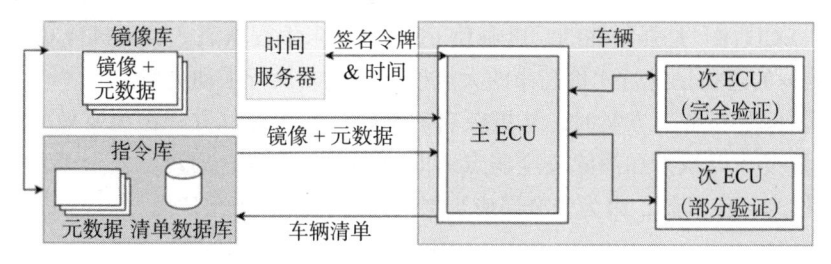

图 9.11　基于 UPTANE 框架的 OTA 流程

为简明起见，我们将概述每种更新方法的工作流程，不论更新是由哪方发起。

（1）基于 UDS 的闪存重新编程　在执行闪存编程程序之前，目标 ECU 必须验证诊断客户端的身份，无论它是车载还是非车载的。这可以通过服务 0x29 完成，验证客户端是否具有更新 ECU 软件的授权。这要求 ECU 配有专用的公钥，用于认证诊断客户端的证书。经过身份验证后，ECU 可以接收擦除内存分区和下载新软件块的例程；但是，在更新的完整性和真实性得到验证之前，软件下载不会被视为有效，例如，通过数字签名验证。鉴于更新可能包含无效镜像或可能中断导致的问题，强烈建议 ECU 实施分区备份机制，这可以防止 ECU 由于更新失败而被部分或完全擦除，从而无法执行其安全关键功能。

除验证每个镜像的真实性外，重要的是对 ECU 存储的其他软件镜像进行兼容性检查，以确保更新不会在启动后引发未定义的行为。实施健壮的闪存引导加载程序，对于防止攻击者绕过完整性和真实性检查而成功修改 ECU 软件非常重要。例如，用于擦除和编程新镜像的闪存例程应被视为关键例程并受到保护，防止未授权访问。这可通过在软件更新完成后，从内存中移除这些例程，并将其从软件构建中排除来实现，以防止基于返回导向编程的攻击。此外，可利用 HPSE 锁定执行闪存编程的能力，以防止攻击者加载自己的闪存程序后，在未授权的情况下篡改 ECU 软件。

（2）基于 OTA 的更新　当主 ECU 执行 OTA 更新时，首要前提是通过 PKI 在 ECU 和 OTA 后端之间执行相互认证步骤。在此过程中，同样需要为主 ECU 配置一个根公钥以认证后端服务器证书。可利用 HPSE 执行密钥协商协议，并保护所配置公钥的完整性和真实性。在认证各方后，必须建立一个安全会话，以保护跨通道交换数据的机密性和完整性。根据 OTA 过程架构，主 ECU 可能需要验证由不同私钥签名的元数据的真实性，这些私钥链接至一个共同的根私钥（由 OEM 持有）。主 ECU 必须在更新过程中每一步骤之前执行元数据认证。例如，一个 OTA 包可能包含一个经签名的清单，列出包中的所有软件镜像。使用相应的公钥，主 ECU 应验证清单，并确保所有软件镜像的版本信息与清单匹配。同样，如果使用时间服务器，必须在启动更新之前验证更新的新鲜度元数据。对于包中的每个软件镜像更新，主 ECU 还必须使用相应的公钥来验证相应镜像的数字签名。这确保了即使攻击者设法签署包含未经认证镜像的包，主 ECU 也能拒绝这样的更新。如果主 ECU 代表次 ECU 接收更新镜像，则可能将镜像签名验证委托给次 ECU。重要的是，在所有情况下，软件都不能被标记为有效和可引导，除非所有检查都正确通过。类似 UDS 的情况，设置备份分区（尤其是在主 ECU 中）是强制性的，以避免 ECU 处于未编程状态。若无执行 OTA 更新的能力，OEM 唯一的选择是进行代价高昂的大规模召回，以执行手动更新。

在实施任何更新解决方案时，从更新启动到软件写入存储并标记为有效的整个更新链的评估至关重要，以识别和消除安全弱点。即使强制执行安全启动，安全工程师也不应依赖安全启动作为万能机制，因为安全层应当层层递进，而非相互替代。

9.4.8　空间隔离

空间隔离是功能安全和网络安全关键系统中的常见做法，其目的是确保分配给一个软件实体的内存区域和资源不会被意外或恶意地干扰同一 ECU 中的另一个实体。当正确实施时，该措施能够将潜在漏洞对受影响软件实体及其管理资源的影响限制在局部范围内，而不会扩散到系统的其他部分。在基于 MCU 的 ECU 中，空间隔离主要依赖于 MPU 来分配具有特定访问权限规则和属性的内存区域，这些规则和属性由 RTOS 管理。RTOS 通常在上下文切换时管理 MPU 设置，以确保一个任务或操作系统分区不会干扰另一个任务或操作系统分区的内存资源。在基于 SoC 的 ECU 中，空间隔离依赖 MMU 在多个客户操作系统和虚拟化资源之间实现内存和外设访问的虚拟化。在这种系统中，空间隔离是实现有效沙箱的机制，沙箱是一种用于隔离程序的安全技术，将程序的访问限制在其正常运行所需的系统资源和敏感信息范围内。通过创建一个受控环境或沙箱，程序可以在不干扰更广泛系统的情况下执行。该环境具有特定的权限和约束，限制了程序与其他应用程序交互、访问未经授权的文件或执行潜在有害操作的能力。此外，当程序包含恶意代码或成为攻击目标时，潜在的损害仅限于沙箱内，从而将对宿主系统的风险降至最低。通常在一个 ECU 中分配不同的虚拟机，以支持混合了功能安全和网络安全关键的软件，这样可以确保即使一个虚拟机出现异常行为，系统的稳定性也不会受到影响。接下来，我们将探讨在系统架构的各个层次上实现空间隔离的技术。

1. 虚拟化和操作系统级别的隔离

在虚拟化系统中，管理程序利用 MMU 和外设守卫在不同的虚拟机之间分配内存和硬件外设。管理程序负责资源的分配，包括 CPU 时间、内存地址空间和硬件资源对每个虚拟机的分配，并确保它们彼此保持隔离。因此，即使虚拟机共享相同的底层硬件，每个虚拟机也都能在其自己的操作系统中独立运行。这在 ADAS 和车辆计算机用例中尤为重要，因为这些用例中，具有不同功能安全和网络安全关键的软件必须共享相同的 SoC 硬件，同时将意外或恶意干扰的风险降至最低。实现这种空间隔离的两个关键机制是第一级 MMU 和第二级 MMU，具体如下所述：

❑ **第一级 MMU** 负责将虚拟地址转换为**中间物理地址**。操作系统通常利用它来管理内存、提供内存保护，并在单个客户操作系统内运行的不同进程之间强制执行内存隔离。第一级 MMU 支持内存保护机制，如在内存页级别设置访问权限（读取、写入或执行），以防止对某些内存区域的篡改或执行仅用于数据存储的内存。操作系统负责在执行上下文切换时为每个进程加载和切换内存映射。图 9.12 所示为操作系统与两个示例应用之间的第一级地址转换，在图 9.12 中，运行在非安全 EL1 中的操作系统内核依赖其 MMU 页表将其自身的内存与两个其他应用的内存分开，并隔离两个应用之间的内存映射资源。

当与最小特权原则相结合时，操作系统级进程隔离在减少恶意进程干扰另一个进程的内存地址空间风险方面效果显著。这需要以最小特权（仅为极少数进程保留 root 权限）启动进程，并移除潜在危险的操作系统提供的功能，以防止受攻击的进程绕过进程隔离或执行高权限操作。

❑ **第二级 MMU** 负责将第一级 MMU 生成的中间物理地址转换为系统物理内存中的实

际物理地址。这使管理程序能够对虚拟机进行物理内存页面的分配和回收。

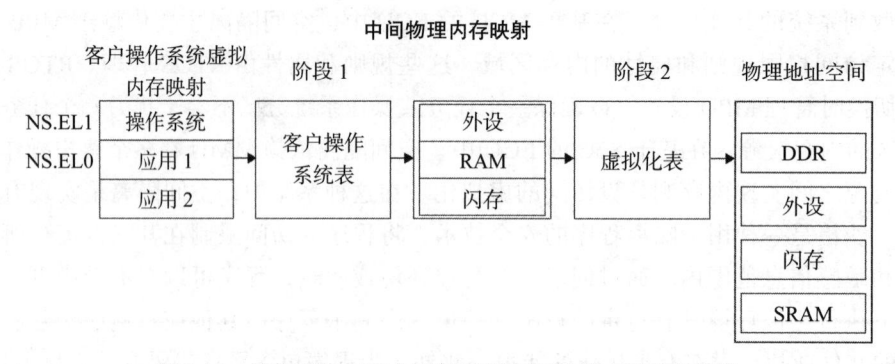

图 9.12　操作系统与两个示例应用之间的第一级地址转换

第二级 MMU 允许管理程序通过在页表项中包含**虚拟机标识符**来实现虚拟机之间的内存隔离。它还支持处理特定于管理程序的内存管理任务，如维护管理程序代码和数据的内存映射、管理虚拟机的内存池以及处理页面错误和内存回收。

在支持硬件辅助虚拟化的基于 ARM 的架构中，流 ID 标记通过基于 ID 限制对外设的访问来补充 MMU 基于地址转换的使用，将外设限制在特定内存区域内。流 ID 是分配给系统内数据流或事务的唯一标识符，用于识别事务的发起者。输入/输出 MMU 使用唯一的流 ID 将事务映射到转换上下文。因此，可以通过设置规则来配置输入/输出 MMU，根据流 ID 过滤事务，这些规则定义了哪些虚拟机可以根据其分配的流 ID 访问特定外设。这使管理程序能够通过检查每个事务的流 ID，并确定其是否匹配特定外设的允许流 ID 来执行访问控制政策。如果流 ID 在允许列表中，则事务可以继续；否则，它将被阻止。另一种外设隔离技术依赖于设备分配，其中管理程序可以授予特定虚拟机对外设的独占访问权。外设可以直接分配给虚拟机，绕过管理程序对大多数操作的干预，并防止其他虚拟机访问该外设。通过利用流 ID、设备分配和 IOMMU 过滤，管理程序确保只有被分配的虚拟机可以直接与指定的外设通信。因此，运行在同一物理机上的其他虚拟机无法访问或干扰被指派的外设的操作。有关如何利用 MMU 实现虚拟机和外设隔离的深入研究，建议参考 ARM 系统内存管理单元架构规范[23]。

2. 微内核与宏内核

空间隔离可通过操作系统设计进一步增强。基于 SoC 的 ECU 依赖于符合 POSIX 标准的操作系统，如 QNX 和 Linux。前者采用微内核架构，而后者采用宏内核架构。微内核在安全性方面具有更多优势。在微内核架构中，设备驱动程序和文件系统等各种组件通常以独立进程的形式在用户空间中运行。这种隔离确保一个组件的故障或安全漏洞不会直接危及其他组件；而在宏内核中，所有组件共享内核模式下相同的地址空间。微内核还遵循最小特权原则，仅允许操作系统中最基本的部分以最高权限在内核模式下运行，从而降低了整个系统被完全攻破的风险。与宏内核庞大的代码库相比，微内核的简洁性和较小的规模使其更易于验证和审查安全问题。在故障隔离和恢复方面，微内核也具有优势。例如，在微内核中，失效的服务可以重新启动而不影响整个系统；而在宏内核中则难以实现这一点。

3. 细粒度访问控制

操作系统提供了各种技术来控制对系统资源（如文件、外设和库）的访问。功能安全和网络安全域都依赖访问控制机制来限制在具有混合功能安全和网络安全关键系统中出现意外干扰的机会。让我们探讨这些技术所支持的不同级别的访问控制，表 9.1 所示为跨进程和文件的示例访问权限分配。

表 9.1 跨进程和文件的示例访问权限分配

	文件 1	文件 2	文件 3
进程 A	执行 读取 写入	—	拥有 读取 写入
进程 B	读取	拥有 读取	读取
进程 C	读取 写入	读取	拥有 执行 读取 写入

在自主访问控制机制中，文件或资源具有与其所有者或组相关联的权限。在表 9.1 中，权限模型可支持不同级别的访问，包括**读取**（R）、**写入**（W）和**执行**（X）。权限分配通常采用数字代码完成，例如，在 Linux 系统中，一个文件的 644 权限表示所有者拥有读写权限（6），而组成员和其他用户仅有读取权限（4）。所有权和组模型将文件或资源与特定所有者和组相关联。当非所有者或非组成员的软件实体尝试访问文件时，可能会被拒绝。此外，可以构建 ACL 将用户进程组 ID 及其被授予访问权的服务进行映射。只要 ACL 受到保护，就可以实施权限检查，例如资源管理器在授予受管理资源的访问权限前验证请求者的组 ID。在大型软件项目中，维护一致的访问控制政策需要不同团队间的密切协作，以确保仅在必要时授予访问权限。

9.4.9 时间隔离

ECU 级的时间隔离是指在访问 CPU 和硬件运行时资源方面对软件组件进行隔离。这可通过虚拟化和操作系统优先级分配等技术来实现。在网络安全领域，时间隔离旨在防止恶意任务、进程或虚拟机耗尽系统的运行时资源。这主要通过精细的优先级分配和限制触发中断和异常的能力来实现。

1. 虚拟化

类似于空间隔离，管理程序可以控制分配给特定虚拟机的 CPU 资源量。通过为虚拟机分配较低的调度优先级，并禁用其触发中断的能力，管理程序可以减轻虚拟机被攻破时对系统的影响。这在虚拟机被认为暴露于高风险环境时特别有用，例如提供外部连接性的情况。此类虚拟机可以在需要连接时才启用，并进行频繁检查，以确保任何异常行为的迹象能够及时被发现和控制，必要时可通过提前关闭来防止干扰系统中的安全关键服务。

2. 操作系统优先级分配

操作系统优先级分配是在 ECU 层面实现时间隔离的另一种技术。该技术涉及为同时运行在同一操作系统上的不同进程分配不同优先级。操作系统调度程序根据这些优先级确定在任意给定时刻哪个进程应获得 CPU 访问权。这确保了软件组件间的分离，保证高优先级进程优先于低优先级进程访问 CPU。例如，负责执行车辆制动的安全关键软件组件可能被赋予较高优先级，而负责更新持久存储日志的非安全关键软件组件则被赋予较低优先级。即使后者出现异常行为或被破坏，安全关键进程仍必须能在规定的功能安全时间约束内执行其功能。根据预定义调度强制执行运行时预算有助于识别并终止有问题的任务或进程，从而确保系统整体稳定性。同样，限制由网络和存储资源等外部事件触发的中断使用可防止恶意网络参与者发起中断风暴使 CPU 过载。值得注意的是，由于存在侧信道技术（如缓存时序攻击），时间隔离比空间隔离更难保证，恶意进程可能通过这些技术破坏系统。因此，系统必须具备定时监控器，以检测执行轮廓中的偏差，确保在某些任务或进程在运行时资源短缺时，系统能够过渡到安全状态。

9.4.10 加密和认证文件系统

对于基于 SoC 的 ECU，可利用一个或多个文件系统存储软件二进制文件和数据文件。由于启动性能的限制，此类文件系统可能不包含在安全启动过程中。相反，其内容必须在运行时或挂载后进行认证和解密。操作系统可能提供现成的数据加密和认证解决方案；若无，则必须开发一种方法来检测关键 ECU 文件（如**机器学习模型**）的篡改，或存储在文件系统中的机密数据（如用户隐私数据）的泄露。Linux 的 dm-verity 即为此类解决方案之一，它通过从数据创建 Merkle 树（哈希树）并将哈希值与数据本身一起存储来保护数据完整性。

Merkle 树在众多密码系统中用于高效验证大型数据结构的内容。它们通过对单个数据块进行哈希处理，然后将这些哈希值配对并再次进行哈希处理，如此递进直至仅剩一个哈希值（即根哈希）来实现这一目的。这种结构确保数据中即使微小的变化也会导致根哈希完全不同，从而高效地检测数据是否被篡改。图 9.13 所示为一个具有两层和四个叶节点的 Merkle 树示例，其中每个叶节点代表文件系统中需要防篡改的数据块。

首先，我们计算每个数据块的哈希值（哈希 A、哈希 B 等）。

随后，将数据块 A 和数据块 B 的哈希值合并，再次进行哈希处理以形成 Node_1；数据块 C 和数据块 D 亦然，过程如下：

图 9.13 Merkle 树的基本示例

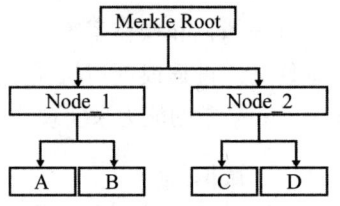

```
hash(hash(A) | hash(B))=Node1
hash(hash(C) | hash(D))=Node2
hash(Node1 | Node2)=Merkle Root
```

若要验证数据块 D 未被篡改，我们只需重新计算数据块 D 的哈希值，然后重新计算 Node_2 的哈希值，最后计算 Node_1 和 Node_2 合并的哈希值。如果最终得到的根哈希值与原始 Merkle 根哈希值匹配，我们即可确认数据块 D 未被篡改，而无须重新计算系统中所有数据块的哈希值。

基于这一概念，dm-verity 从持久存储设备中的数据生成 Merkle 树。构建 Merkle 树的过程包括将数据划分为固定大小的块，并为每个数据块计算哈希值。这些哈希值随后被组合并再次进行哈希处理，以创建父节点，直至到达根节点。此根哈希值作为整个数据集的验证点。生成的哈希树的根哈希值被单独存储在文件系统映像之外，通常位于存储设备的只读部分，并通过加密签名以验证其完整性和真实性。在系统启动过程中，通过可信机制验证根哈希签名，确保其未被篡改且可信。当请求访问文件时，dm-verity 拦截对设备的读取请求，并从设备中检索相应的数据块及其关联哈希值。随后，dm-verity 计算所请求数据块的哈希值，并与存储的对应哈希值进行比对。如果计算得出的哈希值与存储的哈希值匹配，则认定数据有效并传递给请求进程；若哈希值不匹配，则表明文件已被破坏或篡改。在这种情况下，dm-verity 报告完整性验证失败，并阻止访问或使用可能被破坏或篡改的数据。本例仅提供了完整性保护。若要支持加密功能，还需在文件写入和读取文件系统时集成加密和解密流程。

9.4.11 运行时执行强化

在 CPU 安全特性降低代码注入攻击可能性的基础上，我们现在将探讨一些具有相同目标的软件技术。对于基于 SoC 的 ECU，这些控制措施包括栈保护器、地址空间布局随机化（Address Space Layout Randomization，ASLR）和数据执行保护（Data Execution Provention，DEP）。这些控制相对容易部署，对代码大小和执行性能的影响有限甚至没有。

栈保护器用于检测堆栈内存溢出或破坏，其原理是在给定缓冲区和函数的返回地址之间插入一个随机生成的值（称之为"canary"）。如果攻击者成功将代码注入堆栈（例如通过缓冲区溢出漏洞），栈保护器将被覆盖。当操作系统在弹出返回地址之前检查栈保护器时，这将导致操作系统触发异常。由栈保护器保护的堆栈帧示例如图 9.14 所示。

在图 9.14 中，一个函数在堆栈上分配了一个 8 字节的局部缓冲区。函数被调用时，canary 被填充为一个已知值（例如，在程序启动时生成的随机数）。如果函数存在允许攻击

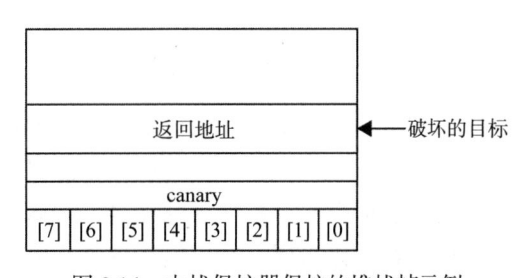

图 9.14 由栈保护器保护的堆栈帧示例

者溢出缓冲区的漏洞，canary 值也将被覆盖。在函数返回之前，它会验证 canary 是否符合预期值。如果不符合，程序会识别出发生缓冲区溢出，进程会停止执行或采取其他防护措施；如果符合，函数将正常返回。ASLR 用于随机化进程的内存布局。这种不可预测性增加了攻击者确定特定代码或数据片段位置的难度，从而提高了构建面向 ROP 和基于 JOP 小工具的复杂性。然而，如果攻击能够泄露内存地址，复杂的攻击仍可能突破 ASLR 的防护。ASLR 和栈保护器理想情况下都依赖于安全的随机数生成器，以确保攻击者无法轻易猜测 canary 值或 ASLR 随机化的地址位置。

DEP 是一种防止在非可执行内存区域（如堆栈或堆）中执行代码的机制，主要用于防御缓冲区溢出和其他代码注入攻击。通过利用 MMU 或 MPU 的内存保护属性，这些区域可被配置为"写入或执行"（W/X）模式，即任何试图在标记为不可执行的区域中执行代码的行为都将触发故障。这些技术共同构成了针对各类攻击的多层防御体系，显著提升了系统的安全态势，增加了攻击者利用软件漏洞的难度。

9.4.12　网络安全监控器

网络安全监控器在检测异常行为和强制执行错误处理政策方面与功能安全监视器有相似之处。然而，为确保网络安全监控器真正有效，它必须运行在 TEE 中，以防止攻击者篡改其检测异常的能力。鉴于网络安全监控器与功能安全监视器的目标相近，建议将两者集成在一起。统一的功能和网络安全监控系统可在检测到攻击或故障时协调安全响应。网络安全监控器可通过监测系统异常行为的迹象来协助检测故障注入攻击。例如，它可以监控系统内存或 CPU 使用率的意外变化，或监测对 HPSE 中受保护资源的访问尝试。此外，它还可以监控物理属性，如异常的时钟输入、电压波动和温度变化。利用集成的功能和网络安全监控系统，系统可选择终止正在进行的加密操作等安全关键进程，条件安全时，甚至可能发出重置命令。记录故障对未来的故障分析和故障排除也是必要的。

到目前为止，我们已经介绍了一系列多样化的网络安全控制措施，这些措施能够检测和预防通过多个攻击面实施的攻击，包括网络接口、恶意软件应用程序，甚至是内部人员的恶意行为。为了全面性考虑，强调物理安全控制在降低通过物理访问实施攻击来篡改和泄露 ECU 数据风险中的重要作用也是必要的，这将是下一节的主题。

9.5　探索物理安全控制

具有目标物理访问权的攻击者通常主要攻击高价值资产，这些资产一旦被破坏，可能会在更广泛的范围内被利用。例如，他们可能对提取全局密钥、逆向工程软件，甚至仅通过物理攻击面发起 DoS 攻击感兴趣。尽管大多数基于物理的攻击需要直接访问目标，但某些攻击只需靠近目标就能实施。在本节中，我们将简要探讨通过硬件、软件和封装技术实施的网络安全控制措施，以增加物理攻击的难度。

9.5.1 篡改检测预防

虽然物理安全措施（如防篡改封条或安全外壳）并非消除风险最有效的手段，但可以提高实施此类攻击的难度，可以预防或检测未授权的物理系统访问。例如，尝试破坏封条或打开 ECU 外壳，至少会留下明显的篡改痕迹，通过人工检查即可发现。此外，还可设置在 ECU 外壳或受限隔间被打开时，向驾驶员发出警报的机制。一种更为有效的应对 ECU 外壳被打开的政策，是触发 HPSE 机密的锁定，从而使 ECU 在实际车辆中失效。当 HPSE 处于锁定状态时，与其他 ECU 或后端通信所需的加密密钥将无法访问，甚至可能被永久销毁。如果攻击者的目的是提取加密密钥，那么这一措施可以进一步阻止他们的行动。在某些情况下，防篡改措施可简化为在特定车辆接口上安装物理锁，防止未授权的人员访问。例如，电动汽车充电口可默认锁定，仅能通过驾驶员从车内解锁，这可防止攻击者插入可能通过电力线通信接口注入恶意软件的伪造 EVSE。

9.5.2 PCB 布局引脚和线路隐藏

为进一步提高物理篡改 ECU 硬件资源的难度，PCB 布局可采用引脚和线路隐藏技术。这涉及使用盲孔和埋孔隐藏 PCB 上不同组件之间的物理连接，这些孔是钻入 PCB 的微小孔洞，用于创建内层连接。该技术通过掩盖传输敏感信息的物理路径，可防止攻击者获取敏感信息。另一种隐藏引脚和线路的方法是采用焊盘内通孔技术，即将通孔直接置于表面贴装元件的焊盘下方。这种技术可隐藏元件引脚与 PCB 底层线路之间的连接。

9.5.3 隐藏和屏蔽

同样为了挫败攻击者，PCB 布局上可以使用不可描述的组件名称。OEM 可要求这些部件以通用名称交付，而非使用公开的 MCU 或 SoC 供应商名称。这增加了攻击者猜测所使用部件并轻易查找其文档的难度。除隐藏外，某些车辆组件可能还需采用屏蔽技术，以防护其免受 EMI 和 RFI 的影响。屏蔽涉及将这些组件封装在导电材料中，以阻挡或减弱 EMI 和 RFI 的影响。

9.6 总结

在第 9 章（即本书最后一章）中，我们深入探讨了应用于 ECU 硬件、软件和物理层面的主要安全控制方法。这种分层方法延续了第 8 章所介绍的纵深防御理念。我们详细阐述了硬件在构建安全系统基础中的关键作用。硬件安全控制包括硬件 RoT、安全内存和经过身份验证的调试端口。随后，我们分析了建立在硬件安全控制基础之上的软件领域安全控制，如多阶段安全启动、通过管理程序实现的虚拟化，以及通过操作系统实现的进程和时间隔离。最后，我们探讨了应用于物理层的控制措施，旨在降低已获得 ECU 物理访问权限的攻击者实施攻击的可能性。在探讨各安全层时，我们着重强调了安全性、性能优化和系统可用性需求之间的权衡，特别是在性能和内存受限的 ECU 中。我们强调了设计符合系统约束功能的重要性，如启动时间、安全通信延迟和 CPU 工作负载的影响。尽管读者可能认为遵循所有提出的控制措施足以构建一个安全系统，但重要的是要认识到所有防御措施都存在潜在弱点。因此，仅仅添加一项控制措施并不意味着安全任务的完成。相反，我们必须时刻保持警惕，不断评估控制措施的有效性，并消除可能被绕过或攻破的路径。

通过深入理解我们的系统，关注安全标准，遵循安全工程方法并充分认识技术风险和缓解措施，我们现已掌握了一套有助于构建强大安全汽车系统的工具、方法和技术。这些知识将有助于我们未来系统的开发，在提供更高连接性和便利性功能的同时，不会牺牲消费者的安全与保障。我们希望本书能激发读者在汽车网络安全领域持续学习的热情，因为这个领域必定会为你带来源源不断的挑战与机遇。

9.7　参考文献

研究网络安全控制可能是网络安全领域中技术层面最引人入胜的方面之一。为了进一步拓展你对可应用于 ECU 级网络安全控制的认知，我们推荐以下学习资源：

[1] *CyBOK, The Cyber Security Body of Knowledge*: https://www.cybok.org/

[2] *Secure Application Programming in the presence of Side Channel Attacks*: https://www.riscure.com/publication/secure-application-programming-presence-side-channel-attacks/

[3] *Development of TEE and Secure Monitor Code*: https://www.arm.com/technologies/trustzone-for-cortex-a/tee-and-smc

[4] *Achieving a Root of Trust with Secure Boot in Automotive RH850 and R-Car Devices – Part 1*: https://www.renesas.com/us/en/blogs/introduction-about-secure-boot-automotive-mcu-rh850-and-soc-r-car-achieve-root-trust-1

[5] *Securing distributed systems: A survey on access control techniques for cloud, blockchain, IoT and SDN*: https://www.sciencedirect.com/science/article/pii/S2772918423000036

[6] *Arm Confidential Compute Architecture*: https://www.arm.com/architecture/security-features/arm-confidential-compute-architecture

[7] *Automotive Security Best Practices*: https://www.infopoint-security.de/medien/wp-automotive-security.pdf

[8] Maene, P., Götzfried, J., De Clercq, R., Müller, T., Freiling, F., & Verbauwhede, I. (2017). Hardware-based trusted computing architectures for isolation and attestation. IEEE Transactions on Computers, 67(3), 361-374.

[9] Leonardi, L., Lettieri, G., Perazzo, P., & Saponara, S. (2022). On the Hardware–Software Integration in Cryptographic Accelerators for Industrial IoT. Applied Sciences, 12(19), 9948.

[10] S. S. Chung, *The Advances of OTP Memory for Embedded Applications in HKMG Generation*

and Beyond, *2019 IEEE 13th International Conference on ASIC (ASICON), Chongqing, China, 2019, pp. 1-4, doi: 10.1109/ASICON47005.2019.8983654.*

[11] *MPU Security Part 1: Introduction*: https://embeddedcomputing.com/technology/security/mpu-security-part-1-introduction

[12] *Global Platform, Cybersecurity in Automotive*: https://globalplatform.org/wp-content/uploads/2023/03/GP-Cybersecurity-in-Automotive-whitepaper-design_FINAL.pdf

[13] *Armv8.1-M Pointer Authentication and Branch Target Identification Extension*: https://community.arm.com/arm-community-blogs/b/architectures-and-processors-blog/posts/armv8-1-m-pointer-authentication-and-branch-target-identification-extension

[14] *Universal Flash Storage For Automotive Applications*: https://ampinc.com/universal-flash-storage-for-automotive-applications/

[15] *Reddy, A. K., Paramasivam, P., & Vemula, P. B. (2015, December). Mobile secure data protection using eMMC RPMB partition. In 2015 International Conference on Computing and Network Communications (CoCoNet) (pp. 946-950). IEEE.*

[16] *The Growing Need for Secure Storage in Automotive Systems*: https://www.eetimes.com/the-growing-need-for-secure-storage-in-automotive-systems/

[17] *Automotive Security: From Standards to Implementation*: https://www.nxp.com/docs/en/white-paper/AUTOSECURITYWP.pdf

[18] *A Comprehensive Guide to Manufacturing Cyber Security*: https://www.missionsecure.com/manufacturing-cyber-security

[19] *Trusted Execution Environments: Applications and Organizational Challenges*: https://www.frontiersin.org/articles/10.3389/fcomp.2022.930741/full

[20] *Recommendation for Random Bit Generator (RBG) Constructions, NIST SP800-90C*

[21] *Recommendation for Random Number Generation Using Deterministic Random Bit Generators, NIST SP800-90A*

[22] *ARM System Memory Management Unit Architecture Specification*: https://developer.arm.com/documentation/ihi0062/b